Ursula Stenger
Schöpferische Prozesse

Beiträge zur pädagogischen Grundlagenforschung

Herausgegeben von
Hans-Walter Leonhard, Eckart Liebau und
Michael Winkler

Ursula Stenger

Schöpferische Prozesse

Phänomenologisch-anthropologische Analysen
zur Konstitution von Ich und Welt

Juventa Verlag Weinheim und München 2002

Die Autorin

Ursula Stenger, Jg. 1964, Dr. phil., ist wissenschaftliche Assistentin am Lehrstuhl für Pädagogik I der Universität Würzburg.

Ihre Arbeitsschwerpunkte sind Pädagogische Anthropologie und Phänomenologie, Ästhetische Bildung, Pädagogik der Frühen Kindheit.

Die Deutsche Bibliothek - CIP-Einheitsaufnahme

Ein Titeldatensatz für diese Publikation ist bei der Deutschen Bibliothek erhältlich.

Umschlaggestaltung: Atelier Warminski, 63654 Büdingen
Umschlagabbildung: Cy Twombley, Summer Madness, 1990
Printed in Germany

ISBN 3-7799-1259-7

DANKSAGUNG

Mein Dank gilt zunächst posthum Klaus Mollenhauer. In den Gesprächen und Begegnungen mit ihm habe ich eine große Nähe in den uns bewegenden Fragen gespürt und mich ermuntert gesehen, in der von mir eingeschlagenen Richtung weiterzudenken.

Vor allem möchte ich hier auch Günther Bittner danken für seine stete Begleitung und die oft kritischen Auseinandersetzungen, aber auch für seine Ermutigung in zahlreichen persönlichen Gesprächen und Seminaren.

Heinrich Rombach verdanke ich wichtige geistige Impulse und philosophische Klärungen.

Gerd Schäfer hatte für meine Fragen immer ein offenes Ohr und zudem Interesse, auch im Ungeklärten mitzudenken.

Nicht zuletzt gilt mein Dank Eckart Liebau für seinen persönlichen Einsatz, der eine Veröffentlichung in dieser Form ermöglicht hat.

Für die Mithilfe bei der Erstellung des druckfertigen Typoskripts danke ich Ramona und Herbert Hollrotter.

Meinem Mann Georg Stenger danke ich für all die gemeinsamen Frage- und Suchbewegungen, aus denen sich wichtige Anregungen für dieses Buch ergeben haben.

Auch meine beiden Kinder möchte ich hier einschließen, habe ich doch von und mit ihnen viel über „schöpferische Prozesse“ lernen dürfen.

Inhalt

Teil IV: Ich und Welt im schöpferischen Prozeß

Teil V: Schöpferische Prozesse im pädagogischen Feld

Vorwort

Es ist ein Wagnis, eine pädagogische Arbeit über schöpferische Prozesse zu schreiben. Das Thema wird verstellt durch einen Wust von Anregungen und Anleitungen, sich mit Farben, Stiften, Hölzern, Stoffen, Tönen, Instrumenten, Fertigteilen und Halbfertigmaterialien handelnd einzulassen, um daraus irgendwelche mehr oder weniger nützliche, hoffentlich aber schöne und vielleicht auch verschenkbare Dinge zu machen. Merkwürdigerweise wird jede Art des Erstellens von Dingen aus x-beliebigen Materialien wie selbstverständlich für kreativ gehalten. Gott sei Dank läßt sich Stenger von einem solchen Zerrbild gar nicht erst irritieren, sondern geht das Problem des Schöpferischen mit einer phänomenologisch orientierten Beschreibung und Analyse an. Dies heißt zunächst einmal, der Komplexität und Differenziertheit des Phänomens Rechnung zu tragen.

Beginnend mit einem Blick auf die Kunst überträgt sie ihre Erkenntnisse dann auf die kindliche Tätigkeit. Daran schließt sich die grundsätzliche Frage nach einem schöpferischen Ich-Welt-Verhältnis an. Schließlich gibt sie einen Ausblick auf ein pädagogisches Konzept, welches das schöpferisch-forschende Handeln von Kindern im Vorschulalter unterstützt. Dabei versucht Stenger nicht die These vom Kind als Künstler neu zu beleben. Vielmehr erscheint die schöpferische Tätigkeit als ein eigener menschlicher Handlungsbereich, vielleicht dem Spiel verwandt, an dem Erwachsene und Kinder, Künstler, Wissenschaftler, kindliche Gestalter und Forscher unter bestimmten Bedingungen gleichermaßen teilhaben. Damit schöpferisches Handeln statthaben kann, müssen vieldimensionale Prozesse einer inneren und/oder äußeren Umstrukturierung ablaufen können und diese sind ein Stück weit unabhängig vom Inhalt der Tätigkeit. Sie modifizieren sich je nach dem Alter der Tätigen.

Deshalb besteht das Grundanliegen der Arbeit in immer wieder variierten Versuchen solche Umstrukturierungsvorgänge zu beschreiben. Auf das Individuum bezogen bedeutet dies, individuelles Lern- und Veränderungsgeschehen in Vorgängen zu beschreiben, die nicht nur auf einer rationalen Oberfläche stattfinden, sondern die sich verkörperlichen und damit in die Befindlichkeit des gesamten Subjekts eingreifen. Schöpferischc Prozesse sind Veränderungsprozesse, in denen verschiedenen Dimensionen des Körperlichen, Psychischen, Ästhetischen oder des Denkens zusammenwirken und gemeinsam zu einer Neustrukturierung bisheriger Handlungs- und Denkfiguren führen.

Überzeugend und detailreich wird eine solche dimensionale Um- und Neustrukturierung am Beispiel Picassos, dem Übergang von der Blauen Periode zum Kubismus, nachvollziehbar gemacht.

Die Kinderzeichnung ist der zweite Bereich, an dem die dimensionale Tiefenstruktur schöpferischer Umstrukturierung beispielhaft klar gelegt wird. Anhand früher Kinderzeichnungen wird der Übergang von der unmittelbar motorisch erlebten Kritzelzeichnung zu einer Distanzierung beschrieben, die es möglich macht, das Bild mit der Wirklichkeit zu vergleichen. Es geht nicht nur um eine neue Darstellungsweise, wenn das Kind Kopffüßler entwickelt, vielmehr entwickelt es eine neue Erkenntnisweise, die es gestattet, ein Verhältnis zwischen Bild und äußerer Wirklichkeit herzustellen. Demgegenüber ist die Kritzelzeichnung Spur einer Unmittelbarkeit, in der Wahrnehmung noch nicht von der Körpererfahrung getrennt ist. Der Wechsel der Wahrnehmung vom Körper zum Auge konstituiert das Objekt, von welchem man dann ein Bild machen kann. Das ist eine eindrückliche Analyse, die folgerichtig den Gedanken nach sich zieht, daß das Entwicklungsgeschehen des Kindes selbst eine schöpferische Tätigkeit ist.

Die Analyse der Beispielfälle verdeutlicht, daß die Umstrukturierung nicht nur einen formalen Übergänge von einer Sichtweise zur anderen vollzieht, sondern, daß diese formalen Veränderungen lediglich die Spitze eines Eisbergs anzeigen. Sie reflektieren auf einer Eben der Form einen tiefgreifenden Wandlungsprozeß in Wahrnehmung, Erleben und Denken. Es wandelt sich das Subjekt-Weltverhältnis und bringt auf diese Weise neue Bildsprachen hervor.

Deshalb wendet sich Stenger der übergreifenden Frage des Verhältnisses von Ich und Welt als einem schöpferischen Prozeß zu. Will man diesen Zusammenhang erfassen, muß man begreifen, was es heißt, eine Sache nicht nur mit dem Verstand wahrzunehmen, sondern in sich eindringen zu lassen; was es heißt, ein Verhältnis zwischen Ich und Welt zuzulassen, in dem ein solch vertieftes Wahrnehmen, Verarbeiten und Verstehen möglich wird. Das wird zunächst von der Seite der Dinge aus angegangen, dann von der Seite des Ichs.

Die Begegnung, die zwischen dem Subjekt und den Dingen stattfindet, geht über ein denkendes Erfassen hinaus. Die Dinge sind nicht nur eine „Konstruktion", die ein denkendes Subjekt sich von ihnen macht. Eine solche Sicht übersieht, daß durch die Begegnung mit den Dingen etwas von ihnen ins Ich eindringt, was vorher nicht dagewesen ist. Die Dinge sein lassen, wirken lassen, sie nicht scheinbar wissenschaftlich als „reine Objekte" ihres jeweiligen Bedeutungskontextes zu berauben, geschehen lassen, daß die Dinge in das subjektive Leben hineingreifen, das ist der Grundtenor dieser Überlegungen, der schließlich am Wahrnehmen des Malers (im Anschluß an Merleau-Ponty) beispielhaft vorgezeigt wird: Wahrnehmung als Getroffen-Werden.

Vielleicht wird dabei ein wenig der Eindruck erweckt, als seien die Dinge selber aktiv und würden auf das Subjekt zugehen, um es zu erfassen. Doch, auch wenn es scheint, daß Phänomene das Subjekt ergriffen, je mehr und je tiefer es sich mit ihnen beschäftigt, sind es doch die Subjekte, die sie mit ihrer Identifikation beleben und greifen machen. Es bleibt daher die Frage, welcher Einstellungen, welcher Prozesse bedarf ein Subjekt, wenn es sich nicht nur der Objekte bemächtigen, sondern auch von ihnen ergriffen werden will - was gewiß für schöpferische Prozesse unumgänglich ist.

„Ein einheitliches in sich stehendes und auf seinen Personenkern hin reduziertes Subjekt ist eine zu grobe Erfassungsweise und vermag der Strukturvielfalt und Lebendigkeit, das jedes Ich im Grunde ist, nicht zu entsprechen." Stengers

Überlegungen zu den Konstitutionsprozesse des Ich werden von der Grundannahme geleitet, daß das Subjekt ein Antwort auf die Herausforderungen darstellt, denen ein Mensch begegnet. Die Folge ist, dass das Ich ständig in „Änderung und Neustrukturierung begriffen" ist und demnach auch nicht als Entfaltung aus einem Wesenskern verstanden werden kann.

Unter den verschiedenen Konkretisierungen dieses Aspekts in unterschiedlichen theoretischen Ansätzen sowie in Fallvignetten, soll die „Subjektverfaßtheit vermeintlich theoretischer Erkenntnisse" besonders hervorgehoben werden. Unter der Prämisse, daß die situative und subjektive Perspektive sowohl Wissen, als auch die Konstitution des Ich erst ermöglichen, erhält die Anthropologie in der Erziehungswissenschaft eine besondere Bedeutung. Sie ist nicht einfach eine Perspektive, die man berücksichtigen sollte. Vielmehr wird die Art des Wissens, die ein Weltverhältnis spiegelt, überhaupt erst verständlich, wenn man die anthropologischen Prämissen, die in dieses Verhältnis eingehen, berücksichtigt. Man benötigt diese anthropologische Dimension, um die Konstitution von Selbst, Welt und Erfahrung in einem wesentlichen Aspekt zu begreifen. „Wichtig ist es zu sehen, daß jede Theorie eine Deutung von Lebenserfahrung darstellt - es geht garnicht anders."

Folgerichtig wird am Ende dieses Kapitels der Lebenslauf eines Menschen dann als ein ständiges Umformen, Überformen, Hinzugewinnen neuer oder Absterben alter Iche interpretiert. Schließlich wird angesprochen, wie solche Ich-Weltverhältnisse als produktive Möglichkeiten des kindlichen Lernens auch in der frühen Kindheit unterstützt werden können. Auch hier wird zugrunde gelegt, daß es Elementarpädagogik nicht mit Fähigkeiten, mit Wissen oder Verhaltensweisen zu tun hat, sondern mit grundlegenden subjektiven Entwürfen von Persönlichkeit, Identität und Weltbild. „Ein Bild vom Kind, das kreativ sich selbst, sein Wissen und Welt-Bild aufbaut, im Austausch mit anderen Menschen und Dingen..." das ist Stengers Antwort auf die Anforderungen der „Wissensgesellschaft". An einem elementarpädagogischen Konzept untersucht Stenger ihre Auffassung, an der Reggiopädagogik.

Ist man der Argumentation, den Beschreibungen und den Analysen dieser Schrift gefolgt, dann hat man etwas von dem erfahren, was eine phänomenologisch-anthropologische Vorgehensweise in die Erziehungswissenschaft erbringen kann. Sie stellt ein Bild von inneren und äußeren Geschehnissen beschreibend vor Augen, vielfältig verknüpft, verletzlich zuweilen, variabel und manchmal auch unausweichlich, oder bestimmend, in dem Menschen und Kinder nicht als Wesen auftauchen, die von Fakten geformt werden, sondern als Wesen, die nach produktiven und bedeutungsvollen Verbindungen suchen, die das, was sie sind als Werkzeug nehmen, mit welchem sie etwas Neues und Unerwartetes entdecken, zeigen oder sagen können. Das mag dann eine umstürzlerische Entwicklung in der Kultur sein, oder ein Schritt in der kindlichen Entwicklung oder der Entwurf eines Lebenslaufs, in dem die vergangenen Lebensmuster in neuen Begegnungen mit der Wirklichkeit zu fortlaufenden Variationen eines Selbst herausfordern. Wir finden den gleichen Prozeß aber auch in den kleinen Entdeckungen des Alltags. Diese Studie lädt zum Verweilen und

Betrachten ein. Das ist eine wichtige Voraussetzung um nicht das immer Gleiche im menschlichen Geschehen zu entdecken, die Gesetzmäßigkeiten, die sich durchziehenden Muster des Verhaltens, sondern die individuellen Variationen, die Abweichungen und damit die individuelle Produktivität des menschlichen Alltags. Die zu stützen, zu erweitern, herauszufordern und zu ertragen ermöglicht schöpferische Lernvorgänge, die wir nicht nur für uns sondern auch für die uns anvertrauten Kinder wünschen.

Was man hier also erwarten darf:

1. Die Arbeit leistet ein grundlegenden und eigenständigen Beitrag zum Phänomen des Schöpferischen in der Pädagogik. Sie greift ein Thema auf, das in dieser Ausführlichkeit seit Copei nicht mehr in der Erziehungswissenschaft diskutiert wurde.

2. Sie stellt schöpferische Umstrukturierungsprozesse in einer Vielfalt von differenziert betrachteten Einzelvignetten dar.

3. Sie entwickelt vor dem Hintergrund schöpferischer Prozesse eine Vorstellung vom „Lernen“ als einer Erweiterung des subjektiven Ich. Eine solche Auffassung ist besonders für das Verständnis frühkindlicher „Lernprozesse“ fruchtbar.

4. Sie spürt solchen vertieften Begegnung zwischen Subjekt und Welt in einem frühpädagogischen Konzept nach.

5. Und sie entwirft anhand ihres Themas einen sensiblen phänomenologisch-anthropologischen Zugang zu Erziehungswissenschaft.

Köln im September 2001

Gerd E. Schäfer

Einführung

> „Und was ihr Welt nanntet, das soll erst von euch geschaffen werden: eure Vernunft, euer Bild, euer Wille, eure Liebe soll es selber werden."
>
> Friedrich Nietzsche[1]

Was der Mensch ist, wie er sich versteht und wie er lebt – das steht nicht unveränderlich fest: Es ist eine Aufgabe für jeden Menschen. Zudem: Die Menschen sind sich in ihrem Wesen nicht gleich. Historisch-kulturelle, sowie soziale Zusammenhänge bieten je grundverschiedene Ausgangsbedingungen für das Selbstverständnis von Menschen, für Handlungen und Ziele, Lebensformen und Emotionen, die als Möglichkeiten von Entwicklung zur Verfügung stehen. Auch diese sind im Wandel. Es macht einen Unterschied, ob man in Taiwan oder als Kind von Indianern im Regenwald aufwächst, oder in einer deutschen Kleinstadt, heute oder vor 500 Jahren.

Wie entstehen und verändern sich diese Weisen des Selbstverständnisses von Menschen? Die historisch-kulturell entstehenden Bilder vom Menschen sind den Menschen heute nicht als Traditionen verbindlich vorgegeben. Jeder Mensch hat heute zudem die Möglichkeit, auch die inzwischen weltweit kursierenden Interpretationsmuster in seine Selbstgestaltung mit aufzunehmen. Die Identität des Einzelnen ist durch oben genannte Zusammenhänge ebenso wenig vorherbestimmt wie durch seine Gene allein.

Wie ist es überhaupt möglich, daß etwas Neues entsteht, nicht ein neues Ding, sondern eine neue Weise zu sein und sich als Mensch zu erfahren und zu verstehen? Der Durchbruch zu einem neuen Sinnraum kann im Schaffen eines epochemachenden Meisterwerkes geschehen. Die Entwicklung einer neuen Formensprache, einer neuen Idee stellt immer auch eine Antwort auf diese Frage dar, wer wir als Mensch sind, wie wir unsere Beziehungen zu anderen und zur Umwelt gestalten etc. In der Folgezeit kann man dann an solchen Meilensteinen nicht mehr vorbeigehen, etwas ist anders geworden durch sie, was zukünftige Menschen berücksichtigen müssen, die in diesem Gebiet arbeiten. Als Künstler kann man nicht an Picasso, als Germanist nicht an Goethe und als Pädagoge nicht an Pestalozzi vorbeigehen. Über ihr Fachgebiet hinaus haben Menschen wie Freud oder Gandhi das Bild unserer Zeit geprägt. Diese Menschen haben Veränderungen im Selbstverständnis und der Selbstempfindung von Menschen, in ihrer Wahrnehmung von Welt hervorgerufen.

Die Frage, die mich umtreibt ist folgende: Wie kommt es zu Werken, die eine ganze Zeit verändern bis in das Lebensgefühl der Menschen hinein? Und darüber hinaus interessiert mich: Auf welchen Wegen gelangen Menschen dazu,

---

[1] Nietzsche 1980, Bd. 4, (im folgenden Nietzsche KSA 4) S. 110

nicht nur Werke von herausragender Bedeutung zu schaffen, sondern auch sich selbst, ihr Leben als ureigene Lebensform mit hervorzubringen?

Das Neue wächst nicht einfach kontinuierlich aus dem Alten hervor. Sowohl in bezug auf ein epochemachendes Werk als auch im Leben des Einzelnen scheint es Wendepunkte und Durchbrüche zu geben, von denen aus alles anders wird. Auf einmal wird es nach einem solchen Umbruch unmöglich ins Alte zurückzukehren. Das geschieht zum einen in Schlüsselsituationen, aber auch in Entwicklungsschritten des Kindes, etwa vom Kind zum Jugendlichen, wo die neue Entwicklungsstufe nicht einfach einer Entwicklungslogik folgt, sondern von jedem einzelnen selbst geleistet werden muß. Wir sind nicht festgelegt auf ein vorbestimmtes Menschsein. Es steckt eine große Energie in der Möglichkeit zu einem solchen Aufbruch, einem Neuanfang, der jedoch weder beliebig, zufällig, noch planbar und machbar ist, sondern aus einem spezifischen Prozeß, einem schöpferischen Prozeß entstehen kann. Aus dem Gegensatz von „Machen" und „Schöpferischem Hervorbringen" läßt sich viel über die grundsätzlich andere Zugangsweise sagen. (vgl. Rombach 1994, S. 14f.) Mit einem Plan und entsprechenden Mitteln ausgestattet erscheint fast alles machbar. Wir können zum Mond fliegen, Babys in der Retorte züchten und Tiere klonen und bald noch viel mehr. Zum schöpferischen Hervorbringen jedoch gehört eine Dimension des Handelns und Seins, die durch eine Sache eröffnet wird. (vgl. ebd. S. 14ff.) Der Durchbruch zu dem „Neuen", um das es hier gehen soll, steht nicht in der Verfügung des Menschen, er ist nicht machbar.[2]

Kreativität, schöpferisches Handeln, neue Ideen werden in einer mit immer größerer Geschwindigkeit sich verändernden Gesellschaft von Menschen erwartet, die ins Berufsleben einsteigen oder aber eine neue Aufgabe suchen. Unser Wissen revolutioniert sich mittlerweile mehrfach im Laufe eines Lebens. Wir müssen im Grunde ständig mit neuen Bedingungen und neuen Situationen zurechtkommen, für die wir gar nicht ausgebildet sind. Kreativität wird also zu einer Art Schlüsselqualifikation.

Obwohl die Bedeutung der Kreativität allerorten betont wird, bleibt die Erziehungspraxis in Kindergarten und Schule merkwürdig unberührt davon, sieht man einmal von alternativen Konzepten ab. Im Kindergarten bedeutet Kreativität, daß die Kinder sich die Farbe, in der sie die Ostereier anmalen oder aber den Osterhasen basteln wollen, selbst aussuchen dürfen, nicht aber, daß man daran interessiert ist, wie Kinder ihr Weltbild aufbauen und ihre Identität gestalten. Kreativität heißt nicht Selbsthervorbringung, sondern basteln, nach Anleitungen, die von einer Erzieherin zur Verfügung gestellt werden. Auch in der Regelschule sind wir meilenweit von selbsttätigem Lernen entfernt. Man setzt nach wie vor grundsätzlich auf Nachahmung, auf Rekapitulation von zur Verfügung gestelltem Wissen und nicht auf eigene Hervorbringung, wie es etwa im

[2] Dies hat zur Folge, daß eine Weise des Sprechens über das Phänomen des Schöpferischen der Esoterik nahesteht. Mystifizierendes Sprechen, wie Ratgeber für den kreativen Menschen, nach dem Motto: Mach' was aus deinem Leben gehören in diese Sparte von Literatur, die für diese Arbeit nicht von Interesse war

entdeckenden Lernen durchaus theoretisch aufbereitet ist. Kreativität hat hier ihren Ort in Zusatzangeboten, wie Töpferkurs oder Theatergruppe. Selbst an der Hochschule ist es in vielen Fächern noch möglich, gute Noten zu bekommen, wenn man einfach nur gut auswendig gelernt hat, bzw. in Hausarbeiten einfach nur zusammenfaßt, was man gelesen hat, ohne es wirklich bearbeitet zu haben. Wo soll nun aber die Kreativität herkommen, wenn systematisch nach anderen Prioritäten gearbeitet wird?

In diesem Buch sollen Prozesse der Kreativität, genauer, das Prozeßgeschehen von Kreativität, thematisiert werden. Es ist schwer für solche Prozesse den geeigneten Begriff zu finden. In der wissenschaftlich relevanten Literatur bieten sich zwei an: „das Schöpferische“ und „Kreativität“. Das Schöpferische des Menschen wurde durch die Reformpädagogik und insbesondere durch die Kunsterziehungsbewegung zu Beginn des 20. Jahrhunderts betont. Der ganze Lebensstil des Einzelnen sollte durch Kunst und künstlerische Tätigkeiten gestaltet werden. Der ganze Mensch war angesprochen, doch die Lebensweise um die es gehen sollte, blieb religiös oder weltanschaulich rückgebunden und stand nicht insgesamt in Frage. Natürlich ist auch auf die Arbeiten der „Kreativitätsforschung“ zu verweisen, die vor allem aus Amerika ihre Impulse bekommen haben. In ihrer Grundausrichtung ist sie vornehmlich kognitiv orientiert, was allerdings dazu führt, daß andere Bereiche vernachlässigt bleiben. Beide Richtungen werden im weiteren Verlauf der Arbeit in ihrem Ertrag für die oben entwickelte Frage thematisiert werden.

„Der phänomenologische Blick. Über die Schwierigkeit, die noch stumme Erfahrung zur Aussprache ihres eigenen Sinnes zu bringen.“ (Meyer-Drawe 1985)

Dieser Satz verweist auf die methodische Vorgehensweise dieser Arbeit, die an die Tradition der Phänomenologie anknüpft. Dies scheint mir ein vielversprechender Zugang zu sein, da auf diese Weise immer jeweils die Subjekt- und Objektseite in ihrer Konstitution gezeigt werden kann. Der Mensch als Subjekt soll ja gerade nicht vorausgesetzt und mit der zusätzlichen Eigenschaft „Kreativität“ ausgestattet sein, sondern mein Anliegen ist es, zu zeigen, wie in schöpferischen Prozessen das Ich erst entsteht und damit auch die Weltsicht die diesem Subjekt eigen ist, die Welt, in der und als die es lebt. *Die* Welt wird also ebensowenig vorausgesetzt, was heißt, daß sie nicht einfach so beschreibbar ist. In jeder noch so vermeintlich objektiven Beschreibung verstecken sich Interpretationen, die Ausdruck einer bestimmten Sichtweise sind, unter der dieses Objekt betrachtet wird. Deshalb werde ich zunächst die Methode der Phänomenologie in ihrer historischen Entwicklung vorstellen. Es gibt keineswegs eine einheitlich verbindliche Herangehensweise innerhalb der Phänomenologie, sondern verschiedene Strömungen, die jeweils anderes in den Blick nehmen und sichtbar machen wollen.

Meine eigentliche Frage nach der schöpferischen Hervorbringung einer neuen Sache, die zugleich eine neue Sichtweise, einen neuen Sinnraum mit eigenen hrnehmungs-, Gestaltungs- und Handlungsmöglichkeiten bedeutet, werde in zweifacher Hinsicht angehen.

Zunächst werde ich in einem anthropologischen Teil solche schöpferischen Prozesse anhand zweier Beispiele aufzeigen. An Bildern von Picasso möchte ich den dimensionalen Schritt sichtbar machen, den ein schöpferischer Prozeß ausmacht. Kunstwerke können dies besonders gut veranschaulichen. Bevor Picasso und Braque den Kubismus „erfanden“, gab es ihn nicht. Nicht nur als Formensprache interessieren hier die Bilder Picassos, sondern zugleich als Bilder vom Menschen, wie sie vor 200 Jahren noch nicht möglich gewesen wären. Wie kommt es nun zu einem solchen Schritt? Bevor ich jedoch auf diese Frage eingehe, soll anhand eines zweiten Beispiels dieser Prozeß verdeutlicht werden, wie er im Leben eines jeden Menschen in seiner Entwicklung vorkommen kann. Der Übergang von der Kritzelphase zur gegenständlichen Zeichnung, wie wir ihn in der Entwicklung der Kinderzeichnung kennen, stellt einen solchen Schritt dar. Das Kind zeichnet nicht nur andere Formen, sondern muß zuvor einen anderen Zugang zur Welt gefunden haben, um sich Objekte als Gegenstände vorzustellen und sie dann auch zeichnen zu können. Auch hier findet sich ein schöpferischer Prozeß, in dem das Kind sich neu und anders erfährt als zuvor.

Es wird also alles auf das Prozeßgeschehen ankommen, dessen Konstitutionsakt aufzuzeigen ein Hauptanliegen der Arbeit ist. Diesen Prozeß in seinen Phasen und seiner Arbeitsweise näher zu verdeutlichen, ist das Anliegen des nächsten Kapitels.

Im weiteren werden nun Subjekt- und Objektseite genauer betrachtet, wie sie aus dem Prozeß hervorgehen. Damit zusammen hängt der Umgang mit den „Dingen“, ihre Erfassung und ihre darin liegende Erfahrung. Diese Dinge sprechen uns an, noch bevor wir mit ihnen hantieren können. Des weiteren: Wie sieht das Ich aus, das aus dem schöpferischen Prozeß entsteht? Gibt es einen Unterschied zu traditionellen Vorstellungen des Ich? Kann das Ich überhaupt noch als Einheit gedacht werden, oder müssen wir es als eine Vielheit annehmen? Wie stehen aber dann verschiedene Iche zueinander, wie leben sie miteinander?

In einem letzten Teil werde ich ein innovatives Konzept der Elementarerziehung aus Italien vorstellen, wo schöpferische Prozesse im Zentrum von Theorie und Praxis stehen. Am Beispiel der Reggiopädagogik kann deutlich werden was alles sich ändern müsste, wollte man mit diesem Denken auch in der Praxis ernst machen. Von größter Bedeutung ist hier das Bild vom Kind. Das Kind bringt in Auseinandersetzung mit anderen Menschen und seiner Umwelt sich selbst als ureigene Individualität erst hervor. Sein Bild von der Welt entsteht nicht durch Nachahmung, sondern durch selbsttätige Auseinandersetzung und ein sich vertiefendes Einlassen auf eine Sache. Kinder wachsen in eine kulturelle Tradition hinein. Sie sind aber auch Schöpfer ihrer eigenen Kultur. Wie aber sehen Prozesse aus, in denen eine neue „Kultur der Kinder“ entsteht?

Schöpferisch zu denken bedeutet, daß das Schöpferische sich jeweilig zeigen muß in seiner Konstitution von Subjekt und Objekt, von Identitäts- und Weltbildung.

Hiervon kann nun auch wieder die Anthropologie profitieren, insoweit sie den Menschen in seiner Konstitution in den Blick nimmt und insoweit sie eine Phänomenologie der schöpferischen Hervorbringung von Mensch und Welt ist.

Mensch und Welt gibt es nicht, sie gehen jeweils als ein Prozeßgeschehen auseinander hervor. In einem wechselseitig sich steigernden Prozeß entsteht neues; es entsteht *mehr* und *anderes* als in den Ausgangsbedingungen ersichtlich sein konnte.

1 Phänomenologie

1.1 Einleitung

Die Phänomenologie als Methode bietet die Grundlage dieses Buches. Die Phänomenologie bringt den „alten" Subjekt-Objekt-Gegensatz in Fluß. Sie zeigt die Eingeschränktheit eines Psychologismus, der primär von der Subjektseite ausgeht. Das Subjekt erfährt und sieht hier von der Welt nur das, was für sein subjektives Erleben bedeutsam ist. Die Welt kann dem Subjekt immer nur so erscheinen, wie sie durch die subjektive Brille gefiltert ist. Das Subjekt wird als gegeben vorausgesetzt. Es wird nicht phänomenologisch gezeigt, wie es sich konstituiert und umstrukturiert durch Gegebenheiten und Widerfahrnisse. Doch es steht noch nicht fest, wer dieses Ich überhaupt ist. Das Subjekt als Ursprungs- und Angelpunkt der Welt gerät also in Bewegung. Ebenso die Welt, die Objektseite, die Wirklichkeit, die ihrerseits nicht als gegeben vorausgesetzt werden kann.

Der Empirismus/Positivismus geht von einer solchen Setzung der Welt als vorhandener aus, die dann mit bestimmten Methoden beschreibbar, ja sogar zählbar sein soll. Diese Voraussetzung kann notwendig nicht zum Thema gemacht werden, obwohl durch sie schon unendlich viel festgelegt ist, was mögliche Ereignisse anbelangt. Die Eingeschränktheit von empirischen Untersuchungen, die auf dieser Grundlage arbeiten, sieht man zum Beispiel bei Kohlbergs Untersuchungen zum Moralurteil bei Kindern. (vgl. Kohlberg 1990) So werden hier durch die Art der Fragen, die er den Kindern vorlegt, mögliche Antworten festgelegt. Denn wer einen solchen Fragebogen vorgelegt bekommt, wird wohl kaum das Ganze durchstreichen, aus dem vorgegebenen Frage-Antworthorizont ausbrechen und die Frage selbst erörtern, so wie sie sich für ihn darstellt. Es wird vorausgesetzt, daß eine moralische Eigenschaft bzw. ein Urteil streng aufgewiesen werden kann, ferner daß Kinder eines bestimmten Alters zu einer Gruppe zusammengenommen werden können, unabhängig von der individuellen Situation und Geschichte. Außerdem wird vorausgesetzt, daß die Kinder „voneinander getrennte Gegenstände" sind und so erfaßt werden können. Ein unvoreingenommener Blick auf verschiedene Gruppen von Kindern könnte sofort sehen, daß moralische Urteile nicht nur von Individuen gefällt werden, sondern auch von Gruppen, so daß der Einzelne, in seiner „Bande" befragt, andere Urteile abgeben würde. In seiner Schulklasse befragt, wird wieder anderes möglich und erstrebenswert erscheinen.

Vorausgesetzt wird ferner, daß das moralische Urteil bei allen Kindern durch den Fragebogen festgestellt werden kann. Oder legt nicht etwa die Frage schon bestimmte Antworten nahe? Werden Werte in einer Weise abgefragt, wie sie im Religionsunterricht dargeboten werden? So fragt man nach christlichen Werten, nach den Geboten, zum Beispiel die Wahrheit sagen, nicht stehlen etc. und gibt nicht die Frage frei nach ganz anderen Werten, die sich vielleicht schon unbemerkt gebildet haben. Auch kann weder eine Antwort gegeben werden, wie diese Werte zustande kommen, noch ob sie unabhängig von der Situation, in der sie abgefragt werden, bestehen, und schon gar nicht, ob das Kind tatsächlich gemäß dieser Urteile lebt und handelt. Was also auf den ersten Blick ungeheuer wissenschaftlich und zugleich lebensnah aussieht, erweist sich beim genaueren Hinsehen als eingeschränkt und vorherbestimmt. Die Wirklichkeit des Kindes, um die es ja eigentlich gehen soll, wird nur sehr eingeschränkt faßbar. Was herauskommt sind „Antworten" für Erwachsene, die schon durch die Zugangsweise nur eine geringe Variationsmöglichkeit von zugrunde liegenden Schemata zugelassen haben. Ob diese Schemata jedoch die moralischen Handlungen und Urteile der Kinder überhaupt beschrieben werden können, wird nicht thematisiert. Die Welt der moralischen Urteile liegt fest, ist schon vorhanden und kann, so die Meinung der Positivisten, abgefragt und erfaßt werden.

Den Phänomenologen nun interessieren Konstitutionsprozesse. Er versucht, in die Lebenswelt des Kindes hinein zu kommen, um von innen her zu zeigen, wie moralische Werte zustande kommen. Er ist offen für das, was vom Kind selbst her kommt, seien dies Gespräche, Spiele, Sozialkontakte, Körpersprache, Gesten, sei dies der Klang der Stimme, der verrät, daß das Kind etwas erzählt, was es nur äußerlich gelernt hat, aber für es selbst keinerlei Bedeutung hat. Die Welt des Kindes verschließt sich jedem Zugang, der von außen kommend bestimmte Merkmale beschreiben oder bestimmte Kausalitäten aufzeigen will. „Zu der Sache selbst" heißt hier: In die Welt des Kindes hineingehen und zeigen, wie sie entsteht und wie sie beschaffen ist. Wer sich nicht darauf einläßt, wird auch nichts über sie erfahren.

Auch die Hermeneutik nimmt, jedoch in völlig anderer Weise als der Empirismus die Objektseite, die Welt als gegeben hin, der wir uns dann mittels Interpretation bzw. mittels des hermeneutischen Zirkels annähern können, um sie in der historischen Gestalt zu erfassen.[3] Die Welt des Kindes wird nicht als ein für allemal so und so beschaffen vorausgesetzt und gesehen, sondern gestaltet sich mit jeder geschichtlichen Kulturepoche neu. Man kann nicht das Kind verstehen wollen, unabhängig von der Zeit, in der es lebt. Die Welt des Kindes im Mittelalter ist nicht dieselbe wie heute. Die Hermeneutik greift tiefer, sie legt aus und erklärt nicht.

Der Phänomenologe Eugen Fink kritisiert den feststellenden Charakter hermeneutischer Pädagogik in Anschluß an Dilthey. (vgl. Fink 1978, S. 24) Er weist dabei auf die Beschränktheit rein historischen Interesses hin. Dies gilt für ihn,

---

[3] Die Bezugnahme erfolgt hier auf Dilthey 1990

wenn die theoretische Beschäftigung mit einer Sache nicht einer eigenen existentiellen Frage entspringt und insofern auch keine Suche nach Handlungsweisen für sich ist.

> „Die schwerwiegende Alternative zwischen „feststellender" und „entwerfender" Erziehungswissenschaft muß in ihrer vollen Tragweite begriffen werden." (ebd., S. 33)

Hier nun ist ein Punkt angesprochen, der nicht nur die Methodenfrage, sondern auch das eigentliche Thema der Arbeit, das Schöpferische, berührt. Entgegen einer nur empirischen oder auch hermeneutisch-historischen Feststellung geht es der Phänomenologie um die Prozesse durch und in denen etwas erst zu dem wird, was es ist. Fink spricht vom „Mitgehen mit der schöpferischen Lebensbewegung" (ebd.). Der Mensch wird nicht auf ein Wesen festgelegt, auf etwas was er sein oder werden soll. Wichtig ist es zu sehen, was etwas ist und darüber hinaus entwerfend die Frage stellen kann, was daraus weiter werden kann. Es geht also darum, von innen her den Weg einer Sache - eines Menschen mitgehen, um so Perspektiven hervorzubringen, die der Lebenswelt und Wirklichkeit adäquat sind und so auch wirklich weiterführen können. Die Lebensrelevanz der pädagogischen Fragen, die jeder praktisch arbeitende Pädagoge am eigenen Leibe erfährt, wird allzu oft im wissenschaftlichen Forscherdrang vergessen.

Bleibt der Hinweis auf Danner, der nach dem Verhältnis von Phänomenologie und Hermeneutik fragt:

> „(...) dann entsteht das Problem des Verhältnisses von *Phänomenologie* und *Hermeneutik* (...). Phänomenologie hat es immer mit Inhalten und mit Sprache zu tun, die einer Auslegung bedürfen, diese Auslegung aber muß sich umgekehrt an den Phänomenen messen lassen. Inwiefern kann Phänomenologie je auf Hermeneutik verzichten (und umgekehrt)?" (Danner in: Danner/Lippitz 1984, S. 138f.)

Auch an anderer Stelle weist er auf den Zusammenhang hin. „Nie kommt er mit einer 'Methode' allein aus." (Danner 1998, S. 213) Eine solche Kombination von Methoden erscheint nur dann möglich, wenn das jeweils damit verbundene Welt- und Menschverständnis nicht in voller Tragweite berücksichtigt wird. Es scheint mir vielmehr auf den Aspekt zu zielen, daß eine phänomenologische Untersuchung immer jeweils eine Interpretation des Phänomens selbst darstellt. Diese Art und Weise der Interpretation ist jedoch nicht dieselbe, die, quasi in hermeneutischen Zirkeln kreisend, interpretierend versucht, sich einer Sache zu nähern. Hermeneutisch gesehen bin ich immer getrennt von dem was ich interpretiere. Phänomenologisch gesehen versuche ich, aus einer Sache zum Beispiel, aus dem Phänomen Spiel heraus eine mögliche Interpretation dieses Phänomens zu geben. „Zu den Sachen selbst" bleibt der Leitgedanke, der sich jedoch im Laufe der phänomenologischen Bewegung selbst wandelt und je anderes sagt und sucht. Diesen geschichtlichen Gang aufzuzeigen ist nötig, um zu verstehen, was Phänomenologie hier sein kann.

1.2 Husserl: Intentionalität und Konstitution

Edmund Husserl gilt als der Begründer der Phänomenologie. Da seine Entdeckungen Grundlage für alle weiteren Entwicklungen der Phänomenologie sind, sollen hier die wesentlichen Punkte kurz angerissen werden. Auch wenn man sieht, auf welch verschiedenen Ebenen Husserl in der Geschichte rezipiert wurde, so kann man ihn nicht als bekannt voraussetzen wie den Satz des Pythagoras etwa. Selbstverständlich kann der Husserlsche Ansatz nicht im Ganzen aufgeführt werden, sondern nur in den für unsere Arbeiten hier wesentlichen Fragen angesprochen werden.

Husserl zeigt nun, daß die objektivistische Verdinglichung der Wirklichkeit als einer vorhandenen, die wir dann noch besser oder schlechter beschreiben und erkennen können, eine Naivität darstellt. Er zeigt, daß zum Erscheinen eines Gegenstandes, ja einer bestimmten Art von Gegenständlichkeit, eine ganz bestimmte entsprechende Bewußtseinsleistung notwendig ist. Auf dieser Grundlage untersucht er nun verschiedene Typen von Gegenständen und korrelativ dazu die Typen der Auffassungsweise, die diese Arten von Gegenständen erst hervorbringen.

> „Zum cogito selbst gehört ein in ihm immanenter ‘Blick-auf’ das Objekt, der andererseits aus dem ‘Ich’ hervorquillt, das also nie fehlen kann. Dieser *Ichblick auf etwas* ist, je nach dem Akte, in der Wahrnehmung wahrnehmender, in der Fiktion fingierender, im Gefallen gefallender, im Wollen wollender Blick-auf usw. (...).“ (Husserl nach Rombach 1980, S. 36f.)

Es werden hier die verschiedenen Weisen der Intentionalität angesprochen, die jeweils andere Arten von Objekten konstituieren. Ein Beispiel wird dies besser verständlich machen: Ein zweijähriges Kind ist ganz ins Spiel versunken. Es fährt mit verschiedenen Bausteinen umher und benützt sie wie „richtige“ Spielzeugautos, die nebeneinander herfahren und zusammenstoßen können. In einem bestimmten Modus von Achtsamkeit, im Spiel nämlich, sind es „reale“ Autos. Unterbricht man nun das Spiel sanft, so wird das Kind zunächst noch sagen, daß es mit Autos gefahren ist. Macht man hartnäckig das ganze Spiel zunichte, beendet man diesen Modus der Aufmerksamkeit und holt das Kind in die Realität objektiv wahrnehmbarer Gegenstände zurück, so wird das Spiel vergessen. Das Kind weiß nun, daß in dieser Zugangsweise zu Gegenständen das isolierte Ding da „nur“ ein Baustein ist. Die Tradition unserer Denkweise hat dazu geführt, daß wir diese Realität als *die* „richtige“ ansehen.

Verschiedene Intentionalitäten bringen also verschiedene Arten von Gegenständen hervor. Gerade beim Kind kann man sehr gut sehen, daß es sich nicht um eine nachträgliche Interpretation eines bekannten Gegenstandes „Baustein“ handelt. Das Selbstverständliche, den Baustein als Auto zu nehmen, bringt das Ding im Ganzen anders hervor. Im Spiel seiend weiß das Kind nichts vom Baustein. Das bedeutet, Gegenstände können nicht als gleichermaßen nebeneinander vorkommend betrachtet werden. Es muß immer die Frage nach dem

Modus des Bewußtseins gefragt werden, der solche Art von Gegenständlichkeit erst ermöglicht. Es geht also um die Frage nach dem Horizont, der solche Gegenstände hervorbringt. Man könnte den Horizont auch beschreiben als einen bestimmten Blick, der nur bestimmte Dinge sehen kann. So läßt ein wertender liebevoller Blick eine andere Welt erscheinen, als ein analytisch wahrnehmender. Es handelt sich dabei nicht mehr um dieselbe Wirklichkeit. Wirklichkeit wird je und je so gründlich und gänzlich umstrukturiert, daß sie neu entsteht.

Noch ein Beispiel: Ein Kind hat einen Wutanfall. Die Welt verschließt sich mit einem Schlag völlig. Alles wird vehement verweigert. Der sonst so geliebte Teddy wird in die Ecke gefeuert. Er kann mit den Augen der Wut nicht als solcher erscheinen, sondern nur als weiteres Ärgernis. Eine bestimmte Subjektivität also konstituiert eine bestimmte Objektivität.

Diese Subjektivitätsformen haben jedoch nicht wir als empirische Subjekte erfunden. „Die Gesamtheit aller Intentionalitätsformen macht das aus, was man das 'transzendentale Subjekt' nennt." (Rombach 1980b, S. 40) Das transzendentale Subjekt ist also der Einheitsgrund möglicher Konstitutionen von Welt. Es beinhaltet nicht nur die subjektiven Auffassungsweisen, sondern jeweils korrelativ dazu die möglichen Arten von Gegenständlichkeit. Das transzendentale Subjekt umfaßt alle möglichen Intentionalitäten. Auf diese kann ich als empirisches Subjekt jedoch nicht zurückgreifen, indem ich einmal diese, einmal jene Intentionalität wähle. Eine bestimmte Intentionalität muß immer erst konstituiert werden - also sowohl der subjektive Blick als auch die zugehörige Welt. Ein Beispiel: Befragt man einen Mediziner nach dem Sinn des Märchens vom Wolf und den sieben Geißlein, speziell nach der Möglichkeit des Verspeisens von sechs Geißlein, die danach von der Mutter durch das Aufschneiden des Wolfsbauches wieder unbeschadet zum Vorschein kommen, wird man von seinem Standpunkt aus dies nur als Unsinn bezeichnen können. Will man den Sinn erfassen, so muß man den Horizont der Märchenwelt aufbauen. Man muß etwa fragen, welche Beziehungen zwischen Tieren möglich sind und was sie bedeuten, um die „Eigenlogik" der Bilder zu erfassen. Erst wenn es gelingt, diesen Horizont zu konstituieren, kann ein einzelnes herausgenommenes „Faktum" als möglicher sinnvoller Gegenstand in einem solchen Horizont erscheinen.

Mit Husserl ist es möglich, nach der Konstitution von Sinn zu fragen. Diese Konstitutionsleistungen zu erhellen gelingt jedoch nur, wenn wir, wie Husserl sagt, die Generalthesis der natürlichen Einstellung einklammern. (Husserl 1985, S. 137) Hingegeben an die Welt, zum Beispiel im Spiel versunken, können wir nicht sehen, daß es sich hier um eine bestimmte Intentionalität handelt. Nur wenn wir gewissermaßen davor zurücktreten und die Subjekt- und Objektseite in den Blick nehmen, können wir den Konstitutionsprozeß beschreiben. Husserl nennt diesen Vorgang Reduktion. „Phänomenologie bedeutet demnach für Husserl immer auch Verzicht, Verzicht auf Wirklichkeitsaussagen und somit *Reduktion* auf Möglichkeitsbedingungen." (Rombach 1980b, S. 47) Das „Einklammern" des Wirklichen ist notwendig, um transzendentalphänomenologisch die produktiven Leistungen des Bewußtseins erhellen zu können. Hier werden später seine wichtigsten Kritiker, Heidegger und Merleau-Ponty, ansetzen, was auch für die pädagogische Phänomenologie folgenreich sein wird.

Zuerst soll jedoch noch eine späte, für die Pädagogen sehr wichtige Wendung Husserls zur „Lebenswelt“ angedeutet werden.

> „Die Wissenschaften bauen auf der Selbstverständlichkeit der Lebenswelt, indem sie von ihr her das für ihre jeweiligen Zwecke jeweils Nötige sich zunutze machen.“ (Husserl 1986, S. 281)

„Die Lebenswelt ist ein Reich ursprünglicher Evidenzen.“ (ebd., S. 283) Die Wissenschaft bleibt also rückgebunden und eingebettet in die vorwissenschaftliche Lebenswelt. Dies ist, wie Held in seiner Einleitung in Husserls Texte nachzeichnet, in zweierlei Hinsicht zu verstehen. Zunächst wird die Lebenswelt als „unthematische Anschauungswelt“ (Held in: ebd., S. 50) verstanden, die den Boden für jede weitere wissenschaftliche Betrachtung bildet. Dies wird an einem Beispiel deutlich. (vgl. ebd., S. 49) So verläßt sich der Forscher unter anderem bei Messungen auf seine unmittelbaren optischen Eindrücke, auf das, was er sieht. Dies wiederum macht er in seinen Forschungen selbst nicht zum Thema, es bleibt unthematische Voraussetzung. Der andere Punkt, an dem die „Verwurzelung der modischen Forschungspraxis im lebensweltlichen Leben“ (vgl. ebd.) deutlich wird, ist das selbstverständliche Verwenden technischer Errungenschaften im alltäglichen Leben. Wir verwenden ein Fernsehgerät, ohne dessen Funktionsweise zu kennen. Husserl spricht hier von einer Sedimentierung. Das heißt, daß sich hochkomplexe Erkenntnisse in die lebensweltliche Praxis einlagern. Auf diesem Wege bleibt die Lebenswelt nicht länger bloßer Gegensatz zur wissenschaftlichen Welt, da sie deren Errungenschaften sich selbst einverleibt hat.

> „Die Welt der natürlichen Einstellung ist nun eine Welt, die sich geschichtlich durch die in ihr stattfindende Praxis und ihre Sedimentierungen, durch das >Einströmen<, anreichert. Es ist die konkrete geschichtliche Welt.“

> „Thema der Philosophie ist die Welt als subjekt-relativer, sich geschichtlich anreichernder Universalhorizont, als Lebenswelt.“ (ebd., S. 52)

Die Lebenswelt also bildet die Basis für jegliches wissenschaftliches Erkennen und verwandelt sich zugleich durch die gewonnene Erkenntnis als eine sich jeweilig neu konkret gestaltende Welt. Die Phänomenologie macht es sich nicht zur Aufgabe, die differenten Alltagswelten zu erhellen, sondern geht zwei andere Wege, wie Lippitz in seinem Kapitel: „„Lebenswelt“- kritisch betrachtet“ (Lippitz 1993, S. 57ff.) skizziert. Es wird der Versuch unternommen, „kontextinvariante Merkmale“ (ebd., S. 58) herauszuarbeiten (vor allem auch durch Husserls Schüler A. Schütz).

Die Konstitution der sozialen Welt beispielsweise wird als eine aller konkreter Ausprägung zugrunde liegende Struktur verstanden. Lippitz verweist an dieser

Stelle auf den entscheidenden Mangel dieses Unterfangens, geschichtliche Lebenswelten durch alltägliche Strukturen zu fundieren. Dieser Mangel besteht in der Unerklärbarkeit, wie es dann letztlich zu den so verschiedenen Ausprägungen von Alltagswelten kommen kann. (ebd.) Im Grunde wird das Bestreben Husserls, die lebensweltliche Verankerung des Menschen und seines Erkenntnisstrebens zu zeigen, durch ihn selbst letztlich nicht erreicht, da auch die Lebenswelt als „Grundschicht" (ebd.) konsequenterweise transzendentalphilosophisch hinterfragt werden muß. „Denn auch sie bleibt in das Bewußtseinsleben eingebettet und verdankt sich dessen Leistungen." (ebd.) An diesem Punkt setzt auch die Kritik an Husserl an, die, ausgehend von seinen Errungenschaften, sein Denken weiterführen bzw. für pädagogisches Fragen nutzbar machen will.

1.3 Kritische Weiterführungen im Anschluß an Husserl

Drei grobe Richtungen dieser Kritik, die auch heute noch zentrale Bedeutung in der Pädagogik haben, sollen nun skizziert werden: Zum einen der holländische Weg Buytendijks und Langevelds, also der Ütrechter Schule - zum anderen der französische Weg, der exemplarisch am Denken Merleau-Pontys angedeutet werden soll. Sein Denken ist für die heutige pädagogisch-phänomenologische Forschung von großer Bedeutung. In einem dritten Punkt werden die deutschen phänomenologischen Pädagogen vorgestellt, in deren unterschiedlichen Bestrebungen die Phänomenologie in der Pädagogik nutzbar zu machen.

1.3.1 Ütrechter Schule: Kindliche Lebenswelten

Wollte man die Phänomenologie Langevelds exemplarisch für die Arbeitsweise der Ütrechter Schule charakterisieren, so könnte man sie als Lebensweltforschung beschreiben, die sich als praktische Anthropologie versteht. Langeveld führt den Leser einfühlsam durch deskriptive Studien in die Welt des Kindes, die aus der „Sicht des Kindes" (Lippitz 1993, S. 32) aufgezeigt werden soll. Die Realität der lebensweltlichen Strukturen interessieren ihn als teilnehmenden Forscher, der die Erfahrungen der Kinder mitzuvollziehen versucht. Hierbei geht es ihm jedoch nicht um „bloße kognitive Wissensgehalte" (ebd., S. 33), sondern um „unterschiedliche Erfahrungsfelder" (ebd.). Die Forschungen sind jedoch nicht als „l'art pour l'art" zu verstehen, sondern sind notwendig.

> „Denn, so Langeveld, wer dem Kinde helfen will, erfährt erst im Prozeß des Helfens, die Bedingungen seines Tuns, die Möglichkeiten und Grenzen der psychosozialen und kognitiven Entwicklung des Kindes. Nur, wer unter dem pädagogischen Anspruch der Förderung des Kindes stehe, erfahre im pädagogischen Feld die für das pädagogische Handeln wichtigen Sachverhalte." (ebd.)

Hier zeigt sich deutlich der phänomenologische Zug in den Arbeiten Langevelds, der darin besteht, nicht mit einem vorgefertigten Menschenbild dem Kind zu begegnen oder aber es nach bestimmten Zielen erziehen zu wollen.

Dies würde man normalerweise als normative Pädagogik verstehen, daß bestimmte Normen vorgegeben sind, nach denen der Erzieher sich dann richten kann. Anders Langeveld, der die „Normen“ aus dem konkreten pädagogischen Prozeß gewinnt. In der Konkretion erst zeigt sich die Entwicklung, das Selbstwerden des Kindes. Ausführungen hierzu finden sich etwa in seinem Buch: „Die Schule als Weg des Kindes“ (Langeveld 1966). Erfahrungen möchte er hier ansprechen, die im Leben von Kindern eine wichtige Rolle spielen.

> „So trete ich nun (...) in die Alltagswirklichkeit der Schule und des kindlichen Lebens ein, um diese von einer tieferen Schicht her zu begreifen. Ich habe mich immer in der Welt des Kindes und der Erzieher zu Hause gefühlt (...).“ (ebd., S. 12)

In diese Welt will er den Leser einführen mittels seiner Phänomenanalysen, etwa der von der „geheimen Stelle“ im Leben des Kindes. (vgl. ebd., S. 74ff.) Diese Stelle kann, je nach Alter, eine selbstgebaute Höhle unterm Tisch, der Dachboden oder ein Baum oder Gesträuch der Umgebung sein. Langeveld beschreibt detailliert und einfühlsam die eigene Zeitlichkeit und Räumlichkeit, wie sie etwa vom Dachboden als einem geheimen Ort aufgespannt wird. Es entsteht hier eine eigene Form von Wirklichkeit (Welt), die entfernt von Außenstehenden ist, in die man eingeweiht sein muß und in die man eintauchen muß. Eine spezifische Form von Aufmerksamkeit, von bei sich sein, stellt sich hier ein. Die Schule kann all dies nicht lehren, was man dort lernen kann, - sollte aber ein fundamentales Verständnis für derartige Phänomene haben für das Langeveld auf diesem Wege wirbt.

Die Forschungen im Anschluß an Langeveld haben ihre Stärke in der Konkretion, in der Praxisnähe ihrer deskriptiven Beschreibungen pädagogischer Probleme. Eine mögliche Schwäche könnte darin liegen, daß die gewonnenen Beobachtungen nur konstatiert werden und nicht gefragt wird, wie sie sich auf die Genese der kindlichen Welt beziehen lassen. So wird beispielsweise bei Margedant-von-Arcken das „Tier in der Lebenswelt des Vorschulkindes“ (in: Danner/Lippitz 1984) untersucht und ein Muster herausgearbeitet, nach dem sich solche Begegnungen abspielen. Die Ergebnisse bleiben isoliert stehen und werden nicht auf die gesamte Lebenswelt des Kindes bezogen. Es besteht die Gefahr, bei „phänomenologischen“ Erlebnisbeschreibungen stehen zu bleiben, ohne die Frage nach dem Sinn derselben weiterzuverfolgen, so daß der Eindruck einer gewissen Beliebigkeit entstehen kann.

1.3.2 Merleau-Ponty: Leiblichkeit und Wahrnehmung

Nun zu einem weiteren Phänomenologen, der auf die Arbeit der phänomenologischen Pädagogen einen großen Einfluß hat, Maurice Merleau-Ponty. Er führt Husserl weiter, wobei auch Motive aus Heideggers Denken für ihn wichtig werden.

Nicht mehr das Bewußtsein, sondern unsere leibliche Existenz konstituiert unsere Bezogenheit zur Welt, der wir zugleich angehören. In diesem Zusammenhang wird die Wahrnehmung zu einem „Grundphänomen" (Waldenfels 1992, S. 60).

> „Was immer wir sagen und tun, stets haben wir schon Kontakt mit einer Welt, die sich jedoch nur in begrenzten Perspektiven und Horizonten erschließt." (ebd.)
>
> Oder wie Merleau-Ponty selbst sagt: „In gleicher Weise werden wir eine Erfahrung der Welt zu neuem Leben zu erwecken haben, so wie sie uns erscheint, insofern wir zur Welt sind durch unseren Leib und mit ihm sie wahrnehmen." (Merleau-Ponty 1965, S. 241)

Der Leib wird also in gewisser Weise zum Subjekt der Wahrnehmung, der anders als das Bewußtsein in gewisser Weise in einem „Zwischen" existiert. Auch das „zur Welt sein", „etre au monde" spricht diese Art von Bezüglichkeit aus, die für Merleau-Ponty grundlegend ist. So bleibt „die Welt" vordraußen, sie erschließt sich nur perspektivisch. „Die Bewegung der Existenz auf die Anderen, auf die Zukunft, auf die Welt hin kann sich erneuern." (ebd. S. 197) Es bleibt eine Differenz zwischen dem Subjekt und der Welt, die wahrgenommen wird. Und doch sind wir durch unseren Leib zugleich in ihr verankert. Die Wahrnehmung bildet hier gewissermaßen das Fundament, auf dem alle anderen Bezüglichkeiten des Menschen ruhen. Waldenfels thematisiert diese Funktion der Wahrnehmung:

> „(...) grundlegend ist sie, sofern sie einen spezifischen Zugang eröffnet zu allem, was überhaupt in Erscheinung treten kann, und sofern sie als Grundvoraussetzung in alle Erlebnis- und Verhaltensweisen eingeht." Sie ist: „Hinter- und Untergrund von dem sich alle Akte abheben." (Waldenfels 1998, S. 160).

Unsere Existenz ist also zunächst durchsetzt von unserer leiblichen Wahrnehmung. Wir sind diese Bezogenheit zur Welt im Ganzen. Und doch ist die Welt nicht einfach etwas außerhalb von uns: „Die leibliche Existenz erweitert sich schließlich zur Koexistenz." (Waldenfels 1992, S. 60) Merleau-Ponty spricht in diesem Zusammenhang auch von „Zwischenleiblichkeit". Der andere wird von mir erfahren, indem ich meine Subjektivität überschreite. Und doch kann er mir nie ganz präsent werden, schon gar nicht als er selbst. (vgl. Lippitz 1993, S. 291) Auch hier bleibt letztlich eine Differenz, die unaufhebbar ist. Die leibhafte Erscheinung des Anderen bildet den Einstieg in die Begegnung.

Es gilt jedoch noch weiter jenes „Sein- zur- Welt" zu verstehen, welches keine strikte Trennung von Subjekt und Welt bedeutet, sondern als eine Art „Ineinandergreifen" zu beschreiben ist.

So sind wir als Subjekte in größere Zusammenhänge eingelassen, für die wir nicht allein verantwortlich sind. Wir sind in einer Situation, die wir mit anderen Menschen teilen, die sozial und auch geschichtlich strukturiert ist. (vgl. Meyer-

Drawe 1984) Das Subjekt ist also nicht völlig unabhängig, sondern immer „situiert (...), durch den Leib in die Welt eingehend“ (Merleau-Ponty 1965, S. 464). Diese Situiertheit des Leibes beschreibt Waldenfels so:

> „Der Leib verkörpert meine Vorgeschichte (...) als kultureller und habitueller Leib ist er zugleich Ablagerungsstätte geschichtlicher Errungenschaften. Dieses präpersonale ‘Subjekt’ bleibt anonym, sofern sich noch kein persönlicher Täter und Urheber ausmachen läßt. Insofern müßte es heißen:
>
> „Man nimmt in mir wahr, nicht ich nehme wahr.“[4]“ (Waldenfels 1998, S.166ff.)

Auch hier bleibt letztlich eine Differenz bestehen, insofern ich meine Vorgeschichte nicht selbst bin, sie also nicht zu der meinen gemacht habe, sondern sie handelt in mir als etwas, was „anonym“ bleibt.

Die Intentionalität bleibt bei Merleau-Ponty also vollständig erhalten, nur nicht im Sinne von „Bewußtsein von etwas“, da der Leib kein Phänomen des Bewußtseins ist. Und doch ist er intentional verfaßt. Sogar die geschlechtliche Situation ist für Merleau-Ponty intentional verfaßt. Er spricht in diesem Zusammenhang von „erotischer Wahrnehmung“ und „erotischem ‘Verstehen’“. (ebd., S. 188) Selbst das Empfinden ist nicht, wie Heidegger das sehen würde, eine Weise der Befindlichkeit, eine Weise des In-der-Welt-seins. Letztlich geht es Merleau-Ponty nicht um das Sein des Menschen, sondern um das Bezogensein, das „Sein zur Welt“. „Das Empfinden stellt einen ursprünglichen Kontakt mit der Wirklichkeit her. Die Empfindung ist bereits intentional.“ (Waldenfels 1998, S. 168)

Erst die posthum erschienenen Notizen Merleau-Pontys offenbaren noch einmal eine späte Wende in seinem Denken. Der begonnene Weg, die Bewußtseins- und Subjektphilosophie zu überwinden, wurde weiter von ihm weitergeführt, von der Phänomenologie der Wahrnehmung zu einer Ontologie des Sehens. Hier wird nun versucht, die Intentionalität überhaupt nicht mehr als Leistung des Bewußtseins zu sehen, sondern als „Intentionalität im Inneren des Seins“ (ebd., S. 200). Dieses Sein spricht sich aus, differenziert sich und entzieht sich zugleich. Eine Annäherung an den späten Heidegger ist hier unübersehbar.

Kritik an Merleau-Ponty

Hier nun könnte eine mögliche Kritik ansetzen, die jenes Denken aus der Differenz befragt, das sich wie ein roter Faden durch Merleau-Pontys Überlegungen zieht (sogar unser Leib sind wir nicht im Ganzen selbst, sondern er bleibt uns partiell fremd, d.h. er ist Bild unserer Nicht-Identität).

Wenn wir auf die Wirklichkeit, trotz leiblicher Situiertheit, letztlich nur bezogen sind und das, was wir verstehen, nur durch Abweichung von anderen se-

---

[4] hier zitiert Waldenfels Merleau-Ponty

hen, so bleibt uns eine bestimmte Dimension des Lebens verschlossen. Hier tut sich eine Grenze des Verstehens aus der Differenz auf, selbst wenn jene leibliche Zwischenwelt berücksichtigt wird, die aber auch keine gemeinsame Identität ist, sondern ein „Zwischen“ von Eigenem und Fremden bleibt. In späteren Texten steht jedoch nicht die Differenz im Vordergrund. Der Leib fungiert nun etwa wie in „Das Auge und der Geist“ und „Das Sichtbare und das Unsichtbare“ beschrieben, als eine Art Kommunikationsmittel. Er hat an der Welt teil und bildet Antworten sinnlicher Art aus. Über den Maler heißt es sogar: „(...) der in den Dingen geboren wird, wie durch eine Konzentration und ein zu sich Kommen des Sichtbaren“. (Merleaux-Ponty 1984, S. 34)

Ein weiterer Kritikpunkt ergibt sich aus dem von Merleau-Ponty entfalteten Grundphänomen der Wahrnehmung, welches mit dem der leiblichen Existenz eng verknüpft ist. Alles erscheint hier auf der Grundlage unserer wahrnehmenden Verfaßtheit, die Dinge, die Welt und die anderen Menschen können nur auf dieser Grundlage erscheinen. Wie Husserl aus dem Bewußtsein nicht herauskommt, so verbleibt Merleau-Ponty in dieser alles fundierenden leiblichen Verfaßtheit als Grundlage. Aber vielleicht gibt es auch Phänomene, die nicht ursprünglich primär leiblich verfaßt sind. Zum Beispiel das Phänomen der Geschichte.

In einem dritten Punkt möchte ich die Kritik, die Rombach an Merleau-Ponty geübt hat, darlegen: die Kritik, die zu Heidegger hinführt. Merleau-Ponty geht es mit der leiblichen Existenz eigentlich um eine tiefere Schicht als das Bewußtseinsleben. Und doch ist sein „être au monde“, wie Rombach (Rombach 1980b, S. 121) bemerkt, kein „Seinsvollzug“, wie das „In-der-Welt-sein“ Heideggers, sondern bleibt letztlich „‘Wahrnehmungs’- oder Bewußtseinsvollzug“. (ebd.) Hierin zeigt sich nach Rombach das Verhaftetsein im französischen Rationalismus. (ebd.) Die ursprüngliche Dimension des Seins wird nicht getroffen und phänomenologisch beschrieben. (vgl. ebd.) Rombach zitiert in eigener Übersetzung Merleau-Ponty: „(...) ich bin offen zur Welt, ich kommuniziere unzweifelhaft mit ihr, doch besitze ich sie nicht, sie ist unerschöpflich.“ (ebd., S. 122) Rombach führt dazu aus:

> „Das, was man ‘lebt’, ist nicht das, wozu man ‘offen’ ist. Hier widersprechen sich die ontologischen Modelle. Und vor allem ‘lebt’ man auch die Unerschöpflichkeit des Wirklichen, ‘besitzt’ diese in einem ursprünglichen Sinne, im Sinne der ontologischen Identität. Diese läßt sich keineswegs als ‘These des Lebens’ fassen, die besagen soll: ‘es gibt eine Welt’. Das Leben hat keine ‘These’ über die Welt, sondern ‘ist’ seine Welt. Um dies einzusehen muß man freilich das ‘ist’ des menschlichen Lebens neu und eigens fassen, muß es als eine Seinsartikulation verstehen, die *in der Weise des Seins* offenlegt, was sie ist. Um an diesen Punkt zu kommen, bedürfte es jedoch einer radikalen Veränderung, die Leben und Welt auf dasselbe zusammenbringt, eine Leistung, die wir allein bei Heidegger finden.“ (ebd.)

Wir leben nicht im Bezug zur Welt, wir leben und sind eine Welt. Näheres zu diesem ontologischen Schritt im Heidegger-Kapitel.

1.3.3 Phänomenologische Pädagogen in Deutschland (Meyer-Drawe, Lippitz, Danner, u.a.)

Zur Darstellung kommen sollen nun die Arbeiten vor allem der deutschen Phänomenologen, die am „Internationalen Arbeitskreis für Phänomenologie pädagogischer Forschungen"[5] beteiligt sind und darin mit holländischen und belgischen Forschern zusammenarbeiten. So verschieden die Themen und Ansätze der deutschen Phänomenologen auch sein mögen, kann es hier nicht darum gehen alles aufzulisten. Vielmehr soll ein gemeinsames Grundanliegen aufgezeigt werden, welches dann auf sehr unterschiedliche Weise verfolgt wird.

Lippitz formuliert sein Anliegen wie folgt:

> „Typisch für die phänomenologische Forschungslandschaft sind die Zugänge zu vor- und nicht wissenschaftlichen Spielarten von Erfahrung. Diese angemessen und behutsam zu artikulieren und ihnen die Bedeutung zu geben, die sie im menschlichen Zusammenleben haben, ist Aufgabe einer Forschung (...)." (Lippitz 1993, S. 7)

Das Zu-Wort-kommen-lassen und differenzierte Darlegen lebensweltlicher Erfahrung bildet ein Anliegen der phänomenologischen Pädagogik. Ein Weiteres ist es, auf die grundsätzliche Verschiedenheit von vorwissenschaftlicher und wissenschaftlicher Erfahrung hinzuweisen und diese verschiedenen Horizonte als verschiedene Erfahrungsfelder nicht nur hinzunehmen, sondern in ihrer Konstitution zu zeigen.

Konstitutionsprozesse sind die Wege, auf denen beispielsweise ein Lernender in die jeweilige Erfahrungsweise hineinfindet. Strukturierungsprozesse und Erfahrungsvollzüge sind Themen phänomenologischer Forschungen, die nicht vom Ziel her deduktiv arbeiten, sondern zeigen wie man wohin kommt. Dies soll an späterer Stelle noch näher ausgeführt werden; hier dient es nur zur Vororientierung.

Zunächst soll die Einordnung dieser phänomenologischen Pädagogik vorgenommen werden, damit deutlich wird, auf welcher Ebene hier gearbeitet wird. Allgemein kann man sagen, daß die Arbeiten noch an Husserl orientiert sind, obwohl Husserl grundsätzlich kritisiert wird. Dies geschieht vor allem, weil gesehen wird, daß gerade viele für die Pädagogik bedeutsamen Phänomene nicht gegenständlicher Art sind und sich auch nicht als Leistungen des Ichbewußtseins fundieren lassen. Lippitz erwähnt drei Bereiche dieser Art.

---

[5] Dieser Arbeitskreis hat sich 1983 konstituiert, woraus sich mehrere Sammelpublikationen ergeben haben.

„1. die *Naturhaftigkeit* des Menschen“ (ebd. S. 22), womit die leibliche Existenz angesprochen ist, die Grundlage der Wahrnehmung ist.

„2. die *Sozialität* und damit verbunden die *Sprachlichkeit* des Menschen“ (ebd.).

Meyer-Drawe zeigt in ihrer Schrift „Leiblichkeit und Sozialität“ (Meyer-Drawe 1984) die Genealogie von Sozialität und Sprache beim Kind auf. Bei diesen Phänomenen versagt der Husserlsche Ausgangspunkt vom transzendentalen Ego als Bewußtseins-Ich, denn Sozialität ist nicht von der Subjektivität her erklärbar.[6] (vgl. Lippitz 1993, S. 22)

Einen dritten und letzten Bereich, in dem die Grenze Husserls sichtbar wird, bildet nach Lippitz die *„Geschichtlichkeit und Zeitlichkeit“* (vgl. ebd.).

Diese Liste von Phänomenen, die, wo sie als Grundphänomene gesehen werden auf dem Boden der Transzendentalphänomenologie nicht entfaltet werden können, ließe sich beliebig fortsetzen. Dabei kann man zum Beispiel an das Phänomen des Spiels denken, das von Eugen Fink erarbeitet worden ist. Auch das Phänomen des Schöpferischen, das hier Thema sein soll, läßt sich auf diesem Boden nicht wirklich evident machen, weil es seinen Ursprung nicht in einem Bewußtseins-Ich hat, sondern selbst dieses Ich jeweilig hervorbringt: das Ich des Spielers, bzw. des schöpferischen Menschen.

Lippitz führt die Kritik an Husserl jedoch noch über die drei oben genannten Punkte hinaus. Es lassen sich im Weiteren zwei wesentliche Kritikpunkte festmachen. Der eine betont, wie oben gezeigt, die lebensweltliche Fundierung des Menschen, die nicht transzendentalphilosophisch erfaßt werden kann. Viele Phänomene bleiben eben, will man sie erfassen, reflexiv im letzten verschlossen. Der andere wesentliche Kritikpunkt läßt sich unter dem Stichwort „Pluralität der ‘Vernünfte’“ (ebd., S. 23) zusammenfassen. Kein einheitsstiftendes Bewußtsein vermag Erfahrungsweisen wie „Das Fühlen, das Spüren, das Wollen, das Werten“ (ebd.) wirklich zu erfassen.

> „Sie gehorchen einer eigenen ‘Logik’. Genauso geht es den Phänomenen, die alles andere als gegenständlich verfaßt sind, dennoch erlebt werden können: die Stimmung, die Atmosphäre, die Kommunikation mit dem Anderen (...).“ (ebd.)

Es kann also nicht mehr am Konzept einer einheitlichen Vernunft festgehalten werden, innerhalb derer sich diese vielen Vernünfte beschreiben ließen. Obgleich also das Einheits- und Universalkonzept aufgegeben ist, spricht man nun mit Waldenfels von einer „spezifischen Vernunft“ (Waldenfels nach Lippitz, ebd., S. 63), die nicht verallgemeinerbar ist. Dieser versucht man sich jedoch immer noch über Gemeinsamkeiten, oder, wie es heißt, über „laterale Verbindungen und Überschneidungen von Erfahrungen und Erfahrungsfeldern“ (Lippitz 1963, S. 63) zu nähern. Im letzten wird also die totale Andersartigkeit des

---

[6] Auch Derridas Kritik an Husserl weist in diese Richtung

ren und seiner Vernunft nicht radikal ernst genommen. Wie sollen teilwei- emeinsamkeiten, Überschreitungen an den Rändern denkbar sein? Wo ist solcher Rand, eine solche Schnittmenge, die die Vernunft des Kalahari-Buschmanns mit der eines modernen, abendländisch geprägten, sogenannten zivilisierten Menschen verbindet? Es gibt einen hochinteressanten Roman „Die Erstgeborenen" (Hoffmann 1991), der zeigt, wie ein Mensch, der in der Kalaharitradition aufgewachsen, gefangengenommen wird und sich zwangsweise unter Weißen zurechtfinden muß. Dieses gelingt - falls man überhaupt hier von gelingen sprechen kann - im Grunde nur durch die Annahme einer neuen Identität, welches zugleich ein Zugrundegehen und Vergessen der alten Identität ist. Dies wird deutlich sichtbar, als ihm nach langer Zeit die Flucht und Rückkehr in seinen alten Stamm gelingt. Doch hier ist kein Verstehen mehr, keine gemeinsame Lebensgrundlage des Fühlens, Denkens und Handelns. Es gibt kein Zurück, weil es keine Ränder der Überschneidung gibt, an denen er existieren könnte. Der Einstieg in die totale Andersartigkeit der Kultur führt nicht über Gemeinsamkeiten, sondern über das „Vergessen" der alten Kultur.

Ungeachtet dieser offenen Fragen ist die Kritik an Husserl also grundsätzlich. Obwohl jedoch das Fundament des Bewußtseinsego gewaltig zu wackeln beginnt, macht man doch nicht den Schritt zu Heidegger, der die existentiale Verfaßtheit des Daseins gezeigt und damit im Grunde die lebensweltliche Thematik radikalisiert und ernst genommen hat. Obwohl überall sogenannte „vor-subjektive" Strukturen zum Thema gemacht werden, fürchtet man durch die Preisgabe des rational alles letztlich doch noch irgendwie kontrollierenden Ichs, in anti-rationale Strömungen hinzugeraten. Man vermutet hier den Grund für Heideggers zunächst positive Aufnahme des Nationalsozialismus 1933. (vgl. Meyer-Drawe in: Getlmann-Siefert/Pöggeler 1988, S. 240) Diese biographische Tatsache hat vielleicht die umfassende Aufnahme und weitergehende Fruchtbarmachung seines Denkens in der Pädagogik verhindert.

1.3.3.1 Rehabilitation lebensweltlicher Erfahrung

Ein Hauptanliegen der pädagogischen Phänomenologie (soweit man überhaupt verallgemeinern darf) besteht also in der Rehabilitierung lebensweltlicher Erfahrung. Hiermit ist die Verankerung unserer selbst in der Welt, in der wir immer schon leben, gemeint. Dieses Eingelassensein in lebensweltliche Strukturen ist die Voraussetzung für wissenschaftliches Arbeiten, welches vorwissenschaftlich ermöglicht ist. Gerade für das Verstehen von Erziehungswirklichkeit ist also die Hebung und Beschreibung dieser Erfahrungen und Erlebnisse von großer Bedeutung. Diese Phänomene erleben wir, bevor wir uns als Subjekte ein Objekt Welt gegenübergestellt haben und uns dann nachträglich dieser wieder zu nähern suchen. Lebensweltliche Strukturen durchziehen unsere Existenz. Jede weitere Gestaltung arbeitet auf ihrer Grundlage.

Zu diesen lebensweltlichen Strukturen, die unser Erleben zunächst einmal ausmachen, zählen unendlich viele Phänomene, in denen wir uns immer schon bewegen, die wir immer schon erfahren, bevor wir sie dann auch noch zum Gegenstand wissenschaftlicher Reflexion machen können. Hier soll ein Beispiel aufgeführt werden, welches Lippitz an anderer Stelle beschreibt. (vgl. Lippitz 1993, S. 139)

Geschwindigkeit ist ein alltägliches Bewegungsphänomen, das doch gerade für Kinder ungemein wichtig ist. So bedeutet der einfache Vorgang, daß ein langsames Auto von einem schnelleren überholt wird, kein „(...) bloßes Bewegungsphänomen, sondern ein starkes physiognomisches, emotional aufgeladenes Ereignis. Schneller sein ist eine Steigerungsmöglichkeit der Person, kann auch heißen, stärker sein als andere, mehr können, „größer" sein, über den anderen triumphieren, hat also unmittelbar eine soziale Komponente." (ebd., S.167) Dieses Phänomen als ein physikalisches Ereignis zu interpretieren, würde eine Reduktion gegenüber dem ursprünglich erfahrenen Phänomen darstellen.

An diesem Beispiel wird nicht nur unsere primäre Befindlichkeit in lebensweltlichen Strukturen deutlich, sondern auch ein zweiter Punkt:

1.3.3.2 Beispielverstehen

Diese für unser Leben und auch für die erzieherische Wirklichkeit so wichtigen Phänomene vorwissenschaftlicher Erfahrung sind oftmals verdeckt und überlagert von wissenschaftlichen Interpretationen, die wir im Laufe der Zeit für gültig zu halten gelernt haben. Die Interpretation vom Auto als Statussymbol leiblicher Potenz kommt dem phänomenologischen Gehalt näher. Das ursprünglich erfahrene Phänomen wirkt, obwohl es in gewisser Weise verdeckt und unserem alltäglichen Denken nicht geläufig ist. Sie wieder aufzudecken und aufzuzeigen ist das Anliegen der Phänomenologie. Ein ganz wesentliches Mittel bei dieser Arbeit ist das Beispielverstehen. Es genügt nicht nur zu sagen, daß lebensweltliche Strukturen unser Leben durchziehen, ohne unser Wissen und Zutun, sondern man muß es auch zeigen. Dieses Zeigen geschieht am konkreten Beispiel, was nicht nur eine sekundäre Illustration des Gesagten ist, sondern die Sache, um die es geht, erst wirklich evident macht. Die konkrete im Beispiel dargestellte Erfahrung soll beim Leser eine gewisse Evidenz-Erfahrung auslösen, daß er durch ein Beispiel das Phänomen, um das es geht, vor Augen bekommt. Gelingt dies durch das Beispiel, so könnte der Leser nun seinerseits von sich aus andere Beispiele finden, die das Phänomen erhellen und überhaupt erst zur Darstellung kommen lassen. Möglicherweise ergeben sich sogar Korrekturen dadurch.

Lippitz beschreibt in seinem Kapitel „Das Zeiterleben von Kindern. Zur phänomenologischen Methode der exemplarischen Deskription", die Vorgehensweise von Langeveld. Dabei ist es wichtig, daß es sich nicht um die Konstruktion des kindlichen Zeiterlebens durch Erwachsene handeln soll, sondern es geht um die

> „(...) Schilderung exemplarischer und typischer Situationen und Begebnisse, in denen Zeit vorkommt, und die daran sich anschließende um Generalisie-

> rung bemühte Deutung, die nach dem Sinn dieses Phänomens für das Leben des Kindes und für den Sinn unserer Existenz überhaupt fragt.“ (ebd., S. 138)

Es geht also einerseits um die am Beispiel gezeigte Wirklichkeit des kindlichen Zeiterlebens, die jedoch nicht nur als Faktum hingestellt und hingenommen wird. Andererseits wird die Frage aufgeworfen, was sich an diesem Beispiel, durch dieses Phänomen zeigt. Dieses sich Zeigende wird nach seiner Bedeutung für das kindliche Leben, nach seinem Sinn befragt.

Um jedoch solche Beispiele zu finden, die etwas relevantes aufzeigen können, ist eine ganz spezielle Haltung des Phänomenologen nötig. Er muß sich auf die Lebensstruktur des Kindes einlassen, muß daran teilnehmen. Nur wem es gelingt, in die Welt des Kindes in gewisser Weise hineinzukommen und sich belehren zu lassen, wie es dort „zugeht“, der kann hier verstehen, worum es geht. Der Phänomenologe versucht also zum einen, von der Innensicht des Kindes her zu verstehen, zum anderen darf er nicht vollständig in dieser Erfahrung aufgehen, sonst könnte er sie nicht mehr adäquat beschreiben. Eine gewisse innere Distanz ist also ebenso notwendig. Lippitz schreibt zu dieser Methode:

> „Sie ist ein reflexives Verfahren: d.h. sie geht von der Distanz auf lebensweltliche Strukturvollzüge zu, z.B. aus der Erinnerung, aus der genuinen Beobachtung und Beschreibung von Vollzügen, indem sie auf Abstand nachvollziehe oder sie in Gesprächen mit Anderen intersubjektiv auf ihren strukturellen Gehalt überprüfe.“ (Lippitz in Lippitz/Meyer-Drawe 1984, S. 123)

Die Beispiele sollen also dann dazu verhelfen, die Phänomene zu zeigen. Das Beispiel fordert auf, das Vertraute und doch oft Übersehene des konkreten Erfahrungsvollzugs und Bewandtniszusammenhangs nachzuvollziehen. Lippitz spricht in diesem Zusammenhang in seinem Kapitel 3: „Zur ‘Logik’ des Beispielverstehens“ (Lippitz 1993) von Belehrung. Belehrung klingt jedoch unangenehm moralisch und mißverständlich, da es eigentlich nicht um Belehrung, sondern um das Zeigen von etwas geht, was nur gelingt, wo es mitvollzogen wird. Wenn schon von Belehrung gesprochen werden muß, könnte man vielleicht sagen, daß das Phänomen den Phänomenologen belehrt, nicht aber umgekehrt.

1.3.3.3 Konstitution

Vielleicht das wesentlichste Anliegen phänomenologischen Arbeitens ist es, eine Sache in ihrer Entstehung zu zeigen. Es geht nicht um die Feststellung von Tatsachen, beispielsweise bei der Untersuchung des moralischen Urteils beim Kinde. Der Empiriker fragt, wann welches Urteil vorhanden ist. Er gibt dabei den Handlungsspielraum vor, in dem dann bestimmte Antworten möglich sind. Der Phänomenologe begibt sich in die situativ und kontextgebundenen Handlungs- und Erfahrungsvollzüge hinein und konstatiert nicht einfach mögliche Ergebnisse. Er ist daran interessiert, wie etwas zu dem wird, was es jetzt ist.

Gesucht ist jedoch nicht einfach eine milieu- oder psychische Bedingtheit einer Sache, sondern es wird versucht, den Konstitutionsprozeß einer Sache / eines Kindes / einer Beziehung zu zeigen. Dies geschieht nicht von einer Metaebene aus, von der die Dinge quasi von außen / objektiv betrachtet werden, sondern es wird versucht die Strukturierungsprozesse quasi von innen her in ihrer Konsequenz zu zeigen. Diese Konsequenz ist meist nur von innen her zu verstehen als Prozeß der Umstrukturierung. Nicht vom Ziel her wird etwas verständlich, sondern aus seinem Entstehungsprozeß.

So geht es etwa Meyer-Drawe in ihrem Aufsatz „Die Belehrbarkeit des Lehrenden durch den Lernenden" (Meyer-Drawe in: Lippitz/Meyer-Drawe 1984) darum zu zeigen, inwiefern bisher der Lernende in einer gewissen Passivität gesehen wurde. Der Lehrer galt gegenüber dem Schüler als überlegen an Kompetenz und Reife und der „Schüler" wurde so primär zum Empfangenden. Das Erziehungs- und Unterrichtsgeschehen soll nicht vom Ziel her verstanden werden, „sondern vom Handeln als Sinnkonstituierungsvollzug" (Meyer-Drawe in: Lippitz/Meyer-Drawe 1984, S. 71).

> „(...) es ist erforderlich, das Erziehungsgeschehen als einen Vollzug zu thematisieren, in dem die Sinnbildung weder nur in dem einen, noch in dem anderen Subjekt, noch gar in dem Unterrichtsgegenstand verortet wird, sondern in einem gemeinsamen Verständigungsvollzug, in dem sich der Erzieher, der zu-Erziehende und die Sache als solche allererst zeigen." (ebd., S. 70)

Sie weist nachdrücklich darauf hin, daß man in einem Denken von den Resultaten her den „Weg des Lernens vergessen" (ebd., S. 71) und den „Lebensvollzug geschluckt" (ebd., S. 71) hat. Die kindliche Lebenswelt jedoch hat auch eine Erfahrung und ein Wissen. Insofern werden nun Lehrender und Lernender „Jenseits der Scheinalternativen von...'Führen' und 'Wachsen lassen'" (ebd., S. 72) als Mitkonstruierende im Geschehen gesehen.

Der Weg des Lernens, Erfahrungsprozesse selbst interessieren den Phänomenologen, will er doch verstehen, wie etwas sich konstituiert hat, wie Sinn jeweilig entsteht.

In diesem Zusammenhang kann man auch die Analysen Redeckers verstehen: „Die Vorstruktur des Verstehens und das Lernen von Physik." (in: Meyer-Drawe/Redeker 1985). Nicht die physikalischen Inhalte und deren didaktische oder spektakuläre Vermittlung interessieren ihn, sondern der Vollzug des Physiklernens. Was geschieht eigentlich, wenn wir physikalische Phänomene zu verstehen lernen? Wie sieht dieser Prozeß aus?

Auch der Aufsatz von Meyer-Drawe „Der fruchtbare Moment in Bildungsprozeß" (in: Danner/Lippitz 1984) ist in diesem Zusammenhang zu verstehen. Es geht dabei um die Konstitution einer neuen Sicht, eines neuen Erfahrungsfeldes, eines neuen Horizontes. Dies ist willentlich nicht durch einen allein zu erreichen.

Zu erwähnen sind bei der Betrachtung von Konstitutionsprozessen auch „Phänomenologische Studien zur Generalogie menschlicher Ordnungssysteme“ (Lippitz 1993, S. 233). Diese wurden von Waldenfels 1987 veröffentlicht. Hier wird die Mitgestaltung der Subjekte an übergeordneten Prozessen betont, ebenso wie dies bei der autobiographischen Forschung der Fall ist, die auch an genetischen Fragen arbeitet. Vergleiche hierzu „Das Werden eines Ich. Biographische Rekonstruktion frühkindlicher Sozialisation am Beispiel Satres ‘Idiot der Familie’“ (Lippitz 1993, S. 214-231) und auch „Weil es schwerfällt zuzugeben, daß jenes Kind da ... dir unerreichbar ist“ (Christa Wolf). „Das Problem der Authenzität in Autobiographien.“ (ebd., S. 251-273)

Diese natürlich unvollständige Auswahl phänomenologischer Arbeiten zeigt, in wieviel verschiedenen Hinsichten die Frage nach den Erfahrungsvollzügen und den Prozessen, in denen sich Sinn konstituiert, gestellt werden kann.

1.3.3.4 Horizonteröffnung

Ein weiteres wesentliches Charakteristikum dieser phänomenologischen Arbeiten besteht im Aufzeigen von Erfahrungshorizonten, in denen bestimmte Inhalte, Verhaltensweisen oder Beziehungen erst verständlich werden. Während die empirische Forschung nur Tatsachen kennt, die alle nebeneinander betrachtbar und vergleichbar sind, zeigt die Phänomenologie (schon Husserl geht es um Horizontforschung), daß etwas erst in seinem Horizont verständlich werden kann. Es geht also darum, die verschiedenen Ebenen herauszuarbeiten.

Die Arbeit der phänomenologischen Pädagogik beim Aufzeigen dessen, wie und wo jeweils Horizonte eröffnet werden, in denen dann spezifische Erfahrungen möglich sind, ist vielfältig.

Deutlich zeigt sich dies am Phänomen des Lernens, was Meyer-Drawe als „Eröffnung einer neuen Hinsicht“ (Meyer-Drawe in: Danner/Lippitz 1984, S. 96) begreift. Diese Hinsicht ist als ein ganz neues Feld von Möglichkeiten zu verstehen, was nicht nur andere theoretische Kenntnisse mit sich bringt, sondern auch neue Erfahrungsweisen. Betont werden muß hier der Bruch, die Andersartigkeit zum Beispiel von kindlichen Erfahrungsweisen, die man als vorwissenschaftlich bezeichnen kann, und wissenschaftlicher Erfahrung. Redecker (Redecker in: ebd., S. 13-31) beschreibt die Eröffnung des physikalischen Horizontes als einen Sprung, den man zwar vorbereiten kann, der jedoch vom Lernenden selbst geleistet werden muß. Es handelt sich hierbei um die Eröffnung eines völlig neuen Verständnishorizontes, nämlich das Verstehen von Natur nach mathematischen Gesetzen, was der kindlichen alltäglichen Anschauung und seinem Erleben zunächst völlig widerspricht. Die Eröffnung des Horizontes kann willentlich, denkerisch nicht erzwungen werden. Radikales Umlernen über die Wirklichkeit geschieht als Sprung. (ebd., S. 26ff.) Dabei können Beispiele helfen, den Horizont zu konstituieren, in dem dieses Beispiel als solches überhaupt verständlich werden kann. Gelingt der Sprung nicht, so bleibt dem Schüler nur blindes Auswendiglernen von Einzelfakten, die jedoch in ihrem

Sinn nicht verstanden werden und sofort ins Wanken geraten, wo die Frage nur gering variiert wird. Aus dieser Kenntnis der Wichtigkeit der Eröffnung des Horizontes können sich Verlagerungen im Unterrichtsgeschehen ergeben, die dem Schüler helfen zu „springen".

Meyer-Drawe betont ebenso das schlagartige Aufspringen der neuen Sicht. Es handelt sich nicht einfach um ein neues Wissen, sondern es „ereignet sich vor allem die Erschütterung eines vormals selbstverständlichen Wissens" (Meyer-Drawe in: Ebd., S. 96). Von dieser Erschütterung und Eröffnung ist der Lernende als ganze Person betroffen. Er verwandelt sich darin. (vgl. ebd., S. 96) Wo die Eröffnung eines neuen Erfahrungshorizontes gelingt, muß der Schüler nicht mehr durch Effekte motiviert werden, der Sache zu folgen. Er sucht von sich aus die Ausdifferenzierung des Feldes. Die Eröffnung von Erfahrungsfeldern geschieht nicht nur in den Wissenschaften. Auch der Sport könnte ein solches Feld sein, auch die Musik kann als Horizont eröffnet werden, der ganz eigene Erfahrungen mit sich bringt. So können auch die verschiedenen Lebensalter wie Kindheit und Jugend als in sich abgeschlossene Erfahrungsfelder beschrieben werden, die nicht einfach aufeinanderfolgen, sondern die radikal neue Erfahrungen und Möglichkeiten mit sich bringen. Erreicht wird auch hier das neue Feld im Sprung. Der Jugendliche wird nur durch das Ablegen (zunächst Verleugnen) und Verlassen des Kindseins jugendlich. Jugendlicher sein heißt eine neue Ebene von Erlebnis- und Erfahrungsweisen errungen zu haben.

Die Phänomenologie versucht nun, die unterschiedlichen Horizonte als Eröffnungen zu begreifen und sie in ihrer Konstitution zu beschreiben. Hier liegen Grundanliegen phänomenologisch arbeitender Pädagogen. Diese Arbeiten liegen vor allem in der Traditionslinie von Husserl und Merleau-Ponty. Die ontologische Wende in der Phänomenologie durch Martin Heidegger soll nun kurz angedeutet werden, insofern sie Konsequenzen auch für pädagogische Arbeit hat. Zum einen liegt hier die Voraussetzung für das Verständnis der Pädagogen, die direkt im Anschluß an Heidegger arbeiten, zum anderen ist das Verständnis dieser Wende grundlegend für die Phänomenologie Heinrich Rombachs, auf deren Grundlage diese Arbeit hier entsteht.

1.4 Heidegger: „Dasein" als „In-der-Welt-sein"

Martin Heideggers Denken stellt eine neue Ebene, die Wirklichkeit zu sehen und zu denken, dar. Er denkt nicht einfach anders, sondern zeigt die Abkünftigkeit und Konstruiertheit eines noch heute in den Wissenschaften weitgehend gültigen Denkens, welches uns als Subjekte, als Betrachter, als Gegenüberstehende zu einer bereits vorhandenen Welt sieht. Heidegger selbst führt „das grundsätzliche Problem" an einem Beispiel ein. (Heidegger 1975, S. 231f.) Er zitiert Fichtes Satz: „Meine Herren, denken Sie die Wand, und dann denken Sie den, der die Wand denkt." (ebd.) Heidegger entlarvt im folgenden diese Aufforderung als „konstruktive Vergewaltigung des Tatbestandes" (ebd.), als „unphänomenologischen Ansatz“ (ebd.), insofern ein solch unnatürlich isoliertes Denken das Subjekt herausnimmt aus dem Zusammenhang, in dem es immer schon lebt. Nur innerhalb eines solchen Zusammenhangs in dem wir vor jeder denkenden Zuwendung immer schon sind, vermag ein einzelnes Ding aufzutauchen. Heidegger führt das Beispiel weiter:

> „Hier im Hörsaal sitzend, erfassen wir zwar nicht Wände - es sei denn, daß wir uns langweilen. Gleichwohl sind die Wände schon zugegeben, vordem wir sie als Objekte denken ... aber wie? Nicht als eine wirre Anhäufung von Dingen, sondern als eine Umgebung, die in sich einen geschlossenen, verständlichen Zusammenhang enthält.“ (ebd.)

Diesen Zusammenhang, der unsere jeweilige Wirklichkeit ist, zu erhellen, ist das Anliegen der Phänomenologie Heideggers. Was eine Wand ist, ergibt sich erst aus dem Zusammenhang, in dem wir gerade stehen. Der Student, der einer Vorlesung folgt, nimmt die ihn umgebenden Wände anders wahr als ein free-climber, der jede Unregelmäßigkeit einer Wand als Halt nutzend emporklettert. Die Vergegenwärtigung eines isolierten Objektes „Wand“ bedeutet das Nicht-Berücksichtigen des Zusammenhangs, in dem wir und als der wir gerade sind. Sowohl für den Studenten als auch für den free-climber bedeutet die Verobjektivierung der Wand das, im Falle des climbers, wahrscheinlich wörtliche Herausfallen aus der lebendigen Wirklichkeit. Diese wurde in der bisherigen Geschichte meist als unwissenschaftlich übersprungen, nicht ins Auge gefaßt, oft schlichtweg abgetan als „bloße Erfahrung“. Auch Husserl verläßt den Subjekt-Objekt-Gegensatz nicht, wenngleich er einen bedeutenden Schritt weiterdenkt, indem er verschiedene Intentionalitäten annimmt, die jeweils andere Subjektivitäten mit anderen Gegenständlichkeiten beinhalten. Aber auch diese Intentionalitäten werden noch als verschiedene, womöglich nebeneinander vorkommende Horizonte innerhalb des Bewußtseins gedacht. Eine andere Subjektivität bedeutet also im letzten eine andere Form des Bewußtseins, zu der wir durch die Reduktion, also die Ausschaltung unserer natürlichen Einstellung und Weltempfindung, kommen.

Heidegger geht jedoch einen entscheidenden Schritt weiter, indem er zeigt, daß wir so nur eine sehr abgeleitete, konstruierte Form von Wirklichkeit erfassen. Ihm geht es nicht mehr nur um das Bewußtsein, sondern um Sein, um unsere Existenz, um die Art und Weise unseres *„In-der-Welt-seins“*. Diese Ebene erscheint mir für pädagogisches Handeln geradezu entscheidend zu sein. Nicht nur, was ein Kind über einem Problem denkt, ist wichtig, sondern wie es sich darin verhält, fühlt, handelt und empfindet. Diese Ebene der Existenz sucht Heidegger mit seiner Ontologie zu fassen, als Erfassung der Seinsweisen.

Diese Seinsweisen sind nichts Abstraktes, sondern meinen die Ausgestaltung des konkret gelebten Lebens. Wir sind nicht einfach nur da und vorhanden als Subjekte, als „Bewusstsein“, sondern leben immer schon als Handwerker, als Student, als „Hausfrau und Mutter“. Diese Existenz als „x“ muß kein Beruf sein, ja ist uns selbst im letzten oft unbewußt und unbekannt - und dennoch ist es wirksam und tätig als ein letztes „Worumwillen“ es uns im letzten eigentlich geht. Dieses Worumwillen bleibt unbenennbar und wirkt doch in unserem Tun und Denken als ständiges Korrektiv, welches uns mahnt: „Hier verfehlst Du Dich - Das ist doch gar nicht wichtig - Hier muß ich weg - und - Hier ist das möglich, was ich im Grunde und eigentlich suche.“

> „Was ruft das Gewissen dem Angerufenen zu? (...) Dem angerufenen Selbst wird ‘nichts’ zu-gerufen, sondern es ist aufgerufen zu ihm selbst, das heißt zu seinem eigensten Seinkönnen. Der Ruf (...) ist (...) ein Vor-(nach-‘vorne’-) Rufen des Daseins in seine eigensten Möglichkeiten.“ (Heidegger 1986, S. 273)

Von dieser innersten Möglichkeit unserer selbst strukturiert sich uns die Welt nach dem, was uns gut und förderlich und was uns schädlich ist. Das Worumwillen ist uns nicht angeboren oder schicksalhaft vorherbestimmt, sondern es existiert angesichts der unwiderruflichen Tatsache unseres Todes. Durch die Angst angesichts der Realität des Todes durchbrechend, entsteht die Gewißheit und Entschlossenheit, daß es um etwas gehen muß im Leben, um die Wahrheit unserer Existenz, um ein letztes Worumwillen, welches selbst positiv nicht festlegbar ist. (vgl. ebd., § 53. Existenzialer Entwurf eines eigentlichen Seins zum Tode, S. 260ff.)

Die konkrete Ausstrukturierung dessen, worum es uns eigentlich im letzten geht, geschieht im Annehmen und Übernehmen unserer Geworfenheit. Im Auf-sich-nehmen der Geworfenheit, dessen, was wir nun einmal sind, entsteht zugleich ein ganz bestimmter Entwurf dessen, was wir sein könnten. Dabei gilt auch umgekehrt, daß aus der je konkreten Ausgestaltung des Entwurfes sich das ändert, was wir als unsere Gegebenheiten ansehen. Der Mensch ist sich nicht einfach so gegeben, er hat sich zu *sein*, zu leben im Sinne des Entwurfes unserer Geworfenheit. Der Mensch existiert als Welt, d.h. als Ganzes aller seiner Ausgestaltungen und Bahnungen seiner Existenz, die durch seinen Sinnentwurf erschlossen sind. Diese Ansprüchlichkeit des Daseins, es selbst sein zu müssen, birgt in sich notwendig die Möglichkeit des „Verfallens“ (ebd., S. 221). Das Verfallen bedeutet zunächst die Möglichkeit sich zu verfehlen, vor sich davonzulaufen in die „Uneigentlichkeit“. Doch es ist auch ein Teil unseres Lebens. Die Welt strukturiert sich uns ganz konkret von den Sinnbahnungen unserer Existenz als „Künstler“, als „Versicherungsvertreter“ bis ins letzte Detail hinein konkret.

Stimmung

1.4.1 Befindlichkeit und Verstehen

Unsere Art und Weise der Entschlossenheit hat sich Welt in je eigener Weise immer schon erschlossen als so und so bedeutsam. Diese Erschlossenheit unseres Daseins geschieht als Befindlichkeit. „Was wir *ontologisch* mit dem Titel Befindlichkeit anzeigen, ist *ontisch* das Bekannteste und Alltägliche: die Stimmung, das Gestimmtsein.“ (ebd., S. 134)

Ganz gleich in welcher Situation wir uns befinden, wir haben sie immer schon auf einer nicht-gegenständlichen Ebene erschlossen. Bevor wir noch darüber nachdenken, bevor wir etwas sehen und erkennen, haben wir das Ganze unseres augenblicklichen In-der-Welt-seins erfaßt. Die Stimmung kann verdorben sein, sie kann umschlagen. Das Dasein kann als Last oder in der Hochstimmung als Lust empfunden werden. Dies sind nicht Gefühle, die irgendwie dazukommen oder nur unbewußt wirken, sondern die Stimmung eröffnet uns die Welt in je anderer Weise, erschließt uns anderes, ja läßt uns in einer anderen Welt befinden, in der anderes möglich ist, anderes begegnet, anderes erfahren wird. Die Stimmung erschließt uns die Geworfenheit unserer Welt. „*Die Stimmung hat je schon das In-der-Welt-sein als Ganzes erschlossen und macht ein Sichrichten auf ... allererst möglich.*" (Heidegger 1986, S. 137) Die Stimmung ist nichts Nachträgliches, sondern der vorgängige Modus, wie uns unsere Welt zugänglich ist.

Diese erschließen wir uns im Verstehen.

> „Dieses *Verstehen*, das in der Auslegung erwächst, ist mit dem, was sonst Verstehen genannt wird als ein erkennendes Verhalten zu anderem Leben, ganz unvergleichlich; es ist überhaupt kein Sichverhalten zu ... (Intentionalität), sondern ein *Wie des Daseins* selbst; terminologisch sei es im vorhinein fixiert als *das Wachsein* des Daseins für sich selbst." (Heidegger 1988, S. 15)

Ebenso wie die Stimmung nichts Nachträgliches ist, sondern eine Erschlossenheit unserer Welt, so ist auch das Verstehen keine nachträgliche Bezüglichkeit zu irgendeiner Sache, sondern wie Heidegger sagt: ein Wachsein des Daseins selbst. Das heißt wir verstehen immer schon die Welt, in der wir leben. Bevor wir uns ihr noch eigens zuwenden können, befinden wir uns immer schon in ihr als einer bestimmten, so und so verstandenen Welt.

> „Welt ist nicht etwas nachträgliches, das wir als Resultat aus der Summe des Seienden errechnen (...) Vorherig: das, was vorher schon, vor allem Erfassen von diesem oder jenem Seienden in jedem existierenden Dasein enthüllt und verstanden ist." (Heidegger 1975, S. 235)

Verstehen ist also keine neutrale Bezüglichkeit, sondern ein Begreifen aus den Strukturierungen und Bahnungen, die unsere Welt ausmachen. Verstehen ist immer durchströmt von meiner Existenz, meinem Entwurf, meinem Worumwillen, von dem her ich mich als In-der-Welt-sein wahrnehme. Dies darf jedoch nicht als ein Subjektivismus mißverstanden werden. Mein Verstehen gründet nicht in mir (als Ich), sondern in meiner Welt.

1.4.2 Zeugzusammenhang und Mitsein mit anderen

Dieser Welt stehe ich nicht als Betrachter gegenüber, sondern ich befinde mich in ihr, auch in der Alltäglichkeit. Ich sehe also nicht die Dinge isoliert und außerhalb. Was ich wahrnehme, ergibt sich aus dem sogenannten Zeu menhang, der mir begegnet und der sich mir erschlossen hat. Als Beisp Heidegger die Werkstatt (vgl. Heidegger 1986, S. 69ff.), in der nich Werkzeuge nebeneinander einfach vorhanden sind, sondern darin seiend und damit arbeitend sind sie zu-handen. Erst im Gebrauch erfahren wir den Hammer ursprünglich als das, was er ist: als Werk-Zeug. Nur im adäquaten Umgang zeigt sich uns die Seinsart des Hammers, die der gegenständlichen Betrachtung verborgen bleibt. Vertrautheit mit der Sache ist hier wichtig, um das Eigentliche zu erfahren, das „um-zu", den Verweisungscharakter des Seienden. Der Hammer gehört in den Bewandtniszusammenhang „Werkstatt", wozu vieles gehört, unter anderem auch das „wozu", d.h. das Werk, das mit diesem Werkzeug erstellt werden kann. Ein Stuhl, ein Block, ein Füller hat seinen Sinn im umgehenden Gebrauch unseres In-der-Welt-seins, welches erschlossen und verstanden ist aus den Bedeutsamkeiten einer Welt. So kann dem Intellektuellen mit zwei linken Händen vielleicht die Zeugwelt des Hammers für immer verschlossen bleiben, da er die Bewandtnis der Sache nicht erfahren kann, die ein Ding erst zu dem macht, was es ist: ein Hammer.

Ein wichtiger Punkt, der noch angeführt werden muß, ist das Mitsein mit anderen. Der andere ist im alltäglichen Umgang zunächst und zumeist nicht außerhalb unserer selbst, sondern wir begegnen ihm „unter anderem" bei der Arbeit, beim Einkaufen etc. „Im umweltlich Besorgten begegnen die anderen als das was sie sind; sie *sind* das, was sie beschreiben" (ebd., S. 121), z.B. als Verkäufer. Ob ich selbst nun oder ein anderer die Milch einkauft macht keinen Unterschied. Wir bewegen uns in einer alltäglichen Ausgelegtheit von Welt, z.B. des Einkaufens, die vorgezeichnet ist durch das „Man". Das heißt so und so tut man es, und wir entsprechen diesem zunächst und zumeist. Wir haben das Einkaufen nicht selbst erfunden, es ist nicht unbedingt Tat im Sinne unserer Eigentlichkeit. Wir tun es, wie man es tut, und nehmen den anderen ebenso wahr als Mitdaseiend in dieser vorstrukturierten Handlung. Auch in der Vorlesung und im Bus bin ich immer unter anderen, aus deren Gemeinsamkeit mir Welt und Ich begegnet.

> „Auf dem Grunde dieses *mithaften* In-der-Welt-seins ist die Welt je schon immer die, die ich mit anderen teile. Die Welt des Daseins ist *Mitwelt*." (ebd., S. 118)

Das „Man" ist dabei die uneigentliche Form des Mitseins. So kann ich in einem Prüfungsgespräch einfach den vorgegebenen Stoff wiedergeben; ich entspreche dem, was „man" von mir erwartet. Aber ich kann es auch so anpacken, daß ich mir die Sache zu eigen mache und darin kann deutlich werden, worum es mir eigentlich geht. Alles kann so getan werden, daß es im Sinne der Eigentlichkeit geschieht oder aber, daß man die Verantwortung abgibt und nur noch im Sinne eines „Man" handelt. Um einen Menschen zu verstehen, ist es also nicht ausreichend zu fragen, was er getan hat, sondern wie er es tat. Nicht die äußeren Umstände einer Tat, sondern das Worumwillen in dem sie gründet, läßt verstehen. Erst wo aufgeht, worum es dem anderen eigentlich geht, verstehe ich auch wie sich für ihn die Welt gestaltet, in welcher Welt er eigentlich lebt. Meine Begegnung und etwaige Hilfe (mit Heidegger: Fürsorge) für einen Menschen kann erst einsetzen, wo ich etwas von seiner Existenz, von seiner Welt sehe. Dabei ist es eben ganz entscheidend, ob ein Jugendlicher ein Autoradio geklaut hat, um seinen Kumpels zu imponieren, weil „Man" das von ihm erwartet, oder ob er das mit Leib und Seele tut, darin einen Weg sieht er selbst zu werden, wie immer dieses Selbst dann aussehen mag.

Viele Phänomene, die in der gegenständlichen Erkenntnis unberücksichtigt bleiben, die für Pädagogen aber wichtig sind, sind nun faßbarer: zum Beispiel Stimmungen, Atmosphäre, Angst, Hoffnung, Verantwortung, Tod. Wie erschließt sich uns die Welt? Hier zeigt sich durch Heidegger eine völlig neue Dimension von Verstehen. Nicht das Erfassen rein subjektiver Gründe oder das nachträgliche Betrachten objektiver Gegebenheiten, von denen wir als Subjekt getrennt sind: Dies wird als völlig derivate Form der Erkenntnis entlarvt: Es geht um das Aufschließen unserer Existenz. Immer schon leben wir in einer Welt, die sich uns durch Stimmungen erschließt, die wir verstehen und in einer bestimmten Weise als bedeutsam, als konkret gestaltet erfahren. Um dieses unser In-der-Welt-sein geht es, um die Ebene der Erfahrung, in der wir leben und sind, bevor wir der Welt überhaupt bewußt gegenübertreten können. Das Entscheidende war nun, auf die Ebene hinzuweisen, auf der nunmehr gearbeitet werden kann.

1.4.3 Heidegger in der Pädagogik

Die direkten Wirkungen Heideggers auf die Pädagogik sind eher bescheiden, was eigentlich verwundern muß. Wenn man sich seinem Denken wirklich nähert, so sieht man eben jene Ebene der konkreten Existenz, der Seinsweise des Menschen angesprochen, die konstitutiv ist für das Bewußtsein. Die Ebene alltäglichen Seins wird in einer Weise wichtig und ernst genommen wie nie zuvor. Aber Heidegger wird bei den heute „aktiven" Pädagogen eher mißverstanden. Die Konsequenzen, die sich aus seinem Denken ergeben, werden nicht weitergeführt.

So mißversteht etwa Lippitz Heidegger, indem er die Existenzweise im Sinne Heideggers ausschließlich für Philosophen für möglich hält. (vgl. Lippitz 1993, S. 61) Doch eigentlich existieren im Sinne Heideggers kann ein Schreiner in seiner Werkstatt genauso wie ein Bauer, denn es geht ja gerade nicht mehr ums Bewußtsein, welches eine bestimmte Tradition aufgenommen haben muß, sondern ums Sein, um die Existenz.

Meyer-Drawe sucht in ihrem Aufsatz „Aneignung - Ablehnung - Anregung. Pädagogische Orientierung an Heidegger" (Meyer-Drawe in: Gentlmann-Siefert/Pöggeler 1988, S. 231-250) Aspekte der Heideggerschen Philosophie für die Pädagogik herauszuarbeiten. Doch schon das Kapitel „Aneignung" vermag die kritische Rezeption nicht zu verleugnen. So wird im Anschluß an die Darstellung der Kritik Heideggers am Subjektbegriff (vgl. ebd., S. 237) die Frage gestellt:

> „Schleicht sich hier nicht ein problematischer antipädagogischer Grundgedanke ein, der darin besteht, daß eingreifendes pädagogisches Handeln unmöglich wird, weil jede Verfügung ausnahmslos unter dem Stichwort >Willensmetaphysik< abgelehnt wird?" (ebd.)

Erziehung mit Heidegger kann nicht als beliebiger Eingriff von außen vollzogen werden, sondern als „Beistand"(ebd.). Solcher Beistand, der nicht allgemeine Werte vermitteln will, sondern den Zögling im Sinn seines „Worumwillen" auf den Weg bringen will, nennt Heidegger in Sein und Zeit: „Vorausspringende Fürsorge, die nicht fremdes aufzwingen will, sondern die anderen verhilft, sich selbst durchsichtig zu werden." (Heidegger 1986, S. 122) Im Gegensatz dazu steht die einspringende Fürsorge, die dem anderen die Verantwortung für sein Leben abnimmt, die jeder selbst tragen muß und so den anderen zum Abhängigen macht. (vgl. ebd.)

Es gibt sehr wohl einzelne Pädagogen, die dies gesehen und für die Pädagogik fruchtbar zu machen suchten. Zu ihnen zählt etwa Theodor Ballauff, der sieht, daß nicht das entscheidend ist, was der Erzieher von sich her will. (vgl. Ballauff in: Beck 1979, S. 76-83) Beratung und Besonnenheit sind wesentliche Bestandteile einer Erziehung, die von sich fordert: „Sachlichkeit, die zum Maß macht, ein jedes, womit wir es zu tun bekommen, von sich selbst her in seinem Kontext zu erschließen(...)." (ebd., S. 80) Sachlichkeit verwandelt sich je nach dem Kontext zum Beispiel im Umgang mit Schülern in Menschlichkeit. (vgl. ebd.)

Diese andere erzieherische Haltung ist auch das Thema von Max von Manens Beitrag „Phänomenologische Pädagogik"(von Manen in: Lippitz/Meyer-Drawe 1984). Er beschreibt das Seinsverhältnis von Eltern bzw. Erziehern und Kindern als Grundlage sowohl für die pädagogische Theorie als auch für Erzieherhaltung. (vgl. ebd., S. 131) Keine pädagogische Theorie ist vorgeordnet und kann dem Erzieher Entscheidungshilfe geben, sondern das konkrete Seinsverhältnis zum Kind zeigt von sich her, was notwendig ist.

Es versteht sich, daß hier nur vereinzelt und beispielhaft pädagogische Überlegungen, die Heidegger aufgenommen haben, angesprochen werden können. Erwähnt werden soll hier noch Eugen Fink, der Heidegger aufgenommen, aber sein Denken selbst weiterentwickelt hat, sodaß eine ganz eigene Sichtweise entstanden ist, die hier nur ganz andeutungsweise zur Sprache kommen kann. Fink bezeichnet Erziehung als „Urphänomen des menschlichen Lebens" (Fink 1978, S. 13), welches eben ganz eigene Strukturgesetze entwickelt, die dieser existenzialen Struktur unseres Daseins entsprechen. (vgl. ebd., S. 35) Erziehung hat es vor allem mit der Not des Menschen zu tun, sich selbst eine Form zu geben. Diese Not beinhaltet ein großes Wagnis, denn die Form kann ihm nicht allein durch Bildung gegeben werden, er muß sie letzten Endes selbst vollbringen. (vgl. ebd., S. 58ff.) Dabei sind auch „Ideale (...) als im Menschenleben wirkende Sinnmächte“ (ebd., S. 121) wirksam. Dabei darf nicht vergessen werden, daß diese Ideale nicht bloß vorgegeben sind. Der Mensch selbst hat bei ihrer Schöpfung mitgewirkt, was ihm selbst jedoch meist verborgen bleibt. (ebd., S. 192ff.) Der Prozeß zwischen Erzieher und Zögling ist also prinzipiell offen. Einerseits besteht eine Verpflichtung auf die Tradition - es wird nicht bei null angefangen; andererseits ist Wesentliches nicht verbindlich vorgegeben. „Erziehung ist ein *gemeinsames* beraten. (...) ein beraten über das Leben.“ (ebd., S. 260f.) Die gemeinsame Suche nach dem jeweils richtigen Weg beinhaltet einen beiderseitigen Lernprozeß. „Der Erzieher wendet im erzieherischen Tun nicht moralische Einsichten an, er kommt erst dabei zu wesentlichen Einsichten.“ (ebd., S. 207)

Finks Ausführungen zum „Urphänomen Erziehung“ stehen in gewisser Weise einsam wie ein Fels in der Brandung, will sagen, daß sie unter den pädagogischen Phänomenologen kaum wirklich rezipiert worden sind.

1.5 Rombach: Strukturphänomenologie

Heinrich Rombachs Phänomenologie nun hat sowohl Husserl als auch Heidegger aufgenommen, führt diese jedoch weiter zu einer neuen Weise phänomenologischen Sehens und Arbeitens.

Schon für Heidegger ergaben sich aus der existenzialen Struktur des Daseins erst Subjekt und Bewußtsein. Dieses Dasein und seine Struktur sind in gewisser Weise grundlegend für alle weiteren Phänomene. Das Leben, dem es um Eigentlichkeit aus einem „Worumwillen“ heraus geht, bleibt als Grundstruktur vorgegeben und verbindlich für alles Weitere. Hierin liegt die Sprengkraft Heideggers, ein Phänomen in seiner Tiefe zu sehen, zugleich jedoch seine Eingeschränktheit. Rombach stellt fest, daß

> „(...) die von Heidegger beschriebene Daseinsstruktur nicht die menschliche Faktizität als solche und überhaupt erfaßt, sondern nur auf diejenige Epoche der europäischen Geschichte zutrifft, die wir >Expressionismus< nennen, nur dort sind >Eigentlichkeit< und Entschlossenheit die Grundverfassung. Die Faktizität, als Entwurf in ein äußeres Worum-willen, das sich aus dem Vorlaufen in den Tod als >eigenste, unbezügliche und unüberholbare Möglichkeit< ergibt, ist jene Ausdrücklichkeit und Expressivität, von der her sich die Tiefe und der Wert des menschlichen Daseins in dieser Epoche bestimmt.“ (Rombach 1991, S. 4)

Rombachs Kritik an Heidegger setzt also zweifach an. Zum einen bleibt Heidegger mit seiner Ausarbeitung der Daseinsanalyse geschichtlich gebunden, obwohl er selbst glaubte, *die* Struktur *des* Daseins allgemeingültig ausarbeiten zu können. Spätere Korrektur geschieht durch das Sprechen von Schickungen/Lichtungen des Seins in Grundworten. Darin liegt freilich keine Begrenztheit Heideggers - vielmehr wird daran deutlich, daß jede Struktur, jed und Existenzweise in gewisser Weise eingebunden bleibt in eine geschi sich ausarbeitende Struktur, einen Lebenszusammenhang, den Rombach gastruktur" nennt. Es steckt jedoch noch ein weiterer Ansatzpunkt in der [illegible] Rombachs, der das Individuum, den Einzelnen betrifft. Nicht jeder strukturiert sich aus der Eigentlichkeit heraus, aus dem, was er zu sein hat, aus der Sorge, der Angst und dem Vorlaufen in den Tod. Es sind *andere Daseinsstrukturen* möglich, für die Heideggers Existenzialien sekundär sind. Wie der Mensch sich und seinen Lebenszusammenhang, seine Welt strukturiert, hängt an den Phänomenen, aus denen heraus er lebt. Dies kann eben das Phänomen *Eigentlichkeit, Entschlossenheit* sein. Es kann aber auch ein ganz anderes sein, was sich dem Menschen als Grunderfahrung und Grundphänomen eröffnet hat, zum Beispiel das Phänomen *Spiel*, welches nicht als Form der Eigentlichkeit verstanden werden kann. Dem Spieler wird alles zum Spiel, worin durchaus ein Ernst liegt - jedoch nicht der Heideggersche. Weiter Ausführungen dazu an späterer Stelle.

1.5.1 Der Mensch im Phänomen

Zunächst soll noch einmal die grundlegende Frage angesprochen werden, was das ist - ein Phänomen? Wie arbeitet der Phänomenologe? Zunächst ist es nötig, sich radikal frei zu machen von Festschreibungen und Vormeinungen über den Menschen. Dies steht im Gegensatz zu Helmut Danners Auffassung, der Hermeneutik und Phänomenologie verbinden zu können glaubt. An einem Beispiel soll dies verdeutlicht werden: So beklagte sich Gadamer in einem Fernsehinterview, das während einer Fußballweltmeisterschaft aufgezeichnet wurde, daß die Straßen so leer seien, bloß weil die Menschen vor den Fernsehapparaten ein Fußballspiel verfolgen. So ein sinnloses Spiel, hinter einem Ball herzulaufen, damit beschäftigen sie sich, so etwa beklagte er sich und meinte: Besser wäre es beispielsweise, ein gutes Buch zu lesen. Hier läßt sich gut eine bestimmte „Vormeinung" zum Spiel feststellen, die für Gadamer notwendig ist, da für ihn nur die Horizonte Kunst, Geschichte und Sprache existieren. (vgl. Gadamer 1986) In keinem dieser Horizonte kann Fußball als etwas sinnvolles erscheinen. Folglich handelt es sich notwendig um eine Sache derivaten Charakters.

Ein Phänomenologe - will er denn einer sein - darf sich eine solche Voreingenommenheit nicht leisten, selbst wenn er persönlich eine Sache zunächst unverständlich, sinnlos oder langweilig findet. Davon gilt es sich frei zu machen. Phänomenologisch vorzugehen heißt im Grunde nicht schon zu wissen, „was gut und böse ist", nicht schon zu wissen, was der Mensch ist und zu welch kühnen Selbst-Entwürfen er noch fortschreitet - und sei es als Fußballspieler. Er muß im Grunde ein „Abenteurer" sein, der sich in eine Sache involvieren läßt, um so „ins Phänomen zu kommen". Nur so kann er den je eigenen Selbst- und Weltentwurf des Menschen von innen her sehen und begreifen, indem er selbst bis zu einem gewissen Grade anders wird. Dabei besteht immer das Wagnis, nicht ahnen zu können, wohin das führen kann. Doch anders geht es nicht. Um den inneren Sinn, die Stimmigkeit, das Glück und die Tragödien einer Sache - und sei es des Fußballs - zu sehen, gilt es, den inneren Konstitutionsprozeß dieses zugehörigen „Ichs“ nachzuvollziehen. Nicht jeder Mensch kann in jedes Phänomen hineinkommen; manche werden für immer verschlossen bleiben. Aber deshalb sucht man sich ja auch meist den Fleck in der Welt, wo man die besten Chancen hat, daß es glückt.

Exemplarisch soll hier angedeutet werden, wie durch einzelne Züge ein Phänomen von innen her in seinem Aufbau gezeigt werden kann. Das Phänomen „Spiel“ konstituiert den Menschen in der eigentümlichen Subjektverfassung des „Spielers“ und darin erst sich selbst. Das Phänomen ist nicht vorher schon vorhanden, sondern nur indem es sich konstituiert. Was alles in dieser Welt als Objekt auftauchen kann, was möglich ist, entscheidet sich von daher. Das Phänomen hat, so könnte man sagen, einen bestimmten Innenbau. Es ergibt sich ein notwendiger Zusammenhang einzelner Phänomenzüge, die selbst wieder Interpretationen des Phänomens sind. Andere Interpretationen sind möglich, sofern sie das Phänomen treffen. Das Phänomen des Spiels hat eine Innenbestimmtheit. Das heißt, das Spiel bestimmt, was vom Einzelnen eingebracht werden kann, gefordert wird. Was einer im „richtigen Leben“ ist, taucht nicht auf und ist nicht übertragbar. Ob einer Kapitän oder Ersatzspieler ist, entscheidet sich durch seine spielerischen Qualitäten, die er in die Mannschaft einbringen kann. Im Spiel selbst entwickelt sich, wenn es ein gutes ist, eine Spielleidenschaft - alles steht dabei auf dem Spiel. Das Spiel selbst setzt sich absolut, außerhalb seiner selbst existiert in dem Augenblick nichts. Das Spiel kann weiter durch einen Spielverderber kaputtgemacht werden. Er macht aus dem Spiel Ernst, will sich vielleicht eigennützig hervortun und glänzen, will alles besonders gut machen, ohne zu merken, daß dadurch das Spiel verloren geht - sowohl im Ergebnis als auch im Phänomen. Dabei hat auch das Spiel einen ihm eigenen Ernst, der sich in der Hingabe an die Sache bekundet. Wo etwas festgelegt wird, einer etwas nur für sich will, geht die Beweglichkeit des Spiels verloren. Das Spiel fordert die absolute Präsenz seiner Spieler, ihren Blick für den Fortgang des Spiels. Wo kann es gelingen eine Möglichkeit herauszuspielen, und wo läuft man nur gegen eine „Wand“ an? Wie kann eine durch Rückstand entstandene Lähmung überwunden werden? Jedes Spiel entwickelt eine eigene Zeitlichkeit, die mit der linearen Zeit nicht in Übereinstimmung stehen muß. Es beginnt meist nicht am Anfang, sondern man muß erst ins Spiel kommen, Höhepunkte und Umschwünge, Neuanfänge oder ein Dahinlaufen - das Spiel konstituiert seine Zeit.

Selbstverständlich gehört noch viel mehr zum Spiel. Hier konnte nur andeutungsweise versucht werden zu zeigen, wie sich das Phänomen in seinen Einzelzügen konstituiert. Die innere Sinnstruktur des Phänomens ist nicht in einer allgemeinen Logik darstellbar. Es muß eine Bereitschaft vorhanden sein, die

Subjektivität zu konstituieren, die das Phänomen erscheinen läßt. Ins Phänomen zu kommen heißt, dieses Phänomen mit zu erzeugen, es von innen sichtbar zu machen. Nur so entsteht eine Evidenz einer Sache - von außen gesehen erscheinen nur Objekte, nicht aber der Sinn.

Eine ganz andere Sache als das Spiel ist beispielsweise die Tragödie. Nimmt man eine griechische Tragödie, die im Selbst- und Weltverständnis des antiken Menschen eine zentrale Rolle gespielt hat, so zeigt sich uns eine ganz andere Subjektverfaßtheit. Jenes Heraustreten des Einzelnen aus dem Ganzen der Gemeinschaft, wie etwa Sophokles Ödipus, jenes schuldlose Schuldigwerden am Heiligsten, bedeutet eine andere Verfaßtheit des Menschen. Der Spieler hingegen, der sich als Einzelner wichtig nimmt, stört nur das Spiel. So könnte er seine Spieleridentität verlieren und womöglich zur tragischen Existenz werden. Ganz eigene Züge müßten nun herausgearbeitet werden, damit vor unserem Auge, wie vor den Augen der Griechen im Theater, die tragische Existenz entstehen könnte.

1.5.2 Grundphänomen

Dabei ist es wichtig zu sehen, daß die Phänomene nicht einfach nebeneinander vorkommen. Jedes Phänomen kann einen eigenen Weltcharakter entwickeln, indem es sich zu einer Ursprungsdimension radikalisiert, von der her alle anderen Phänomene begriffen werden. (vgl. Rombach 1991, S. 9ff.) Für den Spieler in diesem Sinne, der nicht nur ein Hobby oder eine Freizeitbeschäftigung ausübt, sondern für den sich seine Existenz von da her eröffnet, wird das Spiel zum „Grundphänomen". (vgl. ebd., S. 12f.) Alles wird von ihm spielerisch angegangen: Studium, Partnerschaft, Urlaub - auch die Tragödie ist für ihn nur ein Schau-Spiel. Alle anderen Phänomene erscheinen nur in soweit sie eben in diesem Grundphänomen sichtbar werden können - nicht aber als sie selbst.

> „Jedes Grundphänomen kann als Grund für alles gesehen und erlebt werden, Tritt es in Kraft, so werden die anderen Phänomene in einer sekundären Position gedrängt und erscheinen als das, als was wir sie gewöhnlich kennen, nämlich als Teil- oder Epiphänomen des Daseins. Wer auf Entschlossenheit steht kennt das Spiel nur als Teil- und Randphänomen. Wer auf Beziehung steht kennt die Entschlossenheit nur als Teil- und Dienstphänomen usw. Alle Grundphänomene haben die Möglichkeit des Verfalls, ja sind „zunächst und zumeist" nur in der Form des Verfalls getätigt und müssen erst durch eine eigentümliche Entdeckungserfahrung hindurch in ihrer ganzen Fülle und Weite erfaßt werden." (ebd.)

Nicht für jeden Menschen hat sich durch seinen Lebensweg ein Phänomen als Grundphänomen klar herauskristallisiert. Oftmals kennt man selbst dieses nicht, obwohl man aus diesem Gesamtsinn heraus handelt. Jedenfalls sind die Phänomene nicht einfach so da und können einfach gewählt und ergriffen werden. Wird etwas für einen Menschen ein Grundphänomen, so ist dies eine ganz spezifische Erhellung und Gestaltung seines Daseins, die mit einem Schlage klar werden kann, der aber eine lange Genese vorausgeht. Im Zusammengehen und Begegnen von Mensch und Welt entsteht die je eigene Welt des Menschen schöpferisch.

Grundphänomene lassen sich jedoch nicht vergleichend beschreiben - dann müßte es einen Einheitsboden geben, an welchem sie gemessen werden könnten. Dies ist aber nicht möglich, wenn aus dem Grundphänomen selbst erst Mensch und Welt in je dieser Weise entstehen. Nichts kann hier vorausgesetzt und vorgeordnet sein, alles entsteht erst im Phänomen selbst mit. Der Übertritt in eine „andere Welt“ ist dabei nicht so ohne weiteres möglich, denn um ein anderes Phänomen als Grundphänomen zu sehen und in seiner inneren Überzeugungskraft zu verstehen, muß eine andere Subjektivität aufgebaut werden.

Eine andere Welt wiederum ist die von Siegmund Freud, dem Entdecker des Unbewußten. Diese Welt kann erst durch das Grundphänomen Freuds, die Libido sichtbar gemacht werden. Sieht man das nicht, so sieht man auch dieses Phänomen und diese Welt nicht.

> „Es handelt sich bei Libido und Sexus um eine *Grundstruktur*, die sich auf alles bezieht und ihre eigene Gesetzmäßigkeit hat, und die Macht besitzt, diese Gesetzmäßigkeit im individuellen sozialen Leben durchzusetzen. So legt sich eine Sexualtheorie als Analyse der Grundstruktur des menschlichen Daseins durchaus nahe, insbesondere da man mit dieser Theorie Störungsphänomene im Einzelleben entschlüsseln und heilen kann.“ (Rombach 1988, S. 169)

Der entscheidende Punkt der phänomenologischen Sichtweise ist also, daß die Wirklichkeit nicht als gegeben vorausgesetzt wird. Was da entsteht, muß nicht etwas sein, was sich ein Leben lang durchträgt. Ganz konkret passieren solche Prozesse jeden Tag und tragen so zum Konstitutionsprozeß im Ganzen bei.

An dieser Stelle soll ein Beispiel für ein solches phänomenologisches Arbeiten gegeben werden, das versucht, den inneren Gang der Entstehung von Sinn und Wirklichkeit nachzuzeichnen und gleichzeitig dem pädagogischen Alltag entnommen ist. Danner beschreibt in seinem Aufsatz „Vom Bambus zur Panflöte“ (Danner 1990), wie ein Vater mit seinen Kindern in Südfrankreich im Urlaub zufällig Bambus findet. Aus dieser Findung entsteht durch ein Wechselspiel zwischen der Sache und den Beteiligten schließlich eine Panflöte.

> „Der Bambus fordert auf, und die Personen antworten. Umgekehrt gehen die Personen auf die Pflanze zu und bearbeiten sie. Und diese gibt Antwort auf ihre Weise. Das Sinnhafte entsteht und verändert sich Schritt für Schritt durch ein Zusammenspiel von Mensch und Ding. Das Entstehen des Sinnhaften nur einer >Seite< zuzuschreiben, wäre verfälschend. Ja gibt es überhaupt vereinzelte >Seiten< in diesem Geschehen? Sind sie nicht Abstraktionen und damit Verfälschungen? Wir *und* die Dinge bringen Sinn hervor (...).“ (ebd., S. 85)

Wichtig ist hier zunächst, daß Sinn nicht etwas ist, was der Mensch den Dingen gibt, sondern was in einem konkreten Prozeß von Mensch und Sache konstituiert wird. Für die naturwissenschaftliche Sichtweise ist es immer derselbe Bambus. (vgl. ebd., S. 83) Dieser Bambus wird nicht nur nachträglich mit einem anderen Sinn versehen, sondern er wird durch den Prozeß zu etwas anderem. Ein Bambusrohr *ist* etwas anderes als ein gestimmtes Instrument (vgl. ebd.), es wird nicht nur anders gesehen, sondern ist etwas anderes geworden durch das Wechselspiel und Miteinander von Menschen und Sache, an welchem auch kulturelle Errungenschaften und Bildung zum Beispiel die Kenntnis der Tonleiter beteiligt waren. Sinnhafte Wirklichkeit gibt es nicht einfach so, sondern sie entsteht schöpferisch.

Es handelt sich hier bereits um konkretes Arbeiten auch am Phänomen des Schöpferischen, wobei hier nicht nur der Prozeß nachgezeichnet werden müßte, sondern einzelne konstitutive Züge des Phänomens als solche herausgearbeitet werden müßten. Deutlich wurde jedoch hier bereits, daß das Phänomen sich selbst in eins mit dem Raum entfaltet, in dem es zuallererst möglich ist. Wirklichkeit wird in ihrer Entstehung gezeigt. Wir sind nicht nur subjektiv bezogen auf sie und können sie nachträglich noch interpretieren, sondern unser Umgang bringt sie erst als konkret sinnhafte mit hervor.

An dieser Stelle soll noch auf den wesentlichen Unterschied von phänomenalem und phänomenologischem Sehen hingewiesen werden, wie er von Rombach herausgearbeitet worden ist. (vgl. Rombach 1980b, S. 310ff.)

> „*Phänomenales Sehen* können wir die Blickweise und Verstehensform nennen, die *innerhalb* eines gegebenen Phänomens, entsprechend einer bestimmten Objekt - und einer ebenso bestimmten Subjektstruktur, gültig und effektiv ist (...).
>
> Das *phänomenologische Sehen* ist ein höherstufiges Sehen, in dem die ganze Struktur erfaßt wird, *innerhalb* deren das phänomenale Sehen zuständig ist. Während das letztere nur die in der Dimension aufscheinenden Gegebenheiten erfaßt, erfaßt das phänomenologische Sehen die Dimension als solche und damit die Gründe und Bedingungen des Gegebenseins der Gegebenheiten dieser Dimension.“ (ebd., S. 310)

Das phänomenologische Sehen braucht das phänomenale Sehen und arbeitet sich daraus erst hervor. An Danners Aufsatz zum Bambus kann man dies sehr gut sehen. Zunächst beschreibt er die konkreten Gegebenheiten, was passiert und wer daran beteiligt ist. Er bleibt jedoch hier nicht bei der Beschreibung stehen, die auch als Beispiel sinnvoller Freizeitbeschäftigung im Umgang mit Natur gebracht werden könnte. Er geht tiefer, indem er aufzeigt, was eigentlich für Prozesse und Wechselbezogenheiten ablaufen, damit diese Gegebenheiten sich in dieser Weise überhaupt so ereignen und zeigen können. Er sucht die strukturelle Entwicklung zu fassen, wie sie im Grunde geschieht, was eigentlich bei so einem an sich „banalen Beispiel“ alles mitwirkt. Die Tiefenstruktur wird erhellt, ohne benannt zu werden. Rombach selbst verdeutlicht die Differenz von phänomenologischem und phänomenalen Sehen an einem anderen Beispiel, der Psychoanalyse. (vgl. ebd., S. 312)

> „[Die Psychoanalyse] hat (...) ihr Verdienst darin, Einzelphänomene des alltäglichen Daseins und deren eigentümliches, eingeschränktes und dadurch zumeist auch *krankhaftes* phänomenales Bewußtsein vom Grundraster einer elementaren Daseinsstruktur aus, hier der 'Triebstruktur' zu erhellen. [Es] geschieht (...) so, daß die tiefer gelegene *phänomenologische* Struktur nur durch die Offenlegung der Ausfallserscheinungen der Oberflächenstruktur gewonnen und artikuliert werden kann." (ebd.)

So kann etwa eine Angstneurose dadurch geheilt werden, ja ist die Möglichkeit der Therapie überhaupt erst eröffnet, weil man die Grundstruktur offenlegt, innerhalb der sie eine fehlgelaufene Erscheinung ist. Und umgekehrt wurde für Freud die Grundstruktur der menschlichen Psyche erst dadurch erhellt, daß er mit Patienten arbeitete, die eben bestimmte „Ausfallerscheinungen", Verformungen hatten. Diese in ihrer Entstehung zu begreifen, hieß zugleich, die Grundstruktur, in der sie vorkamen, zu entdecken.

> „Die Erhellung der Grundstruktur geschieht in phänomenologischer Weise, denn die Erhellung einer Struktur *ist* Phänomenologie. Phänomenologie besagt nichts anderes als Sehen einer Struktur, und zwar so, daß diese Struktur sich selber sieht. Es gibt also eine *Phänomenologie der Tiefenstruktur*, die ebenso in die Konsequenz des phänomenologischen Gedankens gehört, wie die *Phänomenologie der Höhen- und Megastrukturen*." (Rombach 1991, S. 12)

Tiefenstrukturen sind also Strukturen, wie sie etwa von Freud entdeckt worden sind bzw. Strukturen des Daseins, die durch ein Grundphänomen entwickelt sind. So soll auch das Phänomen des Schöpferischen als ein Grundphänomen gesehen werden, welches das Leben, die Lebensbahnen und Handlungen eines eben schöpferischen Menschen in einer bestimmten Weise strukturiert. Was geschieht und wie geschieht schöpferisches Leben und was bedeutet dies für die pädagogische Situation?

Neben den Tiefenstrukturen spricht Rombach von Höhen- oder Megastrukturen. Damit ist die grundsätzlich geschichtliche Fundiertheit des Menschen angesprochen.

> *„Jede Zeit hat ihre eigene Existenzstruktur* (...) Zu jeder Grundformation menschlichen Daseins gehört epochal auch eine Grundformation der *Wirklichkeit*, eine historische *Welt*. In dieser verhält sich alles anders...Einer je anderen Struktur (einem je anderen „Phänomen") des Todes entspricht auch eine je andere Struktur der Kindheit, des Verhaltens, des Sinns und des Wahnsinns, eine je andere Struktur der Kunst, der Religion, der Wissenschaft, des Zusammenlebens, des Rechtes und der Wirklichkeit. Es gibt nichts, das nicht in verschiedenen Zeiten verschieden wäre - aber alles hängt

> innerhalb der epochalen Ganzheit in *unzerreißbarer Struktur* zusammen, so daß die geringste Änderung einer Stelle zu einer Veränderung an allen anderen Stellen führen muß." (Rombach 1980a, S. 20f.)

Eine jeweils historische Welt stellt eine durchstrukturierte gestaltete Ganzheit dar. Diese von innen her in ihrer Evidenz zu sehen, ist die Aufgabe der Phänomenologie. Es gilt zunächst, einmal hineinzukommen in eine solche Welt, will man wirklich verstehen, was ein bestimmtes Faktum in seiner Bedeutung und seinem Stellenwert überhaupt darstellt. Erst wenn man aus der strukturellen Ganzheit der hochmittelalterlichen Welt beispielsweise sieht, wie das Selbstverständnis der Menschen aussah, das sich aus der Religion gespeist hat, aber auch, wie sie konkret gelebt und empfunden haben, ja was für sie wichtig und was für sie lustig war und in welchen Räumen sie gewohnt haben - erst dann kann man auch sehen, was es bedeutet hat, in dieser Welt Kind zu sein.

Rombach selbst sucht dieses Phänomen am Beispiel des gotischen Doms zu erläutern: In diese andere Welt zu kommen, bedeutet in gewisser Weise, ein anderer Mensch zu werden. Eine andere Subjektivität zu konstituieren heißt, nicht nur anders denken, sondern darin alles anders zu sehen und zu empfinden. Der Dom kann so als Repräsentant einer ganzen Epoche gesehen und erlebt werden, worin auch Mensch- und Kindsein als jeweils verfaßte Subjektivität erfahrbar wird, wenn man sich wirklich darauf einläßt und die gesamte Aura eines solchen Gotteshauses in sich aufzunehmen gewillt ist. Die Phänomene, wenn man sie in dieser Weise ernst nimmt, konstituieren den Menschen je anders in einer anderen Epoche durch andere „Megastrukturen" oder durch andere „Tiefenstrukturen". Es sind andere Grundphänomene, aus denen heraus der Mensch lebt. Phänomenologie arbeitet daran zu zeigen, wie der Mensch und seine Welt jeweils entstehen, aus welchen Phänomenen heraus sie sich konstituieren und wie ein solcher Konstitutionsprozeß aussieht, in dem eine „neue Welt" und ein „neuer Mensch" entstehen.

Phänomenologie wird in der Weise real, insofern es sich nicht um die Anwendung theoretischer Einsichten und Erkenntnisse auf die Wirklichkeit handelt, sondern insofern die Vollzugsform, die Entstehung von Wirklichkeit selbst (von Subjekt und Objekt), zum Thema gemacht wird. Die Vollzugsform und Freisetzung des Phänomens selbst ist das Anliegen der phänomenologischen Arbeit, die so ins Phänomen kommen will, daß die Eigendynamik des Phänomens für sich selbst spricht. Der Mensch *ist* nicht. Doch wie sieht jene schöpferische Genese aus, „die den Menschen *über sich hinausführt* und mehr zur Entfaltung bringt, als er in den Prozeß hineinzugeben vermag" (Rombach 1980a, S. 27)? Um dieses „mehr", welches in jedem Kind und in jedem Menschen geschieht, geht es in der Frage nach dem Schöpferischen.

2 Geschichtliche Herleitung der Frage und Forschungsansätze

2.1 Von der Antike bis zur Neuzeit

Die Frage nach dem Schöpferischen stellt sich weder gleichermaßen kulturübergreifend, noch zeitunabhängig. Bleibt man bei unserer westlichen Kultur, so kann man feststellen, daß in der Antike ein Welt- und Menschenbild bestimmend war, in dem diese Frage so nicht möglich war. Geht man von dem Grundgedanken aus, daß das Sein, das Wesen des Menschen, wie auch die Ideen unveränderlich und ewig sind, so kann jeglichem Werden vorn herein nur marginale Bedeutung zukommen. Von hier ausgehend wird auch deutlich, welche Bedeutung und Möglichkeit der Kunst zugeschrieben wurde. Platon macht es am Beispiel des Stuhls deutlich. (vgl. Platon 1982, S. 432ff.) Der Künstler, insbesondere der Dichter und Maler, wird hier von seinem Wesen her als Nachahmer beschrieben. Für jedes Ding existiert eine Idee, das wahrhaftige Bild dieser Sache. Der Tischler nun kann viele verschiedene Stühle herstellen, die jedoch allesamt Abbilder dieser einen Idee des Stuhls sind. Realität kommt jedoch nur diesem einen Stuhl zu, der das Urbild darstellt. Der Maler steht in seiner Beziehung zu *dem* Stuhl noch ferner, weil er nur das Erzeugnis des Handwerkers, also das Scheinbild, nachahmt.

> „Weitab von der Wahrheit steht also die Kunst der Nachahmung, und gerade deshalb schafft sie alles nach, weil sie nur wenig von jedem Ding erfaßt und da nur sein Scheinbild." (ebd., S. 436)

Die Kunst also steht fernab ihrer Möglichkeit, die hier aufgezeigt werden soll, daß durch sie ein neues Bild der Welt erzeugt und gesehen werden kann. Für einen Menschen, der in Platons Staat leben sollte, war eine solche Veränderung grundsätzlich ausgeschlossen, geschweige denn vom Dichter oder Maler erfaßbar.

Im Christentum tritt Gott als Schöpfer auf, der Mensch ist das Geschöpf Gottes, das auf dem Wege einer teleologischen Heilsgeschichte zum wahren Leben gelangen kann. Insofern kommt hier ein Moment von Bewegung ins Spiel, die auf ein vorbestimmtes Ziel hinläuft, aber prinzipiell auch scheitern und sich von diesem Weg abwenden kann. Kunst macht religiöse Inhalte sichtbar wie auch schon in der Antike, aber sie geht nicht darüber hinaus. Bräuer zitiert noch Klopstock: „Schöpferisch schreiben, schöpferisch dichten sind strafbare und unchristliche Ausdrücke." (Klopstock nach Bräuer 1966, S. 3) Der Mensch kann noch nicht wirklich schöpferisch sein, solange er sich im Rahmen einer vorgegebenen Ordnung versteht.

> „Das Schöpferische in dem uns bekannten Sinn ist wiederum anders strukturiert; daß etwas wirklich Neues in den geschichtlichen Verlauf kommen könnte, ist ohne ein Erwachen des historischen Bewußtseins, also etwa im Rahmen der mittelalterlichen Bewußtseinslage, gar nicht zu denken." (Bräuer 1966, S. 6)

Erst die Auflösung des scholastischen Weltbildes gab mit dem Beginn der Neuzeit und dem Anbruch der Renaissance dem Menschen die Möglichkeit der Selbstbestimmung. Der neuzeitliche Mensch hat nicht Teil am Sein, ist nicht Ge-schöpf, sondern seine eigene Selbstleistung. Er entsteht als Individuum im neuzeitlichen Sinn, was u.a. in den individualisierten Gesichtszügen in der Malerei sichtbar wird. Auch die Tatsache, daß nun Künstler ihre Werke signieren und wir Einzelheiten aus den Biographien der Künstler wissen ist eine grundlegende Veränderung gegenüber dem Mittelalter, gegen das man sich mit allen Mitteln absetzen will. Es entsteht ein geschichtliches Bewußtsein aus dieser Absetzung und aus der wiedergeburtlichen Aufnahme antiker Kunst, die zuvor weitgehend in Vergessenheit geraten war.

Erst in der Epoche des Sturm und Drang bildete sich die Vorstellung vom Genie als einem Menschen von größter schöpferischer Begabung. Ein Genie ist ein ausgezeichneter einzelner Mensch, der tatsächlich etwas Neues hervorbringen kann.

> „Der Künstler war der Schöpfer seiner eigenen Welt. Die Vermessenheit des Genius in jener Zeit wird deutlich in Goethes „Prometheus": „Hier sitze ich, forme Menschen nach meinem Bilde (...).""(ebd., S. 11f.)

2.2 Friedrich Nietzsche

Historisch gesehen war Nietzsche einer der ersten, der das schöpferische Phänomen in seiner ganzen Tragweite gesehen und beschrieben hat. (vgl. Stenger 1997) Voraussetzung war der Nihilismus, der nicht nur als geistige Strömung Wirkung zeigte, sondern als ein Entwertungsgeschehen, das den Menschen in seiner ganzen Lebensrealität betrifft. Werte, Ziele und Normen, die dem Menschen einst Orientierung gaben, waren in ihren Grundfesten erschüttert.

> „Wir sind allen Idealen abgünstig, auf welche hin einer sich sogar in dieser zerbrochenen Untergangszeit noch heimisch fühlen könnte; was aber deren „Realitäten" betrifft, so glauben wir nicht daran, dass sie *Dauer* haben. Das Eis, das heute noch trägt, ist schon sehr dünn geworden: der Thauwind weht, wir selbst, wir Heimatlosen, sind etwas, das Eis und andre allzu dünne „Realitäten" aufbricht...Wir „conservieren" Nichts, wir wollen auch in keine Vergangenheit zurück." (Nietzsche KSA 3, S. 629)

Der Nihilismus durchdringt alles. Es entsteht ein Bewußtsein davon, daß es keine immer und überall gültigen Ideale, keine ewigen Wahrheiten mehr geben kann. Dies hat zunächst etwas erschreckendes, kann Lähmung, Sinnlosigkeit und Müdigkeit zur Folge haben, da der Mensch nun ganz auf sich allein gestellt ist. Jetzt erst, wenn „Gott tot ist" (vgl. Nietzsche KSA 3, S. 573), gibt es wirkliche Einsamkeit. Es gilt nun alles, was nicht mehr tragfähig ist, auch wirklich preiszugeben und nicht ängstlich an Überkommenem festzuhalten. Das hat Nietzsche selbst als seine Aufgabe erlebt. Aber der Nihilismus hat nicht nur zerstörerische Seiten. Er stellt auch die Möglichkeit für den Menschen dar, jetzt, wo nichts mehr vorgegeben und festgelegt ist, wo „anything goes" schon für jedermann gilt, das Leben gestaltend in die Hand zu nehmen.

> „(...) endlich erscheint uns der Horizont wieder frei, gesetzt selbst, dass er nicht hell ist, endlich dürfen unsre Schiffe wieder auslaufen, auf jede Gefahr hin auslaufen, das Meer, *unser* Meer liegt wieder offen da, vielleicht gab es noch niemals ein so „offenes Meer". -" (ebd., S. 574)

So risikoreich ein solcher Weg auch sein mag, in einem solchen Aufbruch steckt auch eine ungeheure Energie, eine Lust daran, in eine ungewisse Zukunft zu gehen und das Wagnis einer solchen experimentellen Existenz einzugehen. Sich auf den Schaffensprozeß einzulassen, bedeutet also die Überwindung des Nihilismus. Als Voraussetzung ist er zugleich notwendig, denn nur, wo nichts mehr feststeht, muß alles erst geschaffen werden. Auch der Mensch selbst entsteht aus diesem Prozeß.

„Umwertung aller Werte" nennt Nietzsche jenen Gesamtumbruch, dem es nicht um einzelne Verbesserungen geht, sondern um die gesamte Verwandlung der Situation. Nicht nur eine Bewußtseinserweiterung, keine „unbefleckte Erkenntnis" (Nietzsche KSA 4, S. 156), sondern eine Verwandlung, die den ganzen Menschen meint. Deshalb auch kommt Nietzsche auf den Begriff des Übermenschen, der den Durchbruch zu einer neuen Ebene des Menschen darstellen soll.

2.3 Sigmund Freud

Einen wichtigen Schritt im Verstehen kreativer Prozesse stellte Sigmund Freud, der Begründer der Psychoanalyse, dar. Er lenkte den Blick auf unbewußte Vorgänge, die eine zentrale Bedeutung als Motive für die Ausübung kreativer Tätigkeiten haben. Über den Künstler schreibt er: „Er wird von überstarken Triebbedürfnissen gedrängt, möchte Ehre, Macht, Reichtum, Ruhm und die Liebe der Frauen erwerben, es fehlen ihm aber die Mittel, um diese Befriedigungen zu erreichen." (Freud 1982a, S. 366) Der Künstler hat die Fähigkeit, seine Phantasien, durch die er etwas auslebt, was in der Realität nicht möglich ist, in einem bestimmten Material zu formen. Aus diesen Werken kann er einen Lustgewinn ziehen, der auch anderen Rezipienten möglich ist, die ihm aus Dankbarkeit „Ehre, Macht und Liebe der Frauen" (ebd.) zukommen lassen, was er nun auf diesem Umweg doch noch erreicht hat. Diese Libidoverschiebung, die einerseits dem Lustgewinn, aber auch der Leidabwehr dient, nennt Freud „Sublimierung der Triebe“ (Freud 1982b, S. 211). Die Triebefriedigung wird hier aus dem gestalteten Phantasiegebilde gezogen, das als Illusion erkannt wird. Daher ist auch die Intensität abgemildert; „sie erschüttern nicht unsere Leiblichkeit.“ (ebd.)

Diese „gedämpfte Intensität“ (ebd.) dürfte Freud als Nicht-Künstler so erschienen sein, wogegen es viele Belege gibt, die in eine andere Richtung weisen, etwa Nietzsches Beschreibung der Inspiration, die gerade mit einer erschütterten Leiblichkeit einhergeht. Auch Nietzsche geht es im Grundmotiv menschlichen Handelns um Macht, wenn er vom Willen zur Macht spricht. Hier ist ein äußerer Vergleichspunkt gegeben, wobei der Begriff bei Nietzsche Lebensmächtigkeit bedeutet.

Des weiteren dürfte es sich als schwierig erweisen Kunst allein aus Motiven ihrer Entstehung verstehen zu wollen. (Auch die Grundannahme des Illusionscharakters der Kunst mag sicher für manches zutreffen, ist jedoch als Beschreibung von Kunst überhaupt zu schmal gedacht. Der moderne Künstler gibt u.U. ein Bild der Welt, das nicht der Wirklichkeit gegenübersteht, sondern eine gesteigerte Form dieser Wirklichkeit darstellt. Die selbsterschaffenen Welten eines Giacometti, eines Picasso oder eines Beuys sind keine materialisierten Phantasiegebilde, sondern Aussagen darüber, wie von ihnen Wirklichkeit wahrgenommen, empfunden und gestaltet wird.)

Für Freud stehen die Phantasien des Tagträumens, ebenso wie die Dichtung, der Wirklichkeit entgegen. Gleichwohl ist dem „Träumenden“ bzw. dem Leser auf diesem Wege ja eine „Wunscherfüllung, eine Korrektur der unbefriedigenden Wirklichkeit“ möglich. (Freud: Der Dichter und das Phantasieren 1982c, S. 174). Der Unterschied zu den Überlegungen, wie sie hier angestellt werden sollen, besteht u.a. darin, daß es sich bei Freud um ein eher statisches, unhistorisches Modell handelt, das nur eine interne Dynamik kennt, aber nicht auf Revolutionierung seiner Grundstrukturen aus ist.

Trotz vieler kritischer Einwände, auch gegen Freuds Schriften zu Kunst und Künstlern, bleibt es doch sein Verdienst, eine Ebene menschlichen Handelns und Seins aufgedeckt zu haben: das Unbewußte, das für uns auch und gerade für das Verstehen von Kunstwerken eine nicht mehr wegzudenkende Weise, den Menschen zu sehen, darstellt.

> „Wie andere revolutionäre Denker hat Freud zur Bildung des Begriffsinstrumentariums beigetragen, mit dem Persönlichkeit und Motivation kreativer Menschen in der Folge beschrieben wurden.“ (Gardner 1996, S. 44)

2.4 Kreativität und das Schöpferische im 20. Jahrhundert

Im 20. Jahrhundert gibt es zwei Richtungen, an die man sich wenden kann, wenn man die Frage nach schöpferischen Prozessen verfolgt. Die eine ist die reformpädagogische Bewegung, insbesondere die Kunsterziehungsbewegung zu Beginn des Jahrhunderts, aber auch andere Ansätze innerhalb der Reformpädagogik, für die exemplarisch Maria Montessori hier zur Geltung kommen soll. Die andere Richtung ist die Kreativitätsforschung, wie sie seit den 50er Jahren hauptsächlich in Amerika betrieben worden ist.

An dieser Stelle möchte ich darauf hinweisen, daß es eine 1987 eingereichte Dissertation von Thomas Stocker gibt zu dem Thema „Die Kreativität und das Schöpferische: Leitbegriffe zweier pädagogischer Reformperioden; ein Beitrag zur Klärung der anthropologischen Dimension und pädagogischen Relevanz des Kreativitätsbegriffs" (Stocker 1988, S. 16). Hier findet sich eine übersichtliche und ausführliche Darstellung der bis zu diesem Zeitpunkt erschienenen Theorien. Mein Anliegen indes besteht nicht im Vorstellen von Theorien, sondern ich möchte beide Richtungen heranziehen und suchen, wie ich in der oben skizzierten Frage weiterkomme. Diese Frage richtet sich nicht primär auf die Schaffung großer Werke, sondern auf eine neue Erfahrungsweise, ein neues Selbstverständnis des Menschen. Die Wege zu solchen Schlüsselsituationen/Wendepunkten oder auch Meisterwerken sehe ich als kreative Prozesse, die sich im Leben eines jeden Menschen ereignen können, die aber vielleicht am Durchbruch von Künstlern zu ihrer eigenen Gestaltungs- und Sichtweise besser sichtbar gemacht werden können.

2.4.1 Die Kunsterziehungsbewegung

Zunächst möchte ich kurz auf das epochemachende Werk Julius Langbehns „Rembrandt als Erzieher" (vgl. im folgenden Langbehn 1925 und Röhrs 1994, S. 38ff.), das 1890 erschienen ist, eingehen. Die darin geforderten Reformbemühungen richteten sich nicht allein auf eine Bildungsreform und schon gar nicht auf einen Zuwachs an Wissen, sondern auf eine Lebensreform, die bis in den Alltag hineinwirken sollte. Der geforderte „künstlerische Lebensstil" (Röhrs ebd., S. 39) blieb jedoch religiös rückgebunden an ewigen Werten. Ziel war eine:

> „Erziehung durch die Kunst und zur Kunst." (ebd.)

Kunst sollte die Möglichkeit schaffen, Welt zu verstehen und zu gestalten, jedoch mit Schönheit und Ganzheit als Zielpunkt. Ein ganz bestimmtes, traditionell gebundenes Kunstverständnis liegt diesen Überlegungen noch zugrunde, die heute vielleicht auch aus diesem Grunde für uns in ihrem Ton und ihren Forderungen nicht mehr akzeptabel erscheinen.

Diese Überlegungen bilden jedoch aus historischer Sicht einen Meilenstein in der Entwicklung der Reformpädagogik und insbesondere auch der Kunsterziehungsbewegung, die Gedanken von Langbehn aufgegriffen und weitergeführt hat. Auch Herman Nohl ist hier zu nennen, für den neue Ideen sich zunächst auf künstlerischem Gebiet manifestierten. (vgl. ebd., S. 69) Der Künstler als Sinnbild des ganzen Menschen wurde einer einseitig intellektuell geprägten Entwicklung des Menschen entgegengestellt. Des weiteren ist hier neben Nietzsches Kulturkritik und Lebensphilosophie vor allem Bergson zu nennen, der im „élan vitale“ (ebd.) eine Schöpferkraft sah, die Entwicklungen anregen und darin präsent sein konnte, ohne dabei von einer rein rationalen Erkenntnis erfaßt werden zu können.

Die Kunsterziehungsbewegung im engeren Sinn, teilt man für gewöhnlich in drei Phasen ein. (vgl. im folgenden ebd., S. 73ff.)

Die erste Phase wurde von Alfred Lichtwark initiiert. Zentraler Punkt in seinen Bemühungen war die Erschließung des Museums als Bildungsraum. In „Anschauung“, „Meditation“ und „Andacht“ sollten Kinder mit den Bildern in Kontakt kommen. (ebd., S. 74f.) Durch die Aufnahme des Geschauten, sollten Kinder unmittelbar Impulse für ihr eigenes Leben bekommen. Insofern spielte die erzieherische Hinführung zu Kunstwerken eine zentrale Rolle, um die Kinder in die Lage zu versetzen, zu fühlen und auch zu genießen, was sich ihnen zeigte. Insofern wird hier das rezeptive Element in einer starken Weise betont. Eigentlich angezielt war natürlich daraus resultierend ein „künstlerischer Lebensstil“ (ebd., S. 74), der bis in die Bereiche von Kleidung und Wohnen sichtbar sein sollte. Die drei Lebenstypen des „Professors, des Lehrers und des Offiziers“ (ebd.) sollten dies exemplarisch vorleben. Hier zeigt sich letztlich auch die Beschränktheit dieser Anstrengungen, in denen wir uns heute so wenig wiederfinden können.

In der zweiten Phase der Kunsterziehungsbewegung rückte neben dem Genuß des Kunstwerkes im Museum die Literatur in den Mittelpunkt des Interesses. Durch entsprechende Lektüre sollte die geistige und sittliche Entwicklung gefördert werden. Neben dem mehr rezeptiven Kunstgenuß im Museum, wurden eigenaktive, spontane Gestaltungsmöglichkeiten von Kindern immer wichtiger. Kunst sollte zu einem Prinzip des Schullebens werden. (vgl. ebd., S. 83) Nach Röhrs, wiesen Bücher, wie etwa „Das Kind als Künstler“ von Carl Götze, den Weg. (vgl. ebd.)

In der dritten Phase der Kunsterziehungsbewegung wurde der Anspruch, der im Zeichen- und Deutschunterricht Geltung beanspruchte, auf das ganze Schulleben ausgeweitet.

> „Überall galt es die kindlichen Kräfte in einen freien gestalterischen Prozeß zu überführen.“ (ebd. S. 83)

Weitere Bereiche, wie Musik, Tanz und Laienspiel wurden erschlossen als Ausdrucksmöglichkeiten des Kindes. Von individuellen Erlebnissen und Erfahrungen sollten diese Gestaltungen ausgehen und deren Ausdruck sein. In Wechselwirkung mit der Jugendbewegung wurden zudem Gymnastik und \ für wichtig gehalten.

Kritik
So sehr zunächst mein Anliegen, schöpferische Prozesse sichtbar zu machen oberflächlich gesehen an die Kunsterziehungsbewegung anknüpfen könnte, gerade weil auch in dieser Arbeit mit Hilfe von Kunstwerken und auch Kinderzeichnungen gearbeitet wird - der Schein trügt. Historisch gesehen ist es natürlich interessant, von jener Bewegung zu wissen, der die Entfaltung des schöpferischen Potentials von Kindern ein so großes Anliegen war. Doch dieses Schöpferische blieb ontologisch begründet in der „Gottesebenbildlichkeit des schöpferischen Menschen" (ebd. S. 68). Das Ziel war klar: eine geistig sittliche Erziehung. Man wußte noch genau, auf welche Werte man sich berufen konnte.

Wirklich schöpferisch in dem Verständnis, das dieser Arbeit zugrunde liegt, sind nur Prozesse, bei denen nicht von Anfang an bekannt ist, worauf sie hinauslaufen sollen. Das Neuartige der Schöpfung spielte in der Kunsterziehungsbewegung keine Rolle. Insofern handelt es sich hier eher um einen Romantizismus und Ästhetizismus. Gestaltungsprozesse wurden nicht als Konstitutionsprozesse von Ich und Welt verstanden, sondern nur als ein Ausdruck des Inneren. Man ging von ästhetischen Wirkungen aus, aber untersuchte keine Gestaltungsprozesse, zeigte sie nicht in ihrer Konstitution. Der „Genius im Kinde" muß gewissermaßen nur noch zur Entfaltung kommen, während ich zu zeigen versuche, wie erst im und durch den schöpferischen Prozeß das Neue, das nicht das Geniale sein muß, entsteht.

Weshalb ich mich doch letztlich für den Titel „Schöpferische Prozesse" und nicht „Kreative Prozesse" entschieden habe, hängt mit meinem Anliegen zusammen, mich nicht nur auf kognitive Prozesse beschränken zu wollen, sondern die lebensmäßige Relevanz mit zu thematisieren, die in solchen Prozessen steckt. Hier ließe sich freilich an reformpädagogische Ideen von der Lebensform anknüpfen, nur daß diese für uns nicht mehr inhaltlich bestimmt sein kann, wie zu Beginn des vorigen Jahrhunderts.

2.4.2 „Der schöpferische Geist des Kindes" Maria Montessori

Maria Montessori hier aufzunehmen, hat seinen Grund nicht darin, daß sie über die schöpferische Tätigkeit von Kindern gesprochen hat. Andere haben dies vielleicht ausführlicher und vor allem systematischer getan. Entscheidend ist, daß der Mensch nicht nur durch Geburt und Erziehung Mensch ist und dann noch zusätzlich schöpferisch sein kann (quasi als Freizeitaspekt). Nein, der Mensch wird erst Mensch dadurch, daß er vom Kinde geschaffen wird:. „(...) und aus dem Embryo, dem Kind, wird der Schöpfer des Menschen, der Vater des Menschen." (Montessori 1995, S. 45) Das war und ist eine radikal neue Sichtweise des Menschen, die in ihrer Tragweite und in ihrem Ausmaß oft gar nicht ernst genommen wird.

2.4.2.1 Bild vom Kind

Um Montessori besser verorten zu können, möchte ich auf ein mögliches Spektrum von Bildern, die wir uns vom Kind machen, hinweisen. Die eine Möglichkeit besteht darin, stärker vom Kind auszugehen und dem, was ihm qua Geburt schon gegeben ist. Das sind etwa Konzepte, die ein Wesen des Menschen annehmen, welches sich im Laufe seiner Entwicklung nur noch entfalten muß. Aber auch Rousseau mit seiner Annahme des guten Menschen, wie er aus der Hand des Schöpfers kommt und nur davor bewahrt werden muß zu entarten, muß hier genannt werden, wie Pestalozzi, der seine Kinder vom Schlamm (Pestalozzi 1991, S. 20) in jeder Hinsicht reinigen will, um so das Gute, was in ihnen angelegt ist, zum Vorschein zu bringen. Romantische Konzepte jeglicher Art zählen zu dieser Gruppe von Erziehungsauffassungen, welche glauben, daß man das Kind nur von äußeren Zwängen befreien muß, damit es dann quasi von selbst zu seiner Entfaltung kommt. Leitwort ist in ganz unterschiedlicher Weise das Wort „vom Kinde aus“.

Eine zweite Gruppe von Erziehungsauffassungen, gegen die Maria Montessori sich vehement wendet, sieht das Kind als „leeres Gefäß“, „das mit unserem Wissen vollgestopft werden muß“ (Montessori 1992, S. 6). Der Erwachsene ist in jener Auffassung der „schöpferische Former“ (Montessori 1995, S. 43) des Kindes, der von außen an das Kind herangehen und es nach seinen Maßstäben und Richtlinien gestalten kann. Erzieherisches Handeln wird hier gedacht als „Einwirkungsmöglichkeit (...) zur Veränderung des Heranwachsenden in die erwünschte Richtung“ (Gerner 1992, S. 10). Erziehung versteht sich als „Einflußnahme“, „als ein wenigstens in Ansätzen und prinzipiell geplantes Tun“ (ebd., S. 10). Diese hier als Grundkonsens angenommene Auffassung soll exemplarisch stehen für die Annahme, daß das Kind primär durch die Erziehung beeinflußt und gestaltet wird. Diese Erziehung kann auch im weitesten Sinne als Sozialisation verstanden werden, handelt es sich auch hier um Formkräfte, die von außen auf das Kind einwirken. Hingegen soll in den zuvor beschriebenen Auffassungen das zur Entfaltung gebracht werden, was vom Kind her schon da ist. In beiden Fällen wird die Grundfrage der Pädagogik nach der Konstitution des Menschen gestellt.

Maria Montessori wählt keinen dieser beiden Wege, sie findet einen dritten, indem sie das Kind als den „Schöpfer des Menschen“ sieht, das sich in einer adäquaten Umgebung selbst erst hervorbringt. Montessori sieht, daß das Kind real an einem Nullpunkt beginnt, nicht einfach Vorhandenes entwickeln muß (vgl. Montessori 1992, S. 21), sondern in unendlich vielen Eroberungen und Einzelschöpfungen aktiv mitgestalten muß - und das vom ersten Tag an. Die Kindheit, speziell die ersten sechs Jahre, ist eine durch und durch schöpferische Periode. Die menschliche Geisteskraft wird durch das Kind erzeugt:

> „Es schafft nicht nur die Sprache, sondern formt auch die Organe, die es ihm ermöglichen zu sprechen. Jede körperliche Bewegung, jedes Element unserer Intelligenz, alles, womit das menschliche Individuum ausgestattet ist, wird vom Kinde geschaffen.“ (ebd.)

Kein Erzogenwerden, keine Nachahmung, sondern aktiver Selbstaufbau der eigenen Persönlichkeit, die nicht von Anfang an gegeben ist, sondern erst geschaffen wird (vgl. Montessori 1992, S. 142ff.): Das ist ihre Entdeckung. Aus der Wahrnehmung dieser ungeheuren Leistungen des kleinen Kindes entspringt Maria Montessoris Achtung vor der Persönlichkeit des Kindes. Diese Achtung soll einen Prozeß einleiten, in dem wir uns und unseren Standpunkt gegenüber Kindern grundlegend ändern. Es geht ihr darum, die Augen der Menschen zu öffnen für ein Phänomen, das sich täglich ereignet: wie aus dem schwachen und hilflosen Neugeborenen Schritt um Schritt der Hervorbringer selber, ja der Schöpfer des Menschen selbst wird. Dies zu sehen bedeutet, den ganz neuen Ausgangspunkt zu begreifen, den Montessori dem Kind gegenüber einnimmt.

> „Wir helfen dem Kind also nicht mehr, weil wir es für ein kleines, schwaches Wesen halten, sondern weil es mit starken schöpferischen Energien ausgestattet ist, die von so zarter Natur sind, daß sie einer liebevollen und einsichtigen Verteidigung bedürfen, damit sie nicht geschmälert und verletzt werden. Diese Energien wollen wie unterstützen." (Montessori 1992, S. 25)

Die „Schöpfung" ist nichts neben der normalen Entwicklung - sie ist diese. Weder ist alles im Kind schon vorhanden noch bringen Erzieher und Umgebung alles von außen heran, sondern es entsteht ein gemeinsamer Prozeß von Kind und Umwelt, worin alles entsteht und mit verwandelt wird. Diesen Prozeß beschreibt Montessori in ihren gesamten Werk. Sie beschreibt Anfänge, Steigerungen, Einbrüche und Durchbrüche zu neuen Stufen (sensible Perioden). Auch zeigt sie auf, wodurch wir als Erziehende das Kind dabei unterstützen können: Durch unsere Zurückhaltung, um in entscheidenden Augenblicken die Konzentration und Polarisation der Aufmerksamkeit nicht zu stören. Diesem Phänomen gehört die uneingeschränkte Bewunderung Maria Montessoris - hier geschehen die eigentlichen „Schöpfungen".

Was jedoch hemmt oder verändert sie gar? Wie können wir die Hilferufe der Kinder (ihre Launen und Abwegigkeiten) im Ringen um diese Eroberungen besser verstehen und uns dementsprechend verhalten? Das Bild vom Kind und die Haltung des Erwachsenen bilden einen Zusammenhang.

> „Die größeren schöpferischen Energien des Kindes (...) wurden bisher von dem Ideenkomplex, der sich um die Mutterschaft gebildet hat, in den Schatten gestellt. Es hieß: Die Mutter bringt das Kind zur Welt, sie lehrt es sprechen, gehen usw. All dies ist jedoch absolut nicht Werk der Mutter, sondern eine Eroberung des Kindes. Die Mutter trägt das Neugeborene aus, aber das Neugeborene bringt den Menschen hervor. (...) Es ist also nichts Ererbtes in diesen Eroberungen. Das Kind formt von sich aus den zukünftigen Menschen, indem es seine Umwelt absorbiert." (ebd., S. 13f.)

Das Absorbieren der Umwelt geschieht in den sensiblen Phasen in je spezifischer Art und Weise, weshalb auch das Bereitstellen entsprechenden Materials von entscheidender Bedeutung ist. Das Sinnesmaterial ermöglicht es dem Kind, den jeweiligen Schritt selbst zu tun und die Fähigkeiten die dafür notwendig sind selbständig zu erwerben, z.B. durch die immanente Fehlerkontrolle.

2.4.2.2 Kritik

Der wichtigste Kritikpunkt in bezug auf das Thema des Schöpferischen, ergibt sich aus dem Widerspruch von Montessoris anthropologischen Aussagen zum Kind als dem „Schöpfer“ des Menschen und der Geartetheit des Montessorimaterials: Das Material gibt schon alles vor. Wie die „Schöpfung“ ablaufen soll, hat Montessori also bereits vorgedacht und vorgeordnet, indem sie bestimmte Materialien bereitstellte, nur die Reihenfolge darf das Kind selbst wählen. Kreativität, die aus dem Material heraus eine neue Idee entwickelt, ist hier tatsächlich verboten, insofern der rosa Turm eben nur in der von Montessori autorisierten Form verwendet werden darf und nicht Anlaß für Experimente sein darf. Wenn das Kind sich in die Materialien hineinvertieft, kommt es zu Fortschritten der Fähigkeiten, zu deren Entwicklung das Material gedacht ist. Dadurch wird das Kind jedoch festgeschrieben auf ein für immer gültiges Bild vom Kind. Dies kann jedoch nicht im Sinne eines sich selbst immer wieder neu und in verschiedenen Zeiten und Kulturen je anders hervorbringenden Menschen sein. Dieser Aspekt bleibt bei Montessori völlig unberücksichtigt. Von Lateinamerika bis Indien muß der Turm dasselbe Rosa haben, um seine beabsichtigte Wirkung zu entfalten. Insofern bleibt der Gedanke des Schöpferischen also im Rahmen der von Montessori und ihren Weiterentwicklern autorisierten Möglichkeiten, die die Materialien bieten. Das kann jedoch einem radikalen Anspruch an das Schöpferische nicht gerecht werden, weil die notwendige Offenheit in der Einzelsituation fehlt.[7]

Damit geht eine unzureichende Würdigung des phantasievollen Spiels von Kindern einher. Die Phantasie des Kindes, auch die Rolle von Märchen, Geschichten und ästhetischer Gestaltung wird von Montessori sehr gering geschätzt, weil sie angeblich von der Wirklichkeit wegführen und so zu Abgehobenheit und Irrealität führen können. Auch das freie Malen wird von ihr nicht für besonders förderlich gehalten, es geht bei ihr mehr darum geometrische Formen zu zeichnen und auszufüllen. Deshalb wurde auch gegen sie von Günther Schulz der Vorwurf des Intellektualismus erhoben. (vgl. Schulz 1961, S. 53ff.)

Ein wesentlicher Kritikpunkt an Maria Montessori ist, daß das Schöpferische als das wichtige und den Menschen erst hervorbringende Phänomen gesehen wird, aber im Einzelnen spricht sie dann doch manchmal von einem Schöpfungsplan, der vollbracht werden muß. (vgl. Montessori 1995, S. 70) Oder an anderer Stelle:

> „Aber in ihm (im Kind) wirkt eine globale Kraft, eine „schöpferische menschliche Kraft“, die es anregt, den Menschen seiner Zeit, seiner Zivilisation zu bilden; und durch seine absorbierende Fähigkeit verfährt es nach den

---

[7] vgl. auch die Kritik von Langeveld und Meyer-Drawe, wie sie im Kapitel über die „Dinge“ ausgeführt worden ist.

Wachstumsgesetzen, die für die gesamte Menschheit gleich sind." (Montessori 1992, S. 52)

So könnte man nun denken, daß uns eine Kraft gegeben ist, die quasi substanziellen Charakter hat und die von Zeit zu Zeit verschiedene Impulse in den verschiedenen sensiblen Phasen schickt, damit wir uns planmäßig oder eben auch gesetzmäßig entwickeln. Das wiederum wäre als eine Verdinglichung des Phänomens des Schöpferischen anzusehen.

Montessori beschreibt die Existenz der Erwachsenen als im Kampfe sich befindend mit dem Kind, als unverständig und egoistisch. (vgl. Montessori 1995, S. 23f.) Obwohl diese trostlose Existenz eigentlich durch den „Geist des Kindes" Verwandlung erfahren könnte, zeigt Montessori jedoch den Weg nicht auf, wie er durch das Kind anders werden könnte. Lediglich dem Erzieher steht dieser Weg offen. Er wird, wie oben beschrieben, verwandelt, wenn er sich auf das Kind einläßt und in den Prozeß hineinbegibt, der zur schöpferischen Existenz führt. Ist die Erzieherin also jene privilegierte Existenz, die das trostlose Erwachsenendasein durch ihre Erfahrungen mit den Kindern verlassen kann?

Obwohl es Montessori durchaus um weiterreichende Konsequenzen geht, zeigt sie nicht auf, wie der Geist des Kindes die Welt der Erwachsenen verwandeln könnte. Es kann nicht darum gehen, jene glückliche Phase des absorbierenden Geistes noch ein bißchen zu verlängern und hinauszuzögern, bevor wir dann doch erwachsen werden müssen. Doch die Zeit der schöpferischen Eroberungen ist nicht einfach vorbei mit drei Jahren und auch erst recht nicht mit zwanzig. Das Phänomen, das sie für das Kind beschreibt, den Vollzug der Schöpfungen, das Phänomen der Konzentration, all dies kann es auch im „reiferen Alter" noch geben, und nicht nur für Erzieher. Wir können in diesem Punkte unendlich viel von unseren Kindern lernen - das hat sie unbestritten gezeigt.

Die sensiblen Phasen gehören hinein ins schöpferische Phänomen. Sie werden jedoch bei Montessori nur als äußerliche, gesetzmäßig automatisch auftretende Phasen gedacht. Zudem können derartige Phasen nicht auf das Kindesalter beschränkt werden. In jedem Alter gibt es Phasen, in denen ein ganz bestimmtes Interesse erwacht und damit verbunden eine Sensibilität für etwas, was gewissermaßen „im Sturm erobert" wird. Diese erhöhte Aufnahmebereitschaft tritt jedoch nicht zwangsläufig ein, so wie die sensible Phase für das Sprechen lernen, sondern ergibt sich aus dem Lebenslauf im Ganzen. Dabei kann es sich zum Beispiel um die Erschließung eines Arbeitsbereichs handeln, möglicherweise um die Findung eines Berufes. Auch ein Automechaniker kann so von einem Motor begeistert sein, daß eine sich der Außenwelt verschließende Konzentration entsteht, welche die Arbeitsweise des Motors und seine möglichen Fehler sofort durchschaut. Überall wo so gearbeitet wird, daß der Arbeitende völlig in seiner Sache aufgeht und mit ihr nach höheren Möglichkeiten sucht, da ist das Leben schöpferisch unterwegs. Da gibt es Findungen und Eroberungen, wie Montessori sie am Kind wunderbar beschreibt und ausdifferenziert, wie diese Prozesse ablaufen. Das kann man bei ihr lernen über das Phänomen des Schöpferischen, welches sich jedoch überall ereignen kann.

2.4.3 *Kreativitätsforschung*

Im Rückgriff auf die Kreativitätsforschung möchte ich zunächst, Stocker folgend, deutlich machen, wie es zu dieser Forschungsrichtung gekommen ist. Exemplarisch werde ich sodann an zwei der aktuell führenden Forschern deutlich machen, wie diese Arbeitsweise aussieht und welche Erträge daraus gewonnen werden können.

Einer der Auslöser für die Kreativitätsforschung war 1950 der sog. „Sputnikschock" (Stocker 1988, S. 16), als es der UdSSR gelang, den ersten Satelliten zu starten; dies wurde von den Amerikanern als Bedrohung empfunden. (im folgenden beziehe ich mich auf Stocker 1988, S. 16ff.) „Es war die amerikanische Luftwaffe, die Guilford und Torrance die Aufgabe stellte, neue Selektionsmaßstäbe für Erfinder und Führungskräfte zu finden, die über bestimmte Qualifikationen verfügen sollten." (ebd., S. 16) Nicht nur Rüstungsforschungszentren, sondern auch Werbeagenturen und andere Institutionen, denen es um neue Produkte wie auch um Profitmaximierung ging, beschäftigten sich mit dem Thema Kreativität. Ein weiterer Punkt, der eine wichtige Voraussetzung dieser Forschungen darstellte, war die Überwindung der Auffassung, daß es sich bei Kreativität um eine Art genialische Begabung von wenigen herausragenden Menschen handeln würde. Jeder Mensch hat ein kreatives Potential, von dem man nunmehr nicht nur mystifizierend sprechen konnte, sondern das untersucht und gefördert werden sollte. Kreativität wurde neben Intelligenz zu einer der anstrebenswertesten Eigenschaften und - Kreativität wird meßbar: empirisch angelegten Untersuchungen und Testverfahren zugänglich. Stocker teilt die Kreativitätsforschung bis zum Erscheinen seines Buches in drei Kategorien ein: den produkt-, den prozeß- und den persönlichkeitsorientierten Forschungsansatz. Die Phasen des kreativen Prozesses finden sich bei Gardner und auch bei Csikszentmihalyi in ähnlicher Form, weshalb ich hier nicht gesondert darauf eingehen möchte.

Skizzieren möchte ich die Überlegungen Guilfords, die den Anfangspunkt darstellen. Es handelt sich hier um einen persönlichkeitsorientierten Forschungsansatz. Guilford geht es darum, in seinem Testmodell 120 Faktoren zu bestimmen, durch die über die Dimensionen, Denkoperation, Denkinhalte und Denkprodukte Aussagen getroffen werden können. Exakte Kriterien sollten Kreativität differenziert meßbar und bestimmbar machen. Große Bedeutung hat hier das divergente Denken, das im Gegensatz zum konvergenten Denken nicht nur eine richtige Antwort zu produzieren im Stande ist, sondern auch neue, ungewöhnliche Lösungen in Betracht zieht. Des weiteren benennt er Fähigkeiten bzw. Eigenschaften von Menschen, die als kreativ bezeichnet werden können (z.B. Problemsensitivität). Durch gezieltes Abfragen via Test lassen sich nun nach Guilford Menschen mit kreativem Potential selektieren, was ja auch Zielvorgabe seines Forschungsunternehmens war.

Gardner weist auf einen möglichen Kritikpunkt hin, indem er den Beweis der Gültigkeit einfordert. (Sollte Kreativität beweisbar sein? - Das bleibt trotz der Berechtigung des Hinweises für mich die Frage.)

> „Das heißt, hohe Punktzahl im Testergebnis lassen keine Rückschlüsse darauf zu, ob die Versuchsperson in Beruf oder Tätigkeit tatsächlich Kreativität entwickeln. Entsprechend fehlen überzeugende Beweise dafür, daß Menschen, die innerhalb ihrer Disziplin oder Kultur als schöpferisch gelten, tatsächlich immer auch die von den Kreativitätstests geforderten Merkmale divergenten Denkens aufweisen. Kreativitätstests erfüllen also noch weniger als Intelligenztests die an sie gestellten Erwartungen." (Gardner 1996, S. 40)

Des weiteren gibt Gardner einen Überblick über Methoden der Kreativitätsforschung. (vgl. ebd., S. 38ff.) Er erwähnt die Kognitionstheoretiker, die computergestützte Erforschung von Problemlösungsverhalten innerhalb kreativer Prozesse zu ihrer Aufgabe gemacht haben. Eine andere Richtung arbeitet mit gut ausgearbeiteten Fallstudien, die exemplarisch darlegen sollen, was gesetzmäßig über den Einzelfall hinausgeht. Howard Gruber wäre hier zu nennen. „Charakteristisch für Grubers Arbeiten ist eine sorgfältige Beobachtung der Entstehung und Vertiefung generativer Ideen und Ideenverbindungen über signifikante Zeitabschnitte." (ebd., S. 42) Prinzipien, die er an Darwin und Piaget entdeckt hat, sind unter anderem Willenskraft und Zielstrebigkeit, was nicht verwundert, wenn man sich sein System der Untersuchung vor Augen führt. Er untersucht drei Komponenten des Prozesses: Die intellektuelle Arbeit, Zielsetzungen und affektive Erfahrungen der „Kreativen Individuen" (ebd.).

Neben den bisher angeführten Ansätzen der empirischen Psychologie und der Kognitionspsychologie stellt er den persönlichkeits- und motivationsorientierten Ansatz vor. Unter anderem durch Testverfahren werden hier charakteristische Persönlichkeitsmerkmale kreativer Personen erarbeitet wie etwa Selbstvertrauen und unkonventionelles Vorgehen. Auch Gardner gibt hier zu bedenken, daß nicht zu entscheiden ist, ob „Kreativität eine Funktion solcher Kreativitätsmerkmale" (ebd.) ist oder ob diese erst als Folge der Anerkennung von Kreativität entstehen? Eine weitere Frage würde sich für mich auftun, ob diese Merkmale sich im Laufe des Prozesses erst herausbilden, also ein Produkt des Prozesses sind und eben nicht dessen Voraussetzung.

Neben Freud und Csikszentmihalyi erwähnt Gardner noch den historiometrischen Ansatz Simontons, wobei er sich selbst in seiner Arbeit hauptsächlich den beiden letzteren sowie dem oben erwähnten Howard Gruber verbunden weiß. Simonton sucht Fragen zur kreativen Persönlichkeit etwa oder zu ihren bedeutendsten Werken mit Hilfe eines umfangreichen Datenmaterials aus historischen Quellen anzugehen. Den Vorteil der exakten Hintergrundinformation dieser Methode möchte Gardner in seinem Buch mit der Arbeit an Fallstudien verbinden, wobei er das Grundverständnis von Kreativität als Interaktion von Individuum, Domäne und Feld mit Csikszentmihalyi teilt.

Kreativität geschieht nicht im luftleeren Raum, sondern vollzieht sich innerhalb einer Domäne, in einem Fach oder einem Bereich der Kultur, die bereits symbolische Regeln entwickelt hat. (vgl. Csikszentmihalyi 1997, S. 16ff.) Die zweite Komponente dieses Systems besteht in der kreativen Einzelperson, die eine Neuerung in die Domäne einbringt. „Und ob der individuell erhobene Anspruch auf Kreativität berechtigt ist, können nur kompetente Andere entscheiden." (ebd., S. 16f.) Diese Anderen bilden die dritte Komponente: Das Feld der Experten, welche die Leistung anerkennen. Denn nur, wenn die Innovation als solche erkannt wird, kann sie weiterwirken, indem spätere Künstler oder Wissenschaftler sich darauf beziehen müssen, wenn sie ihrerseits etwas Neues schaffen wollen. Die Neuerung geht ein in das jeweilige Symbolsystem und wird zum Grundwissen für alle nachfolgenden.

Dieses System hat Vor- und Nachteile, die kurz erörtert werden sollen. Ein Problem stellt zweifellos die Fähigkeit der sog. Experten dar, durch deren Urteil erst Kreativität hergestellt wird. Die Experten können notwendigerweise die neue Sache zunächst schwer erkennen, da ihr Denken und Tun ja dieses Neue noch nicht enthält. Beispielsweise in der Kunst ist es sehr schwer zu entscheiden, welche Künstler und welche Werke eine epochale Veränderung herbeiführen. Diese Erkenntnis kam ganz oft notwendigerweise oft erst im Nachhinein. Sowohl van Goghs Kunst als auch das revolutionäre Bild Picassos „Les Demoiselles d' Avignon" wurden erst Jahre später als Zeugnisse von Kreativität erkannt. Oftmals tut sich die Berührung durch ein solches Werk durch Empörung kund, bevor die Möglichkeiten gesehen werden, die darin liegen. Wie viele noch nicht entdeckte Meisterwerke mag es noch geben, nur weil die Künstler schlechte Verbindungen zu dem Feld hatten? Van Gogh also war in der Zeit, als er nicht erkannt war, auch nicht kreativ, ist es aber heute, kann diese Zuschreibung aber womöglich in 100 Jahren wieder verloren haben. Diese Sicherung bedeutet einerseits, daß jemand, der sich nur für kreativ hält, aber in Wirklichkeit geisteskrank ist, vom Feld als solcher enttarnt wird, bedeutet aber umgekehrt auch keine Gewähr für richtige Einschätzungen. Es bleibt nur die Schlußfolgerung, daß der Beweis nicht erbracht werden kann.

An anderer Stelle äußert sich Gardner zu seinen Grundannahmen:

> „Meine Untersuchung ist bewußt und entschieden kognitiv ausgerichtet." (Gardner 1996, S. 431)

Kreativität ist also für ihn rein kognitiv faßbar. Hier scheint mir, wie später noch deutlicher zu sehen sein wird, die Kognitionsforschung an ihre Grenze zu kommen. Gerade in bezug auf dieses Thema der Entstehung neuer Möglichkeiten des Menschen interessiert mich die ganze Geschichte, die Erfahrungs- und Empfindungsmöglichkeiten der Errungenschaft, und nicht nur das, was dem erkennenden Subjekt zugänglich ist.

Csikszentmihalyi beschreibt mehr von dem, was diese Erfahrung für das Subjekt bedeutet, aber die Erfahrung des Flow bezieht sich auf den kreativen Prozeß und das, was darin erlebt wird, und nicht darauf, inwiefern diese „Neuerung" eine andere Erfahrungsweise des Menschen darstellt, die auch das Leben danach verändert. Was er an Nachwirkung beschreibt, ist, daß Menschen alles tun, um wieder in so ein Hochgefühl hineinzukommen, also fast eine Art Suchtwirkung des kreativen Prozesses.

Ich möchte noch einmal zurückkommen auf die drei Komponenten Domäne, Individuum und Feld. Csikszentmihalyi gelingt es hier, den Gewinn darzustellen, den eine Abkehr vom Individuum als alleinigem Ursprung von Kreativität bringt. Die Interaktion von Individuum und soziokulturellem Kontext macht er deutlich am Beispiel der italienischen Renaissance in Florenz zwischen 1400 und 1425. (vgl. Csikszentmihalyi 1997, S. 53ff.) In dieser Zeit der Hochblüte entstanden viele Kunstwerke, die für Europa richtungsweisend waren, unter anderem die Kuppel des Doms von Brunelleschi. Dieser Dom wartete 80 Jahre auf seine Kuppel, weil niemand wußte wie man ein Bauwerk dieser Größenordnung anzugehen habe. Erst im Rückgriff und in der Auseinandersetzung mit antiken Quellen und Bauwerken wurde dieses verlorengegangene Wissen wieder zugänglich. Aber warum entstand gerade hier ein Interesse daran? Warum geschah dies nicht anderswo mit der gleichen Intensität? Und warum gab es in Florenz in so vielen Gebieten bahnbrechende Durchbrüche, nicht nur in der Architektur, auch in der Plastik und der Freskenmalerei? Würde man Kreativität nur als innerpsychisches Phänomen von Einzelnen erklären, könnte man zu diesen Fragen schwer eine Antwort finden. Reichtum durch den blühenden Handel und politische Unsicherheit bilden für Csikszentmihalyi den Boden für jenen Entschluß der Stadtväter, Florenz zu einem „neuen Athen" (ebd., S. 56) zu machen.

> „Ein Aspekt ist in diesem Zusammenhang von besonderer Bedeutung: Als die florentinischen Bankiers, der Klerus und die Anführer der großen Kaufmannsgilden beschlossen, eine Stadt von überwältigender Schönheit zu schaffen, überschütteten sie die Künstler nicht einfach mit Geld und warteten dann die Ergebnisse ab. Sie beteiligten sich vielmehr engagiert an der Förderung, Bewertung und Auswahl der Werke, die sie für ihre Stadt gewählt hatten. Weil die führenden Bürger der Stadt ebenso wie das einfache Volk ein echtes Interesse an den Ergebnissen zeigte, fühlten sich die Künstler dazu angespornt, ihre bisherigen Leistungsgrenzen zu überschreiten und über sich selbst hinauszuwachsen. Ohne die ständige Ermutigung und kritische Aufmerksamkeit der Opera-Mitglieder wäre die prachtvolle Domkuppel wahrscheinlich nicht halb so schön geworden." (ebd.)

Auch die Entstehung der Türen des Baptisteriums weist jene Anteilnahme, das tiefe Interesse an der Gestaltung auf. Das Gremium, das sich die Überwachung der Arbeiten zum Ziel gesetzt hatte, entschied sich für das Material Bronze und befragte berühmte Philosophen, Schriftsteller und Theologen nach den Motiven, welche eine solche Tür schmücken sollten. Mit diesen Vorgaben wurde der Wettbewerb ausgeschrieben. Von den eingereichten Vorschlägen wurden wiederum fünf ausgewählt, die für ein Jahr bezahlt wurden, um innerhalb dieses Zeitraums ein Proberelief aus Bronze zu fertigen. Der 21-jährige Ghiberti wurde schließlich ausgewählt, den Auftrag auszuführen. Er arbeitete neben anderen Werken, die er in dieser Zeit schuf, zunächst 20 Jahre an der Nordtür und schließlich noch 27 Jahre an der berühmten Osttür. Natürlich bedurfte es der individuellen Künstlerpersönlichkeiten, um durch die Renaissance den Beginn einer „neuen Zeit" der Neuzeit zu begründen. Aber ohne die gespannte Aufmerksamkeit der Zeitgenossen, ohne das tiefe Interesse an ihrer Arbeit, den Wettbewerb und der kritischen Bezugnahme auf die Werke wären sie vielleicht nicht zu dem geworden, was sie für uns sind.

Das Feld sieht also nicht nur uninteressiert zu und gibt am Ende ein Urteil ab, sondern nimmt im ganzen Prozeß durch die Bezugnahme auf die Werke und Handlungen Teil an der Entstehung kreativer Werke und Menschen. Aufgaben und Fragen, die schließlich zu den Meisterwerken der Epoche führten, wurden von vielen Menschen in einem sich steigernden Prozeß gemeinsam entwickelt. Eine hohe Erwartung und großes Zutrauen zu den Einzelnen befördert den Spannungsaufbau, in dem etwas Neues entstehen kann. Dieser wiederum bringt die Gesellschaft dieser Zeit auf eine neue Ebene ihres Selbstverständnisses, eben nicht mehr Menschen des Mittelalters zu sein.

> „Brunelleschi und seine Freunde stießen auf eine Denk- und Handlungsströmung, die vor ihrer Geburt eingesetzt hatte und in vollem Gang war, als sie darin eintauchten. Auf den ersten Blick scheint es, als hätten sie allein die großen Werke geschaffen und damit den Ruhm der Epoche begründet, aber in Wirklichkeit waren sie nur Katalysatoren für einen wesentlich komplexeren Prozeß mit vielen Beteiligten und vielen Beiträgen." (ebd., S. 73)

Leider arbeitet Csikszentmihalyi in seinem Buch nicht häufiger so ausführlich mit einem Beispiel. Zumeist dienen die Beispiele dazu, einen Aspekt zu belegen, und zeigen nicht den gesamten Prozeß. Auch im Beispiel Florenz bleiben es für Csikszentmihalyi letztlich verschiedene Komponenten eines Systems, die er in seinem Buch im weiteren getrennt beschreibt. Eine jede Komponente hat verschiedene sog. Merkmale, die sich aus der Abstraktion und Zusammenfassung seiner ganzen Beispiele ergeben. Das Zusammenspiel wird als Interaktion beschrieben, wobei er jedoch nicht zeigt, wie bei Brunelleschi angedeutet, wie sich durch den Prozeß die für ihn getrennten Komponenten überhaupt erst konstituieren. Für Csziksentmihalyi interagieren Entitäten, die beschreibbar sind; sie entstehen nicht erst aus dem gemeinsamen Prozeß.[8]

---

[8] Csikszentmihalyi weist auf die Diskussion im Creativity Research Journal von 1995 hin, die eben um den Punkt ging, ob eine Idee oder ein Werk die Bestätigung des Feldes braucht oder ob es genügt, wenn sie der Erfinder selbst für kreativ hält. Er vertritt dagegen einen systemischen Kreativitätsbegriff, „der den kreativen Prozeß außerhalb des Individuums ansiedelt." (ebd., S. 572)

Csikszentmihalyis Untersuchung hat 91 Interviewprotokolle zur Grundlage. Diese Interviews wurden mit Personen aus verschiedensten Bereichen, etwa Kunst, Wissenschaft und Wirtschaft, geführt, die alle eines gemeinsam haben: Sie wurden in irgendeiner Form für ihre außergewöhnlichen Leistungen ausgezeichnet, z.B. mit dem Nobelpreis. Die Fragen umfassen die Bereiche berufliche und private Prioritäten, Beziehungen, Arbeitsgewohnheiten/Einsichten und Struktur und Dynamik der Aufmerksamkeit. (vgl. ebd., S. 559-564) Die Fragen sind exakt wiedergegeben, nicht jedoch die Antworten. Die Auswertung geschieht unter folgenden Gesichtspunkten: Kreative Persönlichkeit, kreative Arbeit/Prozeß, Flow der Kreativität und kreative Umwelt. Zu seinen Aussagen kommt er, indem er etwa Merkmale oder Eigenschaften kreativer Persönlichkeiten nennt, die er aus den Interviews herausliest und mit Beispielen belegt: Neugier, Offenheit und Ausdauer, Urteilsvermögen, aber auch Demut und Stolz. (vgl. ebd., S. 80ff.) Bewußt nennt er im wesentlichen Gegensatzpaare, um auf die Komplexität kreativer Menschen hinzuweisen.

> „Kreative Personen vereinen widersprüchliche Extreme in sich - sie bilden keine individuelle „Einheit", sondern eine individuelle „Vielheit"." (ebd., S. 88)

Diese Aussage scheint mir noch am ehesten weiterzuführen, indem Kreativität vielleicht auch in der Fähigkeit besteht, zu verschiedenen Zeiten jeweils anders an die Dinge heranzugehen. Im übrigen gibt Csikszentmihalyi selbst zu, daß die Liste „bis zu einem gewissen Grad willkürlich" (ebd., S. 115) ist. Es wird auch nichts darüber gesagt, wie diese kreativen Menschen zu diesen Eigenschaften gekommen sind. In gewisser Weise wird hier suggeriert und Gardner denkt hier in die gleiche Richtung, man müsse nur möglichst viel davon mitbringen, dann werde die Wahrscheinlichkeit für Kreativität höher. Noch absurder wird es da, wo dann aus den Interviews nach Lebensabschnitten gegliedert abstrahiert wird, welche Art von Kindheit denn nun eher zu Kreativität führen könne, wie die kreative Lebensmitte und wie das kreative Altern aussähe. Aus 91 Lebensläufen läßt sich eben kein exemplarischer machen. Eine weitere Voraussetzung für Kreativität bezieht sich auf die Umwelt:

> „Unsere Studie hat ergeben, daß es sieben Hauptelemente in der sozialen Umwelt gibt, die die Wahrscheinlichkeit kreativer Beiträge erhöhen: Ausbildung, Erwartungen, Ressourcen, Anerkennung, Hoffnung, Gelegenheit und Belohnung." (ebd., S. 470)

Kreativität entsteht also da, wo es einem Menschen gelingt, möglichst viele Merkmale, seine Person, seinen Lebenslauf und seine Umwelt betreffend, anzuhäufen.

Gardner verfährt in seinem Buch auf dieselbe Art und Weise. Seine Grundlage sind sieben Fallstudien von Menschen, die als Schöpfer der Moderne bezeichnet werden können. Sie haben die Zeit gemeinsam, in der ihr kreatives Werk geschaffen wurde: Freud, Einstein, Picasso, Strawinsky, Eliot, Graham und Gandhi. Jede der hier genannten Personen entspricht einer anderen Intelligenzform, den Formen entsprechend, die von Gardner in „Abschied vom IQ" (ders.,

Stuttgart 1991) dargestellt worden sind. Sie sind in verschiedenen Domänen tätig gewesen. (Diesen Gesichtspunkt berücksichtigt auch Csikszentmihalyi, wenn er über die verschiedenen Domänen und ihre Möglichkeiten, Kreativität darin auszuleben spricht. (vgl. Csikszentmihalyi 1997, S. 337-448) Kreativität ist für beide Autoren eine Fähigkeit, die sich nur innerhalb eines Fachgebietes zeigt.) Aus diesen sieben Einzelanalysen zieht auch Gardner eine Quintessenz, indem er den Typus des kreativen Menschen entwirft. Er nennt ihn E.C. (womit nicht Eurocity sondern: Exemplary Creator gemeint ist) und beschreibt seine Persönlichkeit und Motivation, sozialpsychologische Aspekte und Lebensmuster, wobei im Ergebnis „genauso viele Gemeinsamkeiten wie Unterschiede sichtbar wurden" (Gardner 1996, S. 442). Er schränkt denn auch selbst schon im Vorfeld sein Vorhaben einer solchen Verallgemeinerung ein: „(...) die Zahl der Beispiele ist zu gering, und die Messungen sind zu ungenau, um ihnen Gültigkeit zu attestieren." (ebd., S. 431)

Zu beiden Autoren läßt sich sagen, daß nicht eine größere Zahl von Beispielen und eine höhere Meßgenauigkeit zu allgemeingültigeren Aussagen führen würde, denn die Grundannahme, daß Kreativität ein System von drei Faktoren ist (Domäne, Individuum, Feld), die einzeln möglichst viele als ausgemachte Merkmale enthalten sollten, scheint mir eine zu statische Ausgangsbasis zu sein. Es sind nicht abschließend beschreibbare Elemente, die interagieren, sondern sie alle gehen aus dem schöpferischen Prozeß erst hervor. Es gibt nicht kreative Menschen mit bestimmten Eigenschaften unter bestimmten Bedingungen. Die Regel „wenn... dann...", die man überall entdecken will, ist einer naturwissenschaftlichen Erklärungsweise eigen, wie sie schon Dilthey beschrieben hat. (vgl. Dilthey 1990, S. 101ff.) Sie führt aber nicht zu Kreativität. Kreativität, wie sie in dieser Arbeit aufgezeigt werden soll, besteht vielmehr darin, die Bedingungen, die vorgefunden werden, zu Möglichkeiten eines Durchbruchs umzugestalten. Der kreative Mensch ist nicht die Voraussetzung, sondern das Produkt des Prozesses. Er ist nicht schon immer kreativ, sondern er wird es durch die Art und Weise, Wirklichkeit zu sehen und zu gestalten und sich in diesem Prozeß noch selbst mit hervorzubringen. Wir können nichts darüber sagen, wie die Voraussetzungen beschaffen sein sollten, sondern können die Art kreativen Arbeitens beschreiben, wie sie auseinander hervorgehen: Mensch und Werk.

Die Aussagen, die von beiden Autoren zum kreativen Prozeß und zum Erleben dieses Prozesses im Flow erfahren gemacht werden, finden in einem späteren Teil Berücksichtigung. An späterer Stelle werde ich noch darstellen, wie Gardner seine Fallstudien aufbaut. Dies soll dann am Beispiel Picassos geschehen.

3 Die Entstehung einer neuen Dimension

3.1 Was ist eine Dimension?

Schöpferisches Handeln bzw. Kreativität wird überall gefordert. Man rennt offene Türen ein, wenn man davon spricht, weil jeder von der Wichtigkeit der Sache überzeugt ist. Abgesehen davon, daß das Phänomen dadurch zum Gemeinplatz geworden ist, beginnen die Schwierigkeiten in dem Moment, in dem genauer nachgefragt wird, was das nun sein soll.

Es soll hier nicht um das Herstellen kreativer, womöglich schmückender Produkte gehen und auch nicht um das ausgetüftelte Finden von Lösungen für womöglich in Tests abfragbaren Problemstellungen. Beides ist jedoch nicht von vornherein ausgeschlossen. Anderes soll thematisiert werden. Der Topos der „Dimension", den Rombach in die Diskussion einbringt, bringt es zum Ausdruck. Zunächst möchte ich nun zeigen, was Rombach unter dem Begriff „Dimension" faßt.

> „Schöpferisch ist nur diejenige Hervorbringung, die mit der Sache, die sie hervorbringt, zugleich eine neue *Dimension* für diese und ähnliche Sachen schafft. Die Dimension ist das Wesentliche, nicht die Sache. Allerdings kann niemals eine Dimension geschaffen werden, wenn sie nicht *an* einer Sache und *mit* ihr geschaffen wird. Sie erscheint dann aber gewöhnlich nicht, auch nicht beiher oder begleitend, sondern sie bleibt die meist verborgene Ermöglichung dieser Sache, und auch des Verständnisses dieser Sache." (Rombach 1994, S. 15)

Die Dimension also ist nichts, was ohne Konkretion entstehen kann und auch nicht ohne Konkretion verstehbar wird. Dies wird greifbar am Phänomen der Kunst, weil hier alles sinnlich erfaßbar ist.

Rombach verdeutlicht das am Beispiel van Goghs. In seinen Bildern findet er das „Unglatte, (...) Grobe und Zerbrochene" (ebd., S. 16), ja gerade die Ausgesetztheit des Menschen, Leid und Not als eine Enge aus der das Leben in um so ekstatischerer Weise hervorbrechen kann. „Es ist der Schmerz, der die Dinge gebiert." (ebd., S. 17) Hierin wendet sich van Gogh nicht nur gegen eine traditionelle Auffassung von Schönheit. Er bildet auch nicht mehr Realität im bisher verstandenen Sinne ab, sondern beschreibt einen inneren Vorgang, der äußerlich sichtbar wird. Dies kann an einem geradezu unglaublich gelbleuchtenden Weizenfeld verdeutlicht werden. Er verwendet nicht nur in seiner Zeit unübliche Farben für die dargestellten „Gegenstände". Nicht eine erstaunliche Pinselführung, sondern eine neue Sichtweise des Menschen zeigt van Gogh im Bild des Feldes. Jeder, der von diesem Feld getroffen worden ist, hat von nun an einen anderen Blick - nicht nur auf das Weizenfeld. „Ich liebe eine Natur, die fast brennt.“ (van Gogh in: Hess 1995, S. 35) Hier kommt eine Erfahrung von Wirklichkeit zum Ausdruck, die von großer Intensität ist. Diese Erfahrungsmöglichkeit interessiert den vom Bild eingenommenen Betrachter, nicht sein durch kunstgeschichtliche Führung erworbenes Wissen, welcher Landstrich zu welcher Zeit hier gemalt wurde. Durch die Landschaft wird etwas anderes dargestellt, etwas, das den Menschen in seinem Innersten betrifft. Im bis zum Zerreißen Gespanntsein findet sich der Mensch wieder, obwohl er „nur“ ein Feld gesehen hat.

> „Das war für seine Zeit nicht faßbar, weder ästhetisch noch ethisch, weder menschlich noch künstlerisch oder sonstwie. Das war eine neue *Dimension* des Lebens und Seins, des Sehens und Wirkens, des Handelns und Tuns. Das war zwar durch und durch Malerei, aber zugleich auch mehr als das, es war eine Dimension des Menschseins, ja eine Dimension von Leben überhaupt. Das ist das Schöpferische hieran.“ (Rombach 1994, S. 18)

Diese Bilder bedeuten das Schaffen eines neuen Symbolsystems und den Bruch mit der Tradition, der weitreichende Folgen haben wird. Auch Picasso sieht in van Gogh einen Wendepunkt.

> „Angefangen mit van Gogh sind wir alle, so groß wir auch sein mögen, in gewissem Maße Autodidakten (...) die Maler leben nicht mehr innerhalb einer Tradition, und so muß jeder von uns alle seine Ausdrucksmöglichkeiten neuerschaffen. Jeder moderne Maler hat das vollkommene Recht, diese Sprache von A bis Z zu erfinden.“ (Picasso nach Gilot 1965, S. 68f.)

Jene neue Sprache ist jedoch nicht einfach eine neue Form, in der wir *die* Wirklichkeit zum Ausdruck bringen können. Der Wegfall einer verbindlichen Tradition hat dazu geführt, daß auch das Selbstverständnis des Menschen, seine Sicht von Wirklichkeit im schöpferischen Prozeß mit hervorgebracht werden. In diesen Kunstwerken steckt ein anthropologischer Erkenntnisgehalt. Die moderne Kunst hat viele mögliche Weisen von Menschsein geschaffen, die als Kunstwerke inzwischen ernst genommen und empfindungsmäßig aufgenommen worden sind, weil sie den Erfahrungen des modernen Menschen entsprechen. Dieser erfahrungsmäßige Gehalt ist schwer zur Sprache zu bringen. Diese Veränderungen im Selbstverständnis auch wirklich in ihrer ganzen Konsequenz wahrzunehmen, würde auch Konsequenzen für pädagogisches Handeln bedeuten.

3.2 Dimension - Horizont

Aus der Absetzung der Dimension vom Horizont wird noch deutlicher, welche Reichweite mit der Dimension angesprochen ist. Rombach spricht dies am Beispiel der Borniertheit an, die in bezug auf Horizonte und in bezug auf Dimensionen auftreten kann.

Eine Beschränktheit im hermeneutischen Sinn kann etwa bezüglich des Horizontes des Religiösen bestehen.

> „Fehlt nun aber ein Verständnishorizont, so können die darin beheimateten Sachverhalte nicht erscheinen. Sie erscheinen aber nicht überhaupt nicht, sondern sie erscheinen in einer verzerrten Gestalt, die sie in einem ihnen fremden und nicht gerecht werdenden Horizont annehmen. Glaubensphänomene werden also beispielsweise zu Unterwerfungsvorgängen (...)." (Rombach 1987, S. 222f.)

Innerhalb des religiösen Horizontes sind Rituale, wie Gebet und Gottesdienst, Taufe und religiöse Feste verstehbar, d.h. sie erschließen sich in ihrem Sinn vom Horizont christlicher Religiosität her. Außerhalb dieses Horizontes ergeben sie keinen Sinn in sich. Gadamer sagt: „Wer Horizont hat, weiß die Bedeutung aller Dinge innerhalb dieses Horizontes richtig einzuschätzen (...)." (Gadamer 1986, S. 307f.) Ein Horizont kann eng sein, er kann erweitert werden qua hermeneutischem Zirkel. Diese Bewegung ist eine des Verstehens, ist eine des denkenden Bewußtseins. (vgl. ebd. und S. 296ff.)

In der Pädagogik bleibt das Verstehen nicht auf bewußtseinsmäßige Akte beschränkt. Das zeigt Meyer-Drawe in seiner ganzen Tragweite. Dies geschieht etwa am Beispiel des Physiklernens, in dem nicht nur mehr verstanden werden muß, sondern grundsätzlich anders verstanden werden muß als im vorwissenschaftlichen Verständnis des Phänomens. „Im Unterrichten von Physik muß Raum geschaffen werden für diese Umorganisierungsvollzüge von Erfahrung." (Meyer-Drawe/Redeker 1985, S. 8) Es genügt nicht das Neue zu verstehen, es rational nachvollziehen zu können. Die neue Dimension der Betrachtungsweise wird nur in ihrer ganzen Reichweite deutlich, wenn die Andersartigkeit des Erfahrens mitvollzogen wird. Deshalb ist es notwendig, zunächst „den Eigensinn vorwissenschaftlicher Erfahrung zu explizieren" (Meyer-Drawe in: ebd., S. 11). Das Lernen physikalischer Zusammenhänge ist nicht auf dem Boden dieses Vorverständnisses möglich. Es findet keine Erweiterung des Horizontes statt, sondern im gelingenden Fall eine Konstitution eines neuen Verständnishorizontes mit seinen eigenen Gesetzen, die oft alltäglicher Erfahrung geradezu entgegenstehen. Diese Eröffnung eines Verständnishorizontes wird von Redeker an konkreten Beispielen aufgezeigt. (vgl. Redeker in: ebd., S. 27ff.) Natürlich kann man Einzelfakten auch ohne diesen Horizont für kurze Zeit auswendig lernen, aber anwenden oder nach einem längeren Zeitraum erläutern kann man sie nicht.

Rombach wendet sich in seinen folgenden Ausführungen, die den Unterschied von Horizont und Dimension verdeutlichen, gegen ein Horizontverständnis, wie es bei Gadamer expliziert ist.

> „Der Unterschied von Dimensionen und Horizonten liegt darin, daß man einen Horizont erweitert bekommen kann, ohne sich in seinem Sein zu ändern

(„Horizontverschmelzung“), während man eine höhere Dimension nur durch eine Verwandlung im ganzen Sein gewinnt (...).

Darum bleiben die höheren Dimensionen strenger verschlossen als die Horizonte, da sie nur durch eine aufwendige Umstrukturierung der Existenz erreicht werden können.“ (Rombach 1987, S. 224)

Hier nun ist der Schlüssel zum Verständnis dessen erreicht, was mich am Phänomen des Schöpferischen interessiert. Jene Umbrüche und Umstrukturierungsprozesse, die sich nicht nur auf der kognitiven Ebene abspielen, sondern den Menschen in seiner ganzen Existenz betreffen, sind die Punkte, an denen es um wirkliche Neuerungen geht. Diese neuen Dimensionen sind in der Geschichte des Menschen oftmals von Künstlern erarbeitet worden. Nicht nur ein neues Symbolsystem entsteht, sondern ein neues Lebensgefühl, eine neue Möglichkeit, sich als Mensch zu verstehen und zu erfahren, wird gefunden und expliziert. Nach einer Zeit des Ankommens, die eine solche neue Erfahrungsmöglichkeit des Menschen braucht, interessieren sich die Menschen dafür. Sie gehen in die Museen, um die Bilder des Künstlers zu sehen, sie verschicken Postkarten mit Abdrucken der Kunstwerke, weil sie hiermit etwas von sich zum Ausdruck bringen können, was offenbar mit Worten allein viel schwieriger, wenn überhaupt zu sagen ist. Die Preise für diese Kunstwerke steigen usw.. All das sind noch keine ausreichenden Kriterien, wohl aber mögliche Hinweise darauf, daß es sich um eine neue Dimension handeln könnte. Im folgenden soll ein solcher Schritt am Beispiel Pablo Picassos dargestellt werden, indem auch der Versuch gemacht wird, jenen anthropologischen Gehalt, der sich in der neuen Erfahrungsweise manifestiert, zu fassen.

Auch in pädagogischen Zusammenhängen gibt es Situationen, in denen vielleicht sogar ein vermeintliches Verständnis für den/die anderen da ist. Aber erst das Finden einer gemeinsamen Handlungsebene macht den eigentlich schöpferischen Akt aus.

Ebenso stellen Bildungsprozesse des Menschen nicht den determinierten Ablauf von Entwicklungsstufen dar mit einer permanenten Erweiterung von Fähigkeiten. Auch hier lassen sich Umbrüche in der Seinsverfassung aufzeigen, die das Erreichen einer neuen Dimension und das gleichzeitige Verlassen der alten ausmacht. Am Beispiel des Übergangs zum gegenständlichen Zeichnen beim etwa 3-jährigen Kind soll auf einen veränderten Wirklichkeitsbezug im ganzen hingewiesen werden.

Die schöpferische Dimension von Bildungsprozessen aufzuzeigen und anschließend die Frage zu stellen, wie Prozesse aussehen, die zum Erreichen einer neuen Dimension führen können, ist der Kernpunkt der Überlegungen.

4 Das Phänomen „Picasso“

Picasso wurde 1881 in Málaga geboren. Von Howard Gardner wird er als Wunderkind und im weiteren als einer der Schöpfer der Moderne bezeichnet (vgl. Gadamer 1996, S. 177ff.), wobei nicht immer auch ausgeführt wird, was jene Modernität eigentlich ausmacht. Das wird als Allgemeingut vorausgesetzt.

Picasso beschäftigte sich in der Frühzeit seiner künstlerischen Entwicklung intensiv mit der Tradition.

4.1 Der Picasso der „Blauen Periode“

Die Zeit, in der er zum ersten Mal zu einem eigenen Stil gekommen ist, nennt man die „Blaue Periode“. Picasso schaffte den Durchbruch 1901 und malte bis

Abb. 1: Picasso: Die Armen am Meeresstrand

zum Jahre 1904 fast ausschließlich Bilder, deren Grundton die Farbe Blau darstellt. Der Selbstmord seines Freundes Casagemas sowie die Bilder, die er von dem Toten malte, führten ihn in jene Richtung, die ihn einen eigenen Stil hervorbringen ließ. Auch andere Maler haben blaue Bilder gemalt. Was ist nun das Charakteristische jener Bilder Picassos, die in dieser Zeit entstanden sind? Welche Erfahrungen läßt er Bild werden? Wie sieht er den Menschen in jener Zeit? Wie sieht sein Bezug zur Wirklichkeit aus?

Norman Mailer beschreibt es folgendermaßen:

> „Ein paar Jahre lang werden Picassos Bilder am Rande der Leere Atem schöpfen, in einer kahlen, mitternächtlichen Ebene, in der das Leben jeden Augenblick zu erlöschen droht. Picasso tritt in die dunkelste und längste Depression seines Lebens ein. (...) Die Sexualität verabschiedet sich aus seinem Werk, und das Grauen macht sich in jedem Bild breit." (Mailer 1998, S. 94)

Die Menschen in seinen Bildern wirken beklommen, ja fast gelähmt. Auch wenn, wie im Bild „Die Armen am Meeresstrand" (1903, Abb. 1), wahrscheinlich eine Familie dargestellt ist (Vater, Mutter, Kind), so sind die Personen doch von Beziehungslosigkeit und Vereinsamung gezeichnet, die auch die Berührung des Vaters durch das Kind nicht zu durchbrechen vermag. Gemeinsam ist ihnen die Gedrücktheit der Stimmung; sie sind ganz in sich zusammengezogen, auf sich bezogen. Sie sind getrennt voneinander und auch getrennt von der Welt, die sie umgibt. Die ganze von ihm dargestellte Welt wird von einem blauen Schleier überzogen. Die Bilder wirken kühl. Picasso kehrt nach außen, wie es in ihnen aussieht. Die gezeigte Außenwelt entspricht der Innenwelt. Auch der blaue Meeresstrand hat nichts Lebendig-Kraftvolles an sich. Das Meer verrinnt gen Strand hin. Auch in vielen anderen Bildern aus jener Zeit, so etwa im Bild „Die Absinthtrinkerin" (1903, Abb. 2), sind die Arme an den eigenen Körper geschlungen. Sie greifen nicht in den Raum hinein, können nicht mehr handeln, verändern, sondern haben sich in ihr Schicksal ergeben. Sie leiden an der Welt und ihr ganzes Sein wird von diesem Leiden beherrscht, in das sie sich beinahe apathisch hineinbegeben haben. Sie suchen sich zu schützen durch die Geste des Umschlingens. Sie halten das Elend aus, ohne sich dagegen aufzulehnen, sie sind versunken darin, Gefangene ihrer Selbst. Die Beziehungslosigkeit wird durch fehlende Blickkontakte zum Ausdruck gebracht. Selbst da wo sie den Betrachter anschauen, scheinen sie durch ihn hindurchzusehen. Sie kann nichts mehr erschüttern. Ihre stilisierten Haltungen beschreiben

Abb. 2: Picasso:
Die Absinthtrinkerin

sie als Menschen, die sich gerade noch am Leben festhalten wollen. Sie sehen das Grauen und sind wie erstarrt vor dem, was sie sehen, bewegungslos. Die Menschen sind Opfer, die ausharren in der Situation, in die sie sich ergeben haben und die sie nicht ändern können. Norman Mailer sieht in jener „Blauen Periode" einen „Schutzwall gegen massive Ängste" (ebd., S. 219). Mailer versucht zu verstehen, wie schwer es Picasso gefallen sein muß, die „Blaue Periode" wieder zu verlassen. So niederdrückend eine Depression auch sein mag, sie bot ihm auch einen Schutz davor, jenen Kräften nicht wirklich begegnen zu müssen.

> „In jenen Jahren muß Picasso die Farbe Blau als eine Kraft, eine abstrakte Macht, empfunden haben, die drohendes Unheil von ihm fernhielt. Seine begrenzte Palette konnte ihn vor Invasionen schützen, deren Natur er nicht näher zu beschreiben vermochte, von denen er jedoch glaubte, sie würden ihn zerstören." (ebd., S. 219f.)

4.2 Der Durchbruch mit „Les Demoiselles d'Avignon"

Die „Rosa Periode" als eine Art Übergangsperiode soll hier nicht thematisiert werden. Ich möchte gleich zu jenem Bild übergehen, das jenen Umbruch in eine neue Wahrnehmungs- Denk- und Handlungsart beschreibt: Les Demoiselles d'Avignon. Die folgenden Überlegungen wurden unter anderem angeregt durch Ausführungen von Theodor Schulze, der sich in einem Beitrag mit dem Titel „Der gemalte Blick des Malers" (in: Mollenhauer/Wulf 1996, S.73ff.) u.a. mit diesem Bild von Picasso beschäftigt hat. Schulzes Interesse gilt der Malweise des Blicks und der Augen. Hier lassen sich exemplarisch Veränderungen festmachen. Ich möchte jedoch allgemeiner beginnen und zusätzlich zu dem Bild noch andere Quellen hinzuziehen.

Im Sommer 1907 ist das Bild fertig. Hunderte von Vorstudien bereiten es in einem Zeitraum von vielen Monaten vor. Picasso ringt mit dem Bild, das zum „Programmbild einer neuen Formensprache" (Walther/Warncke 1997, S. 153) werden sollte. Das Bild zeigt fünf nackte Frauen, wobei die zwei mittleren noch innerhalb der Möglichkeiten einer, wenn auch angedeutet wirkenden traditionellen Aktdarstellung bleiben. Ihre Arme sind teils über dem Kopf verschränkt, teils am Körper. Sie sind offener als die sich umschließenden Menschen der „Blauen Periode". Ihr Gesichtsausdruck wirkt aber traurig, leer, sich verschließend. Ihre Körper sind teilweise von einem weißen Tuch bedeckt. Sie sind ganz bewegungslos. Die linke Figur gehört vom Gesicht her eher noch zu ihnen, wobei die Deformation des Körpers hier schon fortgeschritten ist. Sie scheint seitlich ruhig zu stehen, doch über ihrem Kopf erscheint ihre Hand schon aus anderer Perspektive. Die beiden rechten Figuren haben Gesichter wie afrikanische Masken. Eine ist so verdreht auf den Körper gesetzt, daß sie wie aufgesetzt wirkt. Sie blickt den Betrachter in eindringlicher Weise an. Die Körper sind in Bewegung mit kubistischen Elementen dargestellt. Die Arme liegen nicht mehr am Körper an. Zwischen den einzelnen Körperteilen gibt es Sprünge, die der Betrachter zusammensehen muß.

Abb. 3: Picasso: Les Demoiselles d'Avignon

> „Ein Bild, das gleichsam zerspringt und aus den zersprungenen Eigenheiten eine neuartige Einheit macht. Fast will es scheinen, als ob es eine Einheit stiften wolle, wo die Zeitgenossen nur Unterschiede oder Gegensätze sehen konnten." (Rombach 1983, S. 19)

Es gibt auch keinen einheitlichen Raum mehr, in dem alle sich aufhalten könnten. Jede Figur spannt ihren eigenen Raum um sich auf, was den Eindruck der Isoliertheit verstärkt. Nur die beiden mittleren Frauen befinden sich noch vor *einem* weißen Hintergrund. Rombach sieht es als Bild eines Übergangs von einer „klassischen Form" zu einer „fremd" wirkenden Ausdrucksweise. (ebd.) Diese äußert sich u.a. in den „dämonischen Masken". „Es kommt etwas Dämonisches zum Ausdruck, das in den drei Figuren links noch zurückgehalten, verborgen oder verdrängt ist. Eine Innenverfaßtheit tritt jetzt heraus." (ebd.)

Worin besteht nun aber diese Fremdheit, das Maskenhafte, das Dämonische? Woher kommt es und was will Picasso damit zum Ausdruck bringen? Zweifellos ist dies der Durchbruch zu kubistischen Formen, aus denen sich die moderne abstrakte Kunst herausentwickeln wird. Aber ist es nur eine neue Formgebung, die nun den Menschen und seine Wirklichkeit anders darstellen will, oder ändert sich Grundsätzlicheres? Schulze macht die Veränderung an der Malweise der Augen fest.

> „Das klassische Programm des Orbis Pictus, einer Darstellung der sichtbaren Welt, hatte er endgültig verlassen und damit auch den Blick des Malers in den Spiegel." (Schulze 1996, S. 75)

Einen Anfang der Abkehr von einer realistischen Darstellung bildete das Portrait Gertrude Steins 1906. Nach über 80 Sitzungen läßt Picasso das Bild monatelang ruhen. „[Er] löschte nach seiner Rückkehr die erkennbaren Gesichtszüge und vollendete das Portrait in Abwesenheit Gertrude Steins; an die Stelle der realistischen setzte er maskenhaft starre Züge." (Gardner 1996, S. 193) Dem Einwand der mangelhaften Ähnlichkeit soll er mit den Worten „Warten Sie ab!" (ebd.) begegnet sein.

Der geänderten Malpraxis, nicht direkt nach dem Modell zu arbeiten, sondern aus der Erinnerung, korrespondiert die andere Darstellung der Gesichtszüge, insbesondere der Augen.

> „Weit aufgerissen oder auch in einem Punkt zusammengezogen, selbst aus der Schwärze einer zugemalten Augenhöhle starren sie den Betrachter aus verschiedenen Richtungen an, die Pupillen wie Gewehrkugeln, „aufschreckende Fixpunkte", eher abweisend als einbeziehend, als sagten sie: „Was siehst du mich so an? Was willst du von mir?"" (Schulze 1996, S. 73)

Die Veränderung, die Schulze hier beschreibt, bezieht sich natürlich zunächst auf das Aussehen. Aber nicht die Verwendung anderer stilistischer Mittel ist das Entscheidende, sondern die Wirkung, die nun infolge der anderen Darstellung von dem Bild ausgeht. Er hat die Frauen nicht so gemalt, wie wir sie von der Fotographie her kennen, sondern er hat etwas anderes von ihnen gemalt, was auf den ersten Blick gar nicht sichtbar ist. Nicht das rein visuell Beschreibbare interessiert ihn, sondern die Wirkung. Diese Wirkung, oder auch Ausstrahlung, ist das Faszinierende an diesen Bildern. Schulze zitiert Weisner. Dieser spricht in bezug auf spätere Bilder von „Präsenz" und von „ausstrahlender Lebensenergie" des ganzen Bildes. (Weisner in: ebd., S. 76) „Das ganze Bild gleichsam sieht den Betrachter an." (ebd.) Welche Veränderung gegenüber der depressiven Stimmung der Bilder der „Blauen Periode". Was ist passiert? Schulze spricht auch von einer „magischen Wirkung" (ebd.), die Picasso gesucht habe. Dieser Wirkung gilt es nun näher nachzuspüren und weiter nachzufragen, was sie für das Selbstverständnis Picassos als Maler bedeutete. Wie sieht er den Menschen und was will er ausdrücken?

Deutlich ist die Veränderung darin, daß Picasso „nicht beobachtend, sondern hervorbringend“ (ebd., S. 78) arbeitet, wobei vom Entstehungsprozeß an späterer Stelle noch ausführlicher die Rede sein wird. Die Herausforderung und auch die Provokation dieser Bilder liegt darin, daß ihnen mit einem an traditioneller Kunst erworbenen Verständnishorizont nicht begegnet werden kann. Sogar veritable Picasso-Interpreten sprechen immer wieder schon bei jenem Bild des Übergangs (Les Demoiselles d'Avignon) von einer willkürlichen Verformung der Organe. (vgl. Walther/Warncke 1997, S. 158) Schon allein in Anbetracht der intensiven Arbeit an diesem Bild über einen so langen Zeitraum dürfte es schwer sein, die These von der Willkür aufrechtzuerhalten. Willkür ist das Wort, das überall da auftaucht, wo der Sinn nicht erfaßt wird. Der Sinn wird jedoch nur da sichtbar, wo die Dimension von Menschsein sichtbar wird, die sich diese Form gibt.

> „Der Betrachter wird nicht nur auf sich selbst zurückgeworfen. Er wird aufgefordert, sich vor dem Bild neu zu konstituieren. Und weil ihm das nicht gelingt, wendet er sich kopfschüttelnd ab.“ (Schulze 1996, S. 75)

Picasso schockierte seine Zeitgenossen mit dem Bild. Keiner seiner Freunde konnte ihm folgen. Er begab sich damit in eine unvorstellbare geistige Einsamkeit.

4.2.1 Zur Vorgeschichte des Bildes

4.2.1.1 Cezanne

Zur Vorgeschichte des Bildes gehört ohne Zweifel zunächst Cezanne, nicht nur weil Picasso den kompositorischen Aufbau seines Bildes an den von Cezannes „Fünf Badende“ anlehnt und auch die „Demoiselles“ zunächst den Titel trugen: „Badende im Wald“. Der jetzige Titel stammt nicht von Picasso selbst. Er ist nachträglich entstanden, jedoch von Picasso akzeptiert worden. Mit Cezanne verbindet Picasso die Abkehr von der gegenständlichen Abbildung. Unsere alltägliche Sehgewohnheit sollte durchbrochen werden, indem wir die vielfältige Wirklichkeit so sehen, wie sie uns im Durchgang durch das Auge erscheint. (vgl. Boehm 1997, S. 37) Die Wirklichkeit soll so ihre verlorene Fülle wieder erlangen. Cezanne gibt die Perspektive auf und zeigt uns die Wirklichkeit als visuelles Phänomen.

Der Kubismus wird mehrere Ansichten einer Sache in einem Bild vereinen. Diese Darstellung einer Mehrperspektivität ist die Weiterführung des visuellen Phänomens, aber in den maskenhaften Gesichtern blickt uns noch etwas anderes an, was wir weder mit Cezanne noch mit dem Kubismus allein fassen können.

4.2.1.2 Afrikanische Plastik

Von großer Bedeutung ist für Picasso in dieser Zeit die Begegnung mit der afrikanischen Plastik gewesen. Er und seine Künstlerfreunde interessierten sich dafür und sie sammelten sie auch. Erst als Picasso fast durch Zufall in das Völkerkundemuseum im Trocadéro gelangte, „enthüllte“ sich ihm die Plastik in ihrer Bedeutung. (vgl. O'Brian 1979, S.198f.)[9]

> „Als ich ins Völkerkundemuseum im Trocadéro kam, war das scheußlich. Ein Flohmarkt! Dieser Gestank. Ich war ganz allein. Ich wollte wieder gehen. Aber ich ging nicht. Ich blieb da. Ich merkte, daß es wichtig war. Es geschah etwas mit mir, oder?
>
> Die Masken waren eben nicht Bildwerke wie andere auch. Gar nicht. Sie waren etwas Magisches. (...) Die Neger, die waren *intercesseurs*, seit damals kenne ich das französische Wort. Fürsprecher - gegen alles, gegen unbekannte, drohende Geister. Ich starrte weiter auf die Fetische. Und ich habe verstanden, auch ich stehe gegen alles. Auch ich meine, alles ist das Unbekannte, das Feindliche! Alles! Nicht die Einzelheiten, nicht die Frauen, die Kinder, die Tiere, der Tabak, das Spielen...! Sondern alles! Ich habe verstanden , wozu sie ihre Plastiken brauchten, die Neger (...).
>
> Aber die Fetische hatten alle den gleichen Zweck. Sie waren Waffen. Um den Menschen zu helfen, nicht mehr den Geistern unterworfen zu sein, unabhängig zu werden. Werkzeuge. Wenn wir den Geistern eine Form geben, werden wir unabhängig. Die Geister, das Unbewußte (damals war davon noch nicht allzu oft die Rede), die Ergriffenheit, das ist alles das gleiche. Ich habe verstanden warum ich Maler war. (...) Die „Demoiselles d'Avignon“ müssen mir an dem Tag gekommen sein, aber überhaupt nicht wegen der Formen, sondern weil das mein erstes Beschwörungsbild war.“ (nach O'Brian 1979, S. 198f.)

Hier nun finden sich zahlreiche Hinweise darauf, wie wir uns die Verwandlung vorstellen können, die zu den Masken in Picassos Bild führten. Schon in der Einleitung wird deutlich, daß es auch bei der Entdeckung zwei Ebenen des Handelns gegeben hat. Einerseits fühlt er sich abgestoßen, will gehen. Auf einer tieferen Ebene spürt er, daß er bleiben muß. So stößt er zu einer Ebene vor, auf der afrikanische Kunst überhaupt erst begreifbar wird. Für seine Malerfreunde Braque, Matisse und Derain sind die Plastiken auch von Interesse, aber aufgrund ihrer Formen. Sie sehen sie als gute Bildwerke, was ihn, wie er weiter ausführt, auch schließlich mit Braque, seinem engsten Freund, mit dem er gemeinsam den Kubismus entwickelte, auseinandergebracht hat. Er sagt über Braque:

---

[9] Die folgenden Ausführungen geben ein Gespräch zwischen Malraux und Picasso wieder, das 1937 stattfand und von Malraux wiedergegeben wird. Auch Gilot berichtet in ihrem Buch von einem Gespräch mit Picasso zu diesem Thema, was ganz ähnlich verlaufen ist. Picasso hat später, wie ich meine aus strategischen Gründen, den Einfluß der afrikanischen Kunst auf sein Werk geleugnet, weil dieser Einfluß oft ganz dinglich mißverstanden wurde, als ob er die Masken einfach abgemalt hätte. Dies konnte er gar nicht, wie Rubin in seinem Artikel in dem Buch „Primitivismus in der Kunst des 20. Jahrhunderts“ recherchiert hat (Rubin 1984, S. 248ff.), da er die Masken, die den seinen gemalten am ähnlichsten sind, gar nicht gesehen haben konnte. Es geht hier aber nicht um Nachahmung, sondern um eine Art Entdeckung und Weiterentwicklung.

„Beschwörungen und Geisteraustreibungen interessierten ihn nicht. Weil er nicht spürte was ich „Alles“ genannt habe (...) für ihn war das nichts Feindliches. Ja stellen Sie sich vor nicht einmal etwas Fremdes! Er hat sich immer nur zu Hause gefühlt...“ (ebd., S. 199)

Picasso hat sich nicht zu Hause gefühlt, das haben schon die Bilder der „Blauen Periode“ gezeigt. Das Gefühl, dem Schicksal ausgeliefert zu sein, seinen Aberglauben, seine ungeheuere Angst, die nicht greifbar zu machen ist - all das hat er bei den „Negern“ wiedergefunden. Er hat dort etwas gespürt, was ihm zutiefst vertraut war, sich unbekannten und feindlichen Mächten gegenüber zu befinden.[10] Aber er hat in jenem Museum noch etwas anderes gefunden - die Möglichkeit sich diesen Kräften entgegenzustellen, ihnen nicht länger unterworfen zu sein. Diesen Geistern eine Form zu geben, wie er sagt, bedeutet nicht einfach eine Verobjektivierung, eine Darstellung, die Distanz schafft. Das wäre nicht neu. Es geht nicht mehr um das Bild als solches, wenn man von der afrikanischen Kunst ausgeht, sondern um die Wirkungsweise des Kunstwerks.

An früherer Stelle bereits habe ich darauf hingewiesen, daß in Afrika fast niemand Museen besucht - soweit überhaupt vorhanden. (vgl. Stenger 1997, S. 178ff.) Ein Kunstwerk, das aus seinem Zusammenhang genommen und ausgestellt wird, sinkt zum „Ding“ (Jahn 1986, S. 178) herab. „Nicht das Kunstprodukt ist wichtig in der afrikanischen Philosophie, sondern die Wirkungsweise des schöpferischen Gestaltungsprozesses.“ (ebd.)

Was können wir uns darunter vorstellen? Die Qualität eines Kunstwerks läßt sich nicht mit dem Auge beurteilen, denn die dargestellten Tiere und Menschen sind nicht in ihrer äußeren Gestalt von Interesse, sondern in der Wirkung, in der Ausstrahlungskraft, die von ihnen ausgeht. Die Bedeutung erschließt sich nicht durch das Gesehene, sondern durch das, was durch diesen Anblick erzeugt wird. So soll der Elefant beispielsweise Stärke bedeuten, d.h. erzeugen. (vgl. ebd., S. 175) „Das afrikanische Kunstwerk, ob Dichtung, ob Musik, ob Plastik, ob Maske, ist ‘vollständig’, nur wenn es Nommo, zeugendes Wort, Wirkwort, also Funktion ist.“ (ebd., S. 176) Hier ist ein großer Unterschied zum traditionellen europäischen Kunstverständnis zu sehen, nach dem das Kunstwerk in sich seinen Sinn erfüllt. Schönheit an sich ist kein möglicher Wert, sondern schön ist, was Wirkungskraft ist bzw. beim „Betrachter“ erzeugt. „Interesseloses Wohlgefallen“ ohne ergriffen zu werden ist keine Möglichkeit für afrikanische Plastik. Auch die Masken sind von diesem Kunstverständnis her zu verstehen.

---

[10] So beschreibt F.Gilot (in: Gilot/Lake 1965), eine der Frauen Picassos in ihrem Buch „Mein Leben mit Picasso“, welche Rituale sie einhalten mußten, wenn jemand aus Versehen einen Hut auf ein Bett geworfen hatte (Zeichen, daß jemand sterben kann), oder wenn ein Schirm im Zimmer aufgespannt wurde, wenn Salz ausgeschüttet wurde, oder wenn sie das Haus verlassen wollten. Immer drohte irgend ein Unheil, das man mit bestimmten Handlungen vielleicht noch abwenden konnte. (vgl. ebd., S. 220f.)

Natürlich gibt es viele Arten von Masken, die in ihrer Bedeutung hier weder aufgezählt noch erfaßt werden können. Mich interessiert an den Masken ein Grundzug, der für Picasso 1907 und für seine weitere künstlerische Entwicklung wichtig war. Die Maske ist ein Schutz vor bösem Zauber, vor unbekannt drohenden Mächten, vor Krankheiten, ja vor allen möglichen Formen von Unheil.[11] Doch wie kann eine Maske dieses leisten? Das ist nur möglich, wenn sie selbst Träger großer Energien ist. In den Waldregionen von Liberia und der Elfenbeinküste etwa ist die Energiequelle lokalisierbar.

> „Alle Masken (...) sind mit der mächtigen Lebensenergie des Waldes ausgestattet, einer Energie, die das Wohlergehen fördert und gegen Unheil schützt. Dieser Zusammenhang mit dem Wald verleiht den Masken eine derartige Kraft, daß diese sogar von kleineren Versionen ausgestrahlt wird.“ (ebd., S. 460)

Die Maske hat also nach außen hin einen abweisenden Charakter und verkörpert zugleich selbst eine Kraft. Diese Kraft ist jedoch nicht allgemein, sondern entspringt aus jeder Maske neu durch den Ausdruck, der ihr verliehen wurde. Es gibt eine große Variationsbreite von Masken, die trotzdem keine Individuen darstellen, sondern typisierte, im Ausdruck gesteigerte Gesichter. Eine Maske ist nicht einfach übertragbar.

> „Jede Gesichtsmaske hatte einen eigenen Namen, der sich auf ihre besondere Natur, ihre spirituellen Kräfte und auf den zugehörigen männlichen Träger, der mit ihr auftrat, bezog. Bei seinem Tod wurde die Maske an ein anderes Mitglied seiner Familie weitergegeben, der von den Geistern durch ein Zeichen erwählt wurde.“ (ebd.)

Die Eigenart der Maske steht also in einer inneren Beziehung zu seinem Träger. Jeder hat seine Maske.

4.2.2 Das afrikanische Element in Picassos Kunst

Picasso bezeichnet die Fetische als „Waffen“ und „Werkzeuge“, die nicht nur der Abwehr dienen, also die Unterwerfung verweigern. Sie sind selbst Mittel, um von diesen „Geistern“ unabhängig zu werden. Aber die „feindlichen Mächte“ werden nicht verdrängt, wie dies möglicherweise bei den beiden mittleren Demoiselles in jenem Bild der Fall sein könnte. Die Maske selbst ist das formgewordene Nein-Sagen; sie erschöpft sich aber nicht darin. Hieraus entspringt eine eigene Kraft, die wiederum vor jenen Anfechtungen schützt.

Picasso selbst nennt das Bild ein „Beschwörungsbild“. Er spricht auch von „Geisteraustreibung“. Auch Norman Mailer greift das Wort auf und begründet

---

[11] vgl. in: Afrika. Die Kunst eines Kontinents, hrsg. von Tom Philips, Kap.: Zentralafrika, S. 230ff. und Kap. Westafrika und Guineaküste, S. 326ff.

Picassos Anliegen zudem biographisch.[12] Die Maske spiegelt aber nicht nur diesen Prozeß wieder, sie strahlt die daraus gewonnene Energie auch aus. So entsteht jene Wirkung, die Picasso als magisch bezeichnet und die, wie oben ausgeführt, bestimmend für die afrikanische Kunst ist. Auch Schulze spricht ja von einer magischen Wirkung.[13] Unter Magie findet man im Wörterbuch: „Zauberkunst, Geheimkunst, die sich übersinnliche Kräfte dienstbar zu machen sucht" (Duden. Das Fremdwörterbuch, S. 438). Picasso setzt diesen Vorgang, der sich ihm im afrikanischen Kunstwerk offenbart hat, in Beziehung zu seinem Grundanliegen. „Ich habe verstanden, warum ich Maler war." (O'Brian 1979, S. 199) Es geht also nicht nur um die Erklärung für die zwei Masken, die in jenem Bild 1907 auftauchen, sondern es geht um mehr.

> „[Das Gemälde] führte die moderne Kunst ein, indem es die Natur der Beziehung zwischen dem gemalten Bild und der Wirklichkeit änderte und so den Betrachter in eine Situation brachte, die er noch gar nicht einnahm." (Ferrier in: Porzio 1973, S. 42)

Die Veränderung betrifft also nicht nur das Bild selbst, sondern auch das Verhältnis von Bild und Wirklichkeit, wie es im Bild deutlich und so auch vom Betrachter rezipiert wird. Das Bild führt ihn zu einem anderen Verhältnis zur Wirklichkeit. Es führt ihn *in* eine andere Wirklichkeit, die nicht eine subjektives Phantasiegebilde neben der sogenannten objektiven Realität darstellt, sondern von Picasso als „eigentliche" Wirklichkeit gesehen, empfunden und gemalt wurde. Aus dieser emotional ergreifenden Wirklichkeit erst entsteht für ihn „wirkliche" Wirklichkeit. Nicht in allen Bildern und Plastiken jedoch greift er dies in Zukunft auf.

> „Später erst habe ich auch wieder Bilder wie vorher gemalt, das "Portrait von Olga", überhaupt Portraits! Man kann ja nicht von morgens bis abends Zauberer sein! Wie könnte man da leben?" (ebd.)

Rubin hat es sich zur Aufgabe gemacht, die Rezeption der afrikanischen Kunst durch Picasso und die direkte Verarbeitung in seinem Werk zu dokumentieren. Auch er beschreibt die magische Wirkung als das eigentlich Faszinierende für Picasso. Er zitiert Picasso, der sagt, daß „die afrikanischen Plastiken, die überall in meinem Atelier herumhängen, eher Zeugen als Vorbilder sind." (Picasso nach Rubin 1984, S. 270) Nimmt man das wirklich ernst, so bedeutet es, daß nicht der formale Einfluß von Bedeutung war für Picasso, sondern die Funktion dieser Bildwerke. Die Masken sind Zeugen für seine Kunst, und es geht für ihn

---

12 Im Anschluß an den Besuch im Völkerkundemuseum schreibt Mailer: „Also erhielten die *Demoiselles d'Avignon* Masken. Wie Cebanne übereinstimmend mit einer Handvoll anderer Fachleute vermutet, fand diese Ummodelung im Sommer 1907 statt. Picasso hatte mitten in der Arbeit beschlossen, eine Geisterbeschwörung vorzunehmen." (Mailer 1998, S. 339)

13 „Picasso war sich dieser magischen Wirkung bewußt, hatte sie gesucht." (Schulze 1996, S. 76)

darum, diese Erfahrung für sich und für uns heute durch seine Kunst neu ins Werk zu setzen. Kunst wird mehr als bildliche Darstellung, Nachvollzug visueller Wahrnehmungsprozesse, sie wird „magisch".[14]

> „In diesem Augenblick erkannte ich, daß dies und nichts anderes der Sinn der Malerei ist. Malerei ist kein ästhetisches Unterfangen, sie ist eine Form der Magie, dazu bestimmt, Mittler zwischen jener fremden feindlichen Welt und uns zu sein. Sie ist ein Weg, die Macht an uns zu reißen, indem wir unseren Schrecken wie auch unseren Sehnsüchten Gestalt geben. Als ich zu dieser Erkenntnis kam, wußte ich, daß ich meinen Weg gefunden hatte." (Picasso nach Schulze 1996, S. 76)

Hier befinden wir uns an einer Schlüsselstelle, wenn wir der Frage nachgehen, was Picasso zu Picasso macht, worin sein Geheimnis bestehe bzw. wie die Dimension zu fassen ist, die durch seine Malerei eröffnet worden ist. Diese Dimension, die nicht nur in einer neuartigen Form- und Farbgebung zu sehen ist, sondern die das Selbstverständnis des Menschen betrifft, wie er sich sieht und fühlt, wie er die Welt sieht, in der er lebt. Diese Welt Picassos ist nicht die Welt eines Paul Klee, nicht die eines Kandinsky, sie hat einen eigenen Charakter, eine eigene Weise zu sein und zu leben. Wir können, indem wir uns auf seine Bilder einlassen, in diese Welt eintreten und etwas von dieser Erfahrung spüren, die zu diesen Bildern geführt hat, deren geronnene, erkämpfte Form sie sind.

> „Haben die Menschen, haben insbesondere die Pädagogen schon wahrgenommen, daß Maler und Malerinnen seit etwa hundert Jahren dabei sind, eine neuen Menschen zu entwerfen?" (Schulze ebd., S. 83)

Dieser Aufforderung möchte ich im folgenden versuchen zu folgen.

4.3 Picassos Welt: „Er schuf eine Welt und diese Welt atmet und umgibt uns"

Jenes Selbst- und Weltverständnis Picassos soll nun noch näher erläutert werden, damit die Tragweite dessen, was mit Dimension angesprochen wurde, auch deutlich wird. Um dies zu erschließen, sollen biographische Materialien ebenso verwendet werden wie Werkinterpretationen.

Den Ausgangspunkt zu meinen Überlegungen bildet das oben besprochene Bild „Les Demoiselles d'Avignon", insbesondere die beiden Masken und die Erfah-

---

[14] Obgleich Picasso, was die Bedeutung jener magischen Wirkung anbelangt, sich eindeutig geäußert hat und diese Zitate auch in der Literatur durchaus wiedergegeben werden, hat man sie nicht wirklich als Fährte genommen, um mehr über seine Bilder zu erfahren. Meist wird der Einfluß der afrikanischen Kunst dann doch wieder verdinglicht. So schreibt Rubin: „Picassos Kunst der Jahre 1939-42 ist die letzte erkennbar primitivistische Phase seines Schaffens. Aber er schätzte und kaufte bis zu seinem Tod Stammesobjekte." (Rubin 1984, S. 341)

rung, die durch sie transportiert wird. Im späteren Werk sind die Masken ein Thema, das immer wieder auftaucht. So gibt es etliche Frauendarstellungen/Akte, in denen die Frauen sich ganz explizit vor das Gesicht eine Maske halten und das „eigentliche“ (?) Gesicht verdeckt wird. (vgl. Bastain/Spies 1993, S. 112, 120ff.) Noch mehr interessiert mich jedoch jener Vorgang, den wir am ehesten mit dem „Stil Picassos“ in Verbindung bringen. Ich meine jene zahllosen Frauendarstellungen, oft Portraits, deren Gesichter in unendlichen Variationen und Graden deformiert sind, die nicht zur Ikone werden, obwohl viele eine eigentümliche Starrheit ausstrahlen. Viele dieser Gesichter[15] haben eine maskenhafte Ausstrahlung, ohne daß sie direkte Anleihen an afrikanische Formen haben. Warum jedoch malt er die Menschen (insbesondere Frauen, aber auch Männer) so? Was bringt ihn dazu, den Menschen so zu sehen, und was sagt er überhaupt über den Menschen, indem er ihn so zum Bild werden läßt?

Viele kunstgeschichtliche Untersuchungen beschreiben einfach die Verzerrungen, ziehen Parallelen zu anderen Bildern, decken Querverbindungen auf und nehmen dabei dieses Bild vom Menschen als selbstverständlich hin. Immerhin ist es Picasso, der berühmt und teuer ist. Aber was bringt ihn dazu, so zu malen? Was will er uns über den Menschen sagen, so wie er ihn gesehen, erlebt und erlitten hat?

Als Motto könnte man, wie Mailer, folgendes Zitat von Picasso vor die folgenden Überlegungen stellen:

> „Malen ist Freiheit. Wenn man springt, landet man vielleicht auf der falschen Seite des Seils. Doch was nutzt es, wenn man das Risiko, sich das Genick zu brechen scheut? Man springt überhaupt nicht. Man muß die Menschen aufwecken, ihre Art, Dinge zu erkennen, revolutionieren. Man muß Bilder schaffen, die sie nicht akzeptieren wollen; sie zwingen, zu verstehen, daß sie in einer ziemlich seltsamen Welt leben, einer beunruhigenden Welt, einer Welt, die nicht das ist, wofür wir sie halten.“ (Picasso nach Kahnweiler in: Mailer 1998, S. 5)

Wie sieht aber nun die Welt aus, in der Picasso lebt?

4.3.1 Intensität und Augenblick

Um Picassos Weltverständnis näher zu fassen, ist es hilfreich, ihn zunächst als Mensch zu beschreiben, weil er im Bild festzuhalten suchte, was ihm das Leben ist. Will man sich Picasso nähern, dem Menschen und auch den Bildern, um die es hier gehen soll, so braucht man einen unerschrockenen Blick. Einen solchen möchte ich riskieren.

Picasso war ein Mensch von großen Widersprüchen. Seine Bilder zeugen von Lebensfülle und Leidenschaft ebenso wie von Entsetzen über den Tod, die

---

[15] Picasso hat zwischendurch immer wieder auch realistische Bilder gemalt

Sterblichkeit und den Verfall des Menschen. Jede Form von Festlegung und Fixierung waren ihm zuwider. So überraschte er die zahllosen Fotographen immer wieder mit neuen Verkleidungen und Stilisierungen seiner Person. Er schlüpft in eine Rolle, um sie im nächsten Augenblick obsolet zu machen. „Die Wandlungsfähigkeit seiner Person ist nicht geringer als die seiner Kunst." (Gallwitz 1991, S. 71) Auf die Frage „Wer bin ich?" hatte er sicherlich viele Antworten. Zu Francoise Gilot, einer seiner Frauen, sagte er einmal in Bezug auf eine Radierung:

> „Sehen Sie diesen brutalen Typ mit dem krausen Haar und dem Schnurrbart? Das ist Rembrandt. Oder vielleicht auch Balzac, genau weiß ich es nicht. Vielleicht ein Kompromiß. Es kommt auch gar nicht darauf an. Es sind nur zwei Menschen, die mich faszinieren. Sie verstehen, jedes menschliche Wesen ist eine ganze Kolonie." (Gilot nach Gallwitz 1991, S. 71)

Der Mensch ist für ihn nicht auf ein Wesen festzulegen, sondern hat viele Möglichkeiten. Aber das ist nicht das, was ihn interessierte. Ihn interessiert, was ihn am Menschen fasziniert. Und das kann beide genannten Künstler betreffen, die nicht als sie selbst dargestellt werden, sondern in ihrem Faszinosum für Picasso.

Das trifft übrigens nicht nur auf Menschen zu, sondern auch beispielsweise auf Tiere und die Gegenstände in seinen Stilleben. Picasso erläutert Gilot gegenüber, daß er nicht einfach einen Hahn malen könne.

> „Für Soutine war ein totes Huhn schlechthin ein geeignetes Subjet. Für mich ist es das nicht, bis auf den dramatischen Augenblick, in welchem dem Hahn gerade der Hals durchschnitten worden ist und die blutgefüllte Schale und das Opfermesser noch durch ihr Vorhandensein die Intensität *dieses bestimmten Augenblicks* bestätigen." (Gilot 1964, S. 280)

Es geht ihm also nicht um das Ding, das dargestellt werden kann, sondern um seine Verfaßtheit, seine augenblickliche, intensive Seinsart. Die wird erzeugt durch den Moment des Todes, der durch das aufgefangene Blut spürbar wird, und durch das „Opfermesser" zum quasi religiösen Ereignis. Ein Metzgermesser würde den selben faktischen Vorgang in seiner Alltäglichkeit zeigen. Aber die interessiert ihn nicht.

4.3.2 Liebe und Malerei: Beziehung zu den Frauen

Vielleicht ist das eine gute Überleitung zu den Frauen, die in Picassos Leben und Werk eine entscheidende Rolle gespielt haben. Die Frauen, mit denen Picasso gelebt hat, waren für ihn eine stete Quelle der Inspiration und auch das wichtigste Thema seiner Kunst. Als ihn einmal eine Frau, die seit Jahren seinem Bekanntenkreis angehörte, um ein Portrait bat, soll er ihr geantwortet haben: „(...) bevor ich das Portrait einer Frau mache, möchte ich ein oder zwei Jahre mit ihr leben. Danach werden wir sehen." (Picasso nach Spies 1994, S. 32) Auch wenn dies kein gänzlich durchgängiges Prinzip ist, so sind doch die meisten seiner Frauenbilder aus den Beziehungen zu den sieben Frauen hervorgegangen, mit denen er auf eine intensive Weise zusammengelebt hat (Fernande, Eva, Olga, Marie-Therese, Dora, Francoise und Jaqueline). Zu Francoise Gilot sagte er einmal:

> „Ich liebe oder hasse. Wenn ich eine Frau liebe, dann sprengt das alles auseinander, besonders meine Malerei." (Picasso in: Gilot 1965, S. 251)

Dieses Auseinandersprengen hat er gesucht und gemalt und zugleich bekämpft, weil er nicht abhängig sein, seinem Gefühl nicht ausgeliefert sein wollte. Für ihn gab es, wie Gilot berichtet, „zwei Kategorien von Frauen - Göttinnen und Fußabstreifer". So plakativ und provokativ das gemeint ist, gilt es zunächst den Sinn zu verstehen. Picasso war als Mensch immer in Bewegung. Für ihn gab es keine tragfähige Alltäglichkeit wie für die meisten Menschen. Welt und Mensch existierten für ihn nur in dem Augenblick ihrer Neuschöpfung. Auch in seiner Beziehung zu den Frauen hat er immer, sobald eine Form von Stabilität, von Sein sich abzeichnete, diese wieder zerstört, damit aus den Trümmern etwas Neues entstehen konnte. Dieser Moment interessierte und faszinierte ihn, für ihn riskierte er alles. Er brachte seine Frauen immer wieder in Grenzsituationen, demütigte, erniedrigte sie und spielte sie gegeneinander aus, weil er ihr Dagegen-angehen und auch den Moment erleben wollte, wenn sie sich wieder aufrichteten. So begegneten sich Marie-Therese und Dora in seinem Atelier, während er an Guernica malte. Dora begleitete fotographisch die Arbeitsschritte des Bildes; mit Marie-Therese hatte er ein gemeinsames Kind, das sie als Argument für sich gebrauchte. An die Aufforderung zu entscheiden, wer gehen müsse, erinnert er sich „mit großem Vergnügen" (Picasso nach Huffington 1991, S. 247):

> „Es war eine schwere Entscheidung, die ich da treffen sollte. Ich mochte sie beide, jedoch aus verschiedenen Gründen (...) Ich hatte kein Interesse daran, eine Entscheidung zu treffen; ich war mit den Dingen zufrieden, wie sie waren. Ich sagte ihnen, sie sollten es unter sich ausmachen. Daraufhin fingen sie an zu kämpfen. Es ist eine meiner wertvollsten Erinnerungen." (ebd.)

Es geht mir nicht darum, diese Szene moralisch zu werten. Picasso war als Mensch und als Künstler ein Provokateur. Aber was wollte er provozieren, wenn er sein Spiel spielte, in dem es nur seine eigenen Regeln gab? So wie auch er die Wirklichkeit als bedrohlich, unheimlich und feindlich empfand und eine Weg suchte, dem zu begegnen, ebenso setzte er seine Frauen extremen Situationen aus, weil in diesen Situationen ungewöhnliche Kräfte freigesetzt wurden.

Die einzige, die in diesem Spiel wirklich mitspielen konnte, war Francoise Gilot, die einzige, die selbst Picasso wieder verlassen hat und für die es ein eigenständiges Leben nach Picasso gab. Die Opferrolle akzeptierte sie nicht, sie hielt ihm stand. Gleich ob er sie bedrängte oder ihr zu verstehen gab, wie wertlos sie eigentlich sei, daß er beispielsweise lieber ins Bordell gehen als sie treffen würde (vgl. Gilot 1964, S. 80, S. 99), sie konterte und entlarvte damit seine

Angriffe als Provokation. Hätte sie sich darauf eingelassen, wäre daraus „Ernst" geworden. Es ist immer ein Spiel mit zwei Spielern. Sie schreibt auch über sich selbst, daß alles Furchterregende sie reizte, ihre Kräfte zu erproben. Als Mensch suchte sie die Herausforderung. (vgl. ebd., S. 106) Das Leben spürt man dort am intensivsten, wo die Existenz auf dem Spiel steht. Dieses Risiko ging sie ein, indem sie sich auf Picasso einließ.

Diese Intensität, die er in seinen Beziehungen zu seinen Frauen und in seiner Kunst suchte, fand er im Alltag nicht vor. Gegen diesen Alltag hoben sie sich ab, ihre Spannung war Gegenpol zu jedweder Normalität. Deutlich wird das am allmorgendlichen Ritual, das u.a. Gilot schildert. Sie macht deutlich, wie unerträglich Picasso das allmorgendliche Aufstehen war. Er zweifelte an jedem Sinn, an seiner Malerei und jammerte in einem fort. Er gab sich dem Weltschmerz und Spekulationen über Krankheiten und sonstige Verfolgungen hin, denen er sich ausgesetzt sah. Mit größter Kraftanstrengung gelang es den Menschen, die ihn umgaben, ihn zu bewegen, das Bett zu verlassen. (vgl. ebd., S.150 ff.) Wenn er dann gegen 14 Uhr zu malen begann, war all das nicht mehr existent. Und doch mußte es jeden Morgen aufs Neue erlitten sein. Max Jakob schreibt in einem Brief an Cocteau über Picasso:

> „Er ist wohl das was man einen Abgrund nennt, ein Chaos. (...) Er existiert nicht - er schöpft sich selbst." (Jacob nach Huffington 1991, S. 194)

Die biographischen Erläuterungen sollen gleichermaßen den Hintergrund bilden für ein tieferes Verständnis der Portraits, wobei ich mich auf solche beziehen möchte, die in den 30er und 40er Jahren entstanden sind und in ihrer Ausstrahlung an das anknüpfen, was Picasso mit den Demoiselles d'Avignon begonnen hat.

4.4 Weitere Entwicklung: Portraits als Masken

Beispiele für die Bilder, in denen das Maskenhafte zum Ausdruck kommt, sollen jenes berühmte Bild „Weinende Frau" (Dora Maar) vom 26.10.37 und „Büste einer Frau" vom 7.10.43 sein.

Eine der Voraussetzungen für jene Bilder ist der Kubismus, den Picasso in den Jahren 1907-12 gemeinsam mit Braque entwickelt hatte. Der historische Gewinn des Kubismus ist nach Spies die Abkehr der Malerei von der Abbildlichkeit. (vgl. Spies 1993, S.30ff.) Die „Nachschrift der Realität" (ebd., S. 31) wird abgelehnt. Der Gegenstand oder Mensch wird nicht so gemalt, wie er uns erscheint in seiner Perspektivität, seiner Vorder- und Rückseitigkeit, sondern wird auf einer anderen Ebene erfaßt. Die Augen des Malers und mit ihnen unsere eigenen gehen um den Menschen herum, sehen gleichzeitig das Gesicht und den Rücken. Dadurch entsteht das Gefühl einer anderen Zeitlichkeit, in der Dinge gleichzeitig möglich sind, die zuvor Vergangenheit und Zukunft bzw. unserer Phantasie angehört haben. Norman Mailer spricht deshalb von einer „dynamischen Kunstform"(Mailer 1998, S. 388).

„Der Kubismus schlägt uns deshalb in Bann, weil er unheimlich ist, in uns nachhallt und uns die beunruhigende Einsicht vermittelt, daß er die Zeit selbst in Frage stellt.“ (ebd., S. 408)

Es ist also nicht nur eine technische Neuerung der Darstellungsweise der bereits bekannten Wirklichkeit, sondern es stellt etwas dar, was vorher nicht sichtbar gemacht werden konnte. Formen wurden nicht „adäquat“ wiedergegeben, sondern ihrem Eindruck nach auch Assoziationen folgend, so daß eigene Lebewesen von großer Komplexität und Gegenwärtigkeit entstanden.

„Picasssos Gemälde vermitteln zumeist den Eindruck, daß er sich dessen, was er sieht, vollkommen sicher ist, daß er wirklich in eine bodenlose und oft unheilschwangere Tiefe blickte.“ (ebd., S. 411)

Die Wirklichkeit sollte nicht nur in ihrer oberflächlichen Sichtbarkeit erfaßt werden, sondern tiefer. Picasso wollte mittels jener Formgebung die Sehgewohnheiten durchbrechen und die Menschen dazu bringen, wirklich hinzuschauen.

„Ich habe aber diese „schiefe Nase“ absichtlich so gemacht. Verstehen Sie: ich bin so vorgegangen, daß sie gezwungen sind, eine Nase zu sehen. Später haben sie erkannt - oder werden sie erkennen - daß sie gar nicht schief ist. Sie sollten eben aufhören, bloß „hübsche Harmonien“ und „exquisite Farbe“ zu sehen.“ (Picasso nach Spies 1993, S. 30)

Auf einer anderen Ebene entspricht also die Formgebung genau diesem Menschen in der Weise, wie Picasso ihn darstellen wollte. Schief ist die Nase nur, wenn wir sie mit der vergleichen, die wir in vergegenständlichter Weise vor uns sehen. Der Mensch aber sollte durch seine Bilder dazu kommen, die Wirklichkeit mit neuen Augen zu sehen. Insofern bildet der Kubismus eine Abkehr vom Sensualismus und Impressionismus, wo es um optische Eindrücke geht, die wir von der Natur haben.

4.4.1 Form/Interpretation/Ausstrahlung

„Malerei ist keine Frage der Sensibilität. bei ihr geht es darum, die Macht an sich zu reißen, die Macht zu übernehmen von der Natur und nicht von ihr zu erwarten, daß sie dir Auskunft und gute Ratschläge erteilt.“ (Picasso nach Gilot 1964, S. 257f.)

„Van Gogh war der erste, der uns dieses Spannungsfeld erschlossen hat. „Ich baue ein Gelb auf“, schrieb er einmal.“ (ebd., S. 258)

Nicht ein Übernehmen der Erscheinungsweise der äußeren Welt, nicht ein sensibles Nachzeichnen von Vorgegebenem ist Picassos Anliegen. In Überwindung seiner blauen Phase geht es ihm ja gerade darum, nicht mehr der Natur unterworfen, ausgeliefert und passiv-reaktiv zu sein, sondern dem zu begegnen, offensiv-gestaltend. Picasso geht es am Beispiel van Gogh darum, wie eine gewählte Farbe, etwa das Gelb des Weizenfeldes, auf alle im Bild notwendigen

Farben Einfluß hat, damit die Gesamtkomposition stimmt. Aber auch dieses anfängliche Gelb ist kein Willkürakt, sondern eine existenzielle Notwendigkeit. Es ist eine Aussage über die Auseinandersetzung des Malers mit seinem Gegenstand. Für Picasso ist das Primäre die Form, mittels derer er die „Macht an sich reißt".

Die Portraits, um die es mir geht, zeigen die Gesichter nicht in ihrem Volumen; sie sind flach wie Masken.

> „Die Struktur der Portraits und Figuren ist ganz auf ihren Reliefcharakter festgelegt, wobei die kräftige, graphische Markierung der Knotenlinien der Wirkung einer archaischen „Bemalung" des Gesichtes gleichkommt, mit dem Ziel eines bewußt intensivierten Ausdrucks." (Gallwitz 1971, S. 88)

Besonders deutlich ist dies in dem Bild „Büste einer Frau" (1943, Abb. 4). Eine Gesichtshälfte ist dem Betrachter zugewandt. Der Mund ist geschlossen, stumm. Für das, was dieses Gesicht erzählt, gibt es kein Wort. Das Auge sieht den Betrachter frontal an. Es ist weit geöffnet, starr und selbstbewußt. Es weicht nicht aus, ist uns zugewandt, auch wenn es fast durch uns hindurch schaut. Der Blick ist ernst, alles aufnehmend, was da auch kommen mag. Wir wissen es nicht.

Abb. 4: Picasso: Büste einer Frau

Die andere Gesichtshälfte ist davon abgeschnitten, blickt selbständig seitwärts gewandt, hält nach anderem Ausschau. Sie erscheint im Profil. Die Gesichtshälften weisen jedoch keine grundsätzliche Verschiedenheit im Ausdruck auf; sie agieren nur scheinbar unabhängig voneinander. Die Frau ist hier und zugleich woanders. Sie ist von hoher Präsenz und Abwesenheit zugleich. Die Gesichtshälften erscheinen beide in einem schraffierten Hintergrund unter einem nicht verformten Hut, der durch eine Sonne ausgefüllt wird, die wie ein eigenes Auge erscheint. Der Hut sagt: „Sieh her, dies alles passiert in einem einzigen Menschen." Er eint das in sich widersprüchliche, von gegensätzlichen Bestrebungen durchtrennte und vervielfältigte Subjekt auf eine äußerliche und ästhetisch ansprechende Weise. Es steckt eine Ironie darin, daß hier, wie in vielen anderen Bildern, der Hut das scheinbar einzig Unbeschädigte ist, was dem Menschen bleibt. Der Hut hält zusammen, was nicht mehr zusammen gesehen werden kann, weil es nicht mehr als homogen und einheitlich erfahren wird. Aus der Zersprengtheit entsteht jedoch keine Beliebigkeit, sondern ein Mensch, der dies selbstbewußt nach außen zeigt. Der Körper, auf den der Kopf gesetzt ist, wirkt unförmig, kantig; der angedeutete Arm ist ohne Hand. Durch ein gelbes Zeichen sind Hut und Körper als zueinander zugehörig ausgewiesen.

Der Riß geht mitten durch das Gesicht. Wie bei ganz vielen Portraits von Picasso ist keine Einheitlichkeit, Homogenität mehr im Gesicht des Menschen sichtbar. Zu viel muß darin Platz finden. Wie bei den afrikanischen Masken behauptet sich auch diese „Maske" selbst und wehrt feindliche Kräfte ab. Die Kraft dazu erwächst ihr aus der Begegnung, indem sie ihr Gegenüber mittels Sonne anstrahlt, ohne zu lächeln. So wie für Picasso selbst die psychischen Reaktionen der Frauen, mit denen er gelebt hat, Bedingungen seiner Arbeit waren, so ist dieses Bild nicht nur ein „Ergebnis" einer Auseinandersetzung mit den schrecklichen Mächten, sondern das Bild selbst strahlt dieses aus. Eine Zeile aus einem Gedicht von Paul Celan fällt mir ein, wenn ich in dieses Gesicht schaue: „Sie stehen getrennt in der Welt, ein jeglicher bei seiner Nacht, ein jeglicher bei seinem Tode." (Celan 1986 Bd. 1, S. 125) Das Gesicht starrt uns an als stummer Zeuge dieses Wissens. Darüber hinaus sehen wir in diesen Bildern nicht nur Repräsentanten eines neuen Symbolsystems, einer neuen Formgebung, sondern wir werden selbst ergriffen von dem im Bild portraitierten Geschehen und genötigt, uns diesen Kräften zu stellen. Wir müssen diesem Blick standhalten. Diese Nötigung, die von dem Bild ausgeht, auch als magische Wirkung bezeichnet, zeigt uns den Menschen in seiner Deformiertheit, die durch die Auseinandersetzung mit jenen Kräften entsteht, und fordert uns selbst auf, die Welt und den Menschen nicht einfach hinzunehmen, sondern auch den Schrecknissen ins Auge zu sehen, sie nicht zu ignorieren oder zu verdrängen. Diesen Blick malt er und zugleich will er ihn an uns provozieren. Die Bilder in ihrer teilweise monströsen Häßlichkeit sprechen auch von uns selbst, wie wir uns heute als Menschen sehen und fühlen. „Schön" im klassischen Sinn sind diese Bilder nicht, aber beunruhigend für uns selbst. Wie sonst könnten wir den Erfolg Picassos verstehen, wenn er nicht darin etwas treffen würde, was eine Aussage über uns als Menschen heute macht. Zu den doppelten Portraits sagt Mailer:

> „Die Portraits konfrontieren uns mit all den Widersprüchen ihrer doppelten Persönlichkeit. Wir spüren ihre Überzeugungskraft und unsere Angst." (Mailer 1998, S. 47)

Die Angst, daß alles doch nicht so ist, wie wir es uns vorstellen. Gleichwohl haben jene Gesichter fast durchgehend (außer den Weinenden) einen ruhigen gefaßten Gesichtsausdruck. Es ist also möglich, sich auf die andere Ebene zu begeben, ohne daran zugrunde zu gehen.

4.4.2 Verdichtung

Picasso hat darin etwas gemalt, was in unserem alltäglichen, normal sichtbaren Gesicht verdeckt ist. Deshalb spreche ich von der Maske. Die Maske ist also keine Verkleidung, sondern im Gegenteil eine Offenbarung. Diese deformierte

Gestalt ist aber auch nicht das Individuum als das innerste Wesen dieses Menschen, sondern ihm haftet auch etwas Augenblickliches an. Es ist vielleicht zu beschreiben als der Geist dieses Menschen, der sich den Anfechtungen stellt, dem eigenen Tod und der Nacht, und daraus seine Kraft gewinnt. Die Menschen ergeben sich nicht einfach in ihr Schicksal wie in der „Blauen Periode“. Gleichwohl erkennen wir in den meisten von Picassos Frauenbilder die Frau wieder, die ihn zu dem Bild anregte.

> „Dabei treten eindeutig - unabhängig vom Grad der Veränderung von Körpern und Gesichtern - psychisch-physische Konstanten hervor. Wir wissen, wie Picasso die Hysterie Olgas, die biomorph-vegitative Passivität der Marie-Thérèse Walter und schließlich die intellektuelle Eckigkeit und Sprödigkeit der Dora Maar formal darstellt.“ (Spies 1993, S. 32)

Diese Elemente beschreiben die Frauen in ihrer Art, der Wirklichkeit (bzw. auch Picasso) zu begegnen, oder, wie Spies sagt, in ihrer „Lebensweise“ (ebd., S. 33). Es kommt jedoch nicht zu standardisierbaren Elementen in der Darstellung. Jedes Bild ist ein neuer Versuch, etwas von dem zu fassen, wie sich diese Frau durch die Begegnung mit Picasso und im Kampf mit ihm verhielt. Dieses Verhalten, dieses ihm ein Gegenüber sein ist ein Ausdruck von Intensität, die er gesucht und gemalt hat. Die Ausstrahlung dieser Frau interessierte ihn, die starken Energien, die in dieser Art von Beziehung gebändigt werden mußten. Diese Energien hat er festgehalten in der Form. Picasso malte im Grunde die Weise dieser jeweiligen Frau, mit diesen Kräften umzugehen. Für einen starken Ausdruck waren große Kräfte vonnöten. Schon weiter oben habe ich Picasso zitiert, wie er die Verbindung herstellt zwischen dem Gefühl, der Liebe zu einer Frau und dem Auseinandersprengen seiner Malerei. Dabei geht es mir um eine Grundhaltung Picassos den Menschen gegenüber. Picasso ist sich in seinem späteren Werk seiner Kraft bewußt, obgleich oder weil er sich ständig bedrohlichen und zerstörerischen Kräften ausgesetzt sieht, die ihn herausfordern und nötigen, ihnen, auf je individuell verschiedene Weise, immer wieder neu und anders zu begegnen und entgegenzutreten. Eluard berichtet uns, wie Francoise Gilot ihr Zusammenleben mit Picasso empfand:

> „Der Kampf war von Anfang an heftiger als sie es sich vorgestellt hatte. Rückblickend nannte es Francoise leben „wie Jeanne d'Arc: man muß Tag und Nacht seine Rüstung tragen und vierundzwanzig Stunden seine Stärke unter Beweis stellen. (...) Sie bezeichnete ihr gemeinsames Leben als eine *Corrida*.“ (Eluard nach Huffington 1991, S. 331)

Ebenso wird hier belegt, daß Picasso mit Krankheit und körperliche Schwäche seiner Gefährtinnen nur schwer umgehen konnte. Das zeigt sich schon früh in der Beziehung zu Eva, aber besonders deutlich Dora gegenüber. Als Dora von dem Psychoanalytiker Dr. Lacon in die Klinik gebracht werden muß, ist Eluard tief betroffen über die Veränderung der Dora und kommentiert Picassos Verhalten: „Bei ihm darf eine Frau niemals den Kampf aufgeben.“ (ebd., S. 312)

4.5 Picassos Bild vom Menschen

Was ist Picassos Interesse bei jenem nicht gerade caritativen Verhalten?

In der Zeit der „Blauen Periode“ erscheinen die Menschen gedrückt, in sich gesunken, handlungsunfähig. Jetzt ist es das Anliegen, sich im Kampf jene Kräfte dienstbar zu machen, die vorher den Menschen niederdrückten. Wo das Leben bedroht ist, entsteht eine Kraft, eine je eigene Weise dieser Frauen, damit umzugehen.

Wirklichkeit, was bedeutet das für Picasso? Was ist für ihn wirklich? Nicht das Aufstehen am Morgen, nicht das harmonische Familienleben, nicht das Telefonieren, sondern jene intensiven Prozesse in der Beziehung zu den Frauen, die er liebt. Der Stierkampf ist für ihn wirklich und seine Arbeit, bei der er alles um sich herum vergißt und mittels derer er diese Wirklichkeit in ihrer Dynamik festzuhalten und in jener Intensität darzustellen vermag, die für ihn Leben bedeutet. Dabei bestehen nicht nur zwischen den Menschen, sondern auch zwischen allen Dingen Beziehungen, die er im Bild zeigt. So spricht er einmal mit Francoise über ein Stilleben, das sie für besonders gelungen hielt.

> „Es ist so gut ausgewogen, daß es mich ärgert. Ich kann es so nicht lassen. Es ist ein stabiles Gleichgewicht, kein unstabiles. Es ist zu geschlossen. Mir ist ein Gleichgewicht lieber, das prekärer ist. Ich möchte, daß es sich selbst trägt, aber nur gerade so eben noch.“ (Gilot 1964, S. 118)

Diesen Augenblick will er finden und aufs Bild bannen. Das Gleichgewicht soll „prekär“ sein, ein gefährdeter Balanceakt, der gelingt. Dies soll der Betrachter nicht nur sehen, er soll es spüren, denn vom Bild sollen Emotionen ausgehen. Oft malt er in der Dunkelheit, daß die Dinge Schatten werfen und dabei ganz auf sich konzentriert sind. „Es muß überall Dunkelheit sein, außer auf der Leinwand, damit der Maler von seinem eigenen Werk hypnotisiert wird und fast wie in Trance malt“, erklärte er. „Er muß so tief wie möglich in seiner eigenen inneren Welt bleiben, wenn er die Grenzen überschreiten will, die seine Vernunft ihm aufzuzwingen sucht.“ (Gilot 1964, S. 114) Die Wirkung des Bildes auf ihn und auch auf den Betrachter später gehört mit zu dem Bild, nicht nur das, was sichtbar ist. Diese darzustellende Ebene von Wirklichkeit ist seine Welt. Jener prekäre Augenblick ist jenseits der „Grenzen der Vernunft“ (ebd.), jenseits von unserem normalen Verständnis von Wirklichkeit.

Hier ist die von Picasso angezielte Dimension greifbar in jenem Bild des Menschen, der ständig in existenzieller Weise bedroht ist. An jeder Stelle kann dies hervorbrechen, das Bild des Menschen zerbrechen so wie bei jener berühmten Weinenden, die aus einer Erfahrung mit Dora Maars entstanden ist: Das bekannte Bild „Weinende Frau“ (1937, Abb. 5). Das Gesicht der Frau droht von innen her von Schmerz und Verzweiflung gesprengt zu werden.

> „Für mich ist sie die Weinende Frau. Vor Jahren habe ich sie in verzerrten Formen gemalt, nicht aus Sadismus und auch nicht mit Vergnügen, sondern

Abb. 5: Picasso: Weinende Frau

nur einer Vision folgend, die sich mir aufzwang. Es ist eine tief verwurzelte Realität, keine oberflächliche.“ (Picasso nach Gilot 1964, S. 120)

Picasso brachte in seinen Bildern ihr Leiden ans Licht und beförderte es zweifellos. Er zwang sie, sich diesem Bild zu stellen und damit auseinanderzusetzen. Doch das hier dargestellte Leid ist nicht vergleichbar mit jenen Leidenden aus der „Blauen Periode“.

„Bereits in den Weinenden fiel auf, daß die Darstellung exzessiver Trauer an einen unerhörten Chromatismus gebunden blieb. Die aufgeheizte Farbigkeit zeichnete in diesen Bildern gewissermaßen die Überschreitung der psychischen Grenze nach.“ (Spies 1993, S. 33)

Keine dumpfen, dunklen, matten Farben zeichnen diesen Schmerz, sondern starke leuchtende Farben (gelb, orange, grün), die stark sind wie das Gefühl, das Geschehen, das aus dem Gesicht hervorsprengt und das das eigentliche Thema ist. Der Mensch muß den ständigen Anfechtungen im Kampf mit jenen Mächten standhalten und nicht nur das. Es geht nicht um einen dauerhaften Sieg, sondern darum sich diese Kräfte dienstbar zu machen; sie in sich aufzunehmen als Steigerung seiner selbst. Auf diesem Wege findet der Mensch zu sich selbst. Marie-Therese in anderer Weise als Olga oder Dora oder Francoise oder wer immer. Dieses zu sich kommen ist die Lebensweise des Einzelnen, die Art, wie er mit den Bedrohungen fertig wird, die immer wieder aufs neue und in neuer Weise gefunden werden muß.

Picasso macht etwas sichtbar. Er zeigt in jenen Masken und deformierten Gesichtern etwas, das normalerweise verborgen ist. Auch die Menschen der „Blauen Periode“ sind bedroht, aber sie stellen sich dem Kampf nicht - dem Kampf, der für Picasso das Leben ist. Diese Dimension von Leben läßt ihn den Menschen anders sehen. Er entwickelt eine neue Formensprache, um diese Erfahrung zum Ausdruck zu bringen, und verhält sich im Leben „verwerflich“, zerstörerisch, um jene Auseinandersetzung zu verstärken, die wir selbst vielleicht schon erfahren haben und die wir wiedererkennen, wenn wir die Bilder sehen - auch wenn sie nicht ins Bewußtsein gehoben wird, sondern „nur“ im Bild präsent ist. Das macht die Anziehungskraft und Faszination der Bilder aus.

Picasso hat in seinen Portraits alles eliminiert, was sich in jenen Kämpfen als nicht tragfähig, als zufällig und scheinhaft herausstellte. Immer wieder saß er während des Malens lange vor dem Bild und betrachtete es. Immer wieder hat er die erste Bildidee zerstört, übermalt, verdichtet oder „reformiert“ (Schulze 1996, S. 77), wie Schulze sagt. Er war ein Meister im Durchschauen von Menschen.

> „Wenn er ein Monster war, haben wir keine andere Möglichkeit, als es hinzunehmen. (...) Die Hand und das Auge hören nie auf, zusammenzuwirken; das Auge starrt in all die Verliese des menschlichen Geistes, während die Hand immer bereit ist, das Schlimmste in der Psyche der Geliebten aufs Bild zu bannen.“ (Mailer 1998, S. 463)

Mailer belegt dies anhand von gegensätzlichen Bildern der Geliebten, wobei er ein nach unserer Auffassung „schönes“ einem „häßlichen“ gegenüberstellt. Hier zwei seiner Beispiele.

Abb. 6a: Picasso: Olga Picasso

Abb. 6b: Picasso: Akt im Sessel (Olga)

Abb. 6a: Picasso: Olga Picasso

Abb. 6d: Picasso: Studie zu Guernica (Dora Maar)

Dabei ist der Gegensatz schön - häßlich nicht mehr treffend, insofern hier zwei Ebenen des Menschen dargestellt sind, die nicht auf einem Tableau vergleichbar sind. Zwei verschiedene Gesichter zeigen sich uns, die auf zwei verschiedene Situationen hinweisen. Das eine ist das nach außen hin für jeden sichtbare, das andere bildet ein tieferes Geschehen ab.

Wir können jetzt mit Gardner Picasso beschreiben als „Schöpfer der Moderne", als „Genie" und „Wunderkind". Wir können sein Leben verfolgen und seine „Meisterwerke" betrachten, jene epochalen Werke, die für das 20. Jahrhundert zweifellos von großer Bedeutung sind. Die Entwicklung eines neuen Symbolsystems hat uns zweifellos neue Sehweisen erschlossen. (Gardner 1993, S. 174ff.) Aber was denn eigentlich ein moderner Mensch ist, wie er sich versteht, handelt und empfindet, darüber läßt uns Gardner im Unklaren. Das wird als Selbstverständlichkeit vorausgesetzt.

Ich habe schon einiges zu der Ausstrahlungskraft der Bilder gesagt und zu dem Hintergrund des Zustandekommens ihrer Wirkung, wobei Bilder gewählt wurden, die jenen intensiven Ausdruck haben. Wichtig ist aber auch die Form der Gesichter und Körper, deren Teile sich gewissermaßen verselbständigt haben und voneinander unabhängig sind. Der Riß geht mitten durch den modernen Menschen hindurch; er ist gesprengt, zersprengt in Körperteile, die ein Eigenleben entwickeln. Es gibt keine Ebene mehr, um ihn als homogene Einheit zu beschreiben. Der Mensch ist zerrissen und wird in seiner Deformiertheit gezeigt, die jedoch nur dem als deformiert erscheint, der die Mona Lisa im Hinterkopf hat. Von diesem Schönheitsideal setzt er sich ab, will etwas ganz anderes zeigen, was sich inzwischen mit dem Menschen vollzogen hat.

Durchaus nicht alle Bilder sprechen von Kampf und Bedrohtheit. Es gibt viele Bilder, die Menschen in alltäglichen Situationen zeigen: Etwa die „Große Badende mit Buch" (1937, Abb. 7) oder „Sich kämmende Frau" von '40. In beiden Bildern ist die Frau durch eine in sich kreisförmige Körperhaltung bestimmt. Der Körper geht in seiner Rundung und Verrenktheit über das natürliche Maß hinaus, gewinnt sich ganz aus dieser Geste. Das Gesicht ist in diesem Falle winzig klein, verschwindet fast vollständig in der Körperhaltung. Der Mensch wird fast weich, fügt sich in die Situation, wird ganz körperliche Versunkenheit.

Abb. 7: Picasso:
Große Badende mit Buch

Die Menschen in den Bildern jener Zeit hadern nicht mehr mit ihrem Schicksal, sind nicht deprimiert, sondern zeigen ihre Weise zu sein in diesem Augenblick als das, was von Picasso an früherer Stelle als „prekäres Gleichgewicht" beschrieben worden ist. Sie sind auf ihre Weise selbstbewußt, brauchen sich trotz ihrer „Häßlichkeit" nicht zu verstecken. „Ich bin, wie ich bin". - das sagen die Bilder. Sie trauern ihrer verlorenen Einheit und Vollständigkeit nicht nach, sondern zeigen offen, ohne jede Beschönigung ihre Verformtheit, die ihren eigenen Reiz und vielfältige Ursachen hat. Darin sind sie wahrhaftig, nicht im Sinne einer unvergänglichen Wahrheit ihres Wesens, sondern im Sinne ihres jetzt So und nicht anders Seins, das schon morgen ganz anders aussehen kann. Von jeder Frau, die Picasso gemalt hat, gibt es viele Gesichter. Die Pluralität ist in uns. Nicht nur, daß heute viele Auffassungen vom Menschen möglich sind - der Riß geht durch jeden einzelnen Menschen hindurch. Weiterhin besteht diese Vielheit nicht nur in uns, während wir nach außen hin unser altes Gesicht zeigen, sondern wir selbst sind diese Vielheit - sichtbar und körperlich spürbar.

Einen weiteren Aspekt möchte ich noch aufgreifen, der in der Plastik deutlich wird und mit hineingenommen werden muß, wenn wir von Picassos Welt sprechen. Jener am häufigsten zitierteste Satz Picassos weist darauf hin. „Ich suche nicht; ich finde." (Picasso in: Hess 1995, S. 87) Dies ist nicht nur als methodischer Zugriff zu verstehen, sondern durchaus auch ganz äußerlich. Picasso hat alles, was er „fand" aufbewahrt, er konnte nichts wegwerfen. In seinen Plastiken hat er diese Dinge nicht einfach wiederverwendet, sondern sie noch einmal gefunden. Er hätte oft das Innere einer Plastik auch aus anderen Materialien gestalten können, die einfacher zur Hand waren, aber er brauchte diese Dinge, weil er die Möglichkeiten des Materials, seine Form, seine Oberflächenbeschaffenheit und Struktur aufgriff und sie weiterführte. Die Idee ist nicht ein Produkt, welches aus ihm als dem Künstler entspringt, sondern sie wird in Begegnung mit Dingen und auch Menschen erst geboren. Ohne diese Begegnungen im haptischen wie im weiteren Sinne gäbe es diese Kunst nicht.[16] Rombach nennt dies Konkreativität, weil nur durch das In-Beziehung- treten mit anderen und anderem eine Dynamik entsteht, die zu dem kreativen Prozeß führt, der mehr ist, als in den beiden Ausgangsbedingungen vorhanden war.

Aber es genügt nicht, dies alles in den Bildern zu sehen. Picasso will mehr. Er fordert uns mittels der Ausstrahlungskraft seiner Bilder auf, uns selbst auf jene Prozesse einzulassen, die Geheimnisse unserer Existenz zu ergründen, wenn wir vor (in) seine Bilder treten. Diese Dimension unseres Menschseins will er uns „zwingen" aufzusuchen, uns zeigen, daß der Mensch und die Welt ganz anders sind, als wir sie uns bisher vorgestellt haben.

Und jetzt sind wir wieder da angelangt, wo wir mit Rombach begonnen haben: bei der Frage nach der Dimension.

---

[16] Das Thema Begegnung mit der Frau als Modell hat er übrigens in seinem Spätwerk fast bis zum Exzeß zu ergründen gesucht.

> „Der Unterschied von Dimensionen und Horizonten liegt darin, daß man einen Horizont erweitert bekommen kann, ohne sich in seinem Sein zu ändern („Horizontverschmelzung") (...) Dimensionen (...) nur durch eine aufwendige Umstrukturierung der Existenz erreicht werden können." (Rombach 1987, S. 224)

Bleibt die Frage, was das alles in einer pädagogischen Arbeit zu suchen hat? Wenn wir uns der grundsätzlichen Frage stellen wollen, was es heute bedeutet zu erziehen, „Kinder in die Welt, die Welt in die Kinder setzen" (Bittner 1996), dann müssen wir uns auch fragen, wie Menschsein heute aussieht, wie der Mensch sich selbst sieht und wie er lebt. Auf diese Frage geben die Künstler unserer Zeit eine Antwort, die in einem breitem Maße rezipiert wird, indem diese Bilder betrachtet werden und wirken. Deshalb denke ich, daß eine pädagogische Anthropologie, so wie sie von vielen Vertretern schon praktiziert wird, den anthropologischen Erkenntnisgehalt von Kunstwerken ernst nehmen und thematisieren sollte, um etwas darüber zu erfahren, was es bedeutet, heute Mensch zu sein. Picasso sagt selbst dazu:

> „Es genügt nicht die Arbeiten eines Künstlers zu kennen - man muß auch wissen, wann, warum, wie, unter welchen Umständen er sie schuf ... Sicher wird es eines Tages eine Wissenschaft geben - vielleicht wird man sie Wissenschaft vom Menschen nennen -, die sich mit dem schöpferischen Menschen befaßt, um Erkenntnisse über den Menschen im allgemeinen zu gewinnen." (Picasso nach Gardner 1996, S. 216)

Dabei sollte jedoch nicht aus dem Blick geraten, daß auch andere Künstler, wie zum Beispiel Klee an der Sichtbarmachung von bisher Nicht-Sichtbarem gearbeitet haben. Vergegenwärtigt man sich Klees Bilder, wird man zu dem Schluß kommen, daß hier auch eine Dimension entdeckt worden ist, die aber nicht mit der Welt Picassos vereinbar ist. Nicht der Mensch im Allgemeinen, im Sinne eines jeden Menschen, sondern eine mögliche Ebene von Menschsein wird artikuliert, auf die wir uns einlassen und die wir wieder entdecken können, wenn wir die Konstitutionsprozesse nachvollziehen.[17]

4.6 Gardners Picassointerpretation

Gardner schildert uns Picasso als Wunderkind, dessen frühe Begabung gefördert wurde. Prägende Erfahrungen und Lebensumstände bis zu seiner Übersied-

---

[17] Ich habe Picasso als Beispiel gewählt, weil er in seinem Leben und Schaffen mehrere solcher schöpferische Umbrüche vollzogen hat und somit gewissermaßen als Prototyp eines schöpferisch lebenden Menschen gesehen werden kann. Wichtig war mir hier, den komplexen Entstehungsprozeß wie den dimensionalen Charakter des Neuen aufzuzeigen. Nicht jeder kann sich mit seinen Erfahrungsmöglichkeiten, die immer auch zeitgebunden sind, in jedem Bild wiederfinden. Dafür steht uns heute ein Universum von Künstlern und Kunstwerken zur Verfügung, die jeweils unterschiedliche Lebensentwürfe und Weltsichten enthalten.

lung nach Paris nehmen einen vergleichsweise großen Raum ein, so daß die ersten künstlerischen Durchbrüche, die Blaue und die Rosa Periode fast marginal erscheinen. Als erstes Schlüsselwerk benennt er „La Vie“. Gardner spricht hier von einer Synthese (vgl. Gardner 1996, S. 190ff.), daß Picasso hier ein Art Summe zog und verweist auf Gedo, die herausfand, daß „jede Figur und jede Stellung bereits in früheren Jahren Picassos“ (ebd., S. 191) zu finden ist. Das Besondere an diesem Werk nun sind „Konfiguration der Motive“ und der „Nachdruck“, mit dem die dargestellten Themen wiedergegeben sind. (ebd.) Das Neue am Schlüsselwerk in diesem Verständnis ist eine Neukombination von bisher schon Bekanntem eben „mit Nachdruck“ was immer dies sein mag in bezug auf dieses Bild, das darf sich der geneigte Leser selbst erschließen. Gardner ist selbst etwas unsicher in bezug auf sein Unternehmen und relativiert diese Auswahl von Werken als Wendepunkte, insofern auch andere „in beliebiger Zahl“ (ebd., S. 192) genannt werden könnten.

„Les Demoiselles d’Avignon“ ist für ihn „das Bekenntnis zum experimentellen Stil“ (ebd., S. 193). Das Bild ist ein Dokument dafür, daß Picasso sich nicht mit seinem Erfolg zufrieden geben wollte. Er ging ein gewaltiges Risiko ein und löste mit dem Bild einen Schock aus. Gardner beschreibt all dies, erwähnt, daß viele es als das „bedeutendste Bild des Jahrhunderts“ bezeichnen und darin „einen der entscheidendsten Wendepunkte der Kunstgeschichte überhaupt“ (ebd., S. 194) sehen. Man liest Gardner, aber man spürt den Schock nicht; man erfährt auch nicht, warum es Picasso diese Reaktionen auslöste oder aber welche neue Erfahrung darin zum Ausdruck gebracht wurden. Gardner geht davon aus, daß alle seine Leser wissen, daß es ein epochales Bild ist und dieses Wissen ist ihm selbstverständlich und genug. Worin besteht jedoch seine Bedeutsamkeit? Welche neue Epoche begann damit? Wir wissen alle, daß es die Moderne ist. Doch was ist die Moderne, was bedeutet es, als moderner Mensch zu leben, sich modern zu fühlen, sich so zu verstehen? Was ist dadurch grundlegend anders geworden, als es vorher war? Mit diesen Fragen läßt er uns allein, denn es geht hier um das erkennende Ich und allein um das, was ihm als solches zugänglich ist.

Wohl gibt Gardner Hinweise zur Entstehungsgeschichte: Er erwähnt die afrikanischen Masken, Cézanne und die zahllosen Vorstudien. Wohl beschreibt er das Bild: Die Isoliertheit der Personen, ihre leeren, ausdruckslosen Gesichter, ihre flachen Körper, die eckigen Formen. (vgl. ebd., S. 196ff.) „Das Bild ist nicht auf eine genaue inhaltliche Aussage festzulegen, jedoch zweifellos als drastische allegorische Darstellung der Prostitution zu lesen.“ (ebd., S. 196f.) Prostituierte wurden schon viele gemalt, aber warum malt ein Mensch Frauen mit Köpfen wie afrikanische Masken? Die Ungeheuerlichkeit der Wirkung des Bildes kann Gardner als eindeutig kognitiv ausgerichteten Forscher nicht treffen. Gardner *weiß* zwar, daß unsere Sehgewohnheiten durch dieses Bild revolutioniert wurden, aber für ihn besteht die Revolution nur im Finden der neuen Formensprache und nicht im Finden eines neuen Bildes vom Menschen. Ein neues Bild ist nicht einfach eine neue Kombination, eine Bilanz des Vorigen, sonst wäre es ja gerade keine Neuschöpfung. Picasso sagte einmal, daß es Bilder gebe, die ein Fenster aufstoßen. Das trifft den Neuanfang besser als sie als Summe zu bezeichnen. Des weiteren schreibt Gardner, daß jedem epochalen Wandel ein „Bündel von Ursachen" (ebd., S. 202) zugrunde liegt, von denen keine unbedingt notwendig sei. Auch die afrikanischen Masken und Cézanne, die er zuvor angeführt hatte, seien es nicht. Wohl aber macht eine Häufung von Tendenzen, die auf einen Wandel hindeuten, diesen und auch seine Akzeptanz wahrscheinlicher. Ich denke nicht, daß man ernsthaft darüber spekulieren kann, was ohne Cézanne gewesen wäre. Jede intensive Auseinandersetzung und jeder Schritt in der Kunstgeschichte erbringt erst den nächsten.

Ebenfalls ist zu erwähnen, daß er Picasso als „offenkundig sadistisch" (ebd., S. 433f.) sowie als infantil beschreibt und für seine Beziehungen zu den Frauen wenig Verständnis aufbringt. An dieser Stelle wird deutlich, daß Gardner ein Raster mitbringt, eine Vorstellung vom Menschen mit bestimmten Kriterien, die er dann bei seinen Probanden abfragt. Erwartet er, daß Picasso als treusorgender Ehemann und verständnisvoller Vater zwischen gemeinsamem Mittagessen und Abendbrot sein „Meisterwerk" schafft? Welches kann hier der Maßstab sein? Ich denke, man kann ein Werk nur verstehen, wenn man sich zunächst darauf einläßt und nicht an Vorurteilen mißt, wie der Mensch zu leben habe, sonst wird der Sinn, der aus diesem und nur diesem Leben und Werk hervorgeht, verborgen bleiben.

Gardner sagt zwar, daß es Picasso und auch Strawinsky nicht um neue Denkkonzepte gegangen sei, sondern um ein Gesamtwerk, „in dem das von ihnen erlebte Weltbild sichtbar wurde" (ebd., S. 316). Aber er selbst schreibt nichts über diese Erlebnisse, sondern reduziert Leben auf Lebensumstände, die er dann vergleichen kann. Kreativität wird meßbar, sie wird handhabbar - und sie wird zum Verschwinden gebracht. Beispielsweise beschreibt er das 1913 entstandene Werk Strawinskys „Le sacre du printemps". (vgl. ebd., S. 244ff.) Obgleich es durchaus naheliegen könnte, die inhaltliche Aussage, die darin verdichtete Erfahrung mit der von Picassos 1907 entstandenen „Les Demoiselles d'Avignon" zu vergleichen, und sie so als Exponenten eines kreativen Feldes zu sehen, wie Csikszentmihalyi die Renaissance, sind es für ihn getrennte Errungenschaften zwar der Moderne, die jedoch kaum näher bestimmt wird. Beide Werke brechen in radikaler Weise mit der Tradition, sie greifen beide auf weit zurückliegende Erfahrungen zurück (Picasso: afrikanische Plastik und Strawinsky: heidnische Bräuche und archaische Volksmelodien). Beide bringen eine Wildheit und Ursprünglichkeit zum Ausdruck, die jedoch durch die Zivilisation durchgegangen ist. Das Zurücktreten der Melodie zugunsten der Rhythmik könnte der Unverbundenheit der Figuren und ihrer archaischen Ausstrahlung bei Picasso entsprechen, das Fragmentarische wird zum Prinzip und, das sagt auch Gardner: beide schockierten und wurden anschließend als Meisterwerke betrachtet.

Kriterien des Vergleichs der beiden Künstler bei Gardner hingegen sind: Familie, der sie entstammen, sie lebten im Zentrum ihrer Kunst, sie hatten im fortgeschrittenen Alter jugendliche Partner, Religiosität, Zehnjahreszyklus im Entstehen von Meisterwerken, Arbeit in der Abgeschiedenheit, Beziehungen zu andern Menschen, Beziehung zur Kindheit, Zeigen von Gefühlen.....

Gardner bleibt mit seinen Darstellungen an der Oberfläche. Die in den Bildern sichtbare Subjektverfassung kommt nicht in seinen Blick. So interessant sein Unterfangen ist, die Schöpfer der Moderne nebeneinanderzustellen und zu untersuchen, so wenig aufschlußreich sind leider die Ergebnisse, will man die Zumutungen, die in jenen Werken einst gelegen haben, noch spüren und verstehen. Die gänzlich neue Erfahrungsweise des Menschen wird wohl als solche benannt, aber nicht wirklich aufgezeigt, sondern verbleibt im Horizont des Bekannten, was wir immer schon wissen. Die kognitive Betrachtungsweise ebnet so die Eigenheiten der von Picasso und Strawinsky erschaffenen Welten ein und bringt sie zum Verschwinden, weil sie nicht zeigt, wie sie entstehen, sondern auf Voraussetzungen und Bedingungen aus ist, welche die Wahrscheinlichkeit des Durchbruchs erhöhen. Die Dynamik des Prozesses wird nicht sichtbar, wenn sie unter statischen, von Anfang an vorgegebenen Gesichtspunkten untersucht wird.

Gardners Interpretation subsumiert Künstler und herausragende Persönlichkeiten der Moderne unter allgemeinen Gesichtspunkten.

Picasso setzte seine Existenz immer wieder aufs Spiel, um die Sehgewohnheiten der Menschen zu durchbrechen, um sie aufzuwecken, sie *wirklich* ein Auge oder eine Schale sehen zu lassen, wie sie diese nie zuvor wahrgenommen haben. In diesem Sehen ist es möglich zu spüren, was es bedeuten könnte, Mensch zu sein und in einer Welt zu leben, die aus der Zerstörung überkommener und zur Gewohnheit gewordener Sichtweisen heute erst neu entsteht. Leben in seiner Bedrohtheit, aber auch in seiner Intensität der Picasso'schen Bilder gespürt zu haben, bedeutet auch die Frage nach dem eigenen Leben zu stellen.

Für Gardner besteht die Errungenschaft „nur“ in einer neuen Formensprache. Er *weiß* nur um die Neuheit, erfährt sie aber nicht. Die Revolution, die sich für jeden einzelnen Menschen und seine Lebensgestaltung daraus, ergibt kann kognitionspsychologisch nicht sichtbar werden. Aber es ist nicht nur eine neue Sprache, die Picasso zeigt, sondern es ist eine Weise, zu sein und zu leben. Der dimensionensprengende Charakter schöpferischer Prozesse, der eingangs herausgearbeitet worden ist, kann nicht in den Blick kommen, wenn Veränderungen nur oberflächlich, nicht aber in ihrer Tiefendimension gesehen werden.

5 Der Schritt von der Kritzelphase zum gegenständlichen Zeichnen

5.1 Formensprache und Welterleben

In der Kreativitätsforschung unterscheidet man zwischen der Kreativität von beispielsweise Künstlern und Erfindern, die etwas entdeckten, was es bis dahin überhaupt noch nicht gab, und der sogenannten Alltagskreativität, bei der es um Errungenschaften geht, die für das einzelne betroffene Individuum durchaus neu und von tiefgreifender Bedeutung sind, die aber im ganzen gesehen keine grundsätzliche Neuentwicklung für die Menschheit darstellen. (vgl. Csikszentmihalyi[18], auch Rombach (Rombach 1994, S. 14ff.) unterscheidet so.) Am Beispiel Picassos wurde bereits ersteres deutlich. Für das Verständnis des Phänomens des Schöpferischen war es zunächst wichtig zu zeigen, was eine neue Dimension von Menschsein bedeutet. Nun soll auf jene Phänomene der Alltagskreativität hingewiesen werden, mit denen wir es als Pädagogen in der Hauptsache zu tun haben.

Auch im Laufe der kindlichen Entwicklung gibt es Übergänge, die als Erreichen einer neuen Dimension für das Kind beschrieben werden können - einer Dimension, im Sinne einer spezifischen Art, Welt zu erfahren, zu sehen und in ihr zu handeln. Zu diesem Grundbezug des Kindes gehört ein bestimmtes, für diese Epoche charakteristisches, Verhältnis zur menschlichen und dinglichen Umwelt. Auch ein spezifisches Zeit- und Raumerleben gehört dazu. Die Art des Wahrnehmens und Begreifens von Welt, wie auf neue Dinge zugegangen wird - all das gestaltet sich für das Kind zu verschiedenen Zeiten anders. Seine Weise in-der-Welt-zu-sein verändert sich mit dem Erreichen einer neuen Dimension seiner kindlichen Existenz. So vielfältig und unterschiedlich die Möglichkeiten innerhalb einer Dimension sein mögen, so setzen sich doch davon jene fundamentalen Umbrüche, die sich auf alles auswirken, ab.

---

[18] In seinem Buch „Kreativität" (1997) ist der letzte Teil der Förderung der persönlichen Kreativität gewidmet. Dieses veritable Anliegen sieht in der Ausführung wie ein Ratgeber zur Kreativität aus. Man erfährt etwa, wie man die Hindernisse zu einem kreativen Leben: Erschöpfung, Ablenkung, Trägheit und Mangel an Disziplin, angehen könne. Beispielsweise so: „Versuchen Sie, jeden Tag über irgend etwas erstaunt zu sein." (S. 493) oder: „Wechseln Sie häufig zwischen Offenheit und Geschlossenheit." (S. 513) Alles was zuvor als Eigenschaften über kreative Persönlichkeiten herausgefunden wurde, soll nun gezielt von den noch nicht Kreativen in Angriff genommen werden. Hier zeigt sich wieder der Irrtum, daß es auf fest bestimmbare Merkmale ankäme, die sich häufen müssen, und nicht eine andere Zugangsweise zur Wirklichkeit im Ganzen.

These:
Auch im Malen und Zeichnen des Kindes lassen sich Dimensionen erkennen. Im Übergang vom Kritzelstadium zum gegenständlichen Zeichnen scheint mir eine solche Dimension zu liegen. Ein anderes Verhältnis zur Wirklichkeit ermöglicht es dem Kind erst, Dinge in ihrer Gegenständlichkeit wahrzunehmen und so ein Ding in seiner Formgebung zu erfassen und mit dem Stift nachzuvollziehen. Diese grundsätzlich neue Art des Zeichnens entspricht einem anderen Verhältnis des Kindes zur Welt. Diese andersartige Beziehung zu Mensch und Umwelt ernötigt und ermöglicht ein anderes Selbstbild auf Seiten des Kindes.

5.2 Zum Verständnis der Kritzelphase in der Literatur

Es kann hier nicht darum gehen, einen vollständigen Überblick über die Literatur zu geben. Vielmehr geht es mir darum, die hauptsächlichen Zugangsweisen zu diesem Phänomen deutlich zu machen. Mollenhauer gibt in seinem Buch „Grundfragen ästhetischer Bildung" einen Überblick, der hier im groben skizziert werden soll. (vgl. Mollenhauer 1996, S. 207ff.)

Es wird darauf hingewiesen, daß Kritzelphänomene seit den 20er Jahren beschrieben und klassifiziert worden sind. Exemplarisch wird eine Studie von Kellog angeführt.

> „In ihrer zuerst 1959 erschienenen Untersuchung hat sie die Kritzelgebilde von über ½ Million Kinderzeichnungen in 20 Grundelemente („basic scribbles") zerlegt und diese zu Bausteinen („building blocks") nicht nur jeder Kinderzeichnung, sondern der Kunst überhaupt erhoben. Aus dem basalen Kritzelrepertoire soll sich die Komplexität aller späteren Zeichen zusammensetzen." (ebd.)

Mollenhauer bezeichnet dies als „radikale(n) Reduktionsversuch" (ebd.) und beschreibt weitere Ordnungsvorschläge in jeweiligen Phasen von Entwicklungen. Er konstatiert, daß ihnen allen gemeinsam sei, daß sie die kindlichen Kritzel nur als Vorstufe des eigentlichen, d.h. realistischen Zeichnens sehen und somit nur das sichtbar werden kann, was im Vergleich zum Zielpunkt jeder Entwicklung (der realistisch-perspektivischen Zeichnung) alles noch fehlt.

Die Beschäftigung mit der Kritzelzeichnung erfolgt ausschließlich anhand des fertigen Produkts. Von Seiten des Kindes konstatiert man den motorischen Aspekt der Bewegung, sowie seine Freude an den Spuren dieser körperlichen Aktivität. (ebd.)

Schäfer weist zudem in „Bildungsprozesse im Kindesalter" (Schäfer 1995, S. 198ff.) auf eine Entwicklung hin (die von Wildlöcher bereits 1984 beschrieben worden ist):

> „Vom dritten Lebensjahr an tritt eine entscheidende Veränderung ein: Folgte bisher das Auge der motorischen Bewegung und dem Strich, den diese hinterließ, dreht sich nun die Beziehung von Auge und Hand um. Das Auge übernimmt die Führung in der Gestalt des Bildes." (ebd.)

Das anfänglich rein motorische Geschehen wird zu einem visuell-optisch geführten, bevor durch die Benennung des Gezeichneten eine neue Ebene kommt. Dem Bild wird nun im Nachhinein eine Bedeutung gegeben wird. Aber dazu später mehr.

Schäfer und Mollenhauer stellen interessante Fragen, die in die Richtung gehen, die mich hier interessiert:

> „Hingegen möchte ich etwas von der Bedeutung sichtbar machen, welche die bildnerische Betätigung selbst für das Kind hat. Es geht mir mehr um die Beantwortung der Frage, welche *Prozesse* in den Gestaltungsvorgang mit eingehen." (ebd., S. 199)

In diesem Zusammenhang benennt Schäfer Wendepunkte innerhalb des Kritzelstadiums, wie „motorische Aktion", „Zunahme des Reichtums der motorischen und damit auch zeichnerischen Bewegungsformen", oder die Auge Hand Umkehrung. (ebd.) Auch Mollenhauer geht es um die „besondere Art der Bildungsbewegung" (Mollenhauer 1996, S. 209).

Sowohl Mollenhauer als auch Schäfer betrachten das Phänomen Kritzel im Blick auf ältere Kinder oder gar in Bezug auf Erwachsene, die auf Kritzelgebilde zurückgreifen.

Schäfer geht es beispielsweise um ein Phänomen, das bereits während des Kritzelstadiums auftritt: die „Erfindung *bildlicher Rhythmen und Muster*" (Schäfer 1995, S. 209). Diese entsteht durch eine „persönliche *Strichführung* und *Raumaufteilung*" als eine Art „ästhetischer Bildstrukturierung". (ebd.) Schäfer belegt dies anhand von Bildern, die gleichzeitig mit realistischen Bildern entstanden sind. Es handelt sich dabei um eine eigene Kategorie von Gestaltung, auf die Schäfer aufmerksam machen will.

Mollenhauer führt ein Kritzelexperiment mit Kindern und Erwachsenen, die das Kritzelstadium bereits verlassen haben, durch, bei dem die Versuchspersonen erst mit verbundenen Augen (ohne den korrigierenden Verstand) frei zeichnen und anschließend ihre Kritzelgebilde überarbeiten. Hier entsteht für ihn die Frage, ob es sich beim Kritzel um einen „bewußtlosen Rückfall in motorische Stereotype" oder um einen „Rückgriff auf ein vergangenes, vielleicht verschüttetes, im Prinzip aber jederzeit abrufbares Repertoire von elementaren Zeichenelementen" handelt, die als „ästhetische Symbole" verstanden werden können. (Mollenhauer 1996, S. 214) Für den Betrachter wird diese Frage entscheidbar, nicht weil er weiß, daß im 2. Lebensjahr das Auge und nicht mehr die Hand die Führung übernimmt, sondern nur indem er von dem Bild „berührt und bewegt wird", indem er seinem Empfinden folgt. „Er muß, anders gesagt, die elementare Kritzelgeste in seinem Innern wiederholen, um sie als Geste zu erkennen und als Ausdruck zu verstehen." (ebd.)

Insofern ist auch ein ästhetisches Symbol kein bloß visuelles Zeichen, das einer eindeutigen Bedeutung zuzuordnen wäre. Schon Mühle nimmt etwa den Kreis als gefühlshaftes Zeichen. In der Geschlossenheit der Form sieht er „ihrem wesentlichen Gehalt nach Umschlossenheit, Geborgensein, Beschütztsein" (Mühle in: Richter 1987, S. 284). Eine solche eindeutige Zuschreibung kann man wohl nicht mehr durchhalten. Ebenso könnte der Kreis Eingeschlossenheit, Beklemmung, Unfreiheit bedeuten.

Da scheint mir Mollenhauers Vorschlag der Wirkungsbeschreibung weiterführender, insofern hier mehr Raum gegeben wird, vom einzelnen Bild auszugehen. Etwa im Bedeutungsfeld der Kritzelgeste „Einkreisen - Ausbrechen" folgt Mollenhauer anderen Autoren, die im „Kritzelknäul" einen „Akt der Selbstbildung" sehen, läßt aber auch vorsichtigere Interpretationen zu. (Mollenhauer 1996, S. 217) Leider finden sich in dem Buch keine Auseinandersetzungen mit einzelnen Bildern, so daß das Anliegen, die Bildungsbewegung sichtbar zu machen, teilweise uneingelöst bleibt. Nur so ließe sich nachweisen, welche Wirkung sich mittels welcher Zeichenkonkretion sich wie aufbaut. Dennoch sind die Wirkungsbeschreibungen sehr aufschlußreich, wenn man verstehen will um was es dem Kind beim Anfertigen seiner Zeichnung geht. Natürlich befinden wir uns hier gerade nicht im Bereich einer bewußten Gestaltungsabsicht. So deutet Mollenhauer (vgl. im folgenden ebd. S. 217ff.) die Geste des Ausbrechens, des „Sprühkritzels" als Energie, die meist nach außen gerichtet ist, die später „Vulkaneruption" und „Springbrunnen" bedeuten kann oder im Comic als „Mündungsfeuer" und „Zusammenknall" verwendet wird. Sie kann „sprühende Freude" oder „sprühender Zorn" sein, ist, wenn sie nach außen gerichtet ist, eine Geste der „Expansion", „Entgrenzung", nach innen „Einverleibung".

> „In beiden Fällen ist die zugrundeliegende „Raumergreifung" das komplementäre Gegenstück zur „Raumbeschränkung" der Einkreisungsgeste. Während diese Grenzen aufrichtet, werden durch jene Grenzen aufgelöst." (ebd., S. 219)

Anstatt das Kritzelstadium als eine Art Vorstufe zur gegenständlichen Zeichnung zu sehen, kann man die Richtung auch umkehren und im Bild des Springbrunnens (welchen Sinn könnten wir in diesem so „nutzlosen" Ding sonst sehen) ein Bild für jene sprühende Freude finden, die in der Fontäne des Wassers symbolisiert werden soll. Was das Kleinkind noch mit traumwandlerischer Sicherheit im Bild festhalten kann, das bedarf großer Anstrengungen, seitens größerer Kinder und Erwachsener, wenn sie zu dieser ursprünglichen Erfahrung zurückkehren wollen.

5.3 Abstrakte Malerei

Eine bloße Rückkehr gibt es nicht. Das wird am Beispiel von großen Malern deutlich, die einen Weg in diese elementaren Erfahrungen und ihrer Ausdrucksgesten gesucht haben. Deutlich wird das in der abstrakten Malerei, wie etwa bei Pollock, Rainer, Hartung oder Twombly. Auch Mollenhauer geht auf Twombly ein.

> „Sein gesamtes malerisches Werk läßt sich verstehen als Versuch, durch eine Art schöpferische Regression den Empfindungsäquivalenten der frühesten zeichnerischen Ausdrucksgebärden nachzuspüren. (...) Man kann sagen: seine Bilder sind Protokolle einer Erinnerungsarbeit (...).“ (ebd., S. 211)

Des weiteren meint Mollenhauer, daß die Hand zunächst „als Seismograph der Innenwelt“ (ebd., S. 212) arbeitet und das Bild anschließend immer wieder quasi reflexiv überarbeitet wird. Diese Innenwelt wie auch die Erinnerungsarbeit müssen zunächst noch näher bestimmt werden, will man nicht in Mißverständnisse hineinkommen. Hierzu ist ein Artikel von Gottfried Boehm hilfreich mit dem Titel „Cy Twombly. Erinnern, Vergessen“ (in: Kunstforum Bd 127, 1994, S. 250f.). Während bei Mollenhauer tendenziell die Gefahr besteht, die Erinnerung auf die eigenen oder fremden Kritzelbilder aus der frühen Kindheit und deren Empfindungsäquivalente zu beziehen, so spricht auch Boehm in Bezug auf Twomblys Bilder vom Erinnern, jedoch in einem anderen Sinn. (ebd.)

> „Das *innere Auge*, das wir in seinen Bildern tätig sehen, ist das der *Erinnerung*. (...) Vergessen ist also in dieser Hinsicht geradezu die Bedingung der Erinnerung: der *Strom Lethe* fließt im Untergrund jeder Sichtbarkeit, jedes Gezeigten, von allem, was Gegenwart besitzt. Er trägt, was sich zeigt: die Phänomene. Twombly hat für diese Erfahrungsform der Erinnerung eine unübertroffene bildliche Form gefunden.“ (ebd., S. 250)

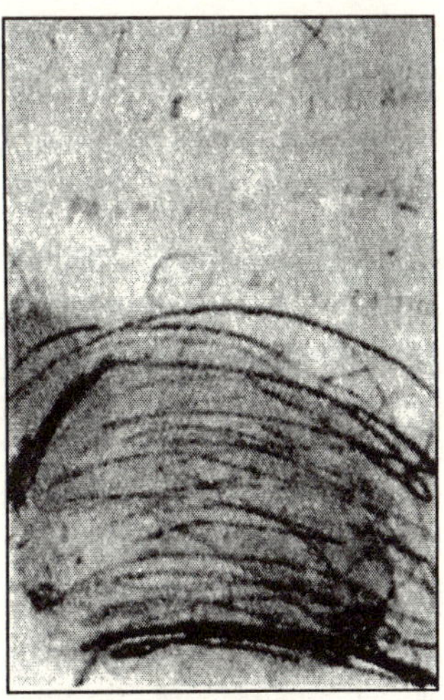

Abb. 8a: Twombly:
Silex Scintillans

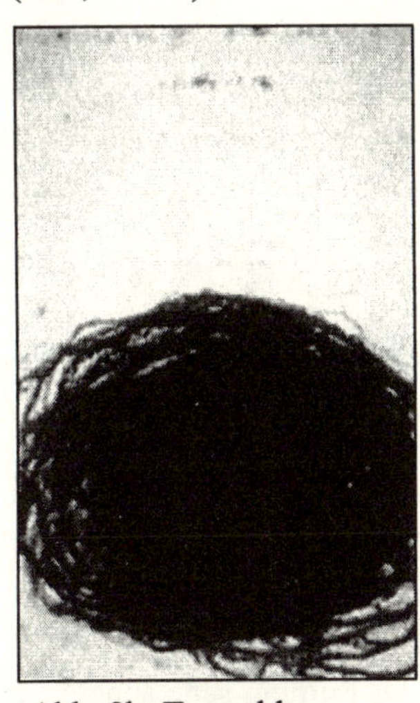

Abb. 8b: Twombly:
Om ma ni pad me hum

Erinnerung ist also keine verfügbare Leistung, die sich auf sichtbare Gegebenheiten bezieht, sondern die Fähigkeit, eine andere Ebene aufzusuchen und diese durch Form und Farbe in ihrer Bewegtheit darstellbar zu machen.

> „Man braucht nicht zu Freuds „Psychopathologie des Alltagslebens" zu greifen – all den unbewußten Fehlleistungen des Verlegens, Verlierens, Vergessens - um zu wissen, daß das Gedächtnis uns mit kollektiven Mächten verbindet, zumal, wenn in ihm auch mythische Bilder auftauchen. Immer wieder hat man für die Realität des Erinnerns die Metapher des Stromes gebraucht, der durch uns strömt, der auf dem Grunde des Bewußtseins dahinfließt. Erinnern schließt aktive und passive Synthesen ein." (ebd., S. 251)

Die Bewegungen dieser Ströme auf dem Grund des Bewußtseins sichtbar zu machen, könnte als Anliegen Twomblys formuliert werden. Das ist mit Mitteln der gegenständlichen Kunst unmöglich, da es nicht um diese nach außen hin sichtbaren Gebilde geht, sondern um das, was sie als Phänomen allererst mithervorbringt.

Von hier aus wird auch deutlich, daß die Innenwelt nicht nur das Innen dieses persönlichen, künstlerischen Subjekts bezeichnet. Es geht nicht um die Psychologie dieses Individuums, nicht um seine Phantasien und seine Person, sondern um das „Gedächtnis" (ebd., S. 250), das Bewegungen vor und in ihrer Gestaltwerdung registriert.

> „(...) er schließt in seinen Bildern an die großen Inhalte, Normen, Figuren und Topoi der europäisch-mittelmeerischen Kultur an. Ihnen begegnen wir, zur Erfahrung geronnen, aus ihr erneuert. (...) Was er aber erfährt, das prüft er in der Intensität des Eindrucks, schildert er vermittels der Spur, die es in ihm hinterlassen hat, vermittels des Repertoires seines bildnerischen Prozesses." (ebd.)

Beispiel können die Bilder Twomblys sein, die auch bei Mollenhauer zu sehen sind.

5.4 Kritzelzeichnung anhand von Beispielen

Von hier aus können wir vielleicht den Sprung zu den Kritzelzeichnungen der Kinder wagen und uns fragen, was wir durch das Verständnis von Malern wie Twombly für das Verstehen der Kinderbilder gewonnen haben. Welche Erfahrungen der Kinder sind in den Kritzelzeichnungen repräsentiert? Inwiefern beziehen sie sich auf anderes als die späteren gegenständlichen Bilder? Boehms Interpretation zu Twombly könnten wir auch auf malende Kinder beziehen, ohne den Prozeß freilich gleichsetzen zu wollen. „Was er aber erfährt, das prüft er in der Intensität des Eindrucks, schildert er vermittels der Spur, die es in ihm hinterlassen hat, vermittels des Repertoires seines bildnerischen Prozesses." (ebd.)

Die Art der Prüfung sähe anders aus, aber der Bezugspunkt, die Intensität und Verschiedenartigkeit von Erfahrungen darzustellen, könnte auch für die Kinder gelten, die sich in der Regel nicht auf Vorbilder außerhalb ihrer selbst beziehen, sondern sich in gewisser Weise dem vorbewußten Strom Lethe ganz hinzugeben im Stande sind. Das Malen ist noch nicht durch jene Doppelheit von Zielvorstellung und Realisation, von Zeichen und Bezeichnetem, von subjektiver Gestaltungsweise und Objekt geleitet. Das Kind steht seiner Zeichnung noch nicht gegenüber, distanziert sich während des Malens nur, insofern es das Bild ansieht, als ob es nach Entwicklungsmöglichkeiten, Farben und Formen fragen würde, die im Bild selbst, in seiner Komposition, begründet sind. Auch beim Kind findet sich - außer ganz am Anfang, wenn die motorische Komponente überwiegt - nicht nur das bewußtlose Tun. Auch das Kind hält einen Moment inne, bevor es etwa zu einer neuen Farbe greift, wobei offen bleiben muß, nach welchen Kriterien diese Farbwahl sich vollzieht.

Wichtig ist mir jedoch, daß das Bild kein Außen hat, mit dem es verglichen wird. Es entwickelt sich gewissermaßen aus sich selbst, jedoch keineswegs beliebig. Ist einmal ein Bild im Stakkato eines Hiebkritzelbildes angefangen, so wird nicht beliebig in einen schwungvollen Urknäuel oder eine flächige Gestaltung gewechselt. Eine Bildidee baut sich auf, wird weiterverfolgt und weiterentwickelt. Um diese Bildidee zu erfassen, können Einteilungen in Wirkungsbeschreibungen, wie sie Mollenhauer vornimmt, oder anderen Kategorien eine erste Orientierung sein, aber meist finden wir diese Bilder nicht in Reinform vor. Auch das Malen dieser Kinder ist schon komplexer, als wir es in unserer Ordnungsliebe gern hätten. Hier zwei Beispiele.

Abb. 9: Kinderzeichnung (3;1 J.)

Der Kreis ist zwar geschlossen, öffnet sich aber nach außen schneckenförmig. Seitlich findet sich etwas wie eine Halterung, eine eckige Form, die kräftig gemalt ist. Am Kreis entlang führen Spuren nach außen. Die zuerst entstandene Linie wird nun als Weg erfaßt, an dem man entlanggehen kann. Die Spur ist bewußt goldfarben gewählt worden.

Abb. 10: Kinderzeichnung (2;7 J.)

In diesem Bild gibt es flächige Zeichen und solche, die wie Haken erscheinen und die in einer schnelleren Bewegung punktuell gesetzt worden sind. Das Bild ist stehend an einer Staffelei entstanden. Zwischen dem Papier und dem Kind hat ein Spannungsaufbau stattgefunden, der keinen Zeichenfluß zugelassen hat. Es wird immer wieder neu eingesetzt. Das Bild wurde während des Malens mehrfach intensiv betrachtet und selbstsicher für fertig erklärt.

Es gibt für Kinder in diesem Alter (1-3 Jahre) sehr wohl gelingende und mißlingende Malprozesse. Bei den gelingenden kommt das Kind ganz in das Malen hinein; es erfährt eine Art Freiheit, die sich am Ende so äußert, daß das Kind wie erholt, zufrieden den Prozeß beendet, so wie Montessori das auch am Phänomen der Polarisation der Aufmerksamkeit beschrieben hat. Kommt das Kind nicht zu diesem Punkt, ist das oft im Bild als eine Unstimmigkeit zu erkennen, aber auch daran, daß das Kind selbst nicht zufrieden ist, vielleicht sogar wütend wird, das Bild wild übermalt oder den Malprozeß abbricht.

Natürlich gibt es in diesen Bildern Formen und Gestaltungen, die wiederkehren, die wir bei vielen Kindern finden können, aber bei aller Freude über das Wiedererkennen sollten wir vorsichtig sein in unserem Urteil, daß es sich auch um das gleiche handelt. Oft kommen die sogenannten Elemente gar nicht in Reinform vor, und zudem ist es interessant wie der gesamte Bildaufbau aussieht, auch wie sich dieses einzelne Bild in der Bilderfolge eines Kindes darstellt. Oft werden Bildideen fast systematisch über viele Bilder hinweg weiterentwickelt. Ich habe über einen längeren Zeitraum hinweg kontinuierlich immer wieder mit einer Gruppe von 2-3jährigen Kindern gemalt, und konnte mit der Zeit viele der Bilder den einzelnen Kindern zuordnen auf Grund des ganz eigenen Stils, der sich bei ihnen entwickelte.

So habe ich einmal mit dieser Gruppe zu dem Thema, mit dem sich die Gruppe in dieser Zeit befaßte: „Ich und meine Familie“, gemalt. Einige Kinder haben das Thema aufgegriffen, andere nicht. Gerade der älteste Junge der Gruppe (4 Jahre) meinte nur, das könne er nicht, und stellte erst auf einem alten Plattenspieler ein rundes Farbbild her. Er sagte mir die einzelnen Schritte, die dazu notwendig sind, denn er hatte schon ein paar Tage vorher Kinder beobachtet, die so malten. Nachdem das Bild fertig war, setzte er sich an einen inzwischen freigewordenen Platz und begann ein Wasserfarbenbild zu malen.

Abb. 11: Kinderzeichnung (4 J.)

Das noch nasse, satte Rot verlockte ihn. Er zog zunächst eine Linie, die geschwungen das Blatt einkreiste und sich selbst überlassen verschiedene Wege ging. Als er damit fertig war, betrachtete er sein Bild lange und begann dann mit großer, fast destruktiver Energie mit immer wieder neuen Farben mit einem Borstenpinsel auf das Blatt zu tupfen. Wie Hammerschläge traf der Pinsel das Papier, als ob er das ursprüngliche Bild, das ganze Blatt, durchbohren wollte. Keine Fläche, keine Linie entstand mehr, die Verbindung ermöglichen konnte. Im Vergleich zu anderen Kindern, die sich als Kopffüßler, oder gar weiter gegliedert dargestellt hatten, ist mir im Nachhinein erst der Gedanke gekommen, daß dieser Junge eigentlich das treffendste Selbstbild gegeben hat, gerade indem er sich nicht den Erwartungen fügte. Seine Art des Malens teilt etwas mit über ihn und sein Verhältnis zu anderen und zu der Welt. Er beginnt etwas, guten Mutes, einfach so oder auch, weil er es so gewollt hat; aber immer kommt irgend etwas dazwischen, stört etwas oder jemand; dann läßt er sich abbringen, wird wütend und zerstört seinen eigenen guten Anfang. Insofern ist das Bild ein Selbstbild, das aber nicht einfach sein psychisches Innen zeigt, sondern etwas über sein Verhältnis zur Welt, zu Menschen und Dingen sagt. Er bringt ins Bild, was er erfährt, in der gleichen Intensität strukturiert er seine Erfahrung, ohne darum zu wissen.

Schäfer weist auf diese Dimensionen in der Kinderzeichnung hin, wenn er die Kinderzeichnung bezeichnet:

> „(...) als ein komplexes, kindliches Bildungsgeschehen. In ihr werden nicht nur Bilder von der Welt gebildet, sondern ebenso vom Subjekt selbst. Diese Bildung innerer und äußerer Bilder kommt jedoch nicht aus dem Nichts, sondern bedient sich elementarer Ausgangsmuster, psychischer wie sozialer Möglichkeiten der Erfahrungsstrukturierung.“ (Schäfer 1995, S. 211)

Obwohl in obigem Beispiel der Junge mittels seines Bildes durchaus ein Bild von sich schafft, so ist dabei festzuhalten, daß er schon vor dem Beginn des Malens sehr unzufrieden und mürrisch war, weil er von sich ein gegenständliches Bild erwartete, aber gleichzeitig die Unmöglichkeit als Grenze empfand. Andere Kinder haben das Thema ignoriert und einfach etwas anderes gemalt oder aber ihr ungegenständliches Bild einfach als Familienbild bezeichnet, ohne das als Mangel zu empfinden. Insofern handelt es sich nicht um ein typisches Beispiel, weil die Kinder die selbstverständlich in dieser Phase sind, ihr Kritzelbild, wenn es nicht von anderen schlecht gemacht wird, nicht als Mangel empfinden. Sie wollen gar nicht gegenständlich malen, weil sie etwas anderes darstellen, was vielleicht gegenständlich nicht zu fassen wäre. Für den Jungen besteht jedoch eine Differenz zwischen dem, was er kann und dem, was er glaubt können zu müssen. Er hat das Gefühl hinter sich zurückzubleiben.

Nun habe ich versucht zu zeigen, wo Ansatzpunkte für ein Verständnis der Kritzelzeichnung sein könnten, die sie nicht nur als Vorstufe, sondern in ihrem ganz eigenen Sinn sehen wollen. Doch darum geht es mir nicht allein. Mich interessiert die spezifische Weise zu sein, die in dieser Art des Malens zum Ausdruck kommt.

Piaget schreibt über den kindlichen Realismus:

> „Der Realismus besteht darin, daß man nicht weiß, daß es ein Ich gibt, und deshalb die eigene Betrachtungsweise für unmittelbar objektiv und absolut hält.“ (Piaget 1988, S. 42)

Das Kind unterscheidet nicht zwischen Innen und Außen. Vielleicht denkt es deshalb animistisch, weil es seine eigene Seinsart anderem zuschreibt. Diese Erkenntnisse wurden durch Befragungen gewonnen, was auf ihre Grenze hinweist. Gerade bei kleineren Kindern dürfte die Differenz zwischen dem, was sie bewußt äußern, und dem, was in ihrem Handeln bestimmend ist, sehr groß sein. Im Handeln mit anderen und Interaktion mit Gegenständen findet das Kind durchaus Wege, auf dieses „Außen“ nicht nur zu reagieren, sondern darauf einzugehen und eigene Wege zu finden.

Ein Beispiel:
Ein Vormittag in der studentischen Krabbelstube, in der Kinder im Alter von 10 Monaten bis zu drei Jahren betreut werden. Eine Gruppe von 4 Kindern hat sich in einen Nebenraum zurückgezogen und baut dort mit großen Schaumstoffbausteinen einen Bus. Sie setzten sich abwechselnd vorn hin, rufen „Fahrer“, „aussteigen“, worauf sie den Bus verlassen, sich auf nebenliegende Matten werfen

und beim nächsten Ruf „einsteigen“ wieder Platz zu nehmen. Das geht so eine Viertelstunde lang. Der Bus wird immer wieder umgebaut, bestiegen, Plätze gewechselt, etc.. Die Erzieherin macht den Vorschlag, rauszugehen. Martin (2 J.) sagt sofort „Omnibus, Baustelle“, in Erinnerung an eine Unternehmung der letzten Woche, die in ihrem Freispiel weitergeführt worden ist. Es gehen 5 Kinder im Alter von 1,5-2,5J mit, die Erzieherin und ich.

Wir bewegen uns also zur Bushaltestelle, erst mal um zu schauen. „Bus fahrn!“ „Bus fahrn!“ - also ist es beschlossene Sache. Zuerst fahren auf der gegenüberliegenden Seite zwei Busse, Laster und andere Autos vorbei, die allesamt lautstark wahrgenommen werden und auf die man sich aufgeregt mit Fingerzeig aufmerksam macht. Endlich kommt unser Bus. Er ist nicht gelb, wie erwartet, sondern rosa, was aufgeregt registriert wird. Weil wir nur etwa eine knappe Stunde bis zum Mittagessen Zeit haben, beschließen wir, nur drei Stationen zu fahren. Die Kinder steigen selbst ein und suchen sich Plätze. Gewichtig und stolz sitzen sie auf den Polstersitzen. Aufstehen, rausschauen, die Nase an der kalten Scheibe platt drücken, die Griffe fühlen, alles anfassen, die Fahrgeräusche hören, losfahren: brummmmm. Die Kurven werden freihändig im Sitzen und Stehen ausbalanciert, der ganze Körper bewegt sich mit. Carla darf das Haltesignal drücken. Der Bus bleibt stehen, und wir steigen aus.

Es sieht in unseren Augen eher langweilig aus: Ein Wohngebiet, Einfamilienhäuser mit Garten drumherum, eine breite Straße. Was nun? Die Kinder gehen einfach los. Martin sucht immer noch die „Baustelle“ in Erinnerung an die frühere Busfahrt. Zuerst entdecken die Kinder Beeren an den Sträuchern, die sie für die Vögel auf die Mauer und auf den Boden legen. Ein Bauwagen taucht auf. Jetzt wird’s interessant! Daneben stehen drei Baggerschaufeln, die genau in Augenschein genommen werden. „Groooß“ „Mauuul“. Anfassen und sich draufstellen. Hineinsehen und fühlen. „Noch eine!“ Martin entdeckt einen Kompressor. Er hält den Griff fachmännisch, den er gerade so erreicht, und macht das Geräusch dazu: „Brrrrrrr“. Er sieht sich das Gerät genau an, faßt wieder an den Griff: „Brrrrrrrr“. Währenddessen hat Ingrid auf einem großen Kanister eine Aushöhlung entdeckt, in der sich eine kleine Pfütze befindet. Mit dem Finger fährt sie hinein, spürt vorsichtig und macht Wellen. Zwei andere Mädchen, die kleine Blättchen gesammelt haben, lassen diese schwimmen: „Schiffe“.

Martin ist inzwischen um den Bauwagen herumgegangen und hat erkundet, was sich wohl darunter befindet. Er ruft die anderen aufgeregt. Große Schätze verbergen sich darunter. Er zieht eine Spitzhacke hervor, hält sie am Griff und läßt sie hin und her schaukeln. Ganz hoch muß er das schwere Gerät halten, damit die Spitze nicht am Boden schleift. Er testet ihr Gewicht, fühlt die Oberfläche, ihre Schwingeigenschaften. Die anderen Kinder ziehen nun große Rechen und Schaufeln hervor. Die Geräte sind viel größer als sie selbst und zunächst schwierig zu handhaben. Die Kinder ziehen sie hinter sich her, bis zwei Rechen sich ineinander verhaken. Die Mädchen ziehen nun einen großen Kreis. Das eug wird bestaunt, befühlt, ausprobiert. Martin geht nun die Stufen des gens hoch und will wissen, was darin ist. Die Tür ist offen. Die anderen kommen auch, und wir sehen Helme an der Wand hängen, Tisch und Stühle. In dem Augenblick kommen die Arbeiter zum Brotzeitmachen. Wir vermitteln zwischen ihnen und den Kindern: „Wir haben schon Ihr Werkzeug bestaunt." Sie zeigen uns, wo sie nun vespern wollen, und wir räumen gemeinsam mit den Kindern das Werkzeug wieder auf.

Als wir in den Bus zur Rückfahrt einsteigen und ich für uns Erwachsene zahlen möchte, winkt der Fahrer, der uns von der Herfahrt kennt, mit einem Lächeln ab: „Sie steigen doch sowieso gleich aus." (Auf der Hinfahrt hat er zufrieden bemerkt, daß endlich mal jemand mitfährt, der eine Busfahrt auch zu schätzen und zu genießen weiß.)

An diesem Beispiel kann man viel über die Zugangsweise zur Wirklichkeit von Kindern dieses Alters erfahren.

1. Präsenz
Der räumliche und zeitliche Horizont dieser Kinder ist noch nicht sehr groß. Ihre Zukunftsplanung hält sich in Grenzen. Sie denken nicht darüber nach, was sie im nächsten Jahr im Urlaub oder später im Beruf einmal machen wollen. Selbst die nächsten Tage erscheinen ihnen nicht der Überlegung wert, wenn nicht ein besonderes Ereignis ihnen durch Erwachsene nahegebracht wird. Die Vergangenheit ist nicht vergessen, gleichwohl nicht als lineare Linie präsent, sondern taucht punktuell da auf, wo es Anknüpfungspunkte mit der Gegenwart gibt (ein früherer Besuch bei der Baustelle). Sie wirkt hinein in die Gegenwart durch das, was stark berührt hat. Im Freispiel entwickeln sich daraus Spielideen weiter. Auch der Raum ist nicht in seiner objektiven Ausgedehntheit in nah und fern untergliedert, sondern als eine Art persönliche Landkarte. (Der Opa wohnt weit weg. Bus, Baustelle.)

Das Handeln der Kinder ist in einem hohen Maße von Gegenwärtigkeit bestimmt. Im Bus fahrend, ist sowohl die Krabbelstube als Ausgangspunkt als auch ihr Ziel nicht mehr anwesend. Sie sitzen nicht da und denken an etwas anderes, sondern geben sich diesem Ereignis ganz hin.

2. Ganzkörperliche Wahrnehmung
Sie sind nicht nur ganz da, sondern nehmen auch das ihnen Begegnende mit allen Sinnen, mit ihrem ganzen Körper wahr. Alle Sinnesorgane sind beteiligt, dieses Neue und Besondere ganz in sich aufzunehmen. Sie nehmen es nicht nur passiv auf, sondern bilden durch das Nachahmen der Fahrgeräusche eine Resonanz, ein Mitschwingen. Das Kind wird selbst Teil des Wahrgenommenen. Was für uns eine Überbrückungszeit, im besten Fall eine Entspannung oder Zeit zum Nachdenken darstellt, wird für sie zum Abenteuer. Sie brauchen weder Survival-Urlaub noch Action-Thriller, die für uns banal gewordene Wirklichkeit bietet ihnen all das.

3. Die Bedeutung der Dinge liegt noch nicht fest

Alles ist es wert, untersucht, erforscht und entdeckt zu werden. In einer winzigen Pfütze auf einem Kanister entstehen Wellen, die für uns nur an der Adria von Interesse sind.

Was ist das? Diese Frage ist noch offen. Die Antwort ergibt sich, wenn man dies zuläßt, nicht durch die Belehrung eines Erwachsenen, nicht durch den Blick ins Lexikon, sondern durchs eigene Ausprobieren, Versuchen, Hantieren. Wozu ist das gut? Die Dinge fordern heraus. Alles kann man gebrauchen.

4. Sinnbildende Tätigkeit entsteht im Tun

Sinn entsteht nicht durch das Wissen um die Gegenstände, sondern erwächst aus dem eigenen Tun; aus dem Umgehen mit den Dingen gewinnen diese erst ihre Bedeutung in Bezug auf ein Thema, das für die Kinder gerade virulent ist. Das Kind steht den Dingen nicht gegenüber, sieht sie nicht als Objekte eines Außen an, sondern ist mit den Dingen Teil eines Handlungszusammenhangs. Bilder entstehen, gewinnen an Bedeutung durch die Berührung, das Bestaunen. „Baggerschaufel" ist nicht nur ein Wort, ein Ding, ein Gegenstand, sondern ein „grooooßes Mauuuul", beängstigend und faszinierend zugleich und mit einem eigenen Leben ausgestattet. Piaget hat dieses Phänomen als Animismus des Kindes beschrieben. (vgl. ebd., S. 157ff.) (Heidegger hat auf den Zusammenhang hingewiesen, daß unsere neuzeitliche Wissenschaft und Technik auf dieser Voraussetzung ruht, die Dinge als tote zu betrachten. (vgl. Kapitel 5.2.) Ob wir uns jedoch anmaßen können, diese Betrachtungsweise als die richtige zu betrachten, das muß hier offen bleiben. Natürlich können wir nicht auf dem frühkindlichen Stadium der Weltbetrachtung stehen bleiben, aber ob wir daraus etwas lernen können, das liegt an uns.)

5. Unbedarftheit des Kindes

Was wir als Spontaneität und Unbedarftheit des Kindes bezeichnen, entsteht dadurch, daß die Bedeutungen, die Dingen und Handlungen durch die Gesellschaft gegeben worden sind, Normen und Sichtweisen, noch nicht sehr bestimmend sind. Ein 4-jähriges Kind würde sich vielleicht auch die Werkzeuge unter dem Bauwagen holen, aber es würde es im Wissen um seinen Übertritt eines unausgesprochenen Verbotes tun. Diese Unbedarftheit äußert sich auch etwa im plötzlichen Entkleiden aus purer Freude, ganz gleich ob dies in einem öffentlichen Raum geschieht, ob „man" das hier macht oder nicht. Diese Unmittelbarkeit läßt das Kind eine ganz eigene Art Beziehung zu den Dingen gewinnen.

Es kann hier nicht darum gehen, diese Epoche im Leben des Kindes umfassend darzustellen. Schlaglichtartig sollte die Weise des Kindes, sich Wirklichkeit zu erschließen, deutlich werden, sein Ich-Sagen, das sich nicht aus der Gegenüberstellung mit dem Nicht-Ich, sondern aus dem Vollzug seines Tuns gewinnt. Hier sehe ich eine Entsprechung vom Kritzelzeichnen, wie es zuvor beschrieben worden ist, zum Bezug des Kindes zur Wirklichkeit. Seine Bewegungsfreude, seine Wahrnehmung als ganzkörperliches Tun zu begreifen und seine Art, sich in Prozesse hineinzugeben, finden wir hier wieder. Das Kind folgt der Bewegung, ohne sich an einer Zielvorstellung, an einem abzubildenden Objekt zu orientieren, das dann als feststehendes und gegenständliches dargestellt werden soll.

5.5 Übergang

Der Übergang zur gegenständlichen Darstellung vollzieht sich über verschiedene Zwischenschritte, die unter anderem von Bareis (vgl. Bareis 1972, S. 9ff.) und Richter (vgl. Richter 1987, S. 43ff.) beschrieben worden sind. Über das Herausbilden einfacher Formen im Kritzel und das Benennen gemäß erkannter Ähnlichkeiten gelangt das Kind dazu, diese Formen gezielt einzusetzen und zu kombinieren. So sieht etwa Richter die Entstehung des Kopffüßlers folgendermaßen:

> „Im Kopffüßler und den verwandten Ereignissen gelingt es dem Kind, *zeichnerisch* zwei oder mehr *erarbeitete* Figurationen *zusammenzuschließen,* welche fortan für eine gewisse Zeit den Menschen und andere Gegenstände *repräsentieren;* (...) Aus welchem formalen Material sollte der/die Zeichnende denn auch sonst die ersten Konfigurationen mit Darstellungscharakter bilden, wenn nicht aus den *vorhandenen* Elementen, die dabei kombiniert und in neue komplexe Gebilde integriert werden?“ (ebd., S. 41)

So selbstverständlich sich die Entwicklung auf der rein formalen Zeichenebene anhören mag, bleibt hier unberücksichtigt, welch dimensionaler Unterschied zwischen beiden Gestaltungsweisen liegt. Um eine Sache als Gegenstand, als äußere Form überhaupt wahrzunehmen und auch noch nachzuvollziehen, dazu bedarf es eines anderen Grundbezugs zur Wirklichkeit.

Mühle hat einen Ansatzpunkt für ein solches Verständnis geliefert, diesen aber nicht weiterverfolgt.

> „Die zunehmende Differenzierung sowohl der Gestaltungsvorgänge wie der Zeichnungen selbst zeigt unbezweifelbar eine immer stärkere Durcharbeitung des Eindrucks- und Auffassungsgeschehens wie auch der graphischen Wiedergabe im Sinne einer Annäherung von Ausdruck bzw. Gestaltung und Eindruck bzw. Gestalterleben. Zugleich gewinnt das Erleben die für jede in sich geschlossene und einheitlich optische Auffassung notwendige Distanz zum Gegenstand, die aus dem taktil-motorischen Umgang mit den Dingen nie hätte erreicht werden können. Diese *Distanzierung* macht die allmählich immer stärker zum Ausdruck kommende Vorherrschaft des Visuellen erst möglich.“ (Mühle 1971, S. 45)

Eindruck und gestalteter Ausdruck differenzieren sich in ihrer Verarbeitung, indem die anfängliche Unmittelbarkeit auch erlebnismäßig eine gewisse Distanzierung zur Folge hat, die die Voraussetzung für die gegenständliche Erfassung darstellt. Für Mühle ändert sich also auch etwas im Erleben des Kindes, nicht nur in seiner formalen Gestaltung, wobei die Distanz des älteren Kindes ja auch nicht durchgängig besteht und zweifellos noch besser verstanden werden müßte.

Es soll ein Beispiel für eine solche Fähigkeit der Distanzierung gegeben werden: Jonas (5, 8) sagt zu seiner Schwester (3, 6): „Wenn ich groß bin, will ich auch bei Mama und Papa bleiben. Und du (zur Schwester) auch. Dann sind wir vier Erwachsene." Die Schwester sagt nichts dazu, und ich sage zu ihm, weil er auf eine Antwort wartet: „Ich weiß nicht, ob sie das auch will." Jonas: „Ich weiß das auch nicht. Weil - wenn man groß ist - dann hat man andere Gefühle."

Sowohl das Denken in diesen zeitlichen Perspektiven ist für das 3-jährige Mädchen nicht von Interesse als auch die zwei möglichen Perspektiven, zwischen denen der Junge wechselt. Obwohl er zu Anfang von seiner möglichen Perspektive völlig überzeugt ist, weil sie ihm ein Stück Sicherheit bietet, weiß er bereits um die möglichen Relativität seiner jetzigen Sichtweise.

Auch das Mädchen vermag andere Perspektiven zu entwerfen, z.B. „Wenn ihr so lacht, dann schlepp ich die ganze Wohnung in die Weinberge. Dann könnt ihr dort alleine leben. Ich geh' dann weg von euch und wohn' in einer eigenen Wohnung - ganz alleine. Dann kauf ich mir ein, in meinem eigenen Kupsch - den kennt ihr nicht - und koch' selber." Die Distanzierung, die sie vollzieht, ist hier lokal fixierbar. Eine Abgrenzung von der Familie und zugleich der Entwurf für ein eigenes Leben werden vollzogen. Dabei ist sie sich möglicher Einwände bewußt, d.h. auch sie vermag die Perspektive der anderen bereits als anders zu imaginieren: „den kennt ihr nicht."

In der Entwicklung meiner Kinder, aber auch bei anderen, ist mir dieses Phänomen besonders aufgefallen, daß der Beginn des gegenständlichen Zeichnens mit einem tiefgreifenden Umbruch zusammenfällt, der auch zunächst eine Verunsicherung und einen Verlust der alten Existenz bedeutet. Dies trifft auf das Malen zu, bei dem nicht nur etwas gewonnen wird, sondern auch die traumwandlerische Sicherheit in der Komposition des Gesamtbildes, im selbstverständlichen Ziehen der gebogenen Linie, was Klee als „Spaziergang um seiner selbst willen, ohne Ziel" (Klee nach Mollenhauer 1996, S. 215) beschreibt - all das geht auch verloren. Das Gefühl des Mißlingens, der eigenen Unfähigkeit, gesteckte Ziele zu erreichen, bedeutet zunächst einen Einbruch, der bewältigt werden muß.

Schäfer hat diese Entwicklung in einem persönlichen Gespräch so zu fassen versucht: „Vielleicht könnte man es so verstehen, daß eine als selbstverständlich empfundene Omnipotenz einem Realismus weicht. Auf dieser Grundlage muß Omnipotenz dann neu und selbst erarbeitet werden." Diese Erarbeitung von Omnipotenz geschieht über Bilder, die für meine Tochter, wie auch für viele andere Kinder, in dieser Zeit große Bedeutung erlangt haben.

Bittner weist im Zusammenhang mit Überlegungen zur Entwicklung von Identität im Erwachsenenalter auf die grundsätzliche Bedeutung von Bildern hin, die in der jeweiligen Phase des Lebens eine symbolische Bedeutung annehmen können.

> „Menschen denken nicht bloß in Worten und sprachlichen Formeln über sich; sie entwerfen auch symbolisch aufgeladene Selbst-Bilder. Die Bedeutung von (nicht-sprachlichen) Selbst-Symbolisierungen ist mir zuerst am Beispiel bestimmter Phänomene im Leben von Kindern aufgefallen. Die Kinderpsychotherapie der verschiedenen tiefenpsychologischen Schulen kennt zahlreiche Beispiele, bei denen Neu-Symbolisierungen des eigenen Selbst einen Wendepunkt der Entwicklung bedeuten bzw. anzeigen." (Bittner 2001, S. 103)

Im folgenden gibt Bittner einige Beispiele, wie in verschiedenen „Sprachen" von Kindern und Jugendlichen Phantasien, Traumbilder, Zeichnungen und Handlungen sich zu derartigen symbolischen Bildern verdichten können. „All dies sind Selbst-Symbole, in denen das Selbst des Kindes sich wiederfinden, sich gespiegelt finden kann." (ebd.)

Das erste Bild meiner Tochter, das für sie in dieser Zeit bedeutend wurde, ist das von der Pippi Langstrumpf. Mit einem Mal wurde für sie eine Kassette und nur die eine wichtig. Es ist die Geschichte, in der Tommy und Annika zusammen mit Pippi von zu Hause ausreißen. Eine Unzufriedenheit Annikas, ein Streit mit der Mutter, ist der Auslöser. Eva suchte gezielt immer wieder diese Kassette und konnte sie nach einiger Zeit fast auswendig. Sie hörte sie aber nicht nur an, sondern lernte die Lieder, die sie sang und zu denen sie tanzte. Diese Lieder sang sie im Auto, beim Spazierengehen, auch in der Gruppe. Sie machten sie glücklich, aber auch stark und unangreifbar - so wie die Pippi. In Rollenspielen mit anderen Kindern sind Pippi, Tommy und Annika sowie das Pferd und das Äffchen häufige Themen. An Fasching wollte sie sich als Pippi verkleiden und nicht nur dann, wie ein Gespräch belegt, das sie in dieser Zeit mit zwei ebenfalls ungefähr 3 Jahre 5 Monate alten Kindern führte.

Nina: „Meine Mama kann so schimpfen: „Jetzt reichts aber mal!!!"

Leo: „Mein Papa kann *so* schimpfen, *bis* ich weinen muß."

Nina: „Meiner auch."

Leo: „Die Pippi ist stärker."

Eva: „*Außerdem* verkleid' ich mich als Pippi" (sie singt den Satz)

Nina: „Und ich mich als Wolf. Dann kann ich mit Krallen bohren und bin auch stärker!"

Eva: „Ich zieh mir jetzt meine Pippi Langstrumpf - Strumpfhose an."

(Sie verlassen den Raum und gehen gemeinsam in den Nebenraum, um der Verkleidung/Verwandlung beizuwohnen. Die Strumpfhose ist knallgelb, wurde aber erst in diesem Augenblick zu einem Utensil der Pippi.)

Pippi Langstrumpf zu sein verleiht ungeahnte Kräfte und kann auch in Situationen hilfreich sein, in denen die Eltern als starke Gegner auftreten und nach Eigenkräften gesucht werden muß. (Für Nina übernimmt der Wolf diese Funktion) Pippi Langstrumpf bietet sich als Identifikationssymbol direkt an, insofern auch sie quasi elternlos, allein in ihrer Villa Kunterbunt wohnt und gleichzeitig über ungeheure Kräfte verfügt. Im Augenblick eines ersten Ablösungsprozesses, wie er zum Beispiel durch den Kindergarteneintritt ausgelöst sein kann oder aber in Konfliktsituationen mit den Eltern, bei denen es um eine erste Autonomie geht, wird Pippi als Identifikationsfigur nahe gelegt.

Hänisch versucht in ihrem Buch „Reich. Stark. Mächtig. Die Phantasiehelden unserer Kinder“ (Hänisch 1982, S. 82ff.) die Figur der Pippi Langstrumpf aufzuschlüsseln. Zusätzlich zu ihrer körperlichen Kraft ist Pippi anziehend, weil sie mit ihren spontanen Einfällen und ihrer beinahe unerschöpflichen Phantasie nicht nur gewöhnliche Dinge bedeutsam werden läßt, sondern auch für alles eine Erklärung findet. Selbst in ausweglos erscheinenden Situationen zeigt sie keine Angst und findet immer einen Ausweg. Die Sinnlosigkeit alter, starrer Traditionen vermag sie mit Respektlosigkeit und Witz zu entlarven. Hänisch schreibt:

> „Pippi Langstrumpf hat mich als Kind und auch jetzt wieder fasziniert, weil sie etwas verkörpert, was ich in mir auch spürte: und zwar die Tendenz, Einseitigkeiten auszugleichen, Fehlendes zu ersetzen und Gegenpoliges zu produzieren, um die Trennung der (Ur-)Eltern und die Zerrissenheit der Welt in ihre Gegensätze im Innersten wieder aufzuheben.“ (ebd., S. 103)

Pippi vermag also eine verlorene Ganzheit wieder herzustellen; mit Phantasie, Mut und Eigeninitiative scheint alles irgendwie machbar und sei es mit einem kaputten Fahrrad übers Meer zu fliegen. Alles ist möglich.

Dieses „Alles ist möglich“ verleiht dem Kind selbst Energie und Selbstvertrauen. Meine Tochter hat sich in dieser Zeit aber noch ein anderes Bild geschaffen, das in gewisser Weise dazu komplementär ist. Es ist das Bild des Dornröschens.

Natürlich hat sie dieses Bild nicht selbst erfunden, wohl aber für sich gefunden aus der Fülle von Märchen- und Bilderbuchhelden. Am Dornröschen interessiert sie hauptsächlich der Schlaf und die so herbeigeführte Abgeschlossenheit. Man muß warten, bis man wieder erweckt wird. Dazu braucht es Zeit. Mit der Kraft und der Initiative der Pippi allein ist es offenbar nicht möglich. Die Zeit der Reife ist notwendig, und es bedarf auch der Hilfe von außen, die aber zur rechten Zeit und vom richtigen Prinz kommen muß. Diese Hilfe kann sie dann annehmen, bis dorthin verharrt sie in einer Art Erwartung. Dazu ist jedoch Abgeschlossenheit nötig, die durch die Dornenhecke symbolisiert wird. Der Schlaf kann nicht vom Dornröschen selbst beendet werden, sondern es bedarf der Wartezeit, bis der Prinz die Hecke durchbrechen kann und das Dornröschen erlösen kann.

An einem Nachmittag mußten wir (der große Bruder und ich) dieses Märchen als Lied 10 mal hintereinander singen und dabei als Rollenspiel mit ständig erweiterter Verkleidung und Kulisse spielen. Sie war immer nur das Dornröschen, das ruhig dalag, und erst bei der Erlösung tanzte und sang sie mit, fröhlich und überschwenglich, um sich danach erneut hinzulegen. Dieses Spiel tauchte an vielen Tagen, auch im Kindergarten mit einer Freundin auf.

Ein anderes Mal baute sie aus Duplosteinen einen ganz hohen unzugänglichen Turm, der nur unten einen Rest Treppe aufzuweisen hatte, und sagte dazu: „Ich bau' einen Turm fürs Dornröschen. Oben ist das Dornröschen und die Schwester und die Mutter. Der Prinz kann überhaupt nicht hoch und die erwecken. Die schlafen noch ganz tief."

Noch ein Bild möchte ich anführen, das in dieser Zeit entstand. Zunächst begann sie, einen Kritzelknäuel zu zeichnen. Beim Betrachten stellte sie fest, daß innen ein Freiraum geblieben war, und sagte: „Das ist die Dornenhecke vom Dornröschen." Dann malte sie in den Freiraum das Dornröschen als Kopffüßler und anschließend noch außen einen kleinen Treppenanfang. Das Bild vereint drei Stadien in der Entwicklung der Kinderzeichnung: Kritzel, Benennnen, Kopffüßler. Aber was würde einer Interpretation alles fehlen, die nur das Produkt in einer Sammlung von Hunderten anderer Kinderzeichnungen sieht?

Sie selbst wartet als Dornröschen darauf, aus dem Schlaf erweckt zu werden, der Ganzheit, aber auch Abgetrenntheit und Nicht-Leben bedeutet. Beide Aspekte sind in dieser Zeit für sie wichtig. Dabei möchte ich bemerken, daß keine der Aktionen und Gestaltungen auf Anregung von Erwachsenen erfolgt ist. Sie selbst hat sich aus ganz anderen Spielzusammenhängen heraus diese Bilder gesucht, die sie in dieser Zeit für ihre Entwicklung für bedeutsam erachtet und in ihrer Weise gestaltet hat. Diese Zeit dauerte von 3,3-3,6 Jahre. Einen Monat später distanzierte sie sich davon: „Gell Mama, ich geh nicht weg, wie die Pippi Langstrumpf. Der Bauer hat schon Recht. Die können nicht allein Auto fahr'n so schnell. Die fallen ja runter!" Jetzt identifiziert sie sich nicht mehr mit der Handlung, sondern vermag von einem „vernünftigen" Außenstandpunkt die Konsequenzen zu bedenken, wobei diese Aussage auch keinen durchgängigen und abschließenden Stellenwert besessen hat.

Grundbilder dieser Art sind nicht lebenslänglich gültig, sondern nehmen sich irgendwann wieder zurück, sind nicht mehr tragfähig, aussagekräftig. Auch in späteren Zeiten hat sie gerne immer wieder mal auf die Pippi zurückgegriffen, aber es ist nun anders, hat nicht mehr die gleiche Notwendigkeit, nicht mehr den Charakter eines Selbst-Symbols wie vorher.

Das selbstverständliche Sein bei den Dingen, wie ich es zuvor am Beispiel der Krippenkinder gezeigt habe, Präsenz und Unbedarftheit sind zunächst erschüttert. Die völlige Verlorenheit an Bewegung und Komposition beim Malen funktioniert nicht mehr.

Abb. 12: Kinderzeichnung (3;7 J.)

Ein Beispiel hierzu ist das Bild vom König, der so gar nichts königliches mehr hat am Ende außer seiner Krone. Hier sieht man die Differenz zwischen dem Wissen um die menschlichen Körperteile und der Unfähigkeit, sie in ein Bild zu bringen. Auf dem Photo ist gut zu erkennen, wie traurig das Kind wegen seines „mißglückten" Bildes ist. Im Bild sind jeweils als Kreise oder Zeichen über dem eigentlichen Kopffüßler zu sehen: Augen, Nase, Mund, Backen, Schultern, Haare, Ohren, Stirn. Alles richtig – aber doch nicht so einfach darzustellen.

Der König mit seinen ganzen Körperteilen in der Kinderzeichnung trägt zwar nun eine Krone als Attribut - hat aber ansonsten nichts königliches mehr an sich. Die Differenz von Wissen und Abbild wird schmerzlich erfahren. Daß das Bild überhaupt als Abbild empfunden und als solches in Betracht gezogen wird, heißt, daß das Band gerissen ist, das zuvor dafür sorgte, daß das Gemalte auch identisch war mit dem Intendierten, ja daß nichts darüber hinaus notwendig war. Eine Entsprechung zeigt sich hier zur Entwicklung der Kunst:

> „Je „stärker" der Glaube an die magische Funktion des Bildes, an die Gleichheit von Bild und Abgebildetem ist, desto weniger bedeutet es, wie das Bild beschaffen sei. (...) Dort, wo dem Bilde magische Kräfte im besonderen Maße zukommen - der Fetisch der Primitiven, (...) ist die Ähnlichkeit mit der Natur stets wenig ausschlaggebend. (...) Wo jener Glaube an die Identität von Bild und Abgebildetem im Schwinden begriffen ist, tritt ein neues Band auf, um beide zu verbinden: die Ähnlichkeit." (Kris/Kurz 1980, S. 106)

Das Sehen der Differenz und das Unvermögen, aufs Papier zu bringen, was man will, bedeutet das Verlassenhaben des Stroms Lethe, es bedeutet, daß nun selbst erbracht werden muß, was zuvor ohne Anstrengung glückte. Die kritische Distanz zu sich bedeutet einen reflexiven Selbstbezug. Die Kinder lernen auch in dieser Zeit, den Blick der anderen zu verinnerlichen (posieren vor der Kamera etc.).

Aus dem Verlust der „Omnipotenz“ (Schäfer) suchte meine Tochter sich das starke Bild der Pippi Langstrumpf, um durch die Identifikation zurückzugewinnen, was verloren war. Das bringt auch Selbständigkeit, eine neue Freiheit gegenüber den Eltern, denen man sich nun „bewußt“ entgegenstellen kann, während der Trotz vorher noch eher Spiel war. Darin steckt auch ein großer Gewinn. Das Ich wird nun ein anderes Ich bin Ich.

Das Dornröschen ist ein sehr differenziertes Zeichen dafür, daß sie *weiß*, daß das mit der Pippi allein nicht ausreichen wird, daß sie sich in einer Verwandlungsphase befindet, daß sie auch abwarten muß. Das ist nun ein ganz anderer Blick auf die Welt, ein ganz anderes sich mit sich auseinandersetzen, ein anderes „Bewußtsein“ als das der Kritzelphase. Im Malen beginnt sie, das „Ding“ als ihr gegenüberstehend, als Form zu erfassen und nicht nur im Vollzug damit umzugehen. Es *ist* nicht mehr das Ding, sondern nur seine Form. Es ist eine Änderung im *Sein*, nicht nur in der Malweise, nicht nur Neukombination vorhandener Elemente - das macht den dimensionalen Schritt aus, den das Kind vollzieht.

Sicherheit im Malen, ein völliges Darin-Aufgehen ist auch auf dieser Stufe wieder möglich, wenn die gegenständliche Zeichnung als Möglichkeit verinnerlicht ist. Dann entstehen Geschichten, differenzierte Bildideen, die ein Bild der Wahrnehmung, der Sichtweise des Kindes geben können. Es kann nun viel differenzierter ausdrücken, was es beschäftigt (nicht immer gelingt das). Aber das Repertoire muß erst erarbeitet werden. Das Entstehen so vieler schematischer Bilder, die alle erschreckend gleich aussehen (Haus, Garten, Prinzessin etc.), sehe ich auch als Ausdruck der Unsicherheit, daß man sich in dem neuen Medium, der neuen Sprache noch nicht frei bewegen kann. Die gegenständliche Zeichnung als Sprache zu entwickeln, ist eine eigene Aufgabe für das Kind.

Beide Malweisen als Erfahrungsweisen des Kindes zu begreifen, war mir wichtig, und nicht das eine nur als Vorstufe des anderen zu sehen. Ist dann eine Sicherheit auf der neuen Ebene erreicht, dann kann durchaus auf Früheres wieder zurückgegriffen werden, ohne daß es als Rückschritt erfahren wird. Das gegenständliche Thema, das sie selbst während des Malens genannt hat, wird auch mit Ausdrucksformen angegangen, die auf eine frühere Stufe verweisen.

Insofern das Kind mit seinen Entwicklungsstufen (wie hier am Beispiel gesehen) solche umfassenden Verwandlungsprozesse durchlebt und mit hervorbringt, kann das Phänomen des Schöpferischen nicht auf die künstlerische Tätigkeit beschränkt bleiben. Es geht mir nicht darum, wie zu Beginn des letzten Jahrhunderts, das Kind als Künstler zu sehen. Vielmehr kommt es mir darauf an zu zeigen, daß auch der Umbruch von der Kritzelphase zu gegenständlichem Zeichnen das Erschließen einer neuen, bisher nicht gekannten und gelebten Dimension von Menschsein ist. Andere Erfahrens- und Verstehensweisen, andere Beziehungs- und Handlungsmöglichkeiten ergeben sich daraus, nicht nur neue Formen im Zeichnen.

6 Zusammenführung: Das Schöpferische [illegible] Leben jedes Menschen

Nicht nur Künstlern und Kindern, sondern jedem Menschen, sind solche Verwandlungsprozesse möglich, in die meist ein Durchbruchserlebnis hineinführt. (vgl. im folgenden Rombach 1994, S. 21ff.) Entscheidend ist dabei, daß mit und durch eine Sache eine ganze Dimension hervorgebracht wird, eine Art des Lebens und Seins.

Rombach erwähnt etwa als Beispiel, daß jemand in seinen Beruf so hineinkommt, daß er für ihn zum „Bewegungsmedium" (ebd., S. 21) wird. Nicht nur Methoden und Theorien werden gelernt, sondern das Ganze der Dimension kann in einer getöpferten Schale oder einer Fahrt eines Rennfahrers präsent sein. Der Rennfahrer lebt mit seinem Fahrzeug; es tut ihm weh, wenn der Motor „gequält" wird, er freut sich, wenn er rund läuft usw.. Er ist „mit Leib und Seele" dabei und fühlt sich erst auf der Straße „zu Hause". Rombach nennt dieses Phänomen Idemität, was bedeutet, daß jemand der Sache, die er gerade macht, nicht mehr gegenübersteht, sondern, daß er eins mit ihr wird.

> „Immer geht dabei die Grunderfahrung einher, daß sich von einem bestimmten Punkt an, meist „Durchbruch" genannt, die *Idemität* hergestellt hat und der Mensch nicht nur das Entsprechende „macht", sondern es selbst „ist". Er „ist" Schmied, er schmiedet nicht nur. Er „ist" Lehrer, er lehrt nicht nur. Leider ist dieser entscheidende Punkt im letzten Menschenalter verlorengegangen. Man „lernt" jetzt alles, man „weiß" es, man „erbringt" die entsprechenden „Leistungen" - bleibt aber im Wesentlichen unberührt und draußen." (ebd., S. 22)

Rombach geht es dabei um ein Verständnis des Menschen, welches nicht das Individuum und seine Identität losgelöst von seiner Welt, in der es lebt, zum Thema machen will.

> „Person oder Sache, das ist für den abendländischen *Personalismus* ein grundlegender Unterschied. Aber: Person *und* Sache, das ist die grundlegende Idemität eines vollständig anderen Lebensverständnisses. Die Person geht mit ihrer „Sache" als ein und das selbe auf - dies ist es, was wir unter „Konkreativität" verstehen. Das *Con* bezieht sich auf den *Menschen* und die *Dimension*." (ebd., S. 24)

Aus der Intensität des Zusammengehens von Mensch und Sache kann eine Dynamik entstehen, die den Menschen weiterführt, ihn mehr aus der Realität gewinnen läßt, als bloße Planung und Erfüllung von Erwartung je ermöglichen würden. So wird es möglich, über sich hinauszuwachsen und diese Steigerung als ein *mehr* an Leben zu empfinden.

Als Beispiel führt Rombach die religiöse Bekehrung, etwa Saulus zu Paulus an. Durch die Verwandlung fühlt sich der Mensch „wie neugeboren", so, als ob er jetzt erst eigentlich zu leben begänne, als ob er jetzt erst zu seinem eigentlichen Selbst gekommen sei. Aber man kann auch zum Radfahren bekehrt werden, man darf sich da nicht täuschen lassen. Entscheidend ist die Weise, in der es geschieht, und ob damit eine neue Erfahrungsweise für diesen Menschen gewonnen wird. Dabei ist jedoch der Unterschied zu berücksichtigen, ob das Rad zum ersten Mal erfunden wird und so menschheitsgeschichtlich große Veränderungen herbeigeführt werden oder ob ein einzelner Mensch für sich eine schon bestehende Möglichkeit in einer schöpferischen Weise erfährt.

Der Mensch hat keinen festgelegten Wesenskern, sondern gibt sich in den verschiedenen Epochen jeweils eine neue Grundverfassung, die meist weitgehend vom Einzelnen übernommen und individuell ausgestaltet wird. Aber wie nun entsteht ein neues Grundverständnis des Menschen? Dies ist ein Prozeß, an dem sicher viele Menschen teilhaben. Doch es sind einzelne Künstler, Denker oder Erfinder, die dieses Neue erstmals formulieren und ihm eine Sprache geben.

Insofern möchte ich mir an dieser Stelle einen methodischen Hinweis erlauben. Entsprechend dem Beispielverstehen in der Phänomenologie ging es mir darum, jeweils an einer Sache zu zeigen, welche Tragweite das Phänomen des Schöpferischen beinhaltet. Hierbei möchte ich mich auch auf Gerd E. Schäfer berufen:

> „Die gründliche Untersuchung einzelner Fälle kann zwar keine Daten hervorbringen, die ohne weiteres zu verallgemeinern wären. Sie kann aber dem komplexen Spiel von vielfältigen Zusammenhängen aufklärend nachgehen und Vorschläge des Zusammenspiels erarbeiten, die dann auch auf einer breiteren empirischen Basis zu prüfen wären." (Schäfer 1995, S. 213)

Zusammenfassen möchte ich das, was ich zu Picasso und den Kinderbildern gesagt habe mit dem Hinweis, daß es mir in beiden Fällen um eine andere Erkenntnisart geht. Gleich ob Kinder- oder Künstlerbilder, mich interessiert nicht nur das Zeichen in Formgebung und Farbe, in seiner Stellung innerhalb einer Entwicklung, sondern das, was für den Menschen damit verbunden ist. Was bedeuten diese Gestaltungsformen für den Menschen? Was bringen sie zum Ausdruck, von seiner Wirklichkeit, seiner Welt, in der er lebt? Was bedeutet diese Erfahrung und Handlungsweise für ihn?

Diese vergessene Tiefendimension möchte ich zur Frage machen. Wie kommt ein Mensch dazu, sich in diesem Bild zu symbolisieren? Diese Konstitutionsprozesse zeigen den Menschen in seiner Arbeit, sich selbst eine Identität zu schaffen, indem er die Welt, in der er lebt, nicht einfach hinnimmt, sondern mitgestaltet.

7 Das Innere des Prozeßgeschehens

7.1 Einführung

Zu Beginn möchte ich darauf hinweisen, daß es mir nicht um eine vollständige Darstellung vorhandener Phasenmodelle geht, sondern um das Verstehen des Prozesses. Ich werde also, wenn es fruchtbar ist, auf diese historischen Modelle zurückgreifen, sie aber nicht im ganzen wiedergeben. Es geht mir um das Phänomen des Schöpferischen, nicht um Theorien darüber. Nachlesen kann man solche Sammlungen von Modellen in Stocker (1988) und Curtius (1976 „Theorien der künstlerischen Produktivität"), die neben 2-, 3- und 4-phasigen Modellen individueller Schaffensprozesse auf die Traditionen in der ehemaligen DDR und Sowjetunion hinweisen. Auch an der Erforschung kollektiver kreativer Prozesse wird dort gearbeitet, wogegen im Westen das Individuum im Mittelpunkt des Interesse steht. Auch Gisela Ulmann (1973) soll bei diesen Verweisen auf weiterführende, zusammenfassende Literatur zur Forschungslage nicht fehlen.

Der nun folgende Teil ist der Frage gewidmet, auf welchem Wege so eine neue Ebene gefunden werden kann. Wie sehen Prozesse aus, durch die dieses Neue entsteht? Läßt sich darüber überhaupt in irgendeiner Form verallgemeinernd sprechen, ohne daß man von einem Automatismus ausgeht, der immer gleich abläuft? Daß ich zur Verdeutlichung zunächst bei dem Picasso-Beispiel bleibe, liegt daran, daß hier deutlicher gezeigt werden kann, um welche Tragweite von Verwandlungsprozessen es gehen soll.

Des weiteren möchte ich an dieser Stelle nochmals auf Heinrich Rombach verweisen. Das von ihm entwickelte Verständnis der Wirklichkeit, das den Prozeß des Hervorgehens dimensionaler Schritte genetisch beschreibt, basiert auf der Grunderfahrung der Kunst. (vgl. Rombach 1994, S. 38ff.) Geschehnisse dieser Art lassen sich weder auf Ursachen, noch auf Gesetze zurückführen. Im Gegensatz zum „Machen" und „technischen Herstellen" vermag ein solcher Prozeß mehr zu erbringen, als in planbarer Weise vorstellbar ist. Gleichwohl verfestigt sich die Wirklichkeit immer wieder in aussichtslos erscheinende Systemzwänge. Das Durchbrechen von festgefahrenen Vorstellungen und Selbstbildern wird in einem künstlerischen Prozeß, der sich auf das Wirklichkeitserleben im ganzen bezieht, als beglückend, befreiend und sinnstiftend erfahren. Alles kann in dieser Weise ein Kunstwerk sein, wenn es in einem, die Anfangsbedingungen übersteigenden Prozeß Eigenmaßstäblichkeit schafft.

Im Programm zum Graduiertenkolleg[19] „Praxis und Theorie des künstlerischen Schaffensprozesses“ an der Hochschule der Künste Berlin heißt es zum Punkt „Musisch-Ästhetische Erziehung“:

> „Das erziehungswissenschaftliche Fachgebiet *Musisch-Ästhetische Erziehung* schließlich setzt sich mit Theorie und Praxis künstlerischer Schaffensprozesse vor allem unter der leitenden Frage auseinander, ob und inwiefern künstlerische Produktivität einem allen Menschen vor jeder Spezialisierung eigenen Vermögen entspringt, das zu entfalten und zu fördern der Bildung jedes Menschen unabhängig von seinem Berufsweg zugute kommen könnte.“ (ebd., S. 9)

Die grundsätzlich anthropologische Bedeutung der Ästhetik wird herausgestellt, wobei ich nicht vom Vermögen eines jeden Menschen sprechen würde, weil dadurch suggeriert wird, man hätte diese Fähigkeit in sich und müßte sie nur noch ausfalten. Wohl aber denke ich, daß es jedem Menschen möglich ist, in derartig schöpferische, erneuernde Prozesse reinzukommen.

7.2 Was kommt vor dem Anfang - oder: Kein Blitz kommt aus heiterem Himmel

Den Phasenmodellen haftet oft etwas Zwangsläufiges an, als ob man diese Phasen einfach so durchlaufen müßte, als ob sie quasi automatisch nacheinander kommen würden. Das gilt gerade für die beiden ersten Phasen, die von der Kreativitätsforschung ausgemacht sind. Die Vorbereitungsphase, in der ein Problem auftaucht, und die Inkubationsphase, in der man mit dem Problem schwanger geht, führen in den allermeisten Fällen nicht zu einem wirklichen Fund, einem Durchbruch, aus dem etwas völlig Neues entstehen kann. Meist findet man irgendeine Lösung, mit der man leben kann oder die sogar eine entsprechende Verbesserung der Problemlage bedeutet, aber das Befreiende des wirklich schöpferischen Neuanfangs bleibt aus. Trotzdem sind beide Phasen wichtig, auch wenn sie eigentlich erst rückwirkend als Vorbereitung erscheinen können zu etwas, von dem man ja am Anfang noch gar nichts wissen kann.

Csikszentmihalyi nennt drei Hauptquellen für neue Fragen: „persönliche Erfahrung, Anforderung der Domäne und sozialer Druck“ (Csikszentmihalyi 1997, S. 125). Eine Frage, die wirklich weiterführt, scheint mir notwendig mit einer persönlichen Erfahrung zusammenzuhängen, und natürlich steht diese Frage immer in einem bestimmten Kontext eines Faches, einer Domäne, die der potentiell kreative Mensch sich erst erarbeitet haben muß, um überhaupt einen Horizont für mögliche Neuerungen entwickeln zu können.

---

[19] Antrag auf Einrichtung und Förderung eines Graduiertenkollegs zum Thema: „Praxis und Theorie des künstlerischen Schaffensprozesses“ an der Hochschule der Künste Berlin (Manuskript)

> „Der kreative Prozeß beginnt mit dem Eindruck, daß es irgendwo ein Rätsel gibt, das auf eine Lösung wartet, oder eine Aufgabe, die vollendet werden muß. Das kann das Gefühl sein, daß etwas nicht stimmt, irgendwo gibt es einen Konflikt, eine Spannung, einen unerfüllten Wunsch." (ebd., S. 141)

Eine Virulenz in irgendeiner Form ist sicher wichtig, aber wie viele unerfüllte Wünsche werden einfach begraben und was führt im gelingenden Fall weiter?

Die Inkubationsphase ist wichtig, weil alle Bestrebungen, auf linearem Wege zu einer Lösung zu kommen, fehlschlagen. Das vorhandene Wissen und seine Denkmodelle reichen nicht aus, auf rationalem Wege eine Lösung zu finden. Das Problem wird nun im Unbewußten weiterbearbeitet, sei es im Traum oder bei alltäglichen Verrichtungen (unter der Dusche etc.), die in keinerlei Zusammenhang stehen mit der Ausgangsfrage. Nach Csikszentmihalyi folgt auch das Unbewußte internalisierten Mustern der Domäne, die durch verinnerlichte Lernprozesse herausgebildet wurden. (vgl. ebd., S. 132) Einerseits ist ihm klar, daß auf bisherigen Wegen nichts erreicht werden kann, andererseits kommt hier immer wieder der Kognitionspsychologe durch, der dann doch derartige Prozesse in der Hand behalten will. Die Kontrolle über die kreative Energie darf gezielt aufgegeben werden, etwa um durch Meditation das Bewußtsein zu erweitern, nicht aber um „einfach dazusitzen und zu plaudern" (ebd., S. 501). „Aber dieser Verzicht auf Kontrolle ist in sich wieder kontrolliert, vom Bewußtsein gesteuert." (ebd.) Das Bewußtsein bleibt also als letzte Instanz in Kraft, obwohl mit seinen Mitteln allein nichts zu erreichen ist.

Köstler weist in seinem Buch: „Der göttliche Funke" darauf hin,

> „daß ein Wissenszweig, (...) dessen rationale Grundlage und Credo Objektivität, Beweisbarkeit und Folgerichtigkeit sind, offenbar von geistigen Vorgängen abhängig ist, die subjektiv, irrational und nur post factum verifizierbar sind." (Köstler 1966, S. 151)

Für Köstler besteht die Inkubation zum einen im Verzicht auf das begriffliche Denken und zum anderen aus Assoziationen und halbbewußten Gedankenspielereien. Auf diesem Wege kommt es zu einem „bisoziativen Akt" (ebd., S. 171), d.h. daß Elemente aus verschiedenen Gebieten, die weit auseinanderliegen können, miteinander kombiniert werden. In dieser Neukombination entsteht für ihn das Neue in Form einer Inspiration, einer blitzartigen Erkenntnis, eines göttlichen Funkens.

Picasso

Wollte man die obigen Erkenntnisse zu dem, was vor dem eigentlichen Anfang des schöpferischen Prozesses liegt, am Werdegang Picassos verdeutlichen, so müßte man zunächst auf seine frühe Entwicklung verweisen. Die Auseinandersetzung mit der Tradition, die Bewunderung der großen Meister geht in eins mit der Aneignung der Sprache über das Kopieren für ihn wichtiger Werke, ganz gleich ob ein Künstler durch die Akademie gegangen ist oder ob er als Autodidakt diesen Schritt geleistet hat. Von Picasso sagt man, daß er nie ein Bild vergaß, das er einmal gesehen hat. Er nahm das Kopieren so ernst, daß er sogar den Namenszug mitkopierte. Dann kam jedoch die Zeit, in der von einem so hoffnungsvollen Talent eigentlich Ansätze zur Entwicklung eines eigenen Stils erwartet hätte; aber Picasso ließ sich Zeit. Das war nicht seine Entscheidung, sondern es ergab sich so in diesem Prozeß - es war einfach nicht eher möglich, obwohl er immer wieder, sowohl vor seinem ersten Durchbruch zur sog. „Blauen Periode", als auch bei seinem großen Durchbruch zum Kubismus, mit Formen und Farben, Vereinfachungen u.ä. herumexperimentierte.

Der zum geflügelten Wort gewordene Ausspruch Picassos „Ich suche nicht, ich finde" mag überleiten zu den Überlegungen von Bräuer, der feststellt, daß Suchen immer auf ein Bestimmtes aus ist, sei es ein Ziel oder die Lösung eines Problems. (vgl. Bräuer 1966) Beides führt nicht zum Fund (vgl. ebd., S. 20ff. und S. 90ff.), da hier nach Bräuer nur schon Bekanntes herausgearbeitet wird. Kein Plan führt dorthin, es gibt keine Lehre, keine Methode und keinen Entwurf; der Fund ist nicht herbeizuführen.

> „So sehr auch das Gelingen auf die Verrichtungen der Praxis angewiesen ist - es gibt keinen methodisierbaren Übergang von der praktischen Bearbeitung zu dem Ereignis, in dem der Fund hervortritt." (ebd., S. 159)

Dem Fund befindet man sich nie gegenüber „von welchem man nicht adäquat von außen sprechen kann, sowenig man zu ihm schrittweise gelangen kann" (ebd., S. 163). Hier sind wir an dem entscheidenden Punkt angelangt, weshalb es eigentlich nicht möglich ist, über den schöpferischen Prozeß zu schreiben und ihn dann wie die Kreativitätsforscher nacheinander ablaufen zu lassen. Erst vom Fund aus läßt sich aus diesem Fund heraus seine Vorgeschichte beschreiben, die aber erst durch diesen Fund dazu geworden ist. (Die gab es vorher nicht.) Kein Schritt führt dorthin, sondern nur etwas, was Bräuer als „Wink" bezeichnet. (vgl. ebd., S. 65ff.)

> „Natürlich gibt es eine Ebene, in der der Künstler auch abwägt, vergleicht, studiert, probiert und macht, es ist die unüberspringbare Ebene des handwerklichen Tuns. Der Wink aber ist das, wofür sich der Künstler locker wach hält." (ebd., S. 67)

Wichtig scheinen mir hier die beiden grundsätzlich verschiedenen Ebenen zu sein: das, was vorher ist, und das, was durch die Aufnahme des Winks, der aus der Sache selbst und nicht aus dem Inneren des Künstlers kommt, geschieht: das „Eingehen auf das Angemutetwerden" (ebd., S. 65). Aber damit es dazu kommen kann, bedarf es der Vorarbeit, des Spannungsaufbaus, des Aufschaukelns:

> „Kein Blitz kommt aus heiterem Himmel."

7.3 Einbruch und Durchbruch

Soll das Neue wirklich eine neue Sicht- oder Handlungsweise sein, kann es seinen Anfang nicht im Alten nehmen, sondern muß radikal in sich beginnen. (vgl. im folgenden Rombach 1988, Kap. Strukturgenese, S. 221ff.) „Ihr Anfang kann nur sein: die rückwirkende Konstitution der Bedingungen ihrer selbst." (ebd., S. 223) Alles, was zuvor beliebiges Erlebnis, Gedanke, Tun gewesen ist, kann nun zur Vorgeschichte des Durchbruchs werden.

Zu einem Durchbruch in eine neue Möglichkeit kommt es jedoch nur durch einen Einbruch in jene zuvor gelebte und für möglich gehaltene Realität. Nur wo das Verbleiben im Alten als radikale Unmöglichkeit erlebt und erfahren wird, kann etwas wirklich Neues entstehen. Der gewohnte Zusammenhang stürzt ein, weil keine weitere Entwicklung mehr möglich ist.

> „Dieses Non ist die Bedingung des Beginns. Darum darf das Non nicht beiseitegeschafft werden, sondern es muß als Non gesteigert werden." (ebd., S. 224)

Jede Form von Harmonisierung oder Beschwichtigung oder Nicht-Wahrhaben-Wollen vergibt die Chance des Neuanfangs. Für Heidegger ist dies die Todeserfahrung, die mit Angst verbunden ist und aus der in der positiven Wendung dann so etwas wie Eigentlichkeit hervorgehen kann. Die eigene Existenz wird vollkommen in Frage gestellt und ein Abgrund tut sich auf. Auch Bittner schreibt in seinem Buch „Das Sterben denken um des Lebens willen" (Bittner 1995) über diese Erfahrung und stellt dort die Frage: „Warum gehen Neuanfänge nicht anders als durch eine Todesbedrohung hindurch?" (ebd., S. 44) Gründe für so eine Krisensituation können beruflicher Art sein, oder die Trennung von einem geliebten Menschen bedroht uns in unserer Existenz. Katastrophen können jedoch auch Punkte der Umkehr werden, wenn der Mensch sich einläßt auf die Regression. Bittner bezieht sich hier auch auf C.G. Jung: „Erneuerung des Lebens durch Sterben und Wiedergeburt, wobei dieses Sterben gedacht ist als Wiedereintauchen in die Sphäre des Urmütterlichen." (ebd., S. 19) Bittner selbst würde wahrscheinlich nicht wie Jung vom „Urmütterlichen" sprechen, sondern vom Grund, aus dem das Ich als Grund-Ich, als sein wahres Ich, sichtbar werden kann.

Aber ob man auch da ankommt, wenn man einmal eingebrochen ist, das ist zunächst offen. Ein Einbruch kann, wie Bittner zeigt, auch zum Selbstmord führen oder er kann steckenbleiben und nicht weiterführen. Bittner zeigt das am Beispiel der Novelle „Tod in Venedig", von Thomas Mann. Die Erneuerung, im Bild des Aufbruchs ins „Verheißungsvoll-Ungeheure" (ebd., S. 52), kann nicht stattfinden, weil Aschenbach sich der Erfahrung der Erschütterung seiner „bisherigen Oberflächenexistenz" (ebd., S. 52) nicht wirklich stellt. „Aschenbach mußte sterben, weil er sich der lebenserneuernden Regression nur halbherzig überlassen hat." (ebd., S. 49)

Um das neue Leben geht es Bittner, zu dem man nur gelangen kann, wenn man den Tod nicht vermeidet, weil man im Vermeiden des Todes zugleich den Wandlungsprozeß verhindert. Um uns diesem Schmerz und diesem Risiko einer realen Todesbedrohung nicht aussetzen zu müssen, verbleiben wir in Tarnungen und verfehlen so das neue Leben.

Dem Analytiker weist er die Aufgabe zu, nicht nur Geburtshelfer des Neuanfangs zu sein, sondern auch Verfolger und Henker. (vgl. ebd., S. 97) Ein Mensch zu sein, der einen anderen dem Tode überliefert, ihn der Unmöglichkeit aussetzt, die er freilich selbst als solche erfahren muß, wäre auch für Pädagogen eine sicher unpopuläre, doch lohnende Aufgabe: Nicht zu helfen, zu unterstützen und zu fördern, wo das Kind ins Stocken gerät, sondern das Non auszuhalten. Die Verzweiflung nicht weiterzukommen, es selbst durchleben zu lassen, ja womöglich noch zu verstärken, damit daraus für das Kind eine Möglichkeit entstehen kann, die nicht ein angelerntes, nachgeahmtes, sondern „neues Leben" bedeutet. Friedrich Nietzsche, der Denker der selbstschöpferischen Bewegung, hat diese Notwendigkeit auch gesehen, wenn er sagt. „Oh meine Brüder, bin ich denn grausam? Aber ich sage: was fällt, das soll man auch noch stossen!" (Nietzsche, KSA4, S. 261) Nur aus dem durchlebten Untergang kann auch ein Neuanfang entstehen. Aber auch dieses neue Leben, das als wahres Selbst erfahren wird, kann zur Maske und damit zur Tarnung werden, so daß erneut ein Einbruch erfolgen muß, der auch diese Verfestigung wieder zerstört.

Der Einbruch kann vielerlei Gestalt haben. Nicht immer kommt er als gewaltige Erschütterung des gesamten Lebenszusammenhangs daher; manchmal geschieht er in alltäglich erscheinenden Phänomenen wie etwa im Lampenfieber. Hier wird die Möglichkeit des Auftritts, trotz bester Vorbereitung zur radikalen Unmöglichkeit. Das Subjekt des Erlebens zerbricht. Wird der Schritt dennoch gemacht, so besteht die Chance, daß die Handlung und mit ihr das darzustellende Subjekt sich aufbaut und nicht eine gelernte Rolle wiedergegeben wird.

> „(...) und so geht das Subjekt aus den Handlungen und nicht die Handlungen aus dem Subjekt hervor. Auf diese Weise, und nur auf diese Weise, wird das Subjekt identisch mit dem, was es tut, ist das Subjekt vollständig „da"." (Rombach 1988, S. 226)

Der Zuschauer vermag sehr wohl zu unterscheiden, ob er im Sehen glaubt, Woyzeck selbst zu erleben, oder ob er einen Schauspieler sieht, der Woyzeck spielt.

Der Durchbruch vollzieht sich nur auf dem Weg durch das Nichts, den Tod, die Unmöglichkeit.

> „Das Radikale dieses Radikal -Anderen liegt in seiner Unverfügbarkeit, darin nicht *dieses* Andere zu sein (Tod, Gott, Angst, Versagen). Man kann sich nicht in diese Situation bringen; als diese Situationen sind sie nicht die Situation." (ebd., S. 227)

Es geht also nicht nur darum, als Ich den Tod anzuerkennen und auszuhalten, sondern es geht um den Tod dieses Ichs, als das ich mich bisher konstituiert, gelebt und empfunden habe.

Dem Einbrechen des Ichs entspricht auf der Objektseite, was Rombach mit Gottfried Benns Worten „Wirklichkeitszertrümmerung" (ebd., S. 230) nennt. Dieses meint, daß wir die Muster und Bilder, mit denen wir unsere Wirklichkeit aufgebaut haben, die uns die Sicherheit geben, daß alles so ist, wie wir es kennen, zertrümmern müssen, damit ein Wort im Gedicht, ein Bild eines Malers oder ein unverstellter Blick auf einen anderen Menschen möglich wird. Dieses Durchbrechen des Alten wird in der modernen Kunst oft mitthematisiert, so etwa bei Paul Celan:

> „(...) Ein Wort – du weißt:
>
> eine Leiche.
>
> Laß uns sie waschen,
>
> laß uns sie kämmen,
>
> laß uns ihr Aug
>
> himmelwärts wenden." (Celan 1986 Bd. 1, S. 125f.)

Auch Nietzsches drei Verwandlungen im „Zarathustra" beschreiben den Doppelcharakter der vollständigen Nichtung des Alten und den dadurch erst ermöglichten Neubeginn des Schaffens. (vgl. Nietzsche KSA 4, S. 29ff. und vgl. „Die drei Verwandlungen" in: Stenger 1997, S. 191ff.) Das Kamel mit seiner Verehrung traditioneller Werte muß sich zum Löwen verwandeln. Der Löwe entsagt jeder Gewohnheit und Bequemlichkeit; er erkennt nichts außerhalb seiner selbst an, zerbricht sein verehrendes Herz und setzt dem „du sollst" sein „ich will" entgegen. Sein „heiliges Nein" (Nietzsche KSA 4, S. 30) allem schon Geschaffenen gegenüber ist notwendig, um sich die Freiheit zu rauben, Eigenes hervorbringen zu können. „Neue Werthe schaffen - das vermag auch der Löwe noch nicht: aber Freiheit sich schaffen zu neuem Schaffen - das vermag die Macht des Löwen." (ebd.) Den Mut eines Löwen braucht es, um alle Vorgegebenheit über Bord werfen zu können und allein dazustehen; doch verwandeln muß sich der Löwe noch und zum Kind werden.

> „Unschuld ist das Kind und Vergessen, ein Neubeginnen, ein Spiel, ein aus sich rollendes Rad, eine erste Bewegung, ein heiliges Ja-sagen.
>
> Ja, zum Spiele des Schaffens, meine Brüder, bedarf es eines heiligen Jasagens: *seinen* Willen will nun der Geist, *seine* Welt gewinnt sich der Weltverlorene." (ebd., S. 31)

Mit der Verwandlung zum Kind gelingt erst der Durchbruch in das neue Leben; die eigene Welt vermag das Kind entstehen zu lassen, die nicht aus der Absetzung zu anderem, sondern ganz in sich begründet ist. In ihr selbst ist der Beginn des Neuen, nicht außerhalb, aus sich heraus findet der Anfang zu sich, vermag das Neue sich zu gestalten. Aus sich gewinnt es Bewegung und Kraft.[20]

Viele Künstler haben sich in dieser Weise auf eine solche Geisteshaltung bezogen, zum Beispiel Cezanne: „Wie schwer ist es doch, unbefangen an die Natur heranzutreten, man sollte sehen können wie ein Neugeborener." (Cezanne in: Hess 1995, S. 21) Oder Gaugin: „(...) ich bin zweierlei, was nicht lächerlich sein kann: ein Kind und ein Wilder." (Gaugin in: ebd., S. 40)

Oder Matisse:

> „Sehen ist in sich selbst schon eine schöpferische Tat, die eine Anstrengung verlangt. Alles, was wir im täglichen Leben sehen, wird mehr oder weniger durch unsere erworbenen Gewohnheiten entstellt. - Die zur Befreiung von den Bildfabrikaten (durch Photo, Film, Reklame) notwendige Anstrengung verlangt einen gewissen Mut, und dieser Mut ist für den Künstler unentbehrlich, der alles so sehen muß, als ob er es zum ersten Mal sähe. Man muß zeitlebens so sehen können wie man als Kind die Welt ansah, denn der Verlust dieses Sehvermögens bedeutet gleichzeitig den Verlust jeden originalen Ausdrucks. Ich glaube z.B., daß nichts für den Künstler schwieriger ist, als eine Rose zu malen, weil er, um sie zu schaffen, zuerst alle vor ihm gemalten Rosen vergessen muß." (Matisse in: ebd., S. 54f.)

Hier finden sich viele der von Nietzsche angesprochenen Punkte: Der Mut, die gewohnte Sehweise zu durchbrechen, alles Vorherige zu vergessen und die Haltung des Kindes[21], die Welt zu sehen, als ob es sie zum ersten Mal sähe. Dieser Punkt „zum ersten Mal" ist ein Indiz für einen wirklichen Neuanfang. In Unbezogenheit zu früheren Erfahrensweisen geschieht es meist da, wo man es am wenigsten erwartet. Nicht um das Schaffen eines großen Werks muß es hierbei gehen, sondern um die Art und Weise, wie die Welt erfahren wird. „Naszivität, von nasci = geboren werden, bedeutet die Bereitschaft, ein Erlebnis oder eine Handlung als erst- und einmalig zu erfahren." (Rombach 1994, S. 76)

Auf diese Weise erfährt der „Kleine Prinz" schließlich seine Rose, nachdem er sich mit ihr vertraut gemacht hat. Oder der Flug einer Möwe im Abendlicht über dem Meer kann plötzlich in solcher Weise gesehen werden. In dieser als

---

[20] Auch Ehrenzweig hat in seinem Buch „Ordnung im Chaos" (München 1974) auf Entsprechungen des kindlichen Weltbildes zur künstlerischen Tätigkeit hingewiesen. Die synkretische Gesamtschau vermag im Gegensatz zum analytischen Denken genauer und unvoreingenommener zu erkennen, „obwohl sie abstrakte Einzelheiten scheinbar außer acht läßt. Darin liegt das Paradoxe der Ordnung im Chaos" (ebd., S. 24). Der Künstler schöpft, nach Ehrenzweig, aus den tiefen Schichten des Unbewußten. Obwohl das sicher nicht falsch ist, ist es mir als alleinige Erklärung dieses komplexen Geschehens zu wenig.

[21] Dabei geht es nicht darum, ob jedes Kind immer so sieht, sondern das Kind ist ein Bild für so eine Zugangsweise zur Wirklichkeit, die dem Kind eigen sein kann.

einzigartig empfundenen Erfahrung konstituiert sich das Ich, entsteht der Mensch neu.

In jedem Fall geht das Neue nicht schrittweise aus dem Alten hervor, sondern eröffnet sich nach einem Einbruch, der auch unspektakulär als Diskontinuität erfahren werden kann, mit einem Schlag. Dabei macht es natürlich einen Unterschied, ob es sich um einmalige Erlebnisse originären Sehens handelt oder ob aus einem Durchbruch ein neues Leben entsteht, das eine Rückkehr in das vorherige Leben nicht mehr zuläßt. Um diese Prozesse des radikalen Neuanfangs soll es nun gehen, die aus einer Nichtung hervorgegangen sind. Vielleicht war der Einbruch auch ein umfassenderer, so daß das neue Leben, eine neue Welterfahrung im ganzen bedeutet. Eine neue Perspektive von Welt wird hier gewonnen, die nicht nur einen Teil der Welt anders deutet (etwa eine neue Formel in einer Erfindung), sondern alles anders erlebt und erfährt. Alles bedeutet nun von der neuen Sicht aus etwas völlig Neues. (vgl. ebd. S., 71)

Picasso

Diese neue Dimension, die nicht etwas Esoterisches, sondern eine neue Weise des Erfahrens bedeutet, hatte ich eingangs am Beispiel Picassos gezeigt. Was läßt sich von Picasso aus zu den Phänomenen „Einbruch und Durchbruch" sagen? Wie kam er dazu?

Picasso verließ 1906 bewußt die Form- und Gestaltungsmöglichkeiten der bisherigen europäischen Kunst. Auf der Suche nach neuen Wegen ist die „Rosa Periode" keine dauerhafte Möglichkeit, nur eine kurze Erholungsphase, obwohl er sich mit seinen Bildern Ansehen und auch Geld verdient hat. Er begibt sich, vom Fund einer ersten Negerskulptur geleitet, auf eine Spur, die ihn weiterträgt. Matisse hatte sie ihm gezeigt und Picasso saß den ganzen Abend mit der Statuette in der Hand. (von Jacob berichtet in: Wiegand 1973, S. 60f.) Am nächsten Morgen fand Max Jakob den Boden voll mit Blättern.

> „Auf jedem Blatt eine große Zeichnung, fast immer das gleiche: ein Frauenkopf mit einem Auge, einer überlangen Nase, zusammengezogen mit dem Mund, eine Haarlocke auf der Schulter. Der Kubismus war geboren. Dieselbe Frau erschien dann auf Gemälden, manchmal zu zweien oder dreien. Dann gab es die Demoiselles d'Avignon, ein großes Bild wie eine Mauer." (Jacob, ebd.)

An dieser Stelle kann man gut sehen, wie nach dem Durchbruch das, was vorher war, als notwendige Bedingung einstrukturiert wird. Zu der Zeit jedoch, als diese Zeichnungen entstanden, quälte sich Picasso in unvorstellbarer Einsamkeit mit den Vorstudien. Alles sah noch ganz anders aus als nachher. Obwohl der Fund der afrikanischen Kunst aus dem Feld selbst kam (es herrschte eine große Begeisterung für die Negerkunst), verstand niemand Picassos Bemühungen. Verständnislos wandten sich alle davon ab; keiner konnte ihm folgen und die neue Sprache verstehen, die er suchte, als er sich auf den Weg ins Unwägbare begab und alle Brücken hinter sich abgebrochen hatte.

> „Ganz zu Beginn jedoch, als der Kubismus noch keineswegs als eine formale Methode, sondern eher als ein äußerst kühnes Abenteuer begriffen wurde, war Picasso fast völlig isoliert: er wurde wegen des Kubismus (der damals noch keinen Namen hatte: Anmerkung U. St.) „von jedermann abgelehnt", berichtet Kahnweiler, und die ihm vorher treu waren fanden das entsetzlich - die Schriftsteller und besonders die Maler. Er stand völlig allein." (Wiegand 1973, S. 72)

Er setzte in dieser Zeit alles aufs Spiel. Sein unbeirrtes Arbeiten zeugt von seiner Entschlossenheit, nicht in die alte Formsprache zurückzukehren. Max Jacob bezeichnet das Bild (Demoiselles) zu Recht als Mauer, eine Mauer, die das Alte vom Neuen in einer radikalen Weise scheidet.

Im Kubismus, der hiermit geboren war, wird bildhaft sichtbar, was zuvor als Wirklichkeitszertrümmerung bezeichnet wurde. Die bisherige, gewöhnliche Sichtweise der Wirklichkeit wurde in jedem Bild aufs Neue zerstört, um aus den Splittern und Trümmern ein neues Bild, ein wirkliches Bild zu geben für jene neue Erfahrung. Wiegand bezeichnet dieses erste Bild der neuen Sprache als „Angriff auf die Idealvorstellungen europäischer Kunst", als „Dokument einer Revolte", für das „jede Vergleichsmöglichkeit fehlte". (ebd., S. 62f.) Das kubistische Bild zerstört den Blick, den Menschen auf die Welt geworfen haben und der mittels der Perspektive dargestellt war. Die Perspektive wurde als Symbol einer Beziehung des Menschen zur Welt erkannt, die durch Sachlichkeit und Zweckmäßigkeit bestimmt war. Diese Beziehung wurde in mechanischer Weise, nach Verstandeslogik eben perspektivisch abgebildet. Das war nicht nur eine Formsprache in der Kunst, sondern ein Bild der Beziehung, die wir zur Welt und zu anderen Menschen haben können. „Diese Art, die Welt zu sehen, erschien ihnen [den Kubisten: Anmerkung U. St.] als eine Art Gefängnis." (ebd., S. 77) Diese Sicht der Wirklichkeit mußte in jedem Bild wieder zerstört werden, damit der Blick frei werden und eine andere, eine vitalere Beziehung entstehen konnte. Nicht mehr als Sache, auch nicht als optisches Phänomen sollte sie dargestellt werden, sondern als das, was uns an ihr ergreift, ihre Ausstrahlung, ihre emotionale Beziehung zu uns. Das hatte Picasso an der afrikanischen Kunst erfahren und das wollte er mit neuen Mitteln in neuer Sprache sagen. „Seine >Gegenstände<" schreibt Kahnweiler, „sind seine Liebschaften, nie hat er einen Gegenstand gemalt, zu dem er nicht in einem emotionalen Verhältnis stand." (in: ebd., S. 79)

(Dieser neue Mensch und dieses neue Leben entwickelten sich aus dem Dialog mit den Dingen. In enger Zusammenarbeit mit Braque trieben beide die Möglichkeiten des Kubismus wechselseitig weiter, bis der 1. Weltkrieg begann und Braque eingezogen wurde. Als er zurückkam, war nichts mehr wie vorher. Für Picasso hatte eine neue Zeit mit vielen Stilmöglichkeiten begonnen. Braque kultivierte bis zu seinem Lebensende die kubistische Malweise.)

Für Csikszentmihalyi taucht diese Phase von Einbruch und Durchbruch als eigentlichem Beginn in Form des „Aha!"- Erlebnisses auf. (vgl. Csikszentmihalyi 1997, S. 154f.) Dabei handelt es sich für ihn um das plötzliche Finden eines Gedankenschritts, der bislang gefehlt hat. Zum Beispiel wird eine Formel gefunden, durch die die Kontrolle der Düsentriebwerke durch ein Feedback stabilisiert werden könnte. (vgl. ebd.) Es geht also um ein kreatives Produkt, wodurch der Mensch, der diese Entdeckung macht, nicht zu allererst neu hervorgebracht wird, sondern vielleicht den Nobelpreis bekommt. Gleichwohl beschreibt auch Csikszentmihalyi das Gefühl eines derart gelingenden Prozesses, der seine Motivation ganz aus sich selbst erfährt, und bezeichnet es als Flowerlebnis.

7.4 Eigendynamik

Was ist nun zur Dynamik des Prozesses zu sagen, welche auf den Durchbruch folgt? Nach einem möglicherweise zögernden Beginn wird eine rasante Steigerung, eine Art Ekstase erfahren. (vgl. Rombach 1988, S. 239ff.) Nietzsche hat diese Steigerung des Geschehens aus sich selbst heraus „Wille zur Macht" genannt, der immerfort mehr Macht will, d.h. auf Steigerung aus ist. Leben will nicht nur sich selbst erhalten, so spricht er gegen Darwin, sondern es will mehr. Jeder Schritt entsteht dabei aus dem vorhergehenden, und es ist wichtig genau darauf zu achten, welche Steigerung möglich ist. (vgl. Stenger 1997, S. 217ff.)

Schon an früherer Stelle habe ich darauf hingewiesen, daß das Bild des Kindes, zu dem der Löwe sich noch verwandeln muß, den Beginn des Neuen beschreibt. Andere von Nietzsche verwendete Bilder für diese Erfahrung sind der Tanz und vor allem der Flug. In einer solchen über sich selbst hinaustragenden Bewegung entsteht etwas Neues.

> „Wenn ich je stille Himmel über mir aufspannte und mit eigenen Flügeln in eigene Himmel flog (...)." (Nietzsche KSA 4, S. 291)

> „Das ist aber meine Lehre: wer einst fliegen lernen will, der muss erst stehn und gehn und laufen und klettern und tanzen lernen: - man erfliegt das Fliegen nicht!" (ebd., S. 244)

Die Erfahrung des Fluges ist keine, die am Beginn des schöpferischen Prozesses möglich ist. Man muß erst langsam in Fahrt kommen, bevor eine solche Abhebung möglich wird, wo alles mühelos gelingt; selbst die kompliziertesten Probleme lösen sich wie von selbst. Der Lastcharakter des Daseins, den das Kamel noch durchgängig empfindet, scheint wie weggeblasen, alles wird leicht. Die Leichtigkeit ist deshalb ein weiteres Merkmal einer solchen Bewegung. Die Schwere von Gesetz und Notwendigkeit läßt sie hinter sich und kommt zu einer eigenen Folgerichtigkeit, die nicht mehr an einem allgemeinen Maßstab zu messen ist.

Dieser neue Mensch ist für Nietzsche der Übermensch, dem es gelingt, sich selbst ein Element zu schaffen, das ihn in unvergleichlicher Weise hervorbringt. (vgl. Stenger 1997, S. 202ff.)

> „In diesem strengen und klaren Elemente aber hat er seine Kraft ganz: hier kann er fliegen!“ (Nietzsche KSA 3, S. 534)

Alles kann zu so einem Element werden: eine Aufgabe, der Beruf, eine Freundschaft, eine Liebe. So verschiedenartig das Element beschaffen sein kann, so gleichartig ist die Erfahrung, daß darin alle Kräfte ihren Sinn und ihren Einsatz haben. Hier bleibt man nicht hinter seinen Möglichkeiten zurück, sondern ist voll und ganz da und noch mehr, als in den Ausgangserwartungen und Potentialen je angelegt war, ereignet sich hier. In einer über sich selbst hinausgehenden schöpferischen Bewegung, wie im „Flug“ entsteht das Neue: „*seine* Welt gewinnt sich der Weltverlorne.“ (Nietzsche KSA 4, S. 31) Nietzsche hat diese Erfahrung selbst gekannt. Von eigenen „Erlebnissen“ berichtet er hier. So kann etwa die Entstehungsgeschichte des Zarathustra in dieser Weise gelesen werden. Die einzelnen Bände des Buches sind jeweils innerhalb von 10 Tagen entstanden. Immer hat dies auch eine körperliche Kräftigung nach sich gezogen. Über seine Erfahrung der Inspiration schreibt er:

> „Mit dem geringsten Rest von Aberglauben in sich würde man in der That die Vorstellung, bloss Incarnation, bloss Mundstück, bloss Medium übermächtiger Gewalten zu sein, kaum abweisen können. Der Begriff Offenbarung, in dem Sinn, dass plötzlich, mit unsäglicher Sicherheit und Feinheit, Etwas *sichtbar*, hörbar wird, Etwas, das Einen im Tiefsten erschüttert und umwirft, beschreibt einfach den Thatbestand. Man hört, man sucht nicht; man nimmt, man fragt nicht wer da giebt; wie ein Blitz leuchtet ein Gedanke auf, mit Nothwendigkeit, in der Form ohne Zögern, - ich habe nie eine Wahl gehabt. Eine Entzückung, deren ungeheuere Spannung sich mitunter in einen Thränenstrom auslöst, bei der der Schritt unwillkürlich bald stürmt, bald langsam wird; ein vollkommenes Ausser-sich-sein (...); eine Glückstiefe, in der das Schmerzlichste und Düsterste nicht als Gegensatz wirkt, sondern als bedingt, als herausgefordert (...) Es scheint wirklich, um an ein Wort Zarathustra's zu erinnern, als ob die Dinge selbst herankämen und sich zum Gleichnis anböten.“ (ebd., S. 339f.)

Die Plötzlichkeit und Intensität der ihn überwältigenden Steigerungsbewegung beschreibt Nietzsche mit diesen Worten.

Geht man von hier aus zu den Beschreibungen der Flowerfahrung der Interviewpartner von Csikszentmihalyi, so findet man die Punkte, die jene Erfahrung charakterisieren, wenn auch in teilweise abgeschwächter Form, wieder. (vgl. im folgenden Csikszentmihalyi 1997, S. 162ff.) Die Externität der Erfahrung, die Sicherheit im Handeln, das Außer-sich-sein und das Hochgefühl und die Einheit von Gegensätzen, all das wird auch von den kreativen Menschen heute genannt. Über den Prozeß, der von einem Hochgefühl begleitet ist, heißt es hier, daß man genau weiß, was man tun muß und daß es das Richtige ist. Man ist von einer Sicherheit getragen, die weder Ablenkung noch Versagensängste zuläßt. Eine eigene Zeitlichkeit entsteht, Stunden werden wie Minuten erfahren oder aber kürzeste Zeitabschnitte, die entscheidend sind, mit einer unglaublichen Differenziertheit wie in Zeitlupe wahrgenommen. Nichts unterbricht den „Fluß“ (Flow), mit dem das Neue sich expliziert und entfaltet, ohne daß die betroffene Person so recht weiß wie ihr geschieht. Man ist ganz bei der Sache und die Aufgaben befinden sich mit den Fähigkeiten und Potentialen im Gleichgewicht. (Als Beispiel wird hier angeführt, daß eine Olympiateilnehmerin persönliche Bestzeit läuft. (vgl. ebd., S. 438))

Diese Tätigkeiten werden von Csikszentmihalyi als „autotelisch“ bezeichnet (ebd., S. 166), weil sie ihren Sinn nicht primär in dem Erfolg sehen, den sie in den Augen der anderen bedeuten, sondern sie werden um dieses Flowerlebnisses willen aufgesucht. Das ist jenes Hochgefühl, das sich da einstellt, wo etwas in dieser Weise gelingt. Obwohl man mit Leib und Seele vollständig in der Tätigkeit aufgeht und von einem Hochgefühl getragen ist, alle Herausforderungen mühelos zu meistern, besteht doch so etwas wie eine Ichferne oder Selbstvergessenheit. (vgl. ebd., S. 165) „Man hat vielleicht sogar das Gefühl, daß man die engen Grenzen des Selbst überschritten und zumindest für einen Moment Teil eines größeren Ganzen geworden ist. Der Musiker fühlt sich eins mit der Harmonie des Universums, der Sportler bewegt sich als Teil des Teams, der Leser eines Romans labt für einige Stunden in einer anderen Welt. Paradoxerweise wächst das Selbst durch Akte der Selbstvergessenheit.“ (ebd.)

7.4.1 Das Ich im Prozeß

Was geschieht nun in diesem Prozeß mit dem Menschen, (mit dem Ich), seinem Bezug zur Sache mit der er befaßt ist? Wie ist sein Verhältnis zur sog. Umwelt? Czikszentmihalyi beschreibt die Erfahrung, läßt aber die Selbstvergessenheit und das Wachstum daran als Paradox stehen.

Für dieses Problem scheinen sich mir grundsätzlich zwei Lösungen anzubieten. Die erste ist die von psychoanalytischer Seite vertretene, die ich im folgenden kurz skizzieren will.

Gleich ob man Freud folgend im Kunstwerk Traumerleben und Triebschicksal findet oder ob es nach Jung „ein anderes größeres Ich [ist], das sich in schöpferischen Prozessen meldet“ (Bittner 1992, S. 58), es bleibt ein Vorgang, der *im* Subjekt stattfindet. Für Bittner ist dies ein doppeltes Subjekt, das durch die Urverdrängung entsteht. „Kunst ist, wenn der Hintergrund, der „Andere in mir“ etwas hervorbringt, und das bewußte Ich es aufnimmt, es gleichsam adoptiert.“ (ebd., S. 60) Dieser gleichsam prüfende Blick auf das aus dem Grund Hervorgetretene gehört für ihn notwendig zur Kunst, weshalb auch die Erzeugnisse von Kindern nicht als Kunst zu bezeichnen sind, weil sie nicht aus diesem reflexiven Geschehen kommen. Auch Schäfer betont im Kapitel „Ich-funktionen im kreativen Prozeß“ „daß es in diesem Zusammenhang um die Konstruktion von Wirklichkeit *im* Subjekt geht“. (Schäfer 1992, S. 75) Die kognitive Konstruktion der Wirklichkeit soll um psychoanalytische Gesichtspunkte erweitert werden.

Ausgehend vom bekannten Beispiel von Montessori, dem Kind mit den Einsatzzylindern, wird hier eine Verschmelzung von Subjekt und Objekt thematisiert. Von Klees Zwischenreich gelangt Schäfer über Melanie Klein zu Winnicotts intermediärem Raum, mit welchem eigentlich der eingangs postulierte Raum „*im* Subjekt" verlassen wird. Erstmals wird jener intermediärer Erfahrungsbereich vom Kleinstkind mit Hilfe des Übergangsobjektes konstituiert. Ein solches kann der Zipfel einer Decke sein, ein Stofftier oder das Drehen der Haare. Das Objekt wird zur Einschlafhilfe und zu einem nie versagenden Tröster, der eine magische Qualität besitzt. Mit seiner Hilfe erreicht das Kind einen Zustand, in dem Subjekt und Objekt nicht getrennt sind, in den sowohl innere wie äußere Realität einfließen. (vgl. Winnicott 1995, S. 19ff.) In der weiteren Entwicklung des Kindes wird das Spiel zu jenem intermediären Erfahrungsbereich, in dem es durch seine besondere Art des „*Vertieftseins*" (ebd., S. 63f.) Innen und Außen zu einem eigenen Raum verbindet. „Beim Spielen bedient sich das Kind äußerer Phänomene im Dienste des Traumes." (ebd.) Auch die schöpferische Tätigkeit des Menschen, seine künstlerische Tätigkeit sowie der Kunstgenuß sind aus dieser Erfahrung für Winnicott zu deuten.

Schäfer radikalisiert den Gedanken:

> „Das Subjekt erlebt in jedem intensiven Realitätsbezug das Schicksal der individuellen Genesis wieder; es läßt sich auf einen Zustand der Verschmelzung ein, der dem Beginn der eigenen Ontogenese zu entsprechen scheint und bringt in einem allmählichen Trennungsprozeß sowohl sich selbst als Subjekt, als auch das Objekt neu hervor." (Schäfer 1992, S. 83)

Dieser Gedanke, daß in und durch solches Geschehen das Subjekt wie das Objekt neu konstituiert werden, d.h. anders daraus hervorgehen, als sie in der Ausgangslage waren, wird bei Schäfer nicht weiterverfolgt, sondern Winnicott folgend wieder zurückgenommen. Dabei wird die Innenwelt nicht als abgeschlossener Bereich vorgestellt, sondern in ständigem Austausch mit der äußeren Wirklichkeit gesehen. Die äußere Wirklichkeit wie auch die innere werden nun wieder als vorgegebene, nur im Austausch befindliche Bereiche gedacht, zu denen sich dann jene Zwischenwelt bildet.

> „(...) vielmehr errichtet die Tätigkeit des Subjekts einen Zwischenbereich, der sowohl den Durchblick auf die äußere oder innere Realität erlaubt, als auch gleichzeitig eine eigene Wirklichkeit begründet, die sich allenfalls gleichnishaft zur inneren oder äußeren Natur verhält." (ebd., S. 85)

Was hätte jenes gleichnishafte Verhalten für Konsequenzen für das Subjekt? Was bedeutet äußere Realität und wie wird sie von diesen Erfahrungen tangiert? Am Ende formuliert Schäfer wichtige Fragen:

> „Beleuchten solche Beobachtungen und Erinnerungen nicht augenblickhaft Prozesse, von denen eben die Rede war; Prozesse, in denen sich die Grenzen des Ichs lockern, um einen intensiven Kontakt mit einer Sache herzustellen, in

dem Subjekt und Objekt nicht mehr recht voneinander trennbar erscheinen. Was wissen wir eigentlich von solchen Prozessen im Kind?“ (ebd. S. 87)

Obwohl also die Grenzen des Subjekts in solchen Erfahrungen „gelockert“ werden, interessiert am Ende wieder, was „im Kind“ passiert.

Von verschiedener Seite gelangten wir nun zu diesem Punkt im schöpferischen Prozeß, den Csikszentmihalyi mit Selbstvergessenheit und Flow benennt und um den auch die Überlegungen von Schäfer sich bewegen.

Ich möchte nun im folgenden einen anderen Weg vorschlagen, sich diesem Phänomen zu nähern, und werde mich dabei vor allem auf Rombach und Bräuer wie auf Aussagen von Künstlern beziehen.

Die Kernpunkte des schöpferischen Geschehens: Der Durchbruch zu dem, was gänzlich neu und vorher unvordenklich war, der Fund und seine Entfaltung, bedeuten für den Menschen jene Flow-Erfahrung. Von psychologischer Seite entstehen jene Prozesse im Individuum als ein Entfalten und Kombinieren von dem, was zuvor schon, nur nicht bewußt, vorhanden war.

Rombach setzt diesen Prozeß nicht im Individuum an, das schon vorausgesetzt wird, sondern zeigt, wie nur im Durchgang durch einen Einbruch dieses Neue allererst entstehen kann. Am Prozeß des Kunstschaffens ist das Hervorbringen eines neuen Selbst am besten zu verdeutlichen.

> „Der Künstler ist nur Künstler im Schaffen. Er läuft nicht als Künstler herum; frei herumlaufend ist er irgendwer. Seine Selbstwerdung geschieht allein in der Werkwerdung. Das Werk gebiert ihn.“ (Rombach 1988, S. 236)

An dieser Stelle ließe sich auch eine Parallele zu Bittners doppeltem Menschen ziehen: dem Alltags-Ich und dem Grund-Ich, das in diesen Situationen zum Vorschein kommt. Der Unterschied besteht jedoch darin, daß das Selbst des Künstlers vor seiner Geburt nicht existiert hat, sondern in der Werkwerdung selbst erst entsteht.

Wie entsteht es nun aber? Was kann über die Beziehung des schöpferischen Menschen zu seiner Sache, zu seiner Umwelt gesagt werden? Wie kann dieser Entstehungsprozeß genauer beschrieben werden?

7.4.2 Der Fund und das Ich

Was Csikszentmihalyi als Flow-Erfahrung bezeichnet, meint einen sich verselbständigenden Prozeß. Rombach beschreibt dies als eine Bewegung, die „von selbst“ (Rombach 1994, S. 80ff.) läuft. Die Interpretation einer Sache, die durch Worte, Formeln, Farbe, Materialien oder Handlung formuliert sein kann, erfährt aus dieser Sache so viel Bestätigung, daß sie sich herausgefordert fühlt, in dieser Richtung fortzufahren, sich zu korrigieren, zu präzisieren und noch stärker herauszuarbeiten, was aus diesem gemeinsamen Geschehen von Mensch und Sache (Umwelt) entstehen will. Rombach nennt diesen Vorgang „konkreativ“ (ebd., S. 81), weil das Entstehende nur mit und aus der Dynamik der Sache entsteht, nicht aber allein aus Vorstellungen und Ideen oder auch aus dem Unbewußten des damit befaßten Subjektes.

> „Der Struktur „wachsen Kräfte zu“. Was sie schließlich erreicht, ist nicht nur eine „Selbstverwirklichung“ dessen, was in ihr als „Möglichkeit“ vorhanden war, sondern eine wesentlich höhere und über das Gegebene *hinausführende* Realität, eben ein Ergebnis, das *konkreativ* genannt werden kann und seine höchste Bestätigung aus dem „höher“ des Ergebnisses gewinnt.“ (ebd.)

Das Neue entsteht nicht allein durch ein Hineinhorchen in uns selbst, sondern bedarf des Hörens und Aufgreifens der in der Sache liegenden Möglichkeiten. Das läßt sich gut durch Beschreibungen belegen, die Künstler vom Schaffensprozeß gegeben haben.

Bräuer hat diesen Aspekt des Prozesses sehr differenziert herausgearbeitet. Er grenzt das Finden auch gegen das Entdecken ab, das auch kein rein subjektiver Akt ist. Entdeckt wird etwas, das es vorher schon gab. (vgl. Bräuer 1966, S. 34ff.) Das durch den Fund Hervorgebrachte hat jedoch zuvor weder im Subjekt noch außerhalb seiner selbst existiert, sondern entsteht erst durch den Prozeß.

Es handelt sich auch nicht um einen Entwurf, der im Kopf entsteht und anschließend nur noch verwirklicht werden muß. (vgl. ebd., S. 84)

Die Einleitung des Fundes geschieht für Bräuer im Folgen des „Winkes“, der mich irgendwie angeht. „Die Quelle dieser Zumutung befindet sich außerhalb unserer bei der Sache.“ (ebd., S. 64) Bräuer zitiert weiterhin Rilke, um dies zu verdeutlichen: „Es winkt zu Fühlung fast aus allen Dingen, aus jeder Wendung weht es her.“ (Rilke nach Bräuer ebd.) Dieses Es beschreibt das Impersonale in diesem Geschehen. „Das Neutrum scheint also besonders geeignet zu sein, das Prozeßhafte, Tätige, Wirkende (...) auszuformen.“ (Bräuer ebd.) Auch Rombach spricht in diesem Zusammenhang von „es geht“ oder „es gelingt“, um den Charakter des Geschehens zu beschreiben, das sich gleichsam verselbstständigt hat und das Subjekt und Objekt in eine neue Beziehung bringt, die nicht distanziert, sondern auseinander hervorgehend ist. Obgleich der Fund vergangenheitslos einsetzt, ist der Wink als die Bewegung zu verstehen, die hineinführt. Entscheidend ist hierbei, daß es sich nicht um ein reflexives Geschehen handelt, ja daß der Wink geradezu zerfällt, wenn man versucht, seine Herkunft zu ergründen. „Der Wink bleibt solange wirksam, als man seiner Bewegung folgt und seiner Logik werkschaffend nachgeht.“ (ebd., S. 70) Der Wink hat eine eigene Logik, die man nicht nachdenkend, sondern nur „nachschaffend“ erfassen kann, indem sich im Schaffen Bedeutungen verdichten und Linien der Sinnkonstitution herausbilden. Der Künstler geht die Wege mit und gelangt so in die neue Möglichkeit des Sehens und Gestaltens, die ihm zuvor unvordenklich war. Das Werk ist, Bräuer folgend, ein „zur Welt lich war. Das Werk ist, Bräuer folgend, ein „zur Welt gebrachter Fund" (ebd., S. 85).[22]

Jenes Hören auf die in der Sache liegenden Möglichkeiten hat Cezanne in seiner Erläuterung des Malprozesses deutlich gebracht:

> „Ich nehme rechts, links, hier, dort, überall diese Farbtöne, diese Abstufungen, ich mache sie fest, ich bringe sie zusammen. Sie bilden Linien, werden Gegenstände, Felsen, Bäume, ohne daß ich daran denke. Sie nehmen ein Volumen an (...) meine Leinwand verschränkt die Hände. Sie schwankt nicht. Sie ist wahr, sie ist dicht, sie ist voll. Aber wenn ich die geringste Schwäche habe, besonders (...) wenn ich beim Malen denke, wenn ich dazwischenkomme, dann stürzt alles ein und ist verloren.
>
> [Frage von Gasquet: *Wieso, wenn sie dazwischenkommen?*] Der Künstler ist nur ein Aufnahmeorgan, ein Registrierapparat für Sinneseindrücke, aber ein sehr guter, sehr komplizierter. - Er ist eine empfindliche Platte, aber die <Platte> ist vorher durch viele Bäder in den Zustand der Empfindlichkeit versetzt worden, Studien, Meditationen, Leiden und Freuden, das Leben haben sie vorbereitet. - Aber wenn er [der Künstler als subjektives Bewußtsein] dazwischenkommt, dann bringt er nur seine Bedeutungslosigkeit hinein, das Werk wird minderwertig. (...) Sein ganzes Wollen muß schweigen. Er soll in sich verstummenlassen alle Stimmen der Voreingenommenheit, vergessen, Stille machen, ein vollkommenes Echo sein." (Cezanne in: Hess 1995, S. 23f.)

Cezanne betont die Externität des Fundes, der nicht aus dem Inneren geschöpft wird, sondern den der Künstler als ein „Aufnahmeorgan" wahrnehmen und zur Entfaltung bringen muß. Obwohl er sagt, daß er die Farbe nimmt und die Gestaltung vornimmt, wechselt mittendrin das Subjekt und das Eigenleben der Gestaltung, das von ihm angestoßen und ausgeführt wird, beginnt sich zu formen. „(...) sie (...) werden Gegenstände, Felsen Bäume, ohne daß ich daran denke" Nicht er als Cezanne hat sich vorgenommen, Baum und Fels zu malen

---

[22] In dieser Frage liegt auch die Grenze von Bräuers Buch: „Das Finden als Moment des Schöpferischen". Bräuer geht es um das Schaffen von Werken, insbesondere von Kunstwerken. Dabei gibt es zwei Punkte, an denen für mich ein Weiterdenken möglich ist. Der erste bezieht sich auf den zugrunde gelegten Kunstbegriff, der sich auf das Schaffen von Werken bezieht. Würde man etwa den erweiterten Kunstbegriff von Beuys hinzunehmen, so ließen sich derartige Gestaltungsprozesse in allen Bereichen nachweisen. Der zweite Punkt, der von meiner hier versuchten Interpretation abweicht, wäre folgender: Das Kunstwerk wird von mir, auch wenn es kein offenes Kunstwerk ist, wie etwa noch bei Picasso, nicht primär in seiner Werkgestalt interpretiert, sondern als Zeichen eines neuen Selbstverständnisses des Menschen, auch eines neuen Lebensgefühls gesehen. Bräuer geht es nicht um eine Subjektverfassung, eine Lebensform, sondern immer noch um das Produkt, das vor uns an der Wand hängt, und so bleiben seine Überlegungen, auch wenn sie wie die meinen an künstlerischen Schaffensprozessen gewonnen wurden, doch auf Künstler begrenzt und lassen sich nicht als anthropologische Erkenntnisse verallgemeinern, so wie ich dies anstrebe.

und führt dies nur aus, sondern das Werk formt sich „von selbst“, wenn „es geht“.

Nicht jeder vermag diesen Fund zu machen; es bedarf der Vorbereitung sowohl durch Studien künstlerischer Art, als auch durch das ganze vorherige Leben und Erleben.

7.4.3 Identifikation

Cezanne spricht nicht nur passiv von sich als Aufnahmeorgan, sondern auch aktiv von sich als Ich. „Ich nehme (...) ich mache fest (...) ich bringe zusammen.“ Dies ist das eine Ich, welches gestaltet und welches nicht ablassen darf, dem Prozeß zu folgen. Aber es gibt noch ein zweites Ich, das nicht dazwischenkommen darf, das beispielsweise durch Bedenken dessen, was geschieht, stören kann, „dann stürzt alles ein und ist verloren“. Was ist verloren? Zum einen das Werk, das gerade im Entstehen ist, das aus einem Prozeß hervorgeht, der hochsensibel ist, zum anderen aber auch das Ich, das dieses Werk hervorbringt. Dieses Ich gibt es vor der Hervorbringung nicht. Es entsteht durch ein Identifikationsgeschehen; es ist das Subjekt dieses Geschehens. Was vorher war, wird jetzt als „Alltags-Ich“ (Bittner) oder, mit Cezanne, als „der Elende“, der im Vergleich zu dem was jetzt geschieht nur bedeutungslos ist, bezeichnet. Dieses zweite Ich darf sich nicht willentlich einmischen, weil der Wille dieses Subjektes etwas anderes will als der Wille des Ichs, das im Hervorbringen erst entsteht. Dieser Wille ist gleichsam ein Innenblick des schöpferischen Prozesses, der das, was begonnen hat weiterführen und über sich hinausführen will, damit daraus etwas Neues entstehen kann.

Beide Iche sind nicht identisch, was viele Künstler selbst auch so empfunden und zum Ausdruck gebracht haben. So wie Cezanne hier, so könnte man auch anführen, was über Picasso berichtet wurde, daß er des Morgens nicht aufstehen wollte, oft pessimistisch und reizbar war. Erst, wenn er ins Arbeiten hineinkam, war das wie weggefegt, das heißt, wenn sein schaffendes Ich sich konstituiert hat. Doch: auch außerhalb des Werkschaffens haben Künstler wie Picasso nicht schlecht gelebt, durchaus nicht nur alltäglich, weshalb ich denke, daß das doppelte Ich nicht ausreicht, um die vielfältigen Weisen zu beschreiben, die man als Mensch sein kann. Auch diese Iche hatten ihren eigenen schöpferischen Entstehungsprozeß (etwa: Picasso als Mann von Francoise, der nicht der gleiche ist wie der, der Marie-Therese als Geliebte hatte).

Die Entstehung einer neuen Möglichkeit setzt etwas wie Selbstvergessenheit voraus, ein Verlassen des Alten und Sich-Einlassen auf eine Sache, die zutiefst berührt und einen Reiz, eine Ausstrahlung für uns hat: hier ist etwas möglich, hier geht etwas, ohne daß wir noch wissen wohin. Dieses Sich-Einlassen geht eine tiefe Verbindung mit der Sache, mit den Dingen ein, um die es geht. Nichts darf stören und ablenken, wenn es darum geht, die Möglichkeiten herauszuspüren, die in dieser Sache liegen könnten. Aus tastenden Anfängen ergeben sich in einer Art Kommunikationsprozeß von Mensch und Sache die Schritte mit wachsender Stringenz und Notwendigkeit. (vgl. ebd., S. 242) Subjekt und auch Objekt entstehen in einem solchen konkreativen Prozeß neu und in anderer Weise als vorher.

Die von van Gogh gemalten Sonnenblumen sind keine Abbildungen, sondern Bilder, die, von den konkreten Blumen ausgehend, zu einer Möglichkeit, Bild des brennenden und sich verzehrenden Lebens sein zu können, geworden sind. Das Subjekt dieser Gestaltung kann diese Sonnenblumen nur so malen, indem es dies nicht nur sieht und wahrnimmt, sondern auch erleidet und empfindet; indem es dieses im Malen lebt. Dazu hat van Gogh seine Lebensgeschichte bereit gemacht. Aber das Leiden am Leben allein genügt nicht. Entscheidend ist, daß er aus dem Leiden heraus in einem schaffenden Prozeß dieses als Bild des Lebens verherrlicht hat und sich selbst als Künstler, als van Gogh, daraus gewonnen hat. Hier erst entsteht das Gefühl: Dieses bin eigentlich erst ich.

> „Die Hauptcharaktere des Vorgangs sind Versetztheit des Handelnden in seine Handlungsmitte, Identifikation mit der Übermacht des Handlungsgeschehens selbst, Notwendigkeit des Geschehens, das nur so und nicht anders möglich ist.“ (ebd., S. 239f.)

Das Handlungsgeschehen gewinnt eine Eigendynamik, die dem daran Beteiligten das Gefühl gibt, sicher getragen zu werden. Es entstehen Kräfte, die nicht im Subjekt vorhanden waren und auch nicht in der Sache allein liegen. Sie entstehen aus dem gemeinsamen Prozeß und lassen die Werke und den Menschen weit über sich hinauswachsen, weit über das, was er vorher war, wußte und sich vornehmen konnte.

> „Was mich früher immer abgehalten hat, mich mit meinen eigenen Erzeugnissen zu umgeben, ist eine scharf gefühlte Scham vor der eigenen Produktion; dies Gefühl ist schwer erklärlich, es geht auf den Moment der Schöpfung zurück, in dem an Stelle des persönlichen Willens der rätselhafte Zwang einer Eingebung trat. Ich weiß von so vielen und gerade meinen stärkeren Sachen absolut nicht mehr w i e sie entstanden sind; ich wundere mich, daß ich sie gemacht habe und sie beunruhigen mich. Selbst beim Durchblättern meiner Skizzenbücher erschrecke ich zuweilen förmlich.“ (Marc nach Bräuer 1966, S. 62f.)

Marcs Aussage mag ein Beleg dafür sein, daß man auch wieder hinter das zurückfallen kann, was man in solchen Aufschwüngen erreicht. Im Malen ist es möglich, an dieser erreichten Ebene wieder anzuknüpfen, aber dem Produkt gegenüberstehend ist der Prozeß der Entstehung nicht zugänglich, er erscheint anders.

7.5 Einarbeiten von Vorgegebenheit - Vereignung

Im Fund finden sich Finder und Werk, findet der Mensch eine eigene Identität, eine Möglichkeit, sich selbst zu verstehen, sich zu empfinden, sich in einer spezifischen Beziehung zu den Dingen und der Sache zu befinden. Er entsteht mit dem Hervorgang der Sache. Die Konstitution einer Erlebensweise, nicht nur eines kognitiven Musters ist „Ergebnis" schöpferischer Prozesse.

Der Fund als einmaliges, ekstatisches Ereignis allein vermag eine Verwandlung der Wirklichkeit im ganzen als tragende Grundlage nicht zu leisten.

Csikszentmihalyi bezeichnet die auf das „Aha!"-Erlebnis folgende Phase „99 Prozent Transpiration", bei der es darauf ankommt, die gewonnenen Erkenntnisse kritisch zu überprüfen, auszuarbeiten und in Beziehung zur Domäne zu setzen. (vgl. Csikszentmihalyi 1997, S. 155f.) Doch hier soll es nicht nur um neue Erkenntnisse gehen, sondern um eine neue Dimension des Erkennens und Handelns. Die Geburt des neuen Ichs vollzieht sich in eins mit den Handlungen.

7.5.1 Die Vergangenheit ist nicht vorgegeben

Der Fund eröffnet nicht nur einen neuen Möglichkeitsraum für Zukünftiges, sondern strukturiert auch Vergangenes als vorgegebene Bedingung Erscheinendes als seine Vorgeschichte. Nur wenn dies gelingt, wird der Fund auch „wirklich". Ansonsten besteht die Gefahr, daß es als eine überfliegende Idee, als ein Wunschtraum keine Anbindung an vorgängige Bedingtheiten, an das bisherige Leben hat.

> „Für die Aufgabe der *Strukturation* ist die Vergangenheit nicht etwas Vorliegendes, Vorgegebenes, Abgeschlossenes, sondern etwas, das erst eigentlich zu bestimmen ist. Die Strukturation gelingt nur dann, wenn sie die oft nur *zufällig* gegebenen Momente und Stationen der Vergangenheit in einer *sinnvollen* Weise in die Zukunft einbringen kann. Es wird der Weg gesucht, durch den von der Zukunft her die zunächst noch zufällig oder gar sinnwidrigen Vorfälle der Vergangenheit einen *Notwendigkeitswert* erhalten, also rückwärts *vernötigt* werden." (Rombach 1994, S. 77)

Obwohl wir unser Leben nach dem Maß der linearen Zeit beschreiben können, vollzieht es sich doch nicht im einförmigen Nacheinander von objektiv zugänglichen Erlebnissen, an die wir uns besser oder schlechter erinnern.

Die Vergangenheit ist nicht vorgegeben als Bedingung unseres jetzt so und so seins, sondern dieses ermöglicht es, Vergangenes, das vormals zufällig oder unsinnig oder gar unerträglich war, so zu sehen, daß daraus eine notwendige Bedingung für unsere nun „ge-fundene" Identität wird. Keiner erlebt das Gleiche, auch wenn es so aussehen mag. Was für den einen eine Herausforderung ist, lähmt den anderen unsäglich, weil er es nicht vermag, es sinnstiftend als notwendige Bedingung seiner jetzigen Existenz zu sehen.

Bereits Nietzsche spricht diesen Gedanken im Zarathustra im Bild aus, wenn er sagt, daß bisher Rache und Strafe des Menschen Verhältnis zu seiner Vergangenheit gewesen ist, weil das, was geschehen ist, als ein unumstößliches „es war" gesehen wurde, das nicht zu akzeptieren ist. Der Wille jedoch ist Wille zur Macht und damit auf zukünftige Steigerung aus. Er muß auch in bezug auf Vergangenes zum schaffenden Willen werden, muß das „Zurückwollen" noch lernen, wenn sein Ausgriff in die Zukunft nicht nur „Fabellied" sein soll. (Nietzsche KSA 4, S. 181)

> „Ich wandle unter Menschen als den Bruchstücken der Zukunft: jener Zukunft, die ich schaue.
>
> Und das ist all mein Dichten und Trachten, dass ich in eins dichte und zusammentrage, was Bruchstück ist und Räthsel und grauser Zufall.
>
> Und wie ertrüge ich es Mensch zu sein, wenn der Mensch nicht auch Dichter und Räthselrather und der Erlöser des Zufalls wäre!
>
> Die Vergangenen zu erlösen und alles „Es war" umzuschaffen in ein „So wollte ich es!" - das hiesse mir erst Erlösung." (ebd., S. 179)

Es geht also um ein Umschaffen, Akzeptieren, Sinn-Verleihen auch der Ereignisse, die vielleicht unerträglich, unsinnig, unzumutbar erscheinen. Nicht ein Sich-Abfinden, sondern ein Einstrukturieren in einen neuen Zusammenhang, in dem es einen Sinn gewinnt, ist die Aufgabe. Gelingt ein solches Einbinden und Bündeln von Kräften, so bedeutet dies nicht nur das Einarbeiten des Vergangenen, sondern fördert gleichzeitig die Bewegung in die Zukunft. Dabei wird nicht alles vereinheitlicht; unter Umständen gewinnt eine Identität an Eigenheit durch Absetzung von Anderem, Fremdem. Auf diesem Wege wird eine neue Vergangenheit entdeckt, die es vor dem Durchbruch nicht gab. Insofern handelt es sich dabei nicht um die Verwirklichung bereits vorhandener Möglichkeiten, sondern um eine „Erschaffung von Möglichkeiten" (Rombach 1988, S. 246).

In der Biographieforschung wird der Blick auf die Vergangenheit unter dem Stichwort des Deutungsmusters diskutiert. (vgl. Bittner 1994 und Henningsen 1981) Die Vergangenheit stellt sich nicht als nacheinander ablaufende Kette von Fakten dar, sondern wie wir die Vergangenheit sehen, was uns förderlich und schädlich erscheint, richtet sich nach dem Interpretationsmuster, durch das wir sie betrachten.

Doch wie kommen wir gerade zu diesem Muster, wie arbeitet es? Auch legt der Begriff des Musters den Irrtum nahe, daß wir alles nur noch unter einem einmal erworbenen Blick betrachten, der sich durch diese Betrachtung selbst kaum verändert. Im Wörterbuch lassen sich fünf Bedeutungsspektren des Begriffs „Muster" finden: 1. „*Vorlage, Modell*", 2. „*Warenprobe*", 3. „<Gramm.> *Beispiel (wort od. -satz), Paradigma*", 4. „*sich wiederholende Verzierung*", 5. „*Vorbild, vollkommenes in seiner Art*". (Wörterbuch (Wahrig 1984), S. 549) Das Muster kann sich wiederholen, sich reproduzieren. Es ist im Alltag sicher notwendig, sich anhand von Wahrnehmungs- und Deutungsmustern zurechtzufinden. Nicht jedesmal, wenn man zum Arbeitsplatz fährt, muß man das Autofahren neu erfinden. Mich interessieren nun im Besonderen die Entstehungsprozesse von Mustern. Während des Lernprozesses war Autofahren noch spannend, risikoreich, immer auch vom Mißlingen bedroht, wenn es plötzlich galt, auf glatter Fahrbahn unter den Augen des Fahrlehrers am Berg anzufahren. Einzelheiten wurden wahrgenommen, die heute automatisch und nicht mehr bewußt registriert werden. Was einst fragil und sensibel war, ist nun nur noch Reproduktion eines erstarrten Bewegungsablaufs, der zum Muster geworden ist. Lebensfreude, Veränderung und Verwandlung, ein Sich-Spüren des Ichs geschieht jedoch meist da, wo solche ohne Zweifel lebensnotwendigen Muster durchbrochen werden. Wo plötzlich etwas anders und überhaupt erst erlebt wird, da entsteht eine Intensität im Leben. In der Befreiung von einem Muster, im Aufbruch zu einer neuen Sichtweise entsteht Energie.

Kafka hat hierzu eine Erzählung geschrieben unter dem Titel „Aufbruch“, in der es einzig um das „Weg-von-hier“ (Kafka 1979, S. 321) geht, das Verlassen des Alten und Gewohnten, ohne daß eines Ziel bereits in Sicht wäre, außer dem Verlassen des Vorigen. Dieser Aufbruch allein erbringt seine Kraft aus sich. „Es ist ja zum Glück wahrhaft eine ungeheure Reise.“ (ebd.)

Jede neue Sichtweise kann zu einem Muster werden, mit dessen Hilfe wir unsere Erfahrungen strukturieren. Doch wie kommt einer zu seinem Muster, wie kommt einer zu seinem Blick auf sein Leben?

Henningsen spricht nicht von Mustern, sondern in bezug auf Max Frisch von Geschichten, die dem Betreffenden einfallen. Die Geschichten erst machen Erfahrung verstehbar, indem eine Vergangenheit erfunden wird, in der diese Erfahrung deutlich wird.

> „Geschichten sind Entwürfe in die Vergangenheit zurück, Spiele der Einbildung, die wir als Wirklichkeit ausgeben. Jeder Mensch erfindet sich seine Geschichte, die er dann, oft unter gewaltigen Opfern, für sein Leben hält.“ (Frisch nach Henningsen 1981, S. 33)

Die Vergangenheit wird also nicht abgebildet, sondern mittels der Geschichte „erschaffen“ (Henningsen ebd., S. 36). Nicht nur die Vergangenheit entsteht neu mit der neuen „Geschichte“, sondern auch das Ich, das die Geschichte erzählt. Als Beispiel wird abermals Max Frisch zitiert mit der Geschichte eines Pechvogels, der das große Los gewinnt und schließlich zu seiner Rettung die Brieftasche verliert.

> „Andernfalls hätte er sich ja ein anderes Ich erfinden müssen, der Gute, er könnte sich nicht mehr als Pechvogel sehen. Ein anderes Ich, das ist kostspieliger als der Verlust einer vollen Brieftasche, versteht sich, er müßte die ganze Geschichte seines Lebens aufgeben, alle Vorkommnisse noch einmal erleben und zwar anders, da sie nicht mehr zu seinem Ich passen.“ (Frisch nach Henningsen 1981, S. 37)

Ein neues Ich in eins mit einer neuen Vergangenheit zu sehen, soweit kann ich mit Henningsen übereinstimmen. Aber die Entstehung eines solchen Ichs, einer neuen Geschichte, ist durch einen Einfall, durch das große Los, unzureichend in den Blick genommen. Zudem ist die Vorgängigkeit der Geschichte vor der Erfahrung ein zu konstruierter Standpunkt, was deutlich werden würde, wenn man die Entstehungsgeschichte näher untersuchen würde. Daß das Ich eines Schriftstellers durch die Geschichte erst entsteht, mag noch angehen, doch wie ist es mit dem eines Hufschmieds oder eines Elektrikers? Das Ich entsteht in einem wechselseitigen Prozeß mit einer Sache, die eine Erzählung sein kann, aber nicht muß.

Bittner bringt einen zusätzlichen Gesichtspunkt in die Diskussion. Der Mensch kann sich in der Geschichte finden, konstituieren, aber er kann sich auch verfehlen, ohne es zu merken. Die Deutung und die erzählte Erfahrung sind also zweierlei. Dies geschieht dann, wenn etwas von der Erfahrung in der Deutung unterschlagen, nicht wahrgenommen wird. Das bewußte Ich als „Konstrukteur seiner Biographie“ (Bittner 1993, S. 234) ist nicht ausreichend. Bittner führt nun einen „verborgenen Konstrukteur“ (ebd.) ein, den er schon früher auch „Grund-Ich“ genannt hat. Obwohl dadurch eine neue Ebene des Verstehens gewonnen wird, wird doch der schöpferische Aspekt, den Henningsen hat, preisgegeben zu Gunsten einer Art unbewußter Vorbestimmtheit, wodurch es dem Menschen in gewisser Weise genommen ist, an seiner Neuwerdung schöpferisch beteiligt zu sein.

7.5.2 Vereignung

Zunächst äußerlich Erscheinendes wird in eine Bedingung des neu Entstehenden verwandelt, und zugleich konstituiert sich das Ich dieser Bewegung. „(...) die Vorgegebenheit muß in eine Selbstgegebenheit verwandelt werden.“ (Rombach 1988, S. 246) Eigenheit entsteht in diesem Prozeß nicht von selbst, sondern indem Begegnendes, auch Beeinträchtigendes herausfordert, sich neu zu finden. In Auseinandersetzung, Vergleich, Aufarbeitung von anderen Möglichkeiten entsteht Profilierung des Eigenen, Herausarbeiten von Individualität.

Diese Vereignung geschieht nicht nur in der Arbeit am Kunstwerk, wo der Künstler neue Entwicklungen mit aufnimmt und beantwortet. Auch in einem wissenschaftlichen Text, in dem verschiedene Ansätze zum Thema in einer stimmigen, auch ablehnenden, jedoch vereignenden Weise auf das eigene entstehende Thema bezogen werden, vollzieht sich diese Profilierung. Selbst im Alltag, beim Wecken der Kinder vor der Schule, wird durch den Klang der Stimme, mit jeder Bewegung, ein Eigenraum erzeugt, in den hinein es Freude macht, aufzustehen und in den Tag zu gehen.

Eigenheit bedeutet weiterhin eine eigene Zeitlichkeit zu entwickeln wie auch einem eigenen Maßstab unterworfen zu sein. (vgl. ebd., S. 267ff.) Wo etwas gänzlich Neues aus einem schöpferischen Prozeß entsteht, kann es nicht an bereits vorhandenen Kriterien, Zielen und Normen gemessen werden. Wo eine zuvor unvorwegnehmbare Möglichkeit sich realisiert, erstellt sie ihr eigenes Maß. Bleibt sie hinter sich zurück, verfehlt sie sich, ist sie in sich geklärt - das sind mögliche Fragen, die eine Sache aus sich selbst beurteilen. Das heißt natürlich nicht, daß alles beliebig oder erlaubt ist, denn das Kriterium der Steigerung und Fruchtbarkeit gilt auch hier. Zu fragen ist auch, ob anderes dadurch verunmöglicht, unterdrückt, beherrscht wird. Eigenmaßstäblichkeit kann nicht nur für einen gelten.

7.5.3 Überformung und Mimesis

Überformung ist ein Phänomen, das unser ganzes Leben durchzieht. Jede Neuschöpfung ist auch Überformung von zuvor Gelebtem, Wahrgenommenem und Erkanntem. Auch wenn sie in sich selbst beginnt, so hat sie eine Vorgeschichte und ein Material, das gestaltet wird.

> „(...) eine Struktur könnte gar nicht als Selbsthervorbringung beginnen, wenn sie nicht von Grund auf Überformung wäre (...) man muß nur auf die neue Dimension kommen, dann ergeben sich von dorther aus den alten Strukturen die neuen Sachen. Sie ergeben sich nicht durch Kausalität oder Ableitung und Entwicklung, sondern durch die Erfindung der neuen Dimension, die zugleich die Findung der neuen Struktur ist. (...) Dieser Findungsprozeß geschieht nur so, daß über oder in der alten Struktur ein neuer Ichpol entsteht." (Rombach 1994, S. 119)

Die Überformung des Vorgefundenen ist also auf einen Durchbruch angewiesen, in dem die neue Dimension in eins mit dem neuen Ich aufspringt. Das Umspringen der Situation bedarf nicht unbedingt eines spektakulären Vorlaufs, sondern kann durch eine Kleinigkeit ausgelöst werden, die nicht mehr in die alte Ichverfaßtheit hineinpaßt und somit eine Änderung und Verwandlung ernötigt.

Ein Beispiel:
Deutlich ist mir das geworden, als ich mit meiner Tochter (4, 4) für ein paar Tage ins Krankenhaus mußte, weil sie wegen eines Leistenbruchs operiert werden mußte. Für sie war das von Anfang an eine Art Abenteuer, einmal selbst auszuprobieren, was im Spiel im Kindergarten seit Monaten Thema war. Die Reisevorbereitungen, das Packen des Koffers, bereiten ihr Freude. Beim Aufbruch fragt sie noch, ob man wohl auch Rollschuhe ins Krankenhaus mitnehmen dürfe. Ich hoffe noch, daß ihre Erwartungen nicht allzu schmerzhaft enttäuscht werden, als wir dann zum Krankenhaus fahren.

Am Morgen der Operation verläßt sie dann der Mut, als sie um 7 Uhr früh duschen muß. Sie will nun doch lieber wieder nach Hause gehen (als ob sie sich vorher freiwillig dafür entschieden hätte). An der Wand unseres Zimmers ist das Märchen Dornröschen bildlich dargestellt. Wir sprechen darüber, daß auch sie einschlafen muß, aber danach ja wieder aufwacht. Sie bleibt verhalten, möchte sich das Ganze lieber ersparen. Erst als der 2-jährige Junge aus unserem Zimmer auf dem Gang weint, weil seine Mama zum Frühstücken fortgegangen ist, ist sie mit einem Satz aus dem Bett. Sie muß nach ihm sehen. Ich denke noch insgeheim: „Jetzt muß ich mich auch noch um den kümmern." Sie sieht das völlig anders. Die Schwester, die sich um den Jungen kümmert, hat sich mit seinem Weinen abgefunden - nicht so Eva. Sie beugt sich zu ihm runter, spricht unermüdlich zu ihm von seinen Kuscheltieren und von der Spielecke. Wir bemühen uns um ihn, und tatsächlich läßt er sich trösten und zum Spielen verführen. Die beiden haben großen Spaß.

Für diese Aktion hat Eva nicht eine Kraftreserve aktiviert, sondern hat aus der Begegnung, aus dem sich entwickelnden Spiel für sich selbst Kraft im Überfluß gewonnen. Auch als Ben dann anschließend nach Hause geht und wir wieder allein sind, sieht sie die Dinge anders als am Morgen. Die Zeit erscheint nun als geschenkte Zeit, Zeit zum Musik hören, zum Luftballon spielen, zum Tanzen und Lachen. Die Operation erscheint nun nicht mehr entmutigend, sondern verdichtet die Wartezeit als eine besonders intensiv erlebte Zeit. Auch als wegen mehrerer Notfälle die Operation immer wieder verschoben werden muß, und sie ja immerhin nüchtern warten muß, korrigiert sie meinen Unmut darüber: „Wir können doch warten. Wir sind doch nicht verletzt" und macht sich statt dessen Gedanken darüber, ob der Notfall vielleicht ein Mädchen ist, das vom Fahrrad gefallen ist usw. Als wir wieder ein neues Kind mit Mutter ins Zimmer gelegt bekommen, freut sie sich: „Jetzt können wir noch jemand Neues kennenlernen", während ich daran denke, wie viel Geld manche Menschen investieren, um im Fall des Falles ein Einzelzimmer zu haben.

Die oben geschilderte Situation des Krankenhausaufenthaltes konstituiert also nicht ein notwendig entstehendes Ich, sondern das Ich arbeitet sich aus dem Umgehen mit und Eingehen auf die Situation heraus. Dies geschieht als Überformung der Struktur. Eine andere Mutter, die ebenfalls mit ihrem Sohn warten muß, kommentiert die Wartezeit so: „Der Tag ist eh' versaut."

Das Ich entsteht aus dem Antworten auf die Situation, in denen es lebt. Da fließen natürlich auch Vorerfahrungen mit ein. Eine optimistische Sichtweise, Strategien des Umgehens mit kritischen Situationen, soziale Kompetenzen und vieles mehr. Aber all das zusammen ergibt eben nicht notwendig eine bestimmte Haltung, ein bestimmtes Ich dieser Situation. Das Ich entsteht erst durch Identifikation mit der Situation und deren Überformung. Erst im Sich-Hineinbegeben in die Situation entwickeln sich Möglichkeiten, die von außen nicht sichtbar sind. Sie entstehen, wie Rombach sagen würde, konkreativ, d.h. im Zusammengehen und Auseinander-Hervorgehen von Ich und Welt, aus einem sich selbst steigernden Prozeß. Das kann ge-, aber auch mißlingen.

Einen, wie ich glaube, vergleichbaren Gedanken finde ich bei Gebauer und Wulf unter dem Begriff der „Mimesis". (vgl. Gebauer/Wulf 1994 und Gebauer/Wulf 1998)

Mimesis darf nach Gebauer/Wulf nicht mit Nachahmung gleichgesetzt werden. Darüber hinaus zielt der Begriff auf Bedeutungen wie etwa: „sich ähnlich machen (...) Mimikry, Imitation, Repräsentation, unsinnliche Ähnlichkeit. (...) sinnliche Ähnlichkeit (...) unsinnliche Korrespondenz oder die intentionale Konstruktion einer Entsprechung." (Gebauer/Wulf 1994, S. 321) Was heißt das aber? Es bedeutet, daß wir immer schon auf Lebenszusammenhänge bezogen sind, indem wir etwa sinnliche Erfahrungen machen. Diesen Zusammenhängen und Mustern unterwerfen wir uns nicht, wir ahmen sie nicht gleichsam blind nach, sondern verändern sie, indem wir uns auf sie beziehen. Eine Rede von einem vollkommen autonomen, kreativen Ego, das nur aus sich selbst heraus schafft, wird damit obsolet, weil jedes „Erzeugen von Welten aus Symbolen und Erkenntnissen" (ebd., S. 322) nur auf der Grundlage von sinnlicher Erfahrung möglich ist.

Mimesis beinhaltet immer das Moment der Bezugnahme auf eine andere Welt, von der sie aber auch nicht völlig abgetrennt ist, insofern die Erfahrungen verändernd in die mimetische Erzeugung hineingenommen werden. Zudem ist ein weiterer Aspekt von Bedeutung: „Mimesis ist ein *körperliches Handlungswissen.*" (ebd., S. 323) Das heißt eben, daß die Bezugnahme keine rein rationale ist, sondern etwa eine Verdichtung von sich wiederholenden Handlungen zu Ritualen oder symbolischen Bildern mit einschließt. Wir wissen nicht nur um diese Rituale, ihren eigentlichen Sinn entfalten sie im Handeln, ob das nun Einschlafrituale sind oder solche der Begrüßung. Solche Rituale sind eingelagert in kulturelle Kontexte. Wir verbeugen uns nicht, wie die Japaner zur Begrüßung. In dieser Geste ist ein ganzes Selbstempfinden und Selbstverständnis einer Kultur verdichtet und körperlich gestaltet; es wird sinnlich greifbar. Wird das Ritual bloß nachgeahmt, ohne es mitzuvollziehen und minimal zu überformen, so wirkt es lächerlich, wird äußerliche Maske, verliert seinen Sinn. Stimmt etwas nicht, so sind Störungen hier spürbar, noch bevor eine Reflexion darüber stattfindet.

Sichtbar gemacht hat das etwa Bill Viola, der zeitgenössische Videokünstler, indem er in „Greetings"[23] Szenen der Begrüßung in Zeitlupe zeigt und mit Klängen und Windgeräuschen kombiniert, die den Besucher in Bann ziehen. Die Verlangsamung macht ein Gespräch auf der Körperebene sichtbar, das zumeist unbemerkt bleibt. Auch der Betrachter sieht nicht nur die Bilder, sondern wird durch die Dunkelheit, die großen Leinwände und vor allem die Klänge auf der Körperebene angesprochen.

Diese Bilder sprechen uns an, wir finden uns wieder, entdecken vielleicht etwas an uns, wovon wir bislang noch nichts wußten.

> „Die Macht der Mimesis liegt wesentlich in den Bildern, die sie hervorbringt. Sie erzeugt eine Welt der Erscheinungen, des Scheins, der Ästhetik.

---

[23] Ausstellung im Rathaus in Frankfurt/M. 1999

Bilder haben zwar eine materielle Existenz, aber das, was sie darstellen, ist nicht integrativer Bestandteil der empirischen Wirklichkeit; es gehört einer anderen Ordnung des Wissens an als diese.“ (Gebauer/Wulf 1994, S. 333)

Was aber ist die empirische Wirklichkeit? Ist das was wir dafür halten nicht auch nur *ein* Bild von Wirklichkeit? Zudem sehe ich hier durchaus eine Differenz zu der an späterer Stelle zitierten Aussage von Wulf:

> „Die Bilder fangen uns an, bevor wir anfangen sie zu entschlüsseln. Bevor wir „Menschen“ sind, nehmen wir Bilder auf, haben wir bildliche Engramme.“ (Wulf in: Lenzen 1990, S. 196)

Insofern sehe ich die Interpretation der Bilder als „Schein“ oder „Illusion“ in einem anderen Licht. Ein Bild kann man vielleicht als eine verdichtete Form von Wirklichkeit beschreiben, das heißt aber dann, daß es ihr nicht gegenüberstehen kann.

Eine Frage wird hier offen bleiben müssen: Wie entstehen diese Bilder?

Doch auch in bezug auf Mimesis, bleibt mir die Frage nach der Entstehung in diesem Begriff zu wenig berücksichtigt. Sicher kann man sagen, daß das Kind sich entwickelt, indem es sich seinem Gegenüber ähnlich macht (vgl. Gebauer/Wulf 1994, S. 328), doch – ist das Neue, was entsteht, nur als eine Variation des ewig wiederholten Alten zu verstehen? Ich habe den Aspekt der Mimesis, der Gebundenheit jeder Neuschöpfung an das Vorige im Kapitel über die Dinge zu beschreiben versucht und denke, daß das gestalterische Moment, die Eigenleistung, die in jedem Neuen steckt auch angemessene Berücksichtigung finden muß. Das Neue ist nicht nur eine Abwandlung des bekannten Musters, sondern entsteht auch gerade im Vergessen des Alten, es beginnt in sich selbst und bezieht sich rückbezüglich auf seine Vergangenheit.

7.5.4 Der Umgang mit Fehlern

Speziell in der Art und Weise wie man mit Fehlern umgeht, liegt auch eine Chance. Nicht Fehler überdecken zu wollen, sie herunterzuspielen, weil sie peinlich sind und zeigen, daß wir etwas noch nicht können, sondern sich ihnen zu stellen, ist die einzige Möglichkeit, um aus ihnen zu lernen. Wo etwas als Fehler erscheint, muß sich das Ganze ändern, damit der Fehler Anlaß zu einem wirklichen Fortschritt wird. Der gesamte Umgang, die Sichtweise dessen, was ein Kind ist, und dessen, was ein Erwachsener ist, müssen sich ändern, damit die Anfangsfehler als Wege erscheinen können, die die Wende ernötigt haben.

Das gilt auch für ganz alltägliche Fälle. Jonas (6,2 Jahre) muß als Hausaufgabe Wörter, die den Buchstaben M enthalten, durch Zeichnen darstellen. Er zeichnet ein Bein und sagt dazu Mensch. Das zweite Bein setzt er tiefer an, ein Ungleichgewicht entsteht. Er malt den Menschen fertig, betrachtet das Ergebnis und ist sehr unzufrieden, will ihn am liebsten aus dem Heft ausschneiden.

Plötzlich hellt sich seine Miene auf: „Ich hab's, der geht gerade die Treppe runter!" Was zuvor als Mißgeschick erscheint, ist jetzt geradezu notwendig. (Ich habe nicht erfahren, ob es ihm gelungen ist, diese Blickwendung auch der Lehrerin verständlich zu machen.)

Fehler zu machen ist nicht populär, nach außen hin, will man in unserer Gesellschaft makellos erscheinen, doch damit ist gerade eine große Gefahr verbunden. Aus Angst, ein Fehler könnte bemerkt werden, versucht man selbst fortwährend die Augen zu verschließen, um sich nicht einer so unangenehmen Sache stellen zu müssen. Mit der Zeit wirtschaftet dann jeder so vor sich hin. Doch wo keine Fehler erkannt werden, entstehen auch keine schöpferischen Prozesse.

Wo man nicht den Mut hat, einen Irrweg einzugestehen, kann man auch keinen eigenen Weg finden. Das bestätigt auch Gerd Binnig, der Erfinder des Rastertunnelmikroskops, der in seinem Buch: „Aus dem Nichts - über die Kreativität von Natur und Mensch" von einer im Erfindungsprozeß notwendigen Entscheidung berichtet, eine für 100 000 Schweizer Franken eigens entwickelte Konstruktion binnen 10 Minuten auszumustern, weil sie nicht weiterführte. Er spricht von einer regelrechten „Psychobarriere" (Binnig 1989, S. 127), die das Zugeben und Zugestehen von Fehlern verhindert. So wird immer weiter in die falsche Richtung gearbeitet.

Auch Joseph Beuys kennt das Problem aus dem Schaffensprozeß.

> „(...) und vor allen Dingen wird es interessant, wenn man eine Sache fertig hat und gemeint hat, so ist es ideal, und auf einmal feststellt, gerade das ist das Allerblödsinnigste, das mir jemals unterlaufen ist. Und dann muß man umbauen, dann muß man also korrigieren, und das ist besonders schwierig. Aber es hat auch den großen Vorteil, daß man jetzt erst etwas herausholen kann, was man überhaupt nicht als eine Möglichkeit angesehen hat, weil sie gar nicht in Sichtweite war. Der Fehler, den man im ersten Ansatz gemacht hat, der kann sich herausstellen als eine unerhörte Gnade in bezug auf eine Sache, die dann auf einmal entsteht, (...) weil man den Fehler bemerkt hat und etwas umbauen muß. Dann entsteht etwas, was wie ein ganz Neues ist (...) Dieser Fehler, den laß ich nicht einfach bestehen, sondern aus diesem Fehler wird jetzt etwas gemacht, was viel toller ist als das, was in meiner Vorstellung war." (Beuys 1986, S. 37)

Von solchem Denken ist jedoch die Pädagogik leider weit entfernt. Unsere Erziehung, wie sie etwa in der Regelschule häufig praktiziert wird, ist auf anderen Werten aufgebaut.

7.5.5 Beispiel Korczak

Als Beispiel zur Veranschaulichung der letztgenannten Punkte der Vernötigung und Vereignung möchte ich das Initialerlebnis von Janusz Korczak anführen, wie er zu seiner Weise, das Kind zu sehen und mit ihm zusammenzuleben, kam.

Korczak wurde 1878 oder 1879 geboren. 1898 begann er sein medizinisches Studium. Seit 1899 ist war er nebenher als Schriftsteller tätig und kümmerte sich auch in dieser Zeit schon um Kinder aus dem Armenviertel in Warschau. Von 1904 bis 1911 war er als ein gefragter Kinderarzt tätig (1904/5: Arbeit im Feldlazarett im russisch-japanischen Krieg).

Das Ereignis, welches ich hier interpretierend anführen möchte, stammt aus seiner Zeit als Kinderarzt. Er verwendete seinen Urlaub, um als Erzieher in den Ferienkolonien mitzuarbeiten, die für die ärmsten Kinder eingerichtet worden waren. Seine Erfahrungen aus diesen „Sommerkolonien“ bilden den dritten Teil seines zum Klassiker gewordenen Werkes „Wie man ein Kind lieben soll“ (Korczak 1995, S. 234ff.).

Interessant an diesem Stück ist, daß die Ereignisse nicht nur im Nacheinander betrachtet, sondern in gewisser Weise von einem Doppelblick aus beschrieben werden. Das Werk ist im Rückblick, mehrere Jahre später, entstanden. Korczak gibt aber nicht nur den Rückblick, also seine Sichtweise vom Zeitpunkt des Schreibens aus, sondern auch seine Handlungsweise, Intentionen und Emotionen wieder, wie er sie vermeintlich in der Perspektive damals erlebte. Alles läuft auf eine schwere Krise zu, aus der er als ein anderer hervorgeht. Dies kann als Geburtsstunde einer neuen Handlungs-, Sicht- und Seinsweise verstanden werden, die eine neue Beziehungsmöglichkeit von Erwachsenen zu und mit Kindern beinhaltet. Was ihm in der Situation vor der Krise als wichtig und notwendig erschien, kommentiert er schonungslos und zeigt die ganze Tragweite seines Versagens und seiner Fehler, die jedoch erst im Rückblick von der neuen Sichtweite als solche erscheinen können. Eine Auf- und Einarbeitung seiner Vergangenheit findet hier Schritt für Schritt statt.

1) Es beginnt mit der Intention, die ihn zu der Teilnahme an den „Sommerkolonien“ geführt hat. Mit grenzenlosem Idealismus ausgestattet, wollte er die Kinder „auf dem Lande gänzlich in Freiheit leben lassen“, „Freude und Fröhlichkeit“, „ohne eine einzige Träne“ das war sein Ziel. (ebd., S. 234) Dies wird im Rückblick als Illusion bezeichnet.

2) Die Vorbereitung bestand damals für ihn darin, vermeintlich wichtige Spielsachen und Feuerwerkskörper zu besorgen. Dies sieht er von seiner neuen Sichtweise aus als Beschäftigung mit „weitab liegenden Einzelheiten“ (ebd., S. 235). Als unverzeihliche Unterlassung erscheint ihm: „(...)mit meinen Gedanken an die Kinder verband sich nicht die sorgenvolle Frage, wer sie wohl seien.“ (ebd.) Korczak hatte sich nur damit befaßt, wie er mit Spielen und Effekten den Kindern eine Freude bereiten könne, sich aber nicht die Frage nach den Kindern gestellt, nach ihren Bedürfnissen, von denen er leichtfertig annahm, er wüßte bereits, was für sie wichtig wäre. Diese Aufgabe der Beglückung stand in so rosigen Farben vor ihm, daß er auch das Lernen der Namen der Kinder als Nebensächlichkeit ansah, die wie von selbst gehen würde. Detailliert und selbstkritisch reflektiert er nun über die Konsequenzen, die sich aus derartigen

Unterlassungen ergeben, von denen er sagt: „Das wird in keinem Handbuch erwähnt.“ (ebd., S. 236)

3) Schonungslos legt er nun eine Kette von Fehlern offen, die schließlich zur Krise führen, die aber erst jetzt, von seiner neuen Sicht aus, als Fehler überhaupt wahrgenommen und als Vorgeschichte zu einer Wende interpretiert werden können. Zuvor geht er über seine Probleme hinweg in der blauäugigen Hoffnung, es werde schon noch besser werden, ohne sich mit den Gründen für die ganze Fehlentwicklung beschäftigen zu wollen.

a) Anstatt die Organisation der Reise zu übernehmen, verbringt er die Zeit mit im Nachhinein als nichtig erscheinenden Gesprächen etwa zu der Frage: „Warst du schon einmal auf dem Lande?“ (ebd., S. 239), um die Sympathien der Kinder zu gewinnen. Das Hilfsangebot eines Jungen lehnt er entrüstet ab - ein weiterer Fehler. Das Ergebnis seiner mangelnden Voraussicht ist eine wilde Horde von Kindern, die teils laufend, teils fahrend unterwegs ihre Sachen verloren und „aufgeregt und halb betäubt“ (ebd., S. 240) am Zielort eintreffen.

b) Auch beim nun folgenden Kleidung-Zuteilen, Platznehmen bei Tisch und Zu-Bett-Gehen wird seine große Naivität deutlich, sein durchgängig „falsches“ Prioritäten-Setzen. Die Freizügigkeit hatte nur ins Chaos geführt. Ein erstes Aufdämmern einer Erkenntnis beginnt: „Verschwommen zunächst wurden mir meine erlittenen Niederlagen bewußt, ich war jedoch wie betäubt und nicht in der Lage, nach ihren Ursachen zu suchen.“ (ebd., S. 242)

c) Sein größter Fehler besteht vielleicht darin, nicht wahrzunehmen, was auch eine blutige Schlägerei im Schlafsaal seiner Kinder betrifft, die er nicht als ein ankündigendes Zeichen einer noch schlimmeren Entwicklung zu lesen vermag.

4) Noch hat er die Hoffnung nicht ganz aufgegeben, daß es sich um Ausnahmen handeln könnte, die sich einfach von selbst zum Guten wenden könnten. So sind in seinen Notizen aus der damaligen Zeit die Mißerfolge ausgespart. Vielleicht war es ja möglich, ohne ein Aufarbeiten der Fehler davonzukommen. Doch die Entwicklung setzt sich fort, es kommt schließlich zur Krise. Als er am fünften oder sechsten Abend den Schlafsaal betritt, empfing ihn eine Katzenmusik. Seine Nachlässigkeit hatte nun Folgen: „(...) sie quälten und beschimpften mich und setzten dabei alles auf eine Karte.“ (ebd., S. 245) Das Zeiterleben verschob sich in dieser Krisensituation: „In diesen wenigen Minuten, die eine Ewigkeit währten, durchlitt ich viel.“ (ebd.) Schmerzlich getroffen muß er sich eingestehen, daß sein Traumgebäude in Trümmern lag und er zum Gespött derer geworden war, die er zu seinen Werten erheben wollte. Als seine Drohung, einen zu verhauen, nichts nützt, verprügelt er willkürlich einen Jungen und droht, ihn vor die Tür zum freilaufenden Kettenhund auszusperren.

Der Einbruch ist vollständig. Die zunehmende Differenz von Erwartungen, Vorbereitungen Vorstellungen und Zielen, mit denen er in das Unternehmen gestartet war, mit dem tatsächlichen Verlauf, führte zu einer Erschütterung all seiner Grundsätze. „Ich war ausgegangen, in weißen Handschuhen, mit einer Blume im Knopfloch, um erfreuliche Eindrücke und liebliche Erinnerungen einzuheimsen bei den Hungrigen, Mißachteten und Enterbten.“ (ebd., S. 246) Die Verpflichtungen, die mit einem solchen Unternehmen verbunden waren, konnte er auf Grund seiner vollkommen anderen Herangehensweise nicht sehen. Durch ihre Meuterei lehrten ihn die Kinder, was er aus Büchern allein vorher nicht wissen konnte.

5) Zur Wende kam es unerwartet, indem ein Junge ihn am nächsten Abend warnt, daß sie sich nun mit Stöcken wehren würden. Nun greift er den Hinweis auf, erleuchtet den Raum und entwaffnet die Überraschten. Auf diesen Sieg folgt im Gespräch mit den Kindern am nächsten Tag der Beginn einer gänzlich anderen Umgehensweise.

> „Am nächsten Tage, bei einer Unterhaltung im Walde sprach ich zum erstenmal nicht *zu* den Kindern, sondern *mit* ihnen, und ich sprach nicht davon, wie sie nach meinem Wunsche sein sollten, sondern darüber, was sie selbst sein wollten und könnten.“ (ebd., S. 247)

Vielleicht könnte man hier die Geburtsstunde von Korczak als Erzieher und Pädagoge ansetzen, so wie er uns aus seinen Werken bekannt ist durch eine spezifische Art, Kinder wirklich ernst zu nehmen, ihre kleinen Eroberungen, etwa die Tür selbst öffnen zu können, als ein Ereignis von umstürzendem Charakter sehen zu können. Dieses Kinder sehen zu lernen, das kann der Leser von Korczak lernen. Dieses „Vermögen“ wurde von ihm selbst unter Schmerzen „zur Welt gebracht“.

In seiner Rede zu den Kindern im Wald gesteht er ehrlich seine Fehler: Das Schlagen des Jungen und die Drohungen. Aber er fordert die Kinder, die ihn schließlich dazu gebracht haben, auf, ihrerseits die Schuld einzugestehen und gemeinsam zu überlegen, wie jeder sich bessern könne und wie man sich dabei helfen könnte. Alles was die Kinder im folgenden über sich als Selbsteinschätzung vorbrachten, wurde schriftlich festgehalten. Auf diesem Wege lernte er nicht nur die Kinder kennen, sondern nahm sie auch ernst, indem er ihre Sicht der Dinge nicht nur anhörte und wichtig nahm, sondern auch aufschrieb. Diese entscheidenden Gespräche mit den Kindern hat er auch in Zukunft nie routinemäßig durchgeführt, sondern oft eine Woche oder noch länger vorbereitet. Die Achtung vor dem Kind ist keine bloße Forderung, sondern muß sich in den Kleinigkeiten des Alltags, im Umgang mit begangenen Fehlern erweisen.

Aber eben nicht nur dieses einmalige Ereignis, das Gespräch im Wald, hat zu diesem Korczak geführt, sondern seine hier unerbittlich gegen sich selbst ins Detail gehenden Analysen seiner Versagensgeschichte. Durch die Einarbeitung dieser Vergangenheit mit ihrem dramatischen Tiefpunkt und ihrer Umwendung erst festigt sich seine Sichtweise, bringt sie sich in immer neuen Situationen wieder hervor. Dies steht immer auf dem Spiel; es kann mißlingen; es existiert kein gesichertes Wissen, auf das man sich nur zu beziehen braucht.

Dieses sich immer wieder neu Erbringen und Finden müssen zeigt sich daran, daß mit jenem Ereignis nicht einfach alles klar war und in Zukunft leicht von der Hand ging. Die Grundlage für sein ganzes späteres Wirken war geschaffen, aber im Einzelnen mußte es sich erst neu erweisen, mußte er noch viel von den Kindern lernen. So sagt er zu der Zeit in den Sommerkolonien: „Ich achtete die Kinder, ihre Spiele, ihre Streitereien und ihre Interessen gering, denn sie waren damals für mich noch „belanglos"." (ebd., S. 255) Rückwirkend kann dies deutlich werden durch eine vertiefte Sichtweise, eine genauere Beobachtungsgabe, ein Sich-Hineinversetzen und Wahrnehmen der Gründe und Hintergründe, die Kinder nicht benennen, wenn sie etwa ein Kind vom Spiel ausschließen. Diesen Spielverderber nicht aufzudrängen, sondern nach Hintergründen zu fragen und verstehen zu wollen, ist ein Grundzug, der in allen Bereichen erst „gelernt" und als Fähigkeit erst ausgebildet werden muß.

7.6 Untergang

Wo der Fund als das Neue, um das es hier geht, nicht mehr weiter ausgefaltet wird bzw. sich in einem ständigen Korrektur- und Erneuerungsprozeß nicht mehr neu konstituiert, sondern nur bei dem einmal Erreichten stehenbleiben will, da beginnt der Untergang. Wo die Steigerungsbewegung einhält, beginnt die Zurücknahme. Noch ist vielleicht eine erneute Umkehr möglich, kann aus Verfehlung und Verfahrenheit einer Situation eine Erholung möglich sein, aber ein Bleiben gibt es nicht. Wo etwas nicht mehr im Werden ist, erstarrt es, wird es zur Maske seiner selbst und der innerliche Zerfall wird unaufhörlich.

Für den Untergang gibt es nach Rombach viele verschiedene Formen. (vgl. Rombach 1988, S. 271ff.) So kann eine Sache leise ausklingen, wie sie vielleicht unscheinbar begonnen hat, ihre Eigenheit immer stärker auszuartikulieren.

So wie das Neue aus einer schweren Krise, aus einem Einbruch hervorgehen kann, so gibt es das tragische Ende, das vielleicht Korczak ereilt hat, indem er in Konsequenz seines Seins bei den Kindern auch mit ihnen in den Tod ins KZ mitgegangen ist.

Aber auch ein unbemerktes Abschließen einer Bewegung ist denkbar, wenn etwas Neues entstanden ist und das Alte plötzlich als überholt, als nicht mehr gültig, als früheres Leben empfunden wird. Zwischen zwei Seins- und Handlungsweisen gibt es jedoch „Nichts". Sowenig das Neue sich aus dem Alten herleiten läßt - immer ist ein Moment der Diskontinuität dazwischen, das nicht zu erklären ist - sowenig führt das Nicht-mehr-gültig-Sein des Alten automatisch zu einem neuen Leben. Dazwischen liegt immer ein Tod. Das gilt etwa, wenn man sich von einem einst geliebten Menschen getrennt hat. Nicht nur die Beziehung ist zu Ende, sondern das gemeinsame Ich, das aus dieser Beziehung entstanden war, muß sterben und darin auch der Einzelne neu aus diesem Tod hervorgehen.

8 Die Dinge

8.1 Einführung und geschichtliche Schlaglichter

Man wird sich fragen, was in einem Buch über schöpferische Prozesse nun die Dinge zu suchen haben. Was kümmern uns die Dinge? Als Pädagogen haben wir es doch vornehmlich mit lebendigen Menschen zu tun.

Käte Meyer-Drawe setzt sich in ihrem Aufsatz „Herausforderung durch die Dinge. Das Andere im Bildungsprozeß" mit diesem Gedanken auseinander. (vgl. Meyer-Drawe 1999, S. 329ff.) Ihr Anliegen faßt sie folgendermaßen zusammen:

> „Der Artikel greift ein Problem moderner Bildungstheorien auf, das darin besteht, daß maßgebliche Bildungsbegriffe die Herausforderungen durch die Dinge nicht angemessen berücksichtigen. Bildung wird vor allem als Gestaltung der intellektuellen Schöpferkraft eines sinnkonstituierenden Subjekts thematisiert und nicht auch als ein Antwortgeschehen, in dem die Ansprüche der Welt aufgenommen werden. Vor diesem Hintergrund wird der Versuch unternommen, diese Geschichte des Weltverlustes verständlich zu machen." (ebd., S. 329)

Meyer-Drawe konstatiert eine Bandbreite möglicher Grundannahmen. Entweder wird *die* Wirklichkeit vorausgesetzt, mit vorgängigem Sinn ausgestattet, oder aber sie ist nur subjektiv deutbar, oder sie wird gar als eine Erfindung des Subjekts bezeichnet wie im Konstruktivismus. Hier entsteht Welt erst durch die konstruierende Tätigkeit des Subjektes, das vorausgesetzt wird.[24]

> „Daß wir nicht auf *eine* Wirklichkeit stoßen, besagt allerdings noch nicht, daß wir unsere Welt lediglich *erfinden*, daß dem *Finden* überhaupt keine Bedeutung zukommt. Es muß ein Weg gesucht werden, der Mitwirkung der Dinge an unserem Verständnis von ihnen zur Aussprache zu helfen, um ihrer bildenden Bedeutung auf die Spur zu kommen." (Meyer-Drawe 1999, S. 329ff.)

Das Finden ist im Gegensatz zum Erfinden keine Einbahnstraße, sondern ein dialogisches Verhältnis von Subjekt und Ding, welches wahrgenommen *und* ernstgenommen werden muß - mit allen Sinnen, nicht nur als ein kognitiver Akt des Erkennens. Der Apfel ist eben nicht nur ein Kernobst im Gegensatz zum Steinobst, wie man das als braver Schüler einer 1. Klasse in der Regelschule

[24] vgl. Kapitel 9.1.4 Konstruktivismus

lernt, sondern der Apfel ist süß oder sauer, reif oder noch unreif. Er muß zur richtigen Zeit geerntet werden; dazu muß man auf Bäume klettern bis in die Baumkrone, wo die rötesten Äpfel hängen, die schwer zu erreichen sind. Wer da oben balanciert, fühlt sich gelockt und angesprochen, die größten Äpfel zu erreichen. Immer weiter muß man sich vorwagen, sich ausstrecken, um genau den Apfel zu erreichen, der einen besonders verlockend ansieht. Dieses Zwiegespräch eines sich steigernden Angesprochenseins bis zum Risiko des Absturzes findet einen vorläufigen Höhepunkt darin, ihn ganz vorsichtig zu pflücken und zu verwahren, damit er nicht herunterfällt, um dann endlich nach gelungenem Abstieg die Augen zu schließen, voller Vorfreude und Erwartung zu riechen, um dann voller Genuß hineinzubeißen, Biß um Biß.

Die lebensweltliche Erfahrung, die zu einem Wissen führt, bei dem die Dinge noch an der Entstehung beteiligt sind, wird entmündigt durch die Verabsolutierung einer Wissensform des neuzeitlichen Subjektes, das die Dinge qua Denken in einen Zusammenhang stellt und sie so zum Schweigen bringt. Der Apfel nach DIN-Norm, garantiert ohne Wurm und makellos, glänzend gewachst und mit Konservierungsstoffen den Schrumpfungsprozeß der Schale zum Stehen gebracht, erstrahlt im Regal des Supermarktes in ewiger Jugend. Er spricht nicht mehr zu uns, wenn wir dem schönen Schein nicht erliegen, spätestens dann nicht mehr, wenn wir ihn von seiner Cellovanverpackung befreit und versucht haben. Er verkommt zum Nahrungsmittel, das uns die Illusion von Lebenskraft suggeriert, die heute nur noch in Vitaminen gemessen wird. Wir essen den Apfel, weil wir wissen, daß er angeblich gesund ist, aber nicht mehr, weil er schmeckt wie der selbst gepflückte. Die Sache, in dem Falle der Apfel, wird zum bloß Gedachten, zum Vorgestellten einer gesunden Ernährung.

> „Die Auffassung, daß die Welt nur das ist, was wir konstruieren, und daß der einzige Ort ihrer Bedeutung unser Gehirn ist, beschreibt nur den Höhepunkt einer langen Entwicklung.“ (ebd., S. 330)

Diese Entwicklung hat eine lange Vorgeschichte, die Meyer-Drawe in Schritten zu skizzieren versucht. Der Universalienstreit im Mittelalter markiert für sie den Anfangspunkt des Auseinandertretens der beiden Positionen. Die Kernfrage besteht im Streit darum, ob die allgemeinen Bestimmungen der Dinge nur Extrakte unseres Denkens sind oder aber ob ihnen tatsächlich eine Entsprechung mit der Wirklichkeit inhärent ist. (vgl. ebd.)

> „Der Realismus (universalie in re) behauptet dagegen, daß das Allgemeine eine Struktur sei, die durch Abstraktion aus der Wirklichkeit gewonnen wird. Der Nominalismus (universalie post rem) schließlich bestimmt das Allgemeine als alleinige Leistung des Erkennenden.“ (ebd.)

Die Grundannahmen des Nominalismus haben in unserer Tradition den größeren Einfluß gewonnen. Das erkennende Subjekt sieht sich einer Welt der Dinge gegenüber, die Gegenstand seines Erkennens sind. „Ich denke, also bin ich“, sagt Descartes, und stellt damit die Weichen für die wissenschaftliche, vermeintlich objektive Betrachtungsweise, bei der alles bloß Subjektive vordraußen bleiben muß. Die Beziehung des Forschers zu seinem Forschungsgegenstand, sein Angerührtsein von der Sache hat als Marginalie seiner Biographie einen Platz, und das auch nur, wenn es sich um einen sehr renommierten Menschen handelt. Für Descartes sind die Dinge zweifelhaft, über nichts können wir eine Gewißheit erlangen als über das, was wir denken. So entwertet sich alles, was nicht diesem Anspruch genügt. Den Höhepunkt findet diese Entwicklung im „Radikalen Konstruktivismus", wobei die Gefahr darin besteht, daß das erkennende Subjekt sich nicht mit dem beschäftigt, was seine Konstrukte allererst herausfordert, im Glauben, man könne über die Wirklichkeit sowieso nichts aussagen.

> „Diese Geschichte hat zwei Seiten: die Erstarkung des erkennenden Ich und der Entzug einer anmutenden Welt. So beschreibt man heute die Welt als ein Chaos von Informationen, die unser Gehirn geschlossen operierend systematisch ordnet (...) Eine evozierende Welt hat in diesem Modell keinen Ort." (ebd., S. 334)

Meyer-Drawe spricht Heidegger, Merleau-Ponty und Langeveld kurz an, auf die ich jedoch im Rückgriff auf teilweise andere Texte gesondert eingehen möchte. Einen Ausweg aus dem Dilemma sieht sie in der Rückbesinnung auf Wilhelm von Humboldt, ohne jedoch seine anthropologische Grundlage übernehmen zu wollen. Empfänglichkeit und Selbsttätigkeit wären zwei Begriffe, die, wechselwirkend gedacht, beide Teile ernst nehmen und der Tatsache gerecht werden, daß der Mensch selbst ein Teil der Welt ist.

Konrad Wünsche führt den Gedanken in seinem Korreferat zu Meyer-Drawe „Der Herausforderungscharakter der Dinge" (Wünsche 1999, S. 337ff.) weiter aus. Die inzwischen zerbrochene Verbindung zwischen Worten und Dingen besteht für Humboldt noch. Die Sprache ist das Bindeglied von Welt und Mensch. Die Herausforderung jedoch geht zunächst von den Dingen aus, „von welchen wir ergriffen und hingerissen werden" (Humboldt nach Wünsche, ebd., S. 340). Die Dinge verführen und provozieren uns, ihnen nahe zu kommen.

> „Empathisch fühlen wir uns in das Ding ein: sagen wir „Felsen" oder „Lindenbaum". Wir müssen uns erinnern; der Name löst ein Echo von Gefühlen und Sachverhalten in uns aus." (Wünsche ebd.)

Dieser Bund wird eben durch die Wechselwirkung von Empfänglichkeit und Selbsttätigkeit beschrieben, d.h. daß wir den Dingen nicht passiv ausgeliefert sind, sondern uns in einer Art Kommunikationsprozeß mittels der Sprache befinden. Die Möglichkeit, bei Humboldt noch einmal anzuknüpfen besteht, aber die Konsequenzen, die damit verbunden wären sind in einem so knappen Beitrag nicht auszuführen. Zudem ist es vielleicht auch problematisch, nur einen Gedanken übernehmen zu wollen, ohne die weiteren Grundannahmen von Humboldt zu teilen.

Als Einführung in den Gedankengang sind die beiden referierten Texte sicher sinnvoll; mir erscheint es jedoch notwendig, zunächst noch einmal anders anzusetzen, indem ich auf die Konsequenzen jener Trennung von Subjekt und Objekt eingehe, jenen Weltverlust des Subjektes, das den Dingen keinen Anteil an dem mehr zubilligt, was es über sie denkt.

8.2 „Die Dinge Dinge sein lassen" (Heidegger)

Heidegger thematisiert das Problem in einem Vortrag, den er 1950 in der Bayerischen Akademie der Schönen Künste hält mit dem Titel „Das Ding" (Heidegger 1985, S. 157ff.).

Er geht von der Feststellung aus, daß die Mittel der modernen Technik wie Rundfunk, Fernsehen und Flugverkehr (inzwischen zusätzlich Telekommunikation und Internet) die Entfernungen äußerlich beseitigen, ohne jedoch eine wirkliche Nähe zu erzeugen. Alles wird in eine gleichförmig nahe wie ferne Abständigkeit versetzt. Im Nachfragen, wie wir nun Nähe verstehen können, kommt er auf „das Ding", das sich in unserer Nähe befindet.

Am Beispiel des Kruges denkt er dem Dinghaften des Dinges nach, bevor er die Konsequenzen weiter thematisiert, die sich aus einer Nicht-Beachtung dieses Dinges ergeben.

Der Krug ist ein Gefäß, das aus Wand und Boden besteht. Doch das Fassende des Gefäßes besteht nicht aus diesen Teilen, sondern aus der Leere, aus dem Nichts dazwischen, welchem der Krug die Gestalt gibt. (vgl. ebd., S. 160ff.) Will man diesen Krug nun aus wissenschaftlicher Perspektive betrachten, so zeigt sich anderes. Zwei weitreichende Konsequenzen lassen sich aus dieser Betrachtungsweise ableiten.

Zum einen vernichtet die Wissenschaft die Dinge als Dinge und reduziert sie auf mögliche Gegenstände ihrer Weise des Vorstellens.

> „Wenn wir den Wein in den Krug gießen, wird lediglich Luft, die den Krug schon füllt, verdrängt und durch Flüssigkeit ersetzt. Den Krug füllen, heißt, wissenschaftlich gesehen, eine Füllung gegen eine andere auswechseln.
>
> (...) man sagt, das Wissen der Wissenschaft sei zwingend. Gewiß. Doch worin besteht ihr Zwingendes? Für unseren Fall in dem Zwang, den mit Wein gefüllten Krug preiszugeben und an seine Stelle einen Hohlraum zu setzen, in dem sich Flüssigkeit ausbreitet. Die Wissenschaft macht das Krug-Ding zu etwas Nichtigem, insofern sie Dinge als das maßgebende Wirkliche nicht zuläßt." (ebd., S. 162)

Der Tatbestand ist der gleiche, ob nun Wein in einen Krug gegossen wird, der den Gästen gereicht werden soll, oder ob Wasser in eine Wärmflasche gefüllt wird oder ob der Priester während der Opferung Wein in den Kelch gießt, der in das Blut Christi verwandelt werden soll. In jedem Falle verdrängt eine Flüssigkeit die Luft, die sich zuvor im Hohlraum befand. Nun könnte man sagen, daß es ja jedem selbst überlassen bleibt, wie er subjektiv jene objektiv feststehende Tatsache noch deutet. Doch dies deckt Heidegger als eine „Verblendung“ (ebd., S. 162f.) auf. Um überhaupt zur wissenschaftlichen Sichtweise zu kommen, muß zuvor die Dinghaftigkeit dieses Dinges vernichtet werden. Der Krug, der Kelch und die Wärmflasche werden nicht als sie selbst in dem Zusammenhang gesehen, in dem sie ihren Sinn erst gewinnen, sondern werden gleichermaßen als Hohlräume betrachtet.

Der Irrtum besteht nun zum einen darin, daß

> „(...) unbeschadet von der wissenschaftlichen Erforschung die Dinge gleichwohl Dinge sein könnten.“ (ebd., S. 163)

Des weiteren zeigt sich die Verblendung noch in einer anderen Hinsicht in bezug auf

> „(...) die Meinung, daß die Wissenschaft allem übrigen Erfahren voraus das Wirkliche in seiner Wirklichkeit treffe.“ (ebd., S. 162f.)

Dieser „Glaube“, daß die wissenschaftliche Betrachtungsweise die eigentliche, die objektive Wirklichkeit beschreiben würde, wogegen alles andere bloß subjektiv sei, ermöglichte einen ungeheuren wissenschaftlich technischen Fortschritt. Er bildete die Voraussetzung dafür, daß man die Natur, Tiere, Pflanzen und Bodenschätze sowie Menschen in anderen Kulturen als Ressource, als Material betrachten lernte. So wurde es möglich, ganze Landschaften zu zerstören, Tiere für Tierversuche zu nutzen usw.

Was aber bedeutet es für den Menschen, der die Dinge nicht Dinge sein läßt? Was sind eigentlich die Dinge, wenn sie für den Menschen in die Nähe gelangen?

Heidegger denkt nun dem Krughaften des Kruges weiter nach (vgl. ebd., S. 163ff.), um Aufschluß über diese Frage zu erlangen. Der Krug faßt die Leere, den Wein nimmt er auf und schenkt ihn als ein Geschenk. Im Ausschenken des Weines in einer Runde mit Freunden ruft der Krug in gewisser Weise einen ganzen lebensweltlichen Zusammenhang auf. Der Wein macht die Runde, man schenkt sich ein mit einer bestimmten Geste, die anders als beim Befüllen der Wärmflasche auf das Dinghafte des Kruges auf seinen Anspruch an uns und seine Möglichkeit antwortet, ohne daß wir darüber nachdenken müssen. Der Mensch gelangt in seine Welt, wenn er die Dinge Dinge sein läßt. Wenn er sie jedoch verdinglicht, vernichtet er sie als Dinge, verliert seine Welt und sich als Mensch darin. Wenn die Dinge, mit denen der Mensch umgeht, nichtig werden, wenn alles gleich wird (Hohlraum, der auszufüllen ist) geht der Sinn verloren, der nicht ein nachträgliches Etwas ist, was auf der wissenschaftlichen Betrachtungsweise noch aufruht, sondern der durch sie zuvor vernichtet werden muß.

Für Heidegger zeigt sich die Welthaftigkeit darin, daß im Trunk, im Wasser und Wein, Himmel und Erde zusammenwirken, damit er entsteht. Im Trank ist das Hohe des Göttlichen als Geschenk für uns Sterbliche anwesend. So zeigt sich für ihn das Geviert von Himmel und Erde, von Sterblichen und Göttlichen im Ding des Kruges. Auch wenn man den Abend mit Freunden und dem Krug mit Wein nicht mit Hilfe des Gevierts beschreiben möchte, so bleibt doch die Grundlage bestehen, daß wir von den Dingen in gewisser Weise angesprochen und aufgerufen sind, ihnen zu entsprechen. In diesem Sinne sind wir mit den Worten Heideggers die „Be-Dingten". So gelangen die Dinge in unsere Nähe, so entsteht Welt und nicht nur Sachzusammenhang. In solcher Begegnung läßt man sich ein, antwortet und konstruiert nicht nur mittels unseres Gehirnes Erkenntniszusammenhänge.

> „In unserem Anschauen als Begegnenlassen von Seiendem liegt sonach wesenhaft ein Angewiesensein auf das schon vorhandene Seiende. Das Anschauen entspringt nicht frei aus einem erkennenden Wesen, so gar, daß mit diesem Ursprung auch schon das Angeschaute selbst vorhanden wäre, sondern dieses anschaubare Seiende muß sich von sich aus melden, d.h., es muß das erkennende Wesen selbst betreffen, es rühren, ihm gleichsam etwas antun und sich bemerkbar machen – es affizieren." (Heidegger nach Meyer-Drawe 1999, S. 333)

Das Vernachlässigen und für nichtig Erklären dieser anderen Seite und die entsprechende Verabsolutierung des erkennenden Subjektes in seinen Konsequenzen gesehen zu haben, ist das Verdienst Heideggers. An ihn knüpft 22 Jahre später ein Vortrag an, der ebenfalls an der Bayerischen Akademie der schönen Künste gehalten wurde.

8.3 „Der Aufstand der Dinge" (Kästner)

Erhart Kästner konstatiert in Anknüpfung an eine Versklavung von Menschen in früherer Zeit heute eine Versklavung der Dinge, die für „stumpf und für tot" (Kästner 1973, S. 136) gehalten und verachtet werden.

> „Also, *die Dinge* sind tot. Nicht Gott ist tot, aber die Dinge; es war ein Nachrichten-Versehen, ein Übermittlungs-Fehler, eine Falschmeldung. Die Dinge sind tot, und wir (das war richtig), wir waren es, die sie erforschten, ausspähten, erwürgten, umbrachten." (ebd., S. 137)

Kästner knüpft hier an Nietzsche an, der in der „Fröhlichen Wissenschaft" den tollen Menschen den Tod Gottes verkünden läßt. (vgl. Nietzsche, KSA 3, S. 480ff.) Seine Erkenntnis, daß wir alle zu Mördern geworden sind, indem wir jene Dimension auslöschten, beinhaltet das Fehlen eines Fixpunkts, eines Wozu unseres Handelns, eine Kälte, der wir nicht ausweichen können. Doch auch seine Botschaft verhallt ungehört, ebenso wie die Menschen den Tod der Dinge vielerorts noch nicht wahrnehmen und damit auch nicht die Konsequenzen sehen, die dieser Tod beinhaltet.

Vor langer Zeit haben die Dinge gelebt („die Stadt und die Straße, die Bucht und das Kornfeld" (Kästner 1973, S. 138)). Vom Leben und von der Macht der Dinge haben Gedichte und Bilder, Geschichten und Träume erzählt. Doch dieses Band der Menschen zu den Dingen ist zerbrochen und man glaubt, daß die Dinge all das mit sich machen lassen, daß sie keine Rechnung stellen und keine Gegenwehr, keinen Aufstand beginnen. (vgl. ebd., S. 136)

Der Aufstand hat für Kästner schon begonnen. „Die Ermordung der Zwingherrn findet schon statt im allmählichen Siechtum.“ (ebd., S. 139) Dieses Siechtum zeigte sich für Heidegger schon in der Beherrschung der Dinge, welche zugleich den Verlust von Welt bedeutet. Lebenskraft in diesem Verständnis steht dem Menschen nicht einfach so zur Verfügung, sondern entsteht aus einem tiefen Kommunikationsprozeß mit den Dingen. Doch der Umgang mit den Dingen hat sich geändert.

> „Neuzeit ist Welt-Ausrechnung; ratio, die Rechnung.“ (ebd., S. 140)

Der Aufstand der Dinge vollzieht sich nach Kästner in der modernen Kunst. So etwa bei Marcel Duchamp, der „Dingen ihre bedrohte oder verlorene Existenz durch Choc wiederzugeben“ (ebd., S. 147) sich anschickte, indem er etwa ein Pissoir in die Kunstausstellung hängte. „Es war eine verzweifelte Geste.“ (ebd.) Oder er vollzog sich im Surrealismus, der vom Eigenleben der Dinge berichtete, das nun außer Kontrolle geraten ist. In einem anderen Aufsatz aus demselben Sammelband führt Kästner den Gedanken weiter aus: „Über Max Ernst, im Besonderen über seine surrealistischen Frottagen und Collagen als das doppelte Ei-Dotter der modernen Kunst.“ (ebd., S. 63ff.)

> „Dinge sprechen; es sprechen nicht Menschen über Dinge. Dinge reden, die uns wohlbekannt sind, von denen wir aber nicht wußten, daß sie so reden können. Holzmaser, Kokosfaser, Leder, Baumblätter, Zwieback, geriffeltes Papier, Tuchfetzen. Wir, die wir mit ihnen zusammen lebten, hatten keine Ahnung, daß sie alles das wüßten.“ (ebd., S. 65)

Im Surrealismus und auch im Dadaismus besteht für Kästner das Verbindende, was zugleich ihre Modernität ausmacht in jenem „Aufstand der Dinge“ (ebd., S. 156).

> „Dada, das war der Versuch, die Dinge Aufstand machen zu lassen. In den Gedichten Hans Arps tollen die Worte wie die Kinder auf dem Schulhof in der Schulpause, nach den Zwängen der Schulstunde, und auf einmal haben sie Wangenröte und Frische.“ (ebd., S. 156f.)

Hier findet sich auch ein Hinweis darauf, in welchem Zusammenhang dieses Sprechen von den Dingen mit unserem Thema vom schöpferischen Menschen, der sich selbst und seine Welt allererst hervorbringt, steht. Kästner benennt die Vorstellung der Renaissance vom Künstler als dem Schöpfer. Doch wie dieses Schöpferische sich vollzieht, wie wir es verstehen können, darüber geben uns die Künstler Auskunft, die nicht mehr nur aus sich selbst schöpfen, sondern hervorbringen, indem sie den Dingen eine Stimme geben.

Diese Linie möchte ich noch weiterverfolgen, um mehr Aufschluß über diesen Austausch zu erhalten, in dem die Dinge als gleichberechtigte Wesen erscheinen. Für Kästner verrätseln sich die Dinge. (vgl. ebd., S. 158). Doch um dabei nicht stehenbleiben zu müssen, gehe ich weiter zu Merleau-Ponty.

8.4 „Sich den Dingen als solchen und sich selbst zuwenden“ (Merleau-Ponty)

Auch Maurice Merleau-Pontys Ausgangspunkt in „Das Auge und der Geist“ (Merleau-Ponty 1984, S. 13ff.) ist eine Beschreibung der Konsequenzen, die sich aus der wissenschaftlichen Betrachtung der Dinge ergibt.

> „Die Wissenschaft geht mit den Dingen um, ohne sich auf sie einzulassen.
>
> (...) Sie ist und war stets ein erstaunlich aktives, einfallsreiches und unbefangenes Denken, eine Entschlossenheit, jedes Seiende <als Objekt schlechthin> zu behandeln, das heißt, gleichzeitig so, als wenn es für uns nichts bedeute und dennoch für unsere Manipulationen prädestiniert wäre.“ (ebd., S. 13)

Merleau-Ponty konstatiert die Vereinnahmung der Dinge durch das Denken, welches eine Entwertung mit sich bringt, insofern die Dinge nur noch als Gegenstände innerhalb von Vorstellungen auftauchen.

> „Die Welt ist der Gegenstand X unserer Operationen, so setzt man die Erkenntnissituation des Wissenschaftlers absolut, als wäre alles was war und ist, nur fürs Labor bestimmt. Das <operative> Denken wird zu einer Art absoluter Konstruktionssucht, wie man es in der kybernetischen Ideologie sieht. “ (ebd., S. 14)

Das Herstellen der Laborsituation verändert die Dinge, läßt nur gewisse Aspekte erfassen, auch da wo gar kein reales Labor vorhanden ist. Ähnlich wie Heidegger und wie Meyer-Drawe sieht er die Gefahren der „Konstruktionssucht“, die er 1964, als er diesen Text verfaßte, noch nicht in den Konstruktivismus einmünden sehen konnte, so wie Meyer-Drawe. Merleau-Ponty sieht jedoch die Konsequenz des sich verabsolutierenden Denkens, das keine Anbindung mehr zur Wirklichkeit hat. Insofern gibt es auch kein Korrektiv mehr, ob das, was gedacht wird, adäquat oder unangemessen ist. So beschreibt er den Zustand auch als „Schlaf oder Albtraum, aus dem nichts ihn zu wecken vermag.“ (ebd.) Ob das, was wir denken, eine Halluzination oder ein Traum ist, darüber können wir nichts mehr aussagen, nur noch ob es sich als viabel erweist – warum, das bleibt ja im Dunkeln.

Zur Beantwortung der Frage, wie es nun aussehen kann, sich den Dingen zuzuwenden, sich auf sie einzulassen, und was das wiederum für das Subjektsein bedeutet, wendet sich Merleau-Ponty der Kunst zu. Der Maler ist nicht wie der Erkennende gezwungen, sich Zusammenhängen zu unterwerfen. Er darf eine Verbindung eingehen, wo der Wissenschaftler als Subjekt vordraußen bleiben muß, um seinen Objektivitätsanspruch nicht preisgeben zu müssen.

> „Nur der Maler hat das Recht, seinen Blick auf die Dinge zu werfen, ohne zu ihrer Beurteilung verpflichtet zu sein.“ (ebd., S. 15)

8.4.1 „Der Maler bringt seinen Körper ein“

Operiert man auf der kognitiven Ebene, so steht das Subjekt Objekten gegenüber. Aber schon das Sehen läßt sich nicht mehr als eine Denkoperation allein mehr begreifen. Sehen vollzieht sich immer in eins mit Bewegung. Die Bewegung ist jedoch kein bloßes Ausführen eines rationalen Entschlusses (Geh um das Ding herum), sondern ist Teil des Wahrnehmungsvorganges. Dabei handelt es sich um einen wechselseitigen Bezug, etwa indem ich etwas mit der Hand berühre, werde ich selbst von dieser Sache berührt. Über den Körper bin ich ein Teil der Welt, die ich wahrnehme, ich stehe ihr nicht nur gegenüber.

> „Ein menschlicher Körper ist vorhanden, wenn es zwischen Sehendem und Sichtbarem, zwischen Berührendem und Berührtem, zwischen einem Auge und dem anderen zu einer Art Begegnung kommt, wenn der Funke des Empfindend-Empfundenen sich entzündet, wenn jenes Feuer um sich greift, das unaufhörlich brennen wird, bis irgendein Zwischenfall dem Körper zustößt und zunichte macht, was kein Zwischenfall hätte zustande bringen können.“ (ebd., S. 17)

Merleau-Ponty macht hier auf eine besondere Qualität im Wahrnehmungsvorgang aufmerksam, die man nicht willentlich herstellen kann. Alltagssprachlich sagt man, „es hat gefunkt“, und meint damit, daß man sich verliebt hat. Aber nicht nur in dieser besonderen Form sind Begegnungen möglich, es können Sekunden sein, in denen ein Blick sich trifft, unerwartet auch mit einem fremden Menschen, der einem in der U-Bahn gegenüber sitzt.

In dieser Weise sehen können wir nicht nur Menschen, sondern auch Gegenstände oder die Natur, etwa, wenn wir ein Geschenk für einen geliebten Menschen suchen und plötzlich etwas entdecken. „Ja, das ist es!“, meint ein Getroffen- und Angesprochen-sein von einer Sache. Dieses Wahrnehmen ist eines, das den Körper belebt; es ist kein unbeteiligtes Anschauen, es ist mehr. Und es ist die Voraussetzung für das Sehen des Malers.

8.4.2 Das Sehen des Malers

8.4.2.1 „Der Maler macht sichtbar, was das alltägliche Sehen für unsichtbar hält“

Wie ist das Sehen des Malers zu verstehen? Sehen wir alle das gleiche und addieren wir dazu quasi unsere subjektiven Empfindungen und Vorerfahrungen? Nein. Das Sehen des Malers sieht die Dinge in einer Weise, wie sie vorher, wenn es ein epochemachender Künstler ist, nie zuvor gesehen worden sind. Es kommt nichts hinzu zu dem Bild, sondern das Bild selbst enthält in seiner ganzen Präsenz das, was der Maler sieht. Nicht nur eine neue Malweise wurde durch Picasso entdeckt, sondern eine neue Sichtweise, wie zuvor gezeigt worden ist. Eine neue Weise die Welt zu sehen, die aus einer besonderen Beziehung zu dieser Welt entspringt. Diese Beziehung ist möglich, weil die Dinge und mein Körper beide Körper sind und sich begegnen können. Doch wie vollzieht sich ein bisher nicht dagewesenes Sichtbarwerden der Dinge?

> „Qualität, Licht, Farbe, Tiefe, die sich dort vor uns befinden, sind dort nur, weil sie in unserem Körper ein Echo erklingen lassen, weil er sie empfängt. Jenes innere Äquivalent, jene leibliche Form ihrer Gegenwart, die die Dinge in mir erwecken, warum sollten sie nicht eine wiederum sichtbare Skizze hervorrufen, in der jeder andere Blick die Motive wiederfinden würde, die seiner Sicht der Welt unterliegen?“ (ebd., S. 17f.)

Der Maler also sieht etwas in einer bestimmten Weise. Er hat einen Eindruck von der Welt, den er mittels seines Bildes wieder rückübersetzt in etwas Sichtbares. Wer das Bild dieses Malers sieht, kann etwas von dem sehen, was dieser gesehen hat. Das heißt jedoch nicht, daß es einen entschlüsselbaren Sinn eines Bildes gibt, der ein für alle Mal gültig zur Aussage gebracht werden kann. Das Bild raunt nicht seinen Sinn, sondern ist Bild einer Sichtweise, die man einnehmen kann und die Bestimmtes sehen läßt.

> „Sie [die Malerei] verleiht sichtbare Existenz dem, was das alltägliche Sehen für unsichtbar hält, (...).
>
> Wer auch immer der Maler sei, *während er malt*, praktiziert er eine magische Theorie des Sehens. Er muß schon zugeben, daß die Dinge in ihn übergehen (...).“ (ebd., S. 19)

Merleau-Ponty fragt nun weiter, wie etwas in dieser Weise ins Sehen kommen und wie dieses Gesehene ins Bild gesetzt werden kann, ohne daß es sich dabei um einen kognitiven Vorgang handelt. Es geht ja nicht darum, wie bei Picasso etwa, einfach ein Huhn zu malen, sondern es so zu malen, daß an diesem Huhn etwas von der Intensität des Lebens im Übergang zum Tod sichtbar werden kann. Dieses ist nur dann gelungen, wenn es unmittelbar beim Betrachter, der sich auf das Bild einläßt, auch körperlich entsteht.

8.4.2.2 Eröffnung einer Dimension

Dabei kann der Maler durch eine Aufmerksamkeit für eine zunächst unbedeutsam erscheinende Sache dahin geführt werden, daß er ein neues Feld entdeckt. (vgl. ebd., S. 42) Von diesem Fund aus erscheint alles anders und neu. Auch das, was er zuvor schon ausgeführt, bearbeitet hat, muß jetzt noch einmal in der neuen Weise angegangen werden. Diese Schübe und Umkehrungen der Gesamtsichtweise und damit der Malweise liegen außerhalb von Zielen, die mit zur Verfügung stehenden Mitteln erreicht werden können. (Sie liegen außerhalb der Möglichkeiten eines Konstruktivisten, der zielorientiert Wege auf ihre Viabilität prüft.)

> „Mit dem ersten Sehen, mit dem ersten Kontakt, der ersten Lust findet eine Initiation statt, und das bedeutet nicht Setzung eines Inhaltes, sondern Eröff-

nung einer Dimension, die fortan nie wieder verschlossen werden kann, es bedeutet Einrichtung einer Ebene, die fortan jede andere Erfahrung mitbestimmen wird." (Merleau-Ponty 1994, S. 198)

Dies habe ich bereits mit Picasso zu zeigen versucht. Hier möchte ich nun, begleitend zum Text von Merleau-Ponty, Alberto Giacometti betrachten, um zu konkretisieren worum es geht.

Zu Beginn seiner Laufbahn in der Suchphase kommt Giacometti nach Venedig.

> „Dort begeistert ihn Tintoretto. Es ist eine parteiische Liebe: Tintoretto hatte recht, die anderen hatten unrecht. Doch nach dem Besuch der Arenakapelle in Padua ist er bestürzt:"(Rahn 1993, S. 253)

> „(...) Ich war plötzlich richtungslos und verloren, ich empfand großen Schmerz und tiefen Kummer. Der Faustschlag traf auch Tintoretto. Giottos Kraft drängte sich mir unentrinnbar auf, ich war erschlagen von seinen ewig feststehenden Gestalten, von ihrer Basalt-Dichte, von ihren exakten und wahren Gesten, die bedeutungsschwer und von unendlicher Zartheit waren: etwa die Hand Mariens, die die Wange des toten Christus berührt. Mir schien, niemals könne eine Hand bei ähnlichem Anlaß je eine andere Bewegung machen(...) Der Gedanke, Tintoretto nun fallen zu lassen, empörte mich(...) Ich empfand, daß ich etwas unwiederbringliches verlieren würde, einen Schimmer einen Atemzug, die beide unendlich viel kostbarer waren als alle Vorzüge Giottos, obwohl dieser, davon war ich überzeugt, der Stärkere war. Noch am selben Abend wurden diese einander widersprechenden Empfindungen nichtig angesichts zweier oder dreier junger Mädchen, die vor mir hergingen. Sie erschienen mir riesengroß, maßlos über jeden Begriff, und ihr ganzes Sein und ihre Bewegungen waren von einer fürchterlichen Direktheit. Wie ein Irrer starrte ich sie an, ein Erschrecken durchjagte mich. Es war wie ein Riß in der Welt. Alles erhielt einen anderen Sinn, das Verhältnis der Dinge zueinander war verändert. Die Werke Tintorettos und Giottos waren gleichzeitig gering geworden, unbedeutend, weichlich und ohne Halt, wie ein einfältiges, schüchternes, ungeschicktes stammeln (...)." (Giacometti nach Rahn ebd.)

Gleich mehrere Wendungen lassen sich in diesem Selbstzeugnis über die künstlerische Entwicklung Giacomettis ausmachen. Seine Begeisterung für Tintoretto zeigt, daß er in diesen Bildern eine Sichtweise der Wirklichkeit gefunden hat, die seinen Erfahrungen und seinem Interesse an den Dingen entsprachen. Die Längungen der Körper, die den Eindruck erwecken als betrachte man sie aus der Ferne, wie auch der dynamische Aufbau der Bilder sind Elemente, die wir viel später in Giacomettis Bildern wiederfinden können. (vgl. ebd.) Etwas sprach ihn an, auch wenn es ihm in dieser Zeit nicht möglich war, selbst einen künstlerischen Ausdruck dafür zu finden. Giotto mit seiner Stärke und seiner Dichte entwertet zunächst Tintoretto, bis auch er nur als eine Art Vorspiel, ein Versuch erscheint, etwas zum Ausdruck zu bringen, das ihn in Gestalt der jungen Mädchen im Innersten trifft. Sie erscheinen ihm riesengroß, sie sprengen für ihn das Maß dessen, was er bisher gesehen hat. Dies ist keine Phantasie, die zu einer ursprünglich vermeintlich objektiven Wahrnehmung hinzukäme, nein: Giacometti *sieht* sie so. Diese Wahrnehmung von Wirklichkeit in ihrer Ungeheuerlichkeit verändert für ihn alles. Die Dinge kommen dadurch in ein anderes Verhältnis zueinander.

Diese neue Sehweise der Dinge bleibt häufig bei der Beschäftigung mit Kunst unentdeckt. Man entdeckt eine neue Formgebung, eine neue Malweise, aber nicht mehr. Giacometti ist es auch nicht sofort gelungen, was er da gesehen hat, in Kunst zu übersetzen. Die Schwierigkeit besteht darin, nicht nur ein Wissen von einer Sache, beispielsweise bei der Darstellung eines Kopfes, umzusetzen, nicht nur die anatomische Form oder das psychologische Wissen, das sich allzu oft zwischen die Wahrnehmung der Dinge schiebt, sondern dieses Getroffenwerden vom Gegenstand, wie Giacometti es mit den jungen Mädchen erfahren hat.

8.4.2.3 Von der Umkehrung des Sehens

Die Umkehrung besteht darin, daß der Maler nicht nur als Subjekt ein Ding betrachtet. Es ist nicht nur ein aktives Wahrnehmen, sondern eben auch ein passives Getroffenwerden, es ist das Gefühl, das viele Maler bereits beschrieben haben; daß nicht sie die Dinge betrachten, sondern daß sie selbst von den Dingen angesehen, angesprochen werden. Das Subjekt ist nicht nur Akteur, es ist ein Prozeß wechselseitiger Durchdringung, von Merleau-Ponty als „fortwährende Geburt" (Merleau-Ponty 1984, S. 21) beschrieben. Außer von Giacometti wurden jene jungen Mädchen sicher von vielen anderen auch gesehen, aber nicht in der Weise, daß durch ihre Art der Bewegung und ihre Erscheinung eine neue Sichtweise des Menschen entstand. Dies ist nicht allein ein Verdienst Giacomettis, es kann nicht hervorgerufen werden, sondern es ist eben jener wechselseitige Prozeß des geburtlichen Sehens.

> „Vielmehr ist es die Frage dessen der nicht weiß, an eine Sehen, das alles weiß, das wir nicht bewirken, sondern das in uns wirkt. Max Ernst (und der Surrealismus) sagt zu Recht: <Ebenso wie die Rolle des Dichters seit Rimbauds berühmtem <Brief des Sehers> darin besteht, unter dem Diktat dessen zu schreiben, was sich in ihm denkt und artikuliert, so ist es die Rolle des Malers zu umreißen und zu projizieren, was sich in ihm sieht>." (Charbonnier nach Merleau-Ponty ebd., S. 20f.)

Der Maler wird in gewisser Weise zum Subjekt dieser Sichtweise und es ist seine Aufgabe, dieses Sehen nicht nur als eine Erfahrung zu betrachten, sondern etwas zu schaffen, das genau diese Getroffenheit durch den Gegenstand hervorruft, die er erfahren hat. So muß er sein Sehen befragen, welche Mittel es benötigt, um diesen Eindruck hervorzubringen. Nach welchen Farben und Linienführungen also verlangt das Gemälde, um jenes Ding, jenen Kopf hervorzubringen, der auf uns in dieser Weise wirkt, daß er uns trifft, daß er wirklich vor unseren Augen und auch als körperliche Erfahrung entsteht? Der Maler ist nicht das Subjekt, das die Farben nach seinem Belieben setzt, sondern er folgt den Entstehungsnotwendigkeiten des Werkes, des Dinges, das er schaffen will und das doch nicht seinem Willen verfügbar ist.

Auch Joseph Beuys äußert sich in einem Gespräch zu dieser Frage unter dem Titel „Ein Werk entsteht" (Beuys in: Harlan 1986, S. 35ff.). Um festzustellen, was einer Sache noch fehlt, die in der Entstehung ist, gibt es nach Beuys keine objektiven Kriterien:„das muß aus der Sache selbst, aus der Dynamik der Sache selbst beurteilt werden." (ebd., S. 35) Etwa beim Herstellen eines Tisches kann das unter Umständen ein langer Prozeß sein. Die Sache muß immerfort neu beurteilt, Fehler müssen erkannt und als Herausforderung gesehen werden, nochmals umzubauen, so daß die Fehler notwendig werden. Dabei geht es nicht darum etwas nachzuschaffen, was zuvor im Geiste schon vorhanden war. Weder hat Giacometti diese jungen Mädchen so dargestellt noch hat Beuys den Tisch vor Augen gehabt, genau wie er am Ende dann auszusehen hat. Es geht ja gerade darum, etwas aus der Sache herauszuholen, das gar nicht in Sichtweite war, das jedoch den Kriterien eines Kunstwerkes als einer Sache, die zum Sprechen gebracht worden ist, genügt. Beuys äußert sich dazu so:

> „Ich sage nie: Es ist für *mich* fertig, sondern ich sage, wenn's fertig ist: der Tisch, der will das so, daß er so ist. Also ich sage nie: Ich erkläre das Ding für fertig, sondern ich warte darauf, bis der Gegenstand sich meldet und sagt: Ich bin fertig (lacht). (...) Ich versuche, das zu verwirklichen, was die Intention verwirklichen will; (...) was das Holz oder der Stein will aus sich heraus, dem spüre ich nach." (ebd., S. 37)

Das gelingt jedoch nicht immer, und dann ist es notwendig herauszufinden, warum eine Sache nicht spricht, oder aber es kann notwendig sein, ganz von vorne zu beginnen so wie Giacometti, der alle Arbeiten, die in dem Jahr entstanden sind, als er das Erlebnis hatte, vernichtet hat, weil sie nicht standhalten konnten.

8.4.2.4 Wie nimmt das Ding Form an? Wie erwacht es zum Leben?

Merleau-Ponty untersucht diese Prozesse am Beispiel der Malerei, doch ebenso könnte Musik oder Dichtung herangezogen werden. Die Malerei ist deshalb besonders gut geeignet, weil sie den Dingen eine Sichtbarkeit verleiht. Diese Sichtbarkeit entsteht jedoch nicht durch ein Nachzeichnen der äußeren Form. Im Gegenteil hatten wir bei Picassos Entdeckung des Kubismus schon gehört, daß die Wirklichkeit zertrümmert, daß die äußere Form zerstört werden muß, damit sich nicht ein Wissen zwischen uns und die Dinge drängt, das die Entstehung verhindert.

> „Das Sehen des Malers ist nicht mehr ein Blick auf ein *Äußeres*, eine bloß <physikalisch-optische> (Klee) Beziehung zur Welt. Die Welt liegt nicht mehr durch Vorstellung vor ihm. Vielmehr ist es der Maler, der in den Dingen geboren wird, wie durch eine Konzentration und ein Zu-sich-Kommen des Sichtbaren." (Merleau-Ponty 1984, S. 34)

„(...) um zu zeigen, wie die Dinge zu den Dingen und die Welt zur Welt wird (...) Die Kunst ist nicht Konstruktion (...).“ (ebd., S. 35)

Die Kunst ist also ein Sichtbarmachen der Genese der Dinge - sie ist nicht Konstruktion eines Subjektes. Wie jedoch kann man das beschreiben, wie kann es dargestellt werden? Merleau-Ponty spricht zur Verdeutlichung dieses Problems von einer „erzeugenden Achse“ (ebd., S. 36f.), welche die Sache zur Darstellung bringt. Will man etwa einen Apfel darstellen, so genügt es nicht, die äußeren Umrißlinien zu zeichnen, sondern es muß jene erzeugende Achse gefunden werden, aus der heraus sich der Apfel formt. Möglicherweise ist die Umrißlinie dabei nur eine schwache Stelle, die gar nicht den Apfel entstehen läßt, so daß er eine Präsenz ausstrahlt, uns anspricht. Es geht nicht um Nachahmung, sondern darum, etwas sichtbar zu machen. („Auch die Frauen von Matisse (...) waren nicht unmittelbar Frauen, sie sind es geworden.“ (ebd., S. 37))

Deutlich wird dies auch noch an einem anderen Beispiel, an der künstlerischen Darstellung von Bewegungsabläufen. Auf dem Photo wirken Bewegungen häufig wie erstarrt, wie eingefroren, weil es einen Augenblick exakt aufs Bild bringt. Die Genese der Bewegung in Bild oder Plastik zu zeigen ist möglich, wenn die Körperteile zu verschiedenen Zeitpunkten erfaßt und in ihrem Nacheinander gezeigt werden, in einer Gleichzeitigkeit, die sie natürlicherweise niemals einnehmen. So wird die Bewegung in ihrer Entstehung sichtbar gemacht, sie wird lebendig.

In jedem Falle kommt es darauf an, das zu finden, wodurch eine Sache konstituiert wird, und dieses sichtbar zu machen.

Wie sieht das etwa bei Giacometti aus? Mit welchen Mitteln realisiert er jene Umkehrung, daß nicht er die Dinge, sondern das Werk ihn anschaut? Wie erreicht er den Umschlag, durch welchen das Hervorbringen des Angeblicktwerdens gelingen kann? Die Mittel dürfen hierbei nicht als Einfälle des Malers mißverstanden werden, sondern ergeben sich als Forderungen aus dem Bild selbst.

1. So wie man eine Hand, die sich auf die Schulter von hinten legt nur einen Moment wahrnimmt und dann erst wieder, wenn sie sich erneut bewegt, so ist es schwer Dinge wirklich wahrzunehmen, die unbeweglich sind. Giacometti geht von der Erfahrung dieses Wahrnehmens aus, wenn er erkennt, „daß zum Einbruch der Gegenwart eines Dinges, eines Menschen, die Erfahrung ihres Entschwindens gehört.“ (Rahn 1993, S. 260) Erst durch die Bewegung des In-Erscheinung-Tretens und Wieder-Verschwindens entsteht jene verdichtete, intensive Wahrnehmung eines Menschen, einer Sache, die in diesem Augenblick ihres Da-seins wirkliche Gegenwart besitzt.

2. Diesen intensiven Eindruck wollte Giacometti zunächst dadurch erreichen, daß er Menschen und Dinge aus einer großen Distanz betrachtete und darzustellen versuchte. Sie wurden immer kleiner und schmaler mit der Zeit, bis er in einem neuerlichen Durchbruch entdeckte, daß der Raum, in dem ein Werk steht, sich nicht durch die Distanz des Betrachters zur Sache ergibt, sondern von dieser Sache aus selbst gebildet werden muß. (vgl. ebd., S. 265) Ein perspektivisch noch so exakt wiedergegebener Raum entspricht möglicherweise genau eben nicht dem Raum, den diese Plastik, dieser Mensch ernötigt.

3. Auf direktem Wege also konnte jene Erfahrung von Wirklichkeit als etwas Ungeheuerlichem, etwas Riesigem, Maßlosem nicht erreicht werden.

Ein Weg, auf dem Giacometti dahin kam, das zur Darstellung zu bringen, war die Auflösung der Oberflächenstruktur als einer einheitlichen Umgrenzung. Sowohl in der Zeichnung treten einkreisende, verdichtende Bewegungen an die Stelle klarer Grenzen als auch in der Plastik, bei der die Oberfläche auf den ersten Blick unfertig bearbeitet aussieht. Die tastenden Versuche erzeugen den Gesamteindruck der Figur als eine aus dem Nichts in die Erscheinung tretender, die jederzeit vom Verschwinden bedroht ist. Sie tauchen empor aus dem Gestaltlosen, um uns anzusehen. Gerade dadurch erhalten sie ihre Lebendigkeit in den gebrochenen Konturen ihrer Oberfläche, durch das scheinbar Rohe ihrer Ausgestaltung. Ein weiteres Mittel benennt Rahn im Erzeugen einer Spannung durch die „Klumpfüße" (ebd., S. 267), die wie ein Gegengewicht zu den fragilen, schmalen, aufsteigenden Körpern wirken. So wird eine Präsenz der Gestalt erreicht.

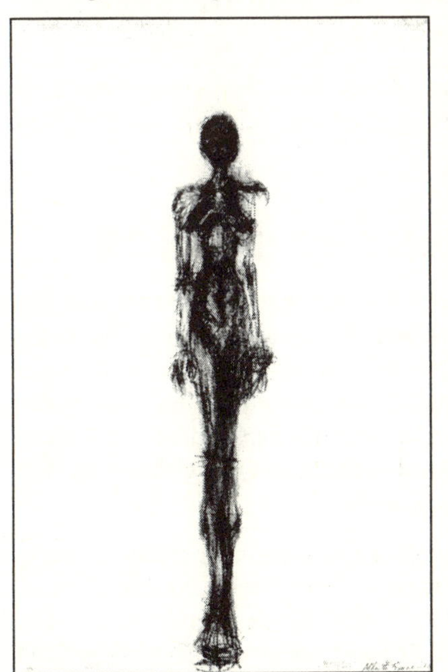

Abb. 13: Giacometti: Stehender Frauenakt

Abb. 14: Giacometti: Büste Diegos

ie faktische Nachahmung der äußeren Form, sondern die Weise ihres Seins zu erzeugen und uns dieser Weise auszusetzen, das ist etwas, was dem Betrachten der Plastiken mitnehmen kann. Diese Weise, sich als Mensch, und sei es aus der Gefährdung des Verschwindens heraus, zu empfinden, dieses Angeblicktwerden, das Giacometti verspürte, das er erzeugte, das ruft auch den Betrachter auf, sich in dieser Weise als Angeblickter zu konstituieren.

> „Ein Werk Giacomettis *ist* nur im Sehen (...) Die großen stehenden und schreitenden Figuren Giacomettis ebenso wie die Portraitköpfe werden nur >sichtbar< in dem ihnen angemessenen Akt des Sehens, der selber freilich eher Passion als Aktion ist, den Blick des Portraits, den Blick der Figur empfangend." (Jähnig nach Rahn ebd., S. 268)

Giacomettis Figuren rufen uns in anderer Weise auf als die von Beuys oder die von Picasso. Andere Erfahrungen sind darin präsent, eine andere Sehweise von Welt, eine andere Art, sich als Mensch zu verstehen und in der Welt zu leben.

So plural die Interpretationen sein mögen, die angesichts dieser Werke möglich sind, die Werke raunen uns nicht die eine und ewige Wahrheit zu. Nach Merleau-Ponty sind es, wenn es gelingende, auf das Werk eingehende Interpretationen sind, nicht nachträgliche Sinngebungen, die von uns selbst willkürlich den Werken gegeben werden. Vielmehr gehen sie aus dem Werk selbst hervor, wenn es ein großes Werk ist. Das Werk verwandelt sich in sich, es wird nichts von außen dazu addiert. (vgl. Merleau-Ponty 1964, S. 32) Auch der Betrachter entsteht als Subjekt in gewisser Weise aus dem Werk.

Dies leitet direkt über zu Langeveld, durch dessen Text „Das Ding in der Welt des Kindes" nun der Schritt zu der Bezogenheit von Kindern zur Dingwelt geleistet werden soll.

8.5 „Das Ding in der Welt des Kindes" (Langeveld)

Man könnte annehmen, daß die Bedeutung, die ein Ding hat, feststeht und daß Kinder eben zu lernen hätten, was es mit den Dingen auf sich hat. Die Sache verhält sich jedoch anders, denn es ist *nicht nur eine* mögliche Bezogenheit des Menschen zu einem Ding denkbar. Gerade Kinder antworten auf die Herausforderungen der Dinge oft anders als Erwachsene, da für sie die Bedeutungen noch nicht feststehen. Alles scheint noch möglich zu sein, wo es keine an sich falschen Deutungen gibt wie im Spiel des Kindes.

Langeveld verdeutlicht dies am besonderen „Modus des Ding-Seins" (Langeveld 1968, S. 145): am Geschenk. Eine unpersönliche Vase kann nach Langeveld nicht als wirkliches Geschenk gelten, wenn der Beschenkte sich sofort überlegt, wie er das Ding wieder los wird. Schenkt jedoch ein vierjähriges Kind seinem neugeborenen Brüderchen ein kleines Federchen, das es wie einen Schatz übergibt, dann handelt es sich nach Langeveld um ein Geschenk. Das

Federchen ist klein wie das Brüderchen und im Schenken wird der Schenker so zart und weich wie das Ding, das er übergibt. (vgl. ebd., S. 146) Für Langeveld wird das Federchen im Weiteren zu einem „Nagel, an dem wir die Gefühle aufhängen.“ (ebd.) Er verfolgt seinen ursprünglichen Gedanken hier nicht weiter, daß das Kind die So-heit des Federchens erst wahrgenommen haben muß, daß es nicht achtlos wie alle anderen vorübergeht, sondern das, was das Federchen zu sagen vermag, auch hören und in dieser passenden Form an sein Brüderchen weitergeben kann. An einem weiteren Beispiel wird dies noch deutlicher:

> „Wir kennen alle den eigentümlichen Appell der Dinge, der auch für Kinder so besonders wichtig ist. Irgendeine Dingeigenschaft appelliert an uns, und der Gegenstand spricht uns sozusagen *im Gerundivum* an: der Gegenstand verlangt von uns, daß wir etwas mit ihm tun.“ (ebd., S. 147)

Ein Kind bekommt eine kleine, leere Pappschachtel geschenkt. Geöffnet fordert sie den Beschenkten auf, etwas hineinzugeben. „Die Leere starrt einen schweigend an.“ (ebd.) Möglicherweise erhält das Kind genau dann ein Bonbon, das es in die Schachtel geben kann, um die Leere zu vertreiben. Doch schon entsteht ein neuerlicher Aufforderungscharakter, das Bonbon sieht das Kind verlockend an, und es ist nicht klar, welchem Appell es erliegen wird.[25] Die Werbung in Zeitschriften und im Fernsehen arbeitet mit diesem Prinzip, daß mögliche Sinnbezüge aktualisiert werden, die zum Kauf der Ware aufrufen. Wir sind jedoch nicht völlig frei in unseren Bezugsmöglichkeiten, denn eine Sache kann im Spiel kaputtgehen, wenn sie unsachgemäß behandelt wird, oder ein Handwerker, der die Eigenschaften des Materials ignoriert, mit dem er umgeht, wird damit keinen Erfolg haben.

Daß wir es hier nicht mit einer nebensächlichen Begebenheit zu tun haben, verdeutlicht Langeveld am Beispiel des Montessori-Materials. Grundsätzliche Fragen der Erziehung lassen sich daran ablesen, welche Bedeutung die Dinge für Kinder haben dürfen. Montessoris Material ist ein didaktisches Material. Das bedeutet, daß ein erwachsener Mensch, in diesem Falle Maria Montessori, sich letztgültige Gedanken darüber gemacht hat, wie die Entwicklung des Kindes in seinen verschiedenen Phasen zu verstehen sei und welches Material wie in welcher Phase benützt werden muß, um genau diesen angezielten Effekt hervorzurufen. Das Subjekt hat zwar die Freiheit zwischen den verschiedenen Materialien zu wählen, im Gebrauch selbst ist es peinlich genau den Vorschriften unterworfen, nun genau den Tastsinn zu trainieren, für den dieses Material nun einmal vorgesehen ist. Dem Kind wird keine Kompetenz zugestanden, sich

[25] Langeveld beschreibt hier phänomenologisch, was die Dinge möglicherweise zu sagen haben Er zieht jedoch keine Konsequenzen daraus für die Erziehung, sondern zeigt nur anhand von Montessori, wie man es nicht tun sollte. Im Schlußabschnitt nimmt er jedoch alles wieder zurück, wenn er sagt, daß ohne unsere sinngebende Tätigkeit die Dinge der Sinnlosigkeit anheim fallen. Damit bestünde ja wieder die Grundlage, daß wir selbst zuvor alles in die Dinge hineingelegt haben, was in seinen Beispielen von der Schachtel und vom Federchen eigentlich nicht stimmt.

mit Hilfe des Materials nach eigenen Regeln weiterzuentwickeln. Kreativität erscheint hier lediglich als unsachgemäßer Gebrauch.

> „Ein anderer Junge baute mit den Klötzen, womit *nur* eine Treppe gebaut werden durfte, ein kubistisches Pferd. Die Leiterin forderte ihn aber auf, die „Treppe" zu bauen. Er tat das, aber bald baute er wieder sein Pferd. So ging es dreimal, und jetzt befahl man ihm, die Klötze in den Schrank zu bringen." (ebd., S. 152)

Die Freiheit der Entdeckung geht eben nur so weit, wie dies im vorhinein genauestens festgelegt worden ist. Alles andere ist Zeitverlust. Wenn das Kind dies anhand dieses Materials nicht versteht, muß es eben ein anderes nehmen. Das Material ist schließlich zum Lernen da und nicht zum schöpferischen Weiterentwickeln. Was gelernt werden soll, steht freilich von Anfang an bereits fest.

8.6 Pädagogische Schlußfolgerungen für die Beziehung von Kind und Ding

Viele Spielmaterialien, die man in Spielzeuggeschäften kaufen kann, enthalten eindeutige Spielaufforderungen und nicht nur das. Sie repräsentieren die Welt der Erwachsenen in einer je charakteristischen Seite und erlauben dem Kind, sich nachahmend in dieser Welt zu bewegen. So kann man das Interieur für ein Puppenhaus entweder im klassisch altdeutschen Stil bekommen, wo die Biederkeit noch in der karierten Korbleuchte zu spüren ist, die über der passenden Couchgarnitur angebracht werden kann. Für alles ist hier bereits gesorgt, alles ist bereits eingerichtet: Regal mit entsprechenden Attrappen gibt es für DM 34,90. Oder man wählt die moderne, schlanke und gutaussehende, immer lächelnde Barbie - Ausstattung mit Reitpferd und Swimmingpool inklusive. Dabei ist nicht gesagt, daß es Kindern nicht gelingen kann, auch mit diesen Materialien Träume zu entwickeln, die nicht nur der Abklatsch des schon vorgegebenen Raumes sind.

Aus allem kann etwas entstehen, wenn dem Angesprochensein durch die Dinge gefolgt werden darf. Kinder haben oft in einem höheren Grad als Erwachsene die Fähigkeit, das wahrzunehmen, was die Dinge zu sagen haben. Deutlich wurde mir das, als ich kürzlich mit einer Gruppe von Vorschulkindern in der Würzburger Residenz war. Immer wieder brechen sie an einzelnen Stellen in die alltägliche Wahrnehmung ein, die qua Muster den Blick verstellt auf die Unverwechselbarkeit und Präsenz einer einzelnen Sache. So fragt mich Jana (6) ganz ängstlich, ob die Menschen früher nur das gemalt hätten, was sie auch gesehen haben, und führt mich zu einer Darstellung eines Drachens unterhalb eines Fensters. Die Bilder bleiben nichts Äußerliches, das kostbar, schön und bewundernswert ist, sondern sie werden hineingenommen ins eigene Leben und dürfen dort ihre Wirkung entfalten. Wir gehen weiter und kommen in ein Schlafgemach mit einem kostbaren Bett. Für die Kinder ist es das Bett des

Königs. Jana sagt, daß sie auch einmal in dem Bett schlafen wolle. Wir sind ganz leise und betrachten es. Da sagt sie ein bißchen enttäuscht: „Aber da fehlt ja die Decke." Und es ist wahr. Nur eine wertvolle Überdecke bedeckt das Bett, aber die eigentliche Bettdecke fehlt. Jana hat sich ganz auf das eingelassen, was sie gesehen hat, sie tritt in Beziehung mit dem Raum, fühlt sich ein in das mögliche Königin-sein, was darin immer noch spürbar ist. Dieses kleine Zwiegespräch bereichert ihre Vorstellung von dem, wie man sich als Mensch fühlen kann, wie viele Möglichkeiten, „Ich" zu sein, es noch gibt. Darin entwickelt sie ihr Bild von der Welt weiter, die sie umgibt.

Aus den Dingen heraus und über die Dinge hinaus kann ein schöpferischer Prozeß entstehen, aus dem eine reichere Selbsterfahrung hervorgehen kann. Der kunstgeschichtlich geschulte Führer geht auf anderes aus. Ihn und seine ihm anvertrauten Touristen beeindrucken die immensen Renovierungskosten, die Kostbarkeit des Materials, sein materieller Wert, die Geschichte der Entstehung und Veränderung der Raumgestaltung.

Doch das, was Benjamin noch „Aura" (Benjamin 1972, S. 141) genannt hat, kann in dem nicht endenden Informationsfluß nicht mehr wirken und wahrgenommen werden.

Die Kinder vermögen das Angeblicktwerden durch die Dinge aufzunehmen, in ihr Leben hineinzunehmen und daraus ihre Sichtweise der Dinge weiterzuentwickeln. Sie versetzen sich wirklich hinein, um neue Weisen des Sich-Fühlens zu entdecken. Sie betrachten nicht nur. Dieses In-Beziehung-Treten kann beispielsweise gefördert werden durch das Malen vor den Bildern und Dingen, die die Kinder sehen. Nicht etwa mit dem Ziel, großartige Kopien herzustellen, sondern eine Zeit mit einer Sache zu verbringen, sich ihr zu öffnen, sie zu befragen und wirken zu lassen, um dann eine Antwort zu geben.

Das Ding und sein Raum, in dem es steht, erfordert von dem Menschen, der darauf eingeht, die Konstitution einer ganz bestimmten Subjektivität. Diese ist anders aufgebaut, nimmt anders und anderes wahr, wenn es sich dabei um einen Gang durch die Residenz oder um das Erlernen einer Geige oder aber um ein Fußballspiel handelt.

Zurückkommend auf Meyer-Drawe und ihr Anliegen, die andere Seite des Bildungsprozesses, das Eingehen auf die Herausforderungen durch die Dinge zu thematisieren, ergeben sich nun auch Konsequenzen für das, was wir Subjektivität nennen. Wollen wir die Welt nicht als unsere Erfindung begreifen, sondern unser Subjektsein immer auch als jeweiliges Antwortgeben auf die Dinge, so kommt man notwendig zu einem plural verfaßten Ich. So viele Situationen, die wir sind und auf die wir eine Antwort sind, die wir weiterführen, so viele verschiedene Iche sind wir auch, angedeutet nur in den beiden Möglichkeiten im Fußball und Geige spielen.

Auch bei Picasso wurde dieses von den Dingen Ergriffen-werden deutlich an dem Punkt, wo er im Museum die Afrikanischen Plastiken entdeckt, die ihn in der Folge zu einer völlig neuen Auffassung von Malerei führen werden. Er sagte dort in bezug auf seinen ersten Eindruck:

> „Ich wollte wieder gehen. Aber ich ging nicht. Ich blieb da. Ich merkte, daß es wichtig war. Es geschah etwas mit mir, oder?“ (nach O`Brian 1997, S. 198)

Kein aktiv kreativ aus sich heraus schöpfendes Subjekt spricht hier, sondern eines, welches sich von den Dingen ansprechen, anrühren und auf neue Wege führen läßt. Zugleich handelt es sich aber auch nicht um ein bloßes Ausgeliefert-sein, sondern um ein sich Verwandeln-lassen, aber auch ein Be- und Verarbeiten dessen was da geschieht. Das Subjekt entsteht neu in derartig schöpferischen Prozessen.

Exkurs in die Welt der Märchen
Will man etwas über die Dinge und ihre Bedeutung, sowie über den Umgang mit ihnen erfahren, so kann man sich an die Märchen wenden. Ich möchte im folgenden anhand von Märchen der Gebrüder Grimm (Grimm 1975) einige Beispiele geben.

Während im Märchen häufig der Ältere und vermeintlich Klügere von mehreren Geschwistern eher berechnend vorgeht, so geht der „Dummling“ geradewegs unvoreingenommen in die Welt hinein. Er vermag die Stimmen der Dinge und Tiere zu vernehmen und läßt sich darauf ein. Er tut, was gerade notwendig ist, rettet Ameisen und Fische oder schüttelt Bäume, die zu ihm (ihr) sprechen und zieht Brot aus dem Ofen. (Frau Holle) Geister werden befreit und verleihen aus Dankbarkeit ungeahnte Kräfte. (Geist im Glas) Mit Hilfe von List oder einfach aus Gutmütigkeit gewinnt man so die Kräfte der Dinge für sich, die dem weit voraus sind, der einfach nur zielstrebig seine Ausbildung beendet. Alles noch so unscheinbare kann sich auf diesem Weg als nützlich erweisen, wenn man die ihm eigenen Kräfte für sich zu nutzen weiß. Der „Dummling“ ist im Gegensatz zu seinem zielstrebigen Bruder stets zum Fund bereit. So kann er befreien und freisetzen was in den Dingen steckt und auf den ersten Blick unsichtbar ist. Die Dinge, die er braucht, hat er nicht von Anfang an, sondern findet sie genau dann, wenn er sie braucht (einen fliegenden Sattel im Trommler). Geradezu unlösbare Aufgaben und Gefahren kann er auf diese Weise bestehen, nicht weil er Kraft und Mut hat, sondern weil er sich auf schöpferische Bewegungen einläßt, durch die jene ihm zuwachsen. Um diese Prozesse der Steigerung, der Verwandlung und Befreiung, die nicht mit den Prinzipien von „Vernunft“ und „Ordnung“ zu vereinen sind, geht es im Märchen.

Wer so ins Gelingen kommt, obwohl oder weil er vom rechten Weg abgekommen ist und sich auf die Dinge einläßt, die ihm begegnen, der vermag dereinst König in seinem eigenen Reich zu werden. Wer nur nachahmen will, wer mittels Zweckrationalität vorankommen will, der endet als Pechmarie.

8.7 „Was tun wir mit dem Ding, was tut es mit uns?“ (Selle)

Zum Abschluß dieses Kapitels möchte ich noch auf ein Buch von Gert Selle hinweisen: „Siebensachen. Ein Buch über die Dinge“ (Selle 1997), in dem vom Verhältnis von Mensch und Ding die Rede ist, von den Wechselwirkungen zwischen ihnen.

> „Dinge dringen so tief in unser Leben ein, daß man behaupten darf, es lebe sich durch sie. Wir lernen unentwegt von ihnen.“ (ebd., S. 9)

> „Sie können zum Spiegel der psychischen Verfaßtheit ihres Subjekts werden oder etwas vom Zustand der Kultur preisgeben, in der sie eine Rolle spielen.
>
> Das ist das Verwirrende an ihnen, daß sie ganz persönlich und ganz gesellschaftlich wirken und man nie weiß, in welcher Funktion sie gerade ihr Objekt, das sie gebrauchende Ich, formen. Denn der Umkehrschluß ist immerhin denkbar: Manche Gegenstände wirken wie starke Persönlichkeiten, die einem schwachen Ich auf die Beine helfen, wie es bestimmte Exemplare des Automobils mit ihren bedürftigen Lenkern tun.“ (ebd., S. 19)

Ob Holz- oder Linoleum, Stein- oder PVC-Boden, die Dinge sagen etwas über uns, sie gestalten uns durch die Atmosphäre, die sie verbreiten: Eher kühl und sachlich, oder gemütlich altdeutsch usw. Die Dinge sind darüber hinaus Repräsentanten von Kulturepochen: Der Teppich aus Indien, die Designercouch und der rustikale Kerzenleuchter, sie erzählen etwas über die Zeit, die Kultur, die Gesellschaft, der sie entstammen. Miteinander ergeben sie einen eigenen Stil oder sind Verräter von Geschmacklosigkeit. Das schnelle Auto, das laut Selle seinem bedürftigen Ich auf die Sprünge hilft, bzw. es in Fahrt bringt, hat auf diese Weise Teil an einer Errungenschaft unserer Zeit, in der Geschwindigkeit sich zu einer existentiellen Möglichkeit so rasant entwickelt, wie nie zuvor. Dieses Bedürfnis schafft sich die technischen Dinge, die ihm wiederum entsprechen. Nicht der Mensch allein ist der Erfinder der Dinge, wie dies nun scheinen könnte. In vielen Kulturen spielt die Erfindung des Rades eine große Rolle, doch nie zuvor hat man es so perfektioniert und weiterentwickelt wie heute. Diese Konzentration auf eine bestimmte Sache erbrachte ein Steigern von Möglichkeiten, die sich ein einfaches Holzrad nicht träumen könnte. Je bestimmte Dinge werden wichtig in einer Kultur, man sucht aus ihnen Möglichkeiten herauszuholen (nicht in sie hineinzulegen), von denen man zuvor nicht einmal zu träumen wagte.

Wir nähern uns den Dingen und bleiben dabei gebunden an die Interpretationen, die sich für uns im Laufe unseres Lebens, in unserer Kultur und Zeit herausgebildet haben. Wir finden es in der Regel eklig, Regenwürmer und Spinnen zu essen und haben bestimmte Umgangsweisen mit Toten. Die Dinge, die wir in Museen betrachten sind oft Zeugen einer anderen Welt:

„Es sind eben nicht die gleichen Sachen, die die Etrusker ihren Toten schenkten und die wir in der Museumsvitrine anschauen, weil wir, die Anschauenden, aus einer anderen Welt kommen, die Dinge anders wahrnehmen und deuten. Welche Beziehungen, welche Zwänge, welche Gunstversicherungen sprachen einst in solchen reichen Gegenstandsspenden mit? Niemand weiß es? (...) Der indiskrete Blick prallt von ihnen ab. Es ist nicht der Blick der Bestatter und Trauernden von damals, (...).“ (ebd., S. 57)

Natürlich wissen wir davon nichts und es ist anders, ob man selbst dem Geliebten oder nur fernen Verwandten die Grabbeigabe in den Sarg gelegt hat, oder ob man sie nach mehr als 2000 Jahren im Museum betrachtet. Aber warum betrachten wir sie? Was gewinnen wir, wenn wir nur wahrnehmen können, was Teil unserer Welt ist? Auch wenn wir sie nicht auf die gleiche Weise betrachten können, so können wir uns doch von ihnen ansprechen, berühren, befremden lassen. Wir spüren etwas von der Andersartigkeit der Welt aus der sie kommen, selbst wenn wir diese nicht letztgültig verstehen können.

Auch wenn man nicht in der christlichen Welt lebt, so kann man vor dem Isenheimer Altar etwas von dem Schrecken spüren, den die Vorstellung des jüngsten Gerichtes einstmals besaß. Die von Leid und Schmerz entstellten Gesichter und gekrümmten Leiber gehen uns an, machen etwas mit uns. Sie lassen uns nicht kalt.

Der Gewinn, den man von den Ausführungen Selles hat, besteht in seiner Archäologie von alltäglichen Gegenständen und den Erfahrungen, die damit verbunden sind. Nicht nur Kunstgegenstände werden betrachtet, sondern vor allem die Dinge, die uns selbstverständlich geworden sind.

„Jede Hantierung mit einer Sache hinterläßt ihre feine Spur im Körpergedächtnis und bekräftigt das Vertrauen zum Ding. Wir wissen genau, wie die eigene Haustür sich aufschließt - jedes Hakeln des Schlosses macht misstrauisch.“ (ebd., S. 82)

Die Dinge haben sich eingraviert bis in eine Art Körpergedächtnis, wir werden von ihnen mitgestaltet, auch wenn wir uns nie bewußt mit ihnen beschäftigt haben. So gibt er etwa in bezug auf die Büroklammer zu bedenken:

„Was tun wir mit dem Ding, was tut es mit uns? (...) Jeder weiß damit umzugehen, aber wer kann schon tiefere Beziehungen zur Büroklammer entwickeln, zu diesem geklonten Ding, das jeder Individualisierung trotzt? Sie hat weder Aura noch ist sie ein technologisches Wunderwerk. (...)

Das Ding verkörpert eine schon alte Verrichtungsgeste; es tritt als Signifikant einer bestimmten Auffassung von Arbeitseffektivität und Ordnungsliebe sowohl im bloßen Daliegen als auch in der Benutzung auf.“ (ebd., S. 43)

„Gerade die Selbstverständlichkeit ist der Trick, durch den die Verallgemeinerung der Geste und die Übertragung einer industriellen Norm auf den

> Menschen gelingen kann. Die Klammer ist Bestandteil einer Struktur, die nicht allein aus Gegenständen, sondern auch aus Ritualen, Gesten, Erfahrungsinterpretationen täglicher Wahrnehmung besteht.“ (ebd., S. 44)

Selle macht in seinen überzeugenden Analysen vermeintlicher Nebensächlichkeiten deutlich, daß wir als Subjekte uns nicht einfach in konstruktivistischer Manier erfinden können. Der kognitive Akt reicht als Erklärung unserer Selbstgestaltung nicht aus. Vor allem Erkennen sind wir bestimmt von Strukturen, die durch den Gebrauch der Dinge, mit denen wir leben, schon vorgegeben sind. Wir können sie verändern und in begrenztem Maße auswählen.

Wir können durch unseren Umgang diese Strukturen überformen - aber ignorieren können wir sie nicht! Sie sind die nicht hintergehbare Grundlage jeder schöpferischen Gestaltung und Selbstgestaltung.

Das Sich-Ansprechen-Lassen von den Dingen, der Welt, von anderen Menschen bildet somit die Voraussetzung, in eine schöpferische Bewegung hineinzukommen. Dies ist kein Akt eines schon bestehenden kreativen Ichs, das den Dingen erst noch ihre Gestalt gibt, sondern in der Bewegung wird bestehendes aufgegriffen, überformt und zu neuen Möglichkeiten geführt. Diese Dynamik braucht ein neues Verhältnis zu den Dingen, aber auch ein Verständnis vom Ich, das nicht statisch sondern schöpferisch gedacht wird. Die geschichtliche Herleitung sowie die Diskussion aktueller Konzepte sollen unter der Frage geschehen, ob sie ein Beitrag zu einem Verständnis des Ichs leisten können, das mit den vorangegangenen Überlegungen korrespondiert. Wie kann das „Ich“ beschrieben werden, daß der Welt nicht gegenübersteht, sondern auf die Dinge eingeht. Wie konstituiert sich das Ich und wie wird Welt in schöpferischen Prozessen konstituiert, in denen sie nicht als vorhanden, sondern im Entstehen gedacht wird.

9 Die Iche

9.1 Geschichte des Ich und Konzepte von Ich

Wenn vom Ich gesprochen wird, versteht man darunter zunächst den Einzelnen, das Individuum. Schwieriger wird es, wenn wir uns fragen: „Wer bin ich eigentlich?“ Auf diesem Weg begegnen uns viele Antworten, die in ganz verschiedene Richtungen gehen können. Viele Iche melden sich hier zu Wort, die nicht einfach auf ein einheitliches Ich zurückgeführt werden können. Das Selbstverständnis des Menschen ist nicht zu allen Zeiten gleich gewesen.[26] Wenn ein Mensch im Mittelalter „Ich“ zu sich sagte, bedeutet das etwas im ganzen anderes, als wenn wir heute „Ich“ sagen. Die Stellung im Kosmos, Familie und Staat, Natur und Erkenntnis stellen sich anders dar.

9.1.1 Die Tradition

So war etwa in der Antike, wie auch in ganz anderer Form im Mittelalter, der Einzelne fest in das Leben der Gemeinschaft eingefügt. Alles konnte in die große und einheitliche Ordnung des Lebens eingegliedert werden. (vgl. Reble 1995, S. 56) Auch der Mensch war Bestandteil einer festgefügten ständischen Gemeinschaft. Seine Existenz war durch seinen Stand bestimmt und getragen.

> „Sitte und Tradition haben hier eine überragende, unangefochtene Autorität (...) ausrichtende Macht ist nicht das Individuelle, sondern der Typus (...) *Die christliche Religion ist die unangefochtene Grundlage und der ideale Richtpunkt dieses Gesamtlebens.*“ (ebd., S. 56f.)

Wie der einzelne Mensch also gelebt und sich verstanden hat, war vorgegeben durch eine innerlich durchlebte Tradition. Erziehung hat hier klar bestimmbare Aufgaben der Weitergabe von Werten und Einführung in das Vorgegebene. Das individuelle Ich beginnt sich zum ersten Mal zaghaft, aber bestimmt in der Renaissance zu regen. Von einschneidender Bedeutung für das Leben der Iche war René Descartes: cogito, ergo sum. Ich denke, also bin ich; d.h. Ich bin nur, indem ich denke: Ich. Alles andere unterliegt möglicherweise Täuschungen. (vgl. Descartes 1985, S. 45ff.) Das Ich entsteht also zunächst als Bewußtseins-Ich. Ich bin nur soweit „Ich“, als ich Bewußtsein von etwas habe. Zugleich ist mit dem Ich also seine Beziehung zur Welt gegeben, sein Zugang zu den Ob-

---

26 „Schaffende waren erst Völker und spät erst Einzelne, wahrlich der Einzelne selber ist noch die jüngste Schöpfung“ (Nietzsche KSA 4, S. 75).

jekten, denen es als Subjekt gegenübersteht. Ja, das Ich wäre ohne die Gegebenheit der Welt nicht Ich. Die ganze Aufklärungsbewegung kann als der Versuch verstanden werden, alles in die Verstandestätigkeit, sprich das Bewußtsein, aufzunehmen, d.h. überhaupt die Dinge in ihr Ordnungsgefüge zu bringen. Ziel ist es, mündig zu werden, d.h. „sich seines Verstandes ohne Leitung eines anderen zu bedienen." (Kant 1974, S. 9) Auch heute noch gibt es Forschungsansätze, die rein auf der kognitiven Ebene arbeiten. Man nehme etwa Kohlbergs Untersuchungen zur moralischen Urteilbildung beim Kinde. Hier interessiert das Moral-Bewußtsein, nicht das Handeln, die Erfahrungen des tatsächlich gelebten Lebens. (Kohlberg 1995)

9.1.2 Das Aufbrechen des Ich (Nietzsche/Dilthey/Freud/Foucault)

Das Selbstverständnis des Menschen als Bewußtseins-Ich wird seit der zweiten Hälfte des 19. Jahrhunderts vielfältig aufgebrochen und in Frage gestellt. Zuerst und mit den nachhaltigsten Auswirkungen bis heute geschieht dies durch Nietzsche. Sowohl das selbstverständliche Getragensein durch Religion und Moral als auch der Fortschrittsglaube der Aufklärung münden in den Nihilismus. Wenn alles weggleitet und nichts mehr gilt, wird auch jede Möglichkeit von Ich zunächst fragwürdig. So erst kann der Blick frei werden für die Vielfältigkeit des Lebens, die wir ja selber sind:

> „(...) - nie behandeln wir uns als Individuum, sondern als Zwei- und Mehrheit: alle sozialen Übungen (Freundschaft, Rache, Neid) üben wir redlich an uns aus... *wir sind immer unter einer Mehrheit.*" (Nietzsche 1977, S. 289)

Diese Vielheit, die wir als Menschen sind, ist permanent in Bewegung, sie ist einziges Werden und Vergehen, so daß keine Substanz mehr festgestellt werden kann als etwas, das bleibt. Nietzsche hat den Menschen „eingeschifft auf hohe See" und in die Offenheit gebracht, sich selbst erst noch zu schaffen.[27]

Einen anderen Ansatz, das Selbstverständnis des Menschen in seinem Aufbruch zu zeigen, stellt Dilthey dar. Auch hier geht es dem Ich nicht mehr primär um Erkenntnis, sondern dem voraus um das Leben; Erleben und Verstehen wollen eine neue Ebene zugänglich machen. Der Mensch in seiner lebensmäßigen Verfaßtheit, nicht nur als Verstandeswesen, rückt ins Zentrum des Fragens: „Leben erfaßt hier Leben" (Dilthey 1990, S. 164) heißt: Jedes Verstehen ist nur möglich auf der Grundlage unseres eigenen Erlebens und Nacherlebens. Die Wirklichkeit des einzelnen Menschen ist zudem bestimmt von größeren geschichtlichen Zusammenhängen. Unser ganzes Leben wird mitgestaltet durch die geschichtliche Epoche, die Kultur und die Gemeinschaften, in denen wir leben. Diese haben dem Leben eine jeweils bestimmte Gestalt gegeben. Be-

---

[27] vgl. Stenger 1997: „Die Welt als sich selbst gebärendes Kunstwerk". Dort habe ich versucht, mit Nietzsche dem Phänomen des Schöpferischen nachzugehen.

gegnungs-, Begrüßungs- und Umfangsformen sind nicht gänzlich durch mich neu erfunden, sondern bestimmen mich grundlegend mit:

> „Aber jedes Individuum ist zugleich ein Kreuzungspunkt von Zusammenhängen, welche durch die Individuen hindurchgehen, in denselben bestehen, aber über ihr Leben hinausreichen und die durch den Gehalt, den Wert, den Zweck, der sich in ihnen realisiert, ein selbständiges Dasein und eine eigene Entwicklung besitzen. Sie sind so Subjekte ideeller Art." (ebd., S. 162f.)

Auch ein Subjekt „ideeller Art" hat ein Eigenleben, an dem wir teilhaben. Indem wir Mitglieder vieler solcher Subjekte sind (Familie, Berufsverband) ist unser Ich „Kreuzungspunkt" dieser Zusammenhänge. Dilthey hat so den Einzelmenschen rückgebunden an die Strukturen, in denen und aus denen er lebt.

Auch die Psychoanalyse hat den Menschen aus einem eindimensionalen Ich-Verständnis gelöst. Ursprünglich (bei Freud) ist das Ich durch das Über-Ich und seine Mahnungen im Gewissen sowie auch das Es, welches es überwältigen und vernichten will, bedroht. (vgl. Freud 1975, S. 323f.) Positiv gewendet hat die Entdeckung des Unbewußten dem Menschen eine neue Dimension seiner Selbst eröffnet, die jenseits des Bewußtseins-Ich eine lebensbestimmende Macht darstellt. Während für Freud das Unbewußte vor allem in Verdrängungen besteht, erweitert Jung das Unbewußte in persönliche und kollektive Anteile. (vgl. Jung 1995, S. 127ff.) Hier wird eine Ebene beschrieben, auf der das Wesentlichste passiert, was uns umtreibt, warum wir diesen Weg gehen, diese Entscheidung treffen oder jenen Abschied nehmen. Es bereitet sich vor, gärt und arbeitet an einem Ort unserer Selbst, der nur schwer zugänglich ist. Bittner faßt zusammen, was Psychoanalyse für uns heute in der Pädagogik sein kann:

> „Psychoanalyse leistet nur das eine, allerdings Unverzichtbare: sie weckt Aufmerksamkeit für die Dunkelstellen des pädagogischen Feldes, für die zumeist übergangene Innenwelt und Befindlichkeit der beteiligten Subjekte und bezieht diese in den pädagogischen Diskurs ein - wodurch sich die Praxis verändert, weil 'mehr' von den beteiligten Subjekten einfließt, als wenn der Diskurs unterbliebe." (Bittner 1996, S. 295)

Unser einheitliches Subjekt bekommt einen Mit- bzw. Gegenspieler: das Grund-Ich, welches mitgehört und berücksichtigt werden muß. (vgl. Bittner 1988, S. 9ff.) Psychoanalyse läuft, genetisch gesehen, rückwärts: „(...) das Zurückgehen bis auf den Punkt, wo sich der Sinn im Unsinn, die Vernunft in der scheinbaren Unvernunft ent-hüllt." (Bittner 1994, S. 9) Ein „Aufdröseln" des Problems ist der Kern der Bemühung, ob diese Lösung nun allein im Bewußtsein liegt oder nicht.

Hier ist ein Ansatzpunkt für die Kritik von Michel Foucault zu finden. Foucault soll hier, wenn auch als eigenwilliger Vertreter der Postmoderne (bzw. des Strukturalismus), angeführt werden. Die Postmoderne markiert eine Bewegung, die das Ende des einheitlichen Subjekts zum Thema macht. Dabei bildet sie nicht in erster Linie eine Theorie aus, sondern sucht ein Lebensgefühl in seiner veränderten Form zu fassen. Dies kann beschrieben werden als das Ende von universalen Einheitsvorstellungen, das Ende einer Geschichte, die ein Ziel erreichen oder einen ihr innewohnenden Sinn offenbaren soll, und auch das Ende der Vernunft als einem Vermögen des Subjektes, sich selbst und die Welt begreifen zu können. Lyotard spricht in diesem Zusammenhang vom „Ende der großen Meta-Erzählungen“ (Lyotard 1986, S. 14), die in der Moderne noch eine legitimierende Funktion hatten und nun als „Erzählungen“ entlarvt werden, folglich auch keine Richtlinien für Denken und Handeln mehr bilden können.[28]

Foucault sieht den Menschen als ein Ensemble von Strukturen an, die dieser gleichwohl beschreiben kann, doch deren souveränes Subjekt er nicht ist. Die Diskurse, an denen er teil hat, strukturieren vielmehr seine Wahrnehmung vor. Sie unterliegen nicht mehr der Verfügung des handelnden Subjektes.

> „Jeder Blick, den ein bestimmter Zusammenhang gestattet, ist ein eingesetzter Blick, ist vorgegeben vom diskursiven Gesamt der Ordnung, ist ein bereits koordinierter (regard déjà code).“ (Renner 1988, S. 218)[29]

Insofern kann man zunächst von einem Verschwinden des Subjekts sprechen, weil seine Erlebniswirklichkeit als Ganze von diesen Strukturen bestimmt wird. Das neuzeitlich autonome Subjekt wird gesprengt durch diese Strukturiertheit.

> „Das einzelne Selbst ist auf diese Weise strukturiert, sofern von einem Einzelnen noch die Rede sein kann, denn der Begriff des multiplen Selbst hat neben dem *intrasubjektiven* auch einen *intersubjektiven* Aspekt. Das multiple Selbst zeigt an, daß die neue Form des Menschen nicht aus Einzelnen besteht, auf die alles ankäme, sondern aus einem Geflecht von Individuen über Räume und Zeiten hinweg.“ (Schmid 1991, S. 243)

Als Beispiel führt Schmid das Insistieren Foucaults darauf an, daß sein Werk „Ordnung der Dinge“ ohne „ein komplexes Geflecht von Relationen zu anderen Autoren, ohne deren immense Arbeit (...) undenkbar gewesen wäre.“ (ebd.) Zentral ist für Foucault weiterhin eine Kontrolle der einzelnen Diskurse durch Macht. Diese Macht ist nicht die von einzelnen Menschen, sondern die Macht des Diskurses selbst, die sich Verbote, Ausschließungen und körperlicher Unterdrückungen bedient. So entstehen etwa, geschichtlich gesehen, Irrenhäuser, Gefängnisse und Krankenhäuser als Ausgrenzungen dessen, was nicht „Vernunft“ ist. Durch diese Machtausübungen entsteht erst das, was wir als neuzeitliches Subjekt kennen. „Das Individuum ist also nicht gegenüber der Macht, es ist, wie ich glaube, eine seiner ersten Wirkungen.“ (Foucault nach Renner 1988, S. 220)

---

[28] Allerdings gilt es einschränkend festzuhalten, daß Lyotard im Gegensatz zu Foucault an der Schiene der „rationalen Entwürfe“ festhält, wodurch trotz des Aufbrechens der einen Vernunft in die Vielheit der „Diskursarten“ der entscheidende Schritt in die Tiefenstrukturen des menschlichen Daseins nicht gemacht werden kann.

[29] vgl. dazu Foucault 1980, S. 23

Foucault nun versteht sich als Archäologe, der die Machtstrukturen der Rationalität untersucht, welche alles nicht durch sie Erfaßbare unterdrückt hat. Er fragt nach den geschichtlichen Voraussetzungen dieses Prozesses. Dies geschieht beispielsweise in seinem Buch „Wahnsinn und Gesellschaft. Eine Geschichte des Wahns im Zeitalter der Vernunft" (Foucault 1973). Im Grunde wendet er hier die Verfahren der Psychoanalyse auf die geschichtliche Dimension an. Er sucht das Verdrängte der Geschichte sichtbar zu machen und zu jenem Nullpunkt zurückzukehren, von dem diese Verdrängung ihren Ausgangspunkt genommen hat.[30] Nicht ein kollektives Unbewußtes im Sinne eines immer gleichen Archetypus (C.G. Jung) ist sein Thema, sondern das durch den geschichtlichen Prozeß sich wandelnde Verdrängte. Er zeigt auf, wie es überhaupt erst zum Individuum kommt, versteht das Individuum aus dem strukturalen Geschichts-Geflecht und verfällt so nicht der Gefahr, es zu dogmatisieren. Das neuzeitliche Subjekt konstituiert sich als vernünftiges durch Gesten des Ausschließens dessen, was unvernünftig ist. „Die Konstituierung des Wahnsinns als Geisteskrankheit am Ende des achtzehnten Jahrhunderts trifft die Feststellung eines abgebrochenen Dialogs, gibt die Trennung als bereits vollzogen aus." (ebd., S. 8)[31] Trennung bedeutet gleichwohl nicht Vernichtung. Die „phantastische Macht des Wahns" (Renner 1973, S. 223) durchbricht den anschließenden Diskurs der Rationalität immer wieder, zum Beispiel in der Poesie, und eröffnet so den Blick auf eine kulturell verschüttete Identität des Menschen. (vgl. ebd.)

> „Was der Wahnsinn über sich selbst sagt, ist für das Denken, und die Poesie am Anfang des neunzehnten Jahrhunderts das, was der Traum in der Unordnung seiner Bilder ebenfalls anspricht: eine Wahrheit über den Menschen, die sehr archaisch und sehr nahe, sehr schweigend und sehr bedrohlich ist, eine Wahrheit unterhalb jeder Wahrheit, der Entstehung der Subjektivität äußerst benachbart." (Foucault 1973, S. 544)

„Wahnsinn und Gesellschaft" bildet den Versuch einer „Archäologie des Schweigens" (vgl. ebd., S. 8), die verschüttete Wahrheit des ursprünglich Gemeinsamen von Vernunft und Wahnsinn anzusprechen.

> „Die Sprache der Psychiatrie, die ein Monolog der Vernunft *über* den Wahnsinn ist, hat sich nur auf einem solchem Schweigen errichten können." (ebd.)

Dabei geht es Foucault im Letzten nicht mehr um Analyse, wodurch er sich von der Psychoanalyse absetzt.

---

30 „Man muß in der Geschichte jenen Punkt Null der Geschichte des Wahnsinns wiederzufinden versuchen, an dem der Wahnsinn noch undifferenzierte Erfahrung, noch nicht durch eine Trennung gespaltene Erfahrung ist." (Foucault 1973, S. 7)

31 „Die Geschichte des Wahnsinns schreiben, wird also heißen: eine Strukturuntersuchung der historischen Gesamtheit - Vorstellungen, Institutionen, juristische und polizeiliche Maßnahmen, wissenschaftliche Begriffe - zu leisten, die einen Wahnsinn gefangen hält, dessen ungebändigter Zustand in sich selbst nie wiederhergestellt werden kann." (ebd., S. 13)

> „Das Selbst ist nicht mehr in seiner Tiefe zu analysieren, sondern seine Formen sind zu konstituieren und zu transformieren." (Schmid 1991, S. 248)

Deshalb wird für Foucault das Sprechen von der „Selbstsorge" (vgl. Foucault 1985, S. 10) bzw. der „Sorge um sich" so wichtig, womit eben gemeint ist, daß das Ich nicht einfach vorhanden ist, sondern sich selbst erst zu gewinnen hat, indem es sich selbst transformiert und dadurch sich stets aufs Neue hervorbringt.

Ein weiteres wichtiges Konzept in der Frage, wie das Ich sich verstehen und aus welchen Strukturen es sich gewinnen kann, stellt das Konzept des Symbolischen Interaktionismus dar.

9.1.3 Symbolischer Interaktionismus

Im folgenden werde ich mich mit dem Symbolischen Interaktionismus auseinandersetzen, wie er unter anderem von G.H. Mead entwickelt und von Mollenhauer und Krappmann weitergedacht worden ist.

Das Anliegen des Symbolischen Interaktionismus besteht darin, die Eingeschränktheit des in der Psychologie und in der philosophischen Tradition vorherrschenden Verständnisses vom Individuum zu zeigen. Nicht isoliert und aus sich selbst heraus entwickelt sich die Identität des Menschen, sondern in Interaktion mit anderen baut sich Identität auf. Sie bildet sich nie unabhängig vom gesellschaftlich-kulturellem Kontext.

Mead geht dabei in seinem Buch „Geist, Identität Gesellschaft" (Mead 1998) in der Frage nach dem Hintergrund der Entstehung von Identität von der fundamentalen Bedeutung von Gesten im menschlichen Kommunikationsprozeß aus.

> „Der Sinn der Geste eines Organismus liegt (...) in der Reaktion des anderen Organismus auf die voraussichtliche Vollendung der Handlung des ersten Organismus, der diese Geste auslöst und aufzeigt." (ebd., S. 188)

Diese Kommunikation durch Gesten funktioniert nur auf der Basis eines gemeinsam geteilten gesellschaftlichen Kontextes, sonst könnte der entsprechende Reiz nicht eine Reaktion auslösen, die zu einer sinnvollen Handlung führt. Auf diesem Weg kommt Mead zur zentralen Bedeutung von Symbolen, die sprachlich verfaßt sind. Ihr gemeinsames Merkmal besteht darin, daß sie die gleichen Reaktionen auslösen. (vgl. ebd., S. 188ff.) Das ist möglich, weil beide dem gleichen „Verhaltensmechanismus" (ebd., S. 189) entsprechen. Mollenhauer spricht von einem „kognitiven Grundmuster der menschlichen Interaktion" (Mollenhauer 1972, S. 85). Sowohl die Bedeutung des Symbols wie auch die Reaktion darauf wird von beiden an der Interaktion beteiligten Menschen geteilt. Die Symbole strukturieren Situationen so, daß ein Verstehen des anderen und damit ein interaktives Handeln möglich wird. Erst mit Hilfe der Symbole ist es möglich, eine eigene Identität zu entwickeln.

Dies konkretisiert Mead am Beispiel des Rollenspiels bei Kindern. Ein Kind spielt Verkaufen, es bietet eine Ware an. Die durch diesen Reiz ausgelöste Reaktion wird genutzt, um die Identität des Einkäufers zu bilden.

> „Es hat in sich Reize, die in ihm selbst die gleichen Reaktionen auslöst wie in anderen. Es nimmt diese Reaktionen und organisiert sie zu einem Ganzen. (...) Beide Identitäten pflegen einen Dialog mit Gesten." (Mead 1998, S. 193)

Von einer Identität kann gesprochen werden, weil es sich um eine Möglichkeit handelt, sich innerhalb des Beziehungssystems der Gesellschaft zu bestimmen.

> „Das Kind produziert also mit Hilfe der Sprache in solchen Fällen in sich selbst das Muster einer symbolischen Interaktion, damit aber zugleich auf sprachliche Weise das Muster sozialer Beziehungen und seinen eigenen Ort innerhalb solcher Beziehungssysteme." (Mollenhauer 1972, S. 86)

Der eigene Ort entsteht nicht aus sich, sondern nur durch Teilnahme an Interaktion und Übernahme der Verhaltenserwartungen und Reaktionen anderer als organisiertes Ganzes, als Identität. Voll entwickelte Interaktionssysteme stellen jedoch erst Gruppenspiele dar, weil hier der Einzelne in jedem Augenblick die Struktur des Ganzen, die Rollenerwartungen seiner Mitspieler präsent haben muß. Zum Beispiel müssen im Basketball Verhaltensweisen und mögliche Handlungen anderer Spieler präsent sein, um den eigenen richtigen Wurf zu landen. Die Rollen aller anderen müssen in der Reaktion berücksichtigt werden. Die eigene Rolle wird durch die Spielregeln organisiert. „Die Regeln sind also eine Gruppe von Reaktionen, die eine bestimmte Haltung auslösen." (Mead 1998, S. 194) Hier sehe ich eine gewisse Schwierigkeit, wenn man nur vom Reiz-Reaktionsschema ausgeht. Wer so Versteck spielt, wird wohl als erster gefunden werden oder im Basketball keinen Korb landen, weil er durch die anderen ausrechenbar ist. Die Spielregel muß gelten, aber ein gelungener Zug besteht genau darin, die Erwartungen der anderen nicht als die eigene Reaktion zu vollziehen, sondern sie zu enttäuschen, umzuinterpretieren, - eben damit zu spielen.

9.1.3.1 Entstehung von Identität

Entsprechend den Ausführungen zum Gruppenspiel kann man sagen, daß im Individuum der Interaktionszusammenhang entsteht. Das Individuum gehört der Gruppe nicht aus äußerlichen Gründen an, sondern indem es die Erwartungen und Rollen übernimmt und so eine Identität ausbildet. Diese Identität, die durch die Übernahme der Erwartungen anderer entsteht, nennt Mead „Me". Auf dieses Me gibt es im Individuum eine spontane, nie ganz auszurechnende Reaktion des Organismus auf diese Erwartungen und Haltungen der anderen, die ich als verinnerlichtes Me bin. Diese Reaktion erfolgt von dem, was Mead „I" (Ich) nennt. (ebd., S. 218)

Mollenhauer gibt nun zu bedenken, daß Mead stark von Handlungen ausgeht, die gemeinsamen Erwartungen entsprechen. Nach Krappmann trifft dies etwa für die „normenkonforme Integration eines Kindes in die Gesellschaft" (Krappmann in: Mollenhauer 1972, S. 91) zu oder nach Goffman auf das Handeln in „totalen Institutionen, in denen den Individuen tatsächlich keine Wahl bleibt, als sich dem institutionalisierten System von Erwartungen, Bedürfnisbefriedigungen und Interaktionsregeln zu unterwerfen." (Goffman in: Mollenhauer ebd.) Goffman geht es darum, auf die möglichen Differenzen hinzuweisen, die zwischen den Interpretationen der Situation durch die betroffenen Individuen bestehen können. Diese Inkongruenzen sollten positiv gesehen werden, um zu verhindern, daß die Sichtweise des Erziehenden dem Zögling aufgezwungen wird. Ein Prozeß des Aushandelns zwischen den verschiedenen Codes, in denen sich Erfahrung strukturiert hat, könnte ja gerade der positive Effekt sein, der vom Symbolischen Interaktionismus ausgeht, erzieherische Situationen nicht manipulativ durch vorgegebene Situationsdefinitionen zu bestimmen, sondern durch Interaktion zu verhandeln. (vgl. ebd., S. 122ff.)

Die Identität des Einzelnen wird in jedem Falle bei Mead in einer umfassenden Weise durch die Beziehungsstruktur vorgegeben, ja sie ergibt sich daraus als Übernahme der Haltungen in ihr. „Die organisierte Gemeinschaft oder gesellschaftliche Gruppe, die dem Einzelnen seine einheitliche Identität gibt, kann >der (das) verallgemeinerte Andere< genannt werden." (Mead 1998, S. 196) Nur als Mitglied einer Gruppe hat man also Identität. Wird jedoch die personale Ebene der Identität vernachlässigt, was zuvor mit „I" bezeichnet wurde, dann kommt es zu einer Veräußerlichung und Verdinglichung. Eine Balance zwischen beiden ist notwendig.

> „Die Bildung der Identität als Balance zwischen ihrer sozialen und personalen Dimension ist ja zugleich die Bildung eines Bedeutsamkeitshorizontes, innerhalb dessen das Individuum im Rahmen der Gruppen, denen es zugehört, Probleme und Inhalte gewichtet und damit konkrete Lernperspektiven erwirbt." (Mollenhauer 1972, S. 105)

Lernen bedeutet deshalb auch immer eine Sache der Identitätsbildung, denn nur wo die Identität dieses Bedeutsamkeitshorizontes gebildet wird, kann er als solcher erscheinen.

Eine andere Frage, die für das Thema hier von besonderer Bedeutung ist, richtet sich auf diese Sinnfelder, aus denen der Einzelne ja weitgehend seine Identität gewinnt. Wie entstehen Sie? Wie entwickeln sie sich? Was passiert da, wo wir gerade nicht den sozialen Erwartungen entsprechen? Wie kommt es dazu?

Mead thematisiert diese Fragen unter dem Stichwort „Gesellschaftliche Kreativität der Identität" (Mead 1998, S. 258ff.). Er ist hier der Auffassung, daß der Einzelne seinen Einflüssen nicht nur passiv ausgeliefert ist, sondern sie auch in gewisser Weise „schafft" (ebd., S. 259), etwa indem er den Ort, an dem er lebt, aussucht. Nach Mittel und Zweck entscheidet man, welche Umgebung günstig ist.

> „Wenn sich ein Mensch an eine bestimmte Umwelt anpaßt, wird er zu einem anderen Wesen; dadurch beeinflußt er aber die Gemeinschaft, in der er lebt. Es braucht sich nur um einen geringfügigen Einfluß zu handeln, doch in dem Maße, wie er sich angepaßt hat, haben diese Anpassungen die Umwelt, auf die er reagieren kann, verändert, und die Welt ist dementsprechend anders geworden." (Mead 1998, S. 260)

Das interaktive Moment ist nicht nur zwischen Personen gültig, sondern auch in Bezug auf die gesamte Gemeinschaft, in der ein Mensch lebt. Gleichwohl er seine Identität, wie vorher gezeigt, durch sie empfängt, wirkt er auf sie zurück. Dieses Zurückwirken beschreibt Mead am Beispiel „großer Persönlichkeiten". Auch sie reagieren auf eine Umwelt, die sie jedoch in erheblichem Maße verändern.

> „Sie repräsentieren in ihren persönlichen Beziehungen eine neue Ordnung und werden dann repräsentativ für die Gemeinschaft (...) Neue Auffassungen großer Persönlichkeiten brachten Haltungen mit sich, die die Umwelt, in der diese Menschen lebten, gewaltig ausdehnten." (ebd., S. 261)

Einerseits soll es sich hier um etwas Neues handeln, andererseits besteht das Neue in einer Ausdehnung des Alten, was immer unter Ausdehnung hier verstanden sein mag. Diese „Genies" verändern ihre Umwelt, indem sie Mitglied der Gemeinschaft werden. Sind sie nun Angehörige einer alten oder einer neuen Ordnung? Mead löst das Problem, indem er das Neue als im Alten schlummernd annimmt. Von einem solchen genialen Menschen heißt es bei Mead: „(...) drückt er die Prinzipien der Gemeinschaft vollständiger aus als jedes andere seiner Mitglieder." (ebd., S. 262) Auch von einer „umfassenderen Gesellschaft" (ebd.) ist die Rede. Eine Erweiterung ist dabei ebenso möglich wie ein Verfall der gesellschaftlichen Struktur und ihrer Werte.

9.1.3.2 Kritik

Rombach kritisiert an Mead in seinem Buch „Phänomenologie des sozialen Lebens" (Rombach 1994), daß Mead zwar konkrete Beziehungen in ihrer Interaktion beschreibt, aber ihre gemeinsame Grundlage, aus der sie nach Mead ja auch ihre Identität beziehen, das Sinnfeld oder den Bedeutungszusammenhang im Grunde als gegeben voraussetzt. Rombach macht das am Beispiel des Rauchens, der Frage und dem Anbieten von Feuer deutlich. Mead kann die Interaktion der Gesten beschreiben, doch die gemeinsame Grundlage, das Rauchen, was den ganzen Handlungszusammenhang erst ermöglicht, wird nicht thematisiert. Wo Rauchen nicht bekannt ist, hat das Feuerzeug einen anderen Sinn (zum Feuermachen oder als Schmuck kann es Verwendung finden.) Diese Grunddimension der Konstitution von Sinnfeldern, ohne die es auch die symbolische Interaktion nicht gäbe, wird vernachlässigt, der Zusammenhang wird fraglos hingenommen. (vgl. ebd., S. 206ff.)

Veränderungen im Zusammenhang sind möglich durch Genies, die Prinzipien der Gesellschaft oder Gemeinschaft „vollständiger ausdrücken" (Mead 1998, S.

262). Sie wecken, was in einer Gesellschaft schlummert. Aber auch das muß irgendwie entstanden sein. Wie erklären sich kulturelle Unterschiede und gesellschaftliche Umbrüche? Wie ist es möglich, daß in einer Gesellschaft, die dem Einzelnen ja seine Identität gibt, indem er ihre Erwartungen als Identität übernimmt, daß hier also verschiedenartige, neue Prinzipien entstehen können, die unter Umständen sogar unvereinbar sind? Auch Mollenhauers Kritik weist in diese Richtung: „Offen bleibt, auf welche Weise und wodurch konkrete Beziehungsstrukturen entstehen." (Mollenhauer 1972, S. 100)

Positiv bleibt zu würdigen, daß die fundamentale Bedeutung von Symbolischer Interaktion für die Identitätsbildung herausgestellt worden ist. Ein Kasper Hauser kommt in seiner Identitätsbildung ohne gesellschaftlich kulturellen Kontext nicht sehr weit. Diese Bedeutung der Kommunikation wirklich ernst zu nehmen hieße, auch Lernfelder, wie etwa Schule und Hochschule anders zu strukturieren. Das ist von vielen schon angedacht, doch leider immer nur in Einzelfällen und Alternativmodellen in die Praxis umgesetzt worden. Lernen ist nicht nur eine Sache des Wissens, sondern eine Frage der Identitätsbildung.

Ein weiterer, aktueller Ansatz in der Frage nach dem Ich, stellt der Konstruktivismus dar. Ist im Symbolischen Interaktionismus die Aufnahme vorgegebener Strukturen von entscheidender Bedeutung, so ist im Konstruktivismus das ganze Gewicht beim Ich selbst zusehen, das sich und die Welt konstruiert.

9.1.4 Konstruktivismus

9.1.4.1 Grundannahmen

Der Konstruktivismus ist eine Erkenntnistheorie. Erkennen wird jedoch nicht als ein bloßes Abbilden der äußeren Welt gesehen, sondern als kreativer Akt. „Wir sind gleichsam Schöpfer unserer Welt." (Siebert 1999, S. 117) Dieser letzte Satz könnte auch als Quintessenz dieser Arbeit angesehen werden. Wo liegt nun die Differenz? Aus diesen naheliegenden Gründen halte ich es für wichtig die Grundannahmen des Konstruktivismus näher darzustellen, um dann Unterschiede zu dieser phänomenologisch orientierten Arbeit aufweisen zu können.

> „Die Kernthese des Konstruktivismus lautet: Menschen sind autopoietische, selbstreferentielle Systeme. Die äußere Realität ist uns sensorisch und kognitiv unzugänglich. Wir sind mit der Umwelt lediglich strukturell gekoppelt, das heißt, wir wandeln Impulse von außen in unserem Nervensystem „strukturdeterminiert", das heißt auf der Grundlage biographisch geprägter, psycho-physischer, kognitiver und emotionaler Strukturen um. Die so erzeugte Wirklichkeit ist keine Repräsentation, keine Abbildung der Außenwelt, sondern eine funktionale, viable Konstruktion, die (...) sich als lebensdienlich erwiesen hat. Menschen als selbstgesteuerte „Systeme" können von der Umwelt nicht determiniert, sondern allenfalls perturbiert, das heißt, „gestört" und angeregt werden." (ebd., S. 5f.)

Ausgangspunkt ist die Unzugänglichkeit der äußeren Welt. Eine gemeinsame, objektiv gegebene Welt können wir nicht erreichen. Hier ist ein Anknüpfungspunkt an Kant sichtbar, der zwischen theoretischer und praktischer Vernunft unterscheidet. Die Wirklichkeit, wie sie an sich ist, bleibt uns unerreichbar, doch über gemeinsame, a priorisch gegebene Erkenntnisvermögen sind wir auf sie bezogen. Diese Allgemeingültigkeit und Gegebenheit existiert für den Konstruktivisten nicht mehr, denn er geht von jeweilig sich erst erstellenden, beispielsweise biographisch geprägten Auffassungsstrukturen aus. Die Erkenntnisfrage wird nun kreativ, wobei sich der Konstruktivismus lediglich auf die Konzeption der „Kritik der reinen Vernunft" bezieht, wo Verstandesbegriffe und Vernunft beschrieben werden. Die praktische Vernunft, in der Handlungsmöglichkeiten, sittliche und Rechtsfragen thematisiert werden, wie auch die ästhetische Theorie wie sie in der „Kritik der Urteilskraft" aufgezeigt ist, bleiben unberücksichtigt.[32] Grundlage bildet im Konstruktivismus ein Verständnis von zwei Wirklichkeiten, denen der Mensch angehört. Watzlawick spricht explizit von zwei Ordnungen von Wirklichkeit. Während es sich bei der Wirklichkeit 1. Ordnung um überprüfbare Fakten, etwa physikalischer Natur handelt, ist die Wirklichkeit 2.Ordnung „jener Aspekt der Wirklichkeit, in dessen Rahmen die Zuschreibung von Sinn, Bedeutung und Wert stattfindet" (Watzlawick 1985, S. 219). Selbst die sog. Tatsachen können von einem entfernteren Beobachterstandpunkt aus als Konstruktionen erscheinen, an die wir uns so gewöhnt haben, daß sie zu Fakten verfestigt wurden. Auch die physikalische Art, die Welt zu beschreiben, ist eine Konstruktion, die als historisch bedingt gesehen werden kann.

Und doch: Auch wenn man diese Auffassung mit den zwei Wirklichkeiten nicht teilt, so wird auch von den anderen Konstruktivsten eine Wirklichkeit jenseits unserer Kognition angenommen, die in Form von „Störungen" in der von uns geschaffenen kognitiven Welt erscheint. Wenn es möglich ist, Impulse von außen auf der Grundlage bereits entwickelter Strukturen in neuronale Informationen umzuwandeln, ist eine Koppelung mit der Außenwelt gegeben. Wir können jedoch keine allgemeingültigen, objektiven Aussagen über sie machen, kein absolutes Wissen von ihr aufbauen, so wie überhaupt der Wahrheitsanspruch obsolet geworden ist. Das führt dazu, daß die Wirklichkeit, in der wir leben, von den Konstruktivisten auch nicht weiter thematisiert. Sie kann nicht Gegenstand einer Erkenntnistheorie sein. Es kann keine Annäherung einer Erkenntnis an die Wirklichkeit geben, sondern nur relative, subjekt- und kontextbezogene Wahrheiten. Mit dem Wegfall eines sich selbst absolut setzenden Wahrheitsanspruchs sind auch allgemeingültige Maßstäbe und Normen obsolet geworden.

---

32 Im weiteren wurde durch die philosophische Hermeneutik Gadamers mit der ästhetischen Erfahrung ein Bereich problematisiert, der jenseits von bloßen Kognitivismen, Wirklichkeit in ihrer „Wahrheit" ansprechen kann, ohne welche alles Erkennen ins Leere laufen würde.

Der Konstruktivismus knüpft mit seiner Theorie an Erfahrungen an, die seine Entstehung und Entwicklung begünstigen. Das metaphysische Denken steckt in einer Krise. Alles kann nun in Frage gestellt werden. Die Pluralität von Werten, Lebensauffassungen und Kulturen ist uns zur Selbstverständlichkeit geworden. Die Individualisierung ist unübersehbar. Auch die Ausbreitung der Massenmedien hat dazu geführt, daß „die" Realität uns zunehmend fragwürdig geworden ist. Wir wissen um die Manipulierbarkeit und Standortgebundenheit selbst objektiv erscheinender Reportagen. Internet und Computer wie auch Computerspiele haben zu einer „virtuellen" Realität geführt, die zu dem von Baudrillard beschriebenen Phänomen der Simulation gehört. Wir geraten zunehmend in Zweifel darüber, was denn nun wirklich ist.

Jean Piaget als Vorläufer

Ein wichtiger Schritt zum Konstruktivismus als einer Erkenntnistheorie stellen die Arbeiten Piagets dar. Aebli konstatiert zudem in seiner Einführung in Piagets „Das Erwachen der Intelligenz beim Kinde" (in: Piaget 1992, S. 7f.) eine große Nähe von Piaget zu Kant. Die a priorischen Voraussetzungen des Erkennens sind bei Kant statisch gedacht, während bei Piaget sich die sensomotorischen Schemata wie auch die mentalen Assimilationsschemata im Laufe einer Lerngeschichte im Ablauf von Phasen erst aufbauen müssen und nicht als angeboren vorausgesetzt werden können.

Assimilation und Akkomodation sind die beiden Bewegungsweisen, durch die kognitive Strukturen gebildet werden, also der Mensch sich in Stufen entwickelt, indem er sich in fortschreitendem Maße an seine Umwelt anpaßt, die als gegeben angesehen wird. Dabei sieht Piaget die Assimilation gewissermaßen als eine Art „Urfaktum" (ebd., S. 415), insofern das aktive Eingliedern der begegnenden Dinge in bereits vorhandene Schemata die Voraussetzung dafür ist, daß über Wiederholung und Generalisierung neue Schemata als eine Neuorganisation des Assimilierten möglich wird.

> „Die Anpassung der Vernunft an die Erfahrung umfaßt sowohl eine Einverleibung der Gegenstände in die Organisation des Subjekts als auch eine Akkomodation dieser Organisation an die äußeren Umstände." (ebd.)

Die Fortschritte der Akkomodation vollziehen sich über die bekannten sechs Entwicklungsstadien. Piaget setzt sich mit seinem Konzept der Assimilation und Akkomodation gegen zwei Vereinseitigungen bei den geläufigen Theorien ab. (vgl. ebd., S. 420ff.) Zum einen überschätzt der von ihm genannte Empirismus die Erfahrung, insofern er sich fixiert auf die Entdeckung der äußeren Realität. Zum anderen distanziert er sich von der Gestalttheorie, die von der „Entfaltung einer inneren, schon präformierten Struktur ausgeht." (ebd., S. 421) Entdecken und Erfinden bilden für ihn demnach keine Gegensätze, sondern gehören einem Prozeß des Interagierens und sich aneinander Strukturierens von Subjekt und Objektseite an. Erfahrung bedeutet in diesem Verständnis nie eine rein passive Aufnahme des anderen, sondern ein aktives Erarbeiten (für das er auch den Begriff „Konstruieren“ verwendet (ebd., S. 422)) von Struktur, durch welche überhaupt erfahren werden kann. Schöpferisches finden bedeutet hier Konstruktion von Struktur, und das geschieht von Anfang an durch die Akkomodation.

> „Daher erscheint uns das sechste Stadium der Erfindung durch geistige Kombination, als die Krönung der vorangehenden Stadien und nicht als der Beginn einer neuen Epoche.“ (ebd., S. 423)

An Piaget ließen sich nun verschiedenste Kritikpunkte benennen, die ich hier nur anreißen möchte, ohne sie auszuführen, weil Piaget hier als Vorläufer einer konstruktivistischen Denkweise gesehen werden soll. Kritik könnte man also unabhängig davon an seinen starren Stufeneinteilungen üben, an seinem kognitiv ausgerichteten Konzept, das notwendigerweise andere Entwicklungen (Emotionalität etwa) außer acht lassen muß.

Subjektabhängigkeit und Konstruktionscharakter des Erkennens
Der Schritt, den Piagets Denkweise bedeutet, besteht in der Konstruktion des menschlichen Auffassungsvermögens, nicht nur seines Denkens, auch seiner sensomotorischen und Verhaltensschematas. Das Kind erobert sich aktiv durch die Weiterausdifferenzierung und Ausarbeitung neuer Strukturen seine Welt. Diese ist für Piaget freilich noch gegeben bzw. besteht eine Verknüpfung von Subjekt und Objekt, die durch einen Interaktions- und Kommunikationsprozeß sich aneinander anpassen. Diese Verbindung existiert für den Konstruktivisten nicht mehr. Wir haben keinen direkten Zugang, weder sensuell noch kognitiv, zu einer Wirklichkeit, die außerhalb unserer Konstrukte existiert. Unsere Wahrnehmung arbeitet folglich nicht abbildend, sondern konstruierend. Auch die Bilder, die wir entwickeln, stellen nichts anderes als Konstrukte dar, die den Anschein erwecken, mit der Wirklichkeit kompatibel zu sein, solange keine Störungen auftreten und wir die Ziele, die wir uns setzen, mit Hilfe der Konstrukte erreichen.

> „Die Umwelt, so wie wir sie wahrnehmen, ist unsere Erfindung.“ (Foerster in: Watzlawick 1991, S. 40)

Ob die Zitrone an sich sauer ist oder der Igel stachelig - das können wir nicht wissen, wohl aber daß wir selbst ihnen diese Eigenschaften zugeschrieben haben, weshalb es auch nicht verwundern dürfte, daß wir sie an ihnen wiederentdecken. Wir sind der uns begegnenden Welt nicht ausgeliefert, sondern bilden Strukturen, die uns ein Umgehen mit ihnen ermöglicht.

Doch wer ist der Erfinder, von dem von Foerster hier spricht? Auf welchem Wege bilden sich die Strukturen, die die Erfindung bedeuten?

Grundlage zum Verständnis der Strukturierungsprozesse stellt zunächst die Neurobiologie dar, wie sie u.a. von Maturana/Varela eingebracht worden ist. Das Nervensystem stellt den Vermittler von Außenreiz und kognitiver Struktur dar. Die Vielfalt der Sinnenreize wird dabei in die neuronale Einheitssprache übersetzt, die nur die Intensität, nicht aber die Art des Reizes mit aufnimmt.

> „Wahrnehmung und Wahrnehmungsräume spiegeln folglich keinerlei Merkmale der Umwelt, sie spiegeln vielmehr die anatomische und funktionale Organisation des Nervensystems in seinen Interaktionen." (Maturana nach Göhlich 1996, S. 240)

Wir sehen also die Außenwelt nicht, sondern nur Spiegelungen unseres Nervensystems, die sich als mit der Umwelt vereinbar erwiesen haben. Doch dazu später. Das Nervensystem selbst stellt ein autopoietisches System dar.[33] Es ist selbsterzeugend, d.h. es legt seine Grenzen im Laufe seiner Entstehung selbst fest. Es ist auf Selbsterhaltung bedacht, und es organisiert sich selbst. Das Nervensystem bzw. die neuronale Struktur unseres Gehirns ist gewissermaßen das Werkzeug oder das Medium, auf das der Konstrukteur angewiesen bleibt.

Durch den Aufbau von Wissen soll nach Glasersfeld (Glasersfeld in: Watzlawick 1991, S. 37) eine Ordnung aufgebaut werden, die den „formlosen Fluß des Erlebens" (ebd.) ordnet.

> „Da gibt es zum Beispiel die Möglichkeit für den Konstrukteur, Einheiten zu schaffen. Das heißt aber, er muß in seinem Erleben Schnitte legen können und dann das, was zwischen zwei Schnitten ist, als Einheiten betrachten können. Dies ist die Voraussetzung, um ein Stück mit einem anderen Stück in Beziehung setzen zu können. Solange man sich in einem völlig amorphen Strom des Lebens befindet, ist es überhaupt unmöglich, irgend etwas zu konstruieren." (Glasersfeld in: Schmidt 1992, S. 433)

In dieser Aussage von Glasersfeld kann man viel erfahren über die Erlebnisweise des Konstruktivisten. Ausgangspunkt ist der formlose Fluß des Lebens, das pure Nacheinander, ungegliedert, ohne Verdichtung, Intensitäten oder Abflachungen. Alles ist zunächst gleich. Erst der Kognitivist vermag in diese Formlosigkeit eine Ordnung hineinzubringen, indem er Schnitte setzt und das, was zwischen den Schnitten ist, als eine Einheit, man könnte vielleicht sagen als ein Erlebnis, betrachtet. Die einzelnen Stücke (also: Erlebnisse) haben in sich und als Abfolge keinerlei Zusammenhang. Diesen muß der aktive Konstruktivist mit Hilfe seines neuronalen Werkzeugkastens und seiner bislang schon gefundenen Schemata herstellen.

> „Grundlegend ist jedenfalls das Machen oder Setzen von Beziehungen. Sobald man sagt, daß die Beziehung darin besteht, daß man von einem zum anderen geht, ist die Möglichkeit einer Folge gegeben. (...) Wenn ich aber in der Lage bin, eine Sequenz zu konstruieren, dann habe ich auch die Möglichkeit, nicht mehr nur Einheiten, sondern Folgen von Einheiten oder Sequenzen aufeinander zu beziehen. Wenn ich das mache, gewinne ich den Begriff der Zeit." (ebd., S. 433f.)

---

[33] vgl. dazu Varela in: Schmidt 1992, Maturana/Varela 1985, sowie Lutz 1997, S. 55ff.

Die Beziehungen zwischen den einzelnen Sequenzen, die wir Erlebnisse genannt haben, werden durch den Konstrukteur gesetzt bzw. gemacht. So entstehen Folgeketten, deren Abfolge festgelegt wird, jedoch nicht in den Erlebnissen selbst, sondern durch das Setzen des Konstrukteurs entsteht. Zeit ist nicht objektiv mit der Uhr ablesbar, auch nicht subjektiv erlebte Zeit, sondern Ergebnis eines Setzens von Beziehungen, die ich als nacheinander definiere.

Ein Begriff ist in diesem Zusammenhang der Beschreibung der Subjektseite des Konstruktionsvorganges noch von Bedeutung: der Beobachter. Der Beobachter wurde von Maturana in den Diskurs eingebracht. Zu jeder Wahrnehmung gehört ein Beobachter, der immer nur einen Ausschnitt sehen kann. Der Beobachter definiert ein Feld, innerhalb dem er Verhalten beschreiben kann. Das kann sein Verhalten oder auch das Verhalten anderer sein. Um jedoch eine andere Ebene von Beschreibung zu gewinnen, wurde der Beobachter 2. Ordnung eingeführt. Dieser kann wahrnehmen, wie Wirklichkeiten konstruiert werden (zum Beispiel technologisch, spielerisch, normativ etc.).

An dieser Stelle scheint mir jedoch nicht geklärt zu sein, inwiefern hier etwas eingeführt wird, das nicht schon mit dem Phänomen des „Horizonts“ in der Hermeneutik gesehen worden ist.

Sozialität

Nachdem nun die Subjektabhängigkeit und der Konstruktionscharakter von Erkenntnis thematisiert worden ist, soll der Frage nachgegangen werden, wie soziale Phänomene vom Konstruktivisten gedacht werden bzw. auf welchen Wegen eine Verständigung über die Konstrukte erfolgen kann. Diese wird als strukturelle Koppelung gedacht, denn wenn wir keine Beziehung zur Außenwelt aufnehmen können, außer über Konstrukte, deren Viabilität sich erweisen muß, gilt dies auch für die Beziehungen zu anderen Menschen. Ein direkter Austausch ist auch hier nicht denkbar; wir können nur annehmen, daß etwas zu passen scheint, aber ein Verstehen als solches ist nicht möglich.

Hinzuweisen ist an dieser Stelle auch auf den Versuch einer konstruktivistischen Sozialtheorie von Hejl, dem es um den „sozialen Prozeß der Erzeugung von Realitätskonstrukten“ (Hejl in: Schmidt 1992, S. 304) geht. Soziale Systeme werden dabei wie folgt beschrieben:

> „1. Jedes der lebenden Systeme muß in seinem kognitiven Subsystem mindestens einen Zustand ausgebildet haben, der mit mindestens einem Zustand der kognitiven Systeme der anderen Gruppenmitglieder verglichen werden kann.
>
> 2. Die lebenden Systeme müssen (aus ihrer Sicht) mit Bezug auf diese parallelisierten Zustände interagieren.“ (ebd., S. 319)

Abgesehen von dem üblichen Problem, daß eine soziale Gruppe nicht allein über kognitive Systeme konstituiert wird, ist es vom radikalen Konstruktivismus aus nicht deutlich, wie es zu derartigen „parallelisierten Zuständen“ kommen kann, berücksichtigt man die individuelle Vorgeschichte, die ja in dem Konstruktionsprozeß fortgeführt wird.

Viabilität

Auf einen der wesentlichsten Grundbegriffe im Konstruktivismus ist bereits hingewiesen worden. Was bei Piaget noch unter dem Begriff der Anpassung gefaßt ist, nennt von Glasersfeld Viabilität. Anpassung mag noch eine mögliche Verbindung von kognitiver Struktur und Außenwelt suggerieren, was bei dem Begriff der Viabilität nicht mehr impliziert ist. Von Glasersfeld gebraucht ein Bild, um den Begriff näher zu erläutern. (vgl. Glasersfeld in: Schmidt 1992, S. 440) Beim Kauf von Schuhen achtet man beim Passen darauf, daß sie weder zu klein noch zu groß sind. Konstruktivistisch dürfen sie lediglich nicht zu klein sein, da der Fuß sonst auf ein Hindernis stößt. Wieviel Platz er jedoch bei einem zu großen Schuh übrig hat, ist nicht von Belang. Die Blasen, die ich mir von einem zu großen Schuh hole, finden in der Theorie keine Entsprechung, denn es gibt keine besser angepaßten Wesen, sondern nur solche, die eben überlebt haben, also angepaßt waren.

> „In der biologischen Anpassung ist es gleichgültig, wieviel Spielraum der lebende Organismus zwischen den Hindernissen hat, die die Umwelt ihm in den Weg stellt - was zählt, ist einzig und allein, daß er durchkommt.“ (ebd.)

In die gleiche Richtung geht das vielzitierte Bild von Watzlawick vom Seefahrer, der in dunkler Nacht ohne Karte eine Meerenge passieren muß.

> „Rennt er auf die Klippen auf und verliert Schiff und Leben, so beweist sein Scheitern, daß der von ihm gewählte Kurs nicht der richtige Kurs durch die Enge war. Er hat sozusagen erfahren, wie die Durchfahrt nicht ist. Kommt er dagegen heil durch die Enge, so beweist dies nur, daß sein Kurs im buchstäblichen Sinne nirgends anstieß. Darüber hinaus aber lehrt ihn sein Erfolg nichts über die wahre Beschaffenheit der Meerenge.“ (Watzlawick 1991, S. 14f.)

Passen bedeutet hier zunächst das physische Überleben. Wir sind an keine Hindernisse und Schranken der Wirklichkeit gestoßen und folglich durchgekommen. Warum wir es geschafft haben, darüber läßt sich keine Aussage treffen. So antwortet Glasersfeld auf die ihm gestellte Frage, „Also, wir kommen nicht über trial and error hinaus?“, „Nein, nie. Das ist das einzige, was wir haben.“ (Glasersfeld in: Schmidt, S. 410)

Passen hat aber neben dem Überleben noch eine zweite Bedeutung auf, die hier hingewiesen werden soll: Es meint, daß wir kognitive Strukturen ausbilden können, die es uns erlauben, die von uns anvisierten Ziele zu erreichen. Erreichen wir unser Ziel, so haben die Theorien gepaßt, erreichen wir es nicht, dann waren es die falschen, da die Wirklichkeit uns Hindernisse in den Weg stellte.

9.1.4.2 Kritik

Hiermit ist natürlich die Gefahr eines Relativismus und der Beliebigkeit gegeben, gerade im geisteswissenschaftlichen Bereich. Bei der Interpretation von Kunstwerken, literarischen Texten oder historischen Ereignissen scheint hier nun alles gleichermaßen möglich. Da der Tod in der Regel nicht auf den Fuß folgt, wie dies bei einem Seefahrer oder auch Bergsteiger der Fall sein mag, scheint das Überleben in jedem Falle gesichert. Ob die Interpretation der Sache angemessen ist, läßt sich nicht sagen, da wir ja keinen Zugang zu diesen Sachen haben. Sie wurde ja nur als Außenreiz empfangen und in die neuronale Einheitssprache übersetzt, wo sie schließlich zu einer kognitiven Ordnung von einem Konstrukteur gefügt wurde, der dem amorphen Strom des Erlebens entkommen wollte und nun diesen Versuch unternimmt.

Wenn jedoch, wie dies 1935 der Fall war, die soziale Konstruktion besteht, daß bestimmte Künstler als „entartet" anzusehen sind, dann erschien es tatsächlich nicht viabel, dies weiterzuverfolgen oder aber im Lande zu bleiben, da mit Hindernissen gerechnet werden mußte. Es hat eben nicht gepaßt. Warum bleibt fraglich. Ein Einspruch unmöglich, denn:

> „Konstruktivismus ist ein rein rationales Modell. Und rationale Modelle können sich nicht mit der Ethik befassen und auch nicht mit der Ästhetik, zumindest nicht, wenn man dabei an die Grundwerte kommen möchte." (ebd., S. 429)

Was gut, schön oder richtig ist können wir nicht wissen. Aber: „Man muß *fühlen*, was gut ist." (ebd., S. 430) Insofern unterliegt es jedoch nicht mehr dem Zuständigkeitsbereich des Konstruktivisten.

Gefühle, Träume und Bilder, auch Archetypen, die ein Eigenleben führen, das uns nicht vollständig zugänglich, gleichwohl von großer Bedeutung für unser Leben ist - für all diese Phänomene hat die psychoanalytische Tradition eine Sprache zu finden versucht. Für den Konstruktivisten sind all das keine möglichen Themen, sind sie doch nicht als Teile einer Erkenntnistheorie integrierbar.

Der Reduktionismus des Konstruktivismus zeigt sich auch in der Aufnahme des Gestaltungsaspekts. Dieser wird jedoch reduziert auf ein Projekt des Einzelnen, auf die „Erfindung" von Wirklichkeit. Dadurch entsteht ein fiktionaler Charakter der Konstrukte, die nur über „Störungen" von der Außenwelt getroffen werden können. Begegnung ist unmöglich, was ein möglicherweise eindimensionales Verhältnis zur Welt zur Folge haben kann. Eine Welt, die nicht mehr wahrgenommen, sondern, wie Göhlich es ausdrückt, durch die Sinnestättigkeit „errechnet" wird[34], wird reduziert auf eine mögliche Erfahrungsweise. Der Ausgangspunkt der Konstruktivisten, daß wir die Wirklichkeit, wie sie an sich

---

[34] „Die Sinne bzw. die Sinnestätigkeit bilden die Welt nicht ab, sondern errechnen sie aufgrund subjektiver Bewegung und Gedächtnis bzw. Vorerfahrungsgeschichte." (Göhlich 1996, S. 243)

ist, nie erkennen können, stimmt mit dem von Kant überein, nur daß bei Kant die Erkenntnisorgane nicht selbst erst noch erstellt werden mußten.

Die Alternative, vor die Konstruktivisten sich gestellt glauben, entweder eine objektive uns zugängliche Welt anzunehmen oder alles für eine Erfindung unseres Gehirns zu halten, ignoriert die Tradition geisteswissenschaftlichen Nachdenkens der letzten 100 Jahre. Bereits Nietzsche geht von einem Perspektivismus aus, auch die hermeneutische Tradition wäre hier zu nennen. Ungeachtet aller möglichen Kritik sollen nun die positiven Möglichkeiten eines pädagogischen Konstruktivismus zunächst aufgezeigt werden.

9.1.4.3 Pädagogischer Konstruktivismus

Nimmt man nicht die Denkgeschichte als Maßstab, sondern die gängige pädagogische Praxis, so vermag der Konstruktivismus durchaus „konstruktive" Impulse zu geben. Siebert hat dies in seinem Buch „Pädagogischer Konstruktivismus" (Siebert 1999) exemplarisch anhand der Erwachsenenbildung aufgezeigt. Von einer normativen gelangt man auf diesem Weg zu einer interpretativen Sichtweise. Jeglicher sich absolut setzender Wahrheitsanspruch, wie der Glaube an eine mögliche Objektivität, werden obsolet. So kann die Pluralität der Auffassungsweisen in ihrer Differenz in den Blick genommen werden. Dabei gilt im Sinne dessen, was „Driftzonen" (ebd., S. 91) genannt wird, daß Lernen immer in historisch-kulturellen Kontexten sich vollzieht und auch in bezug auf die Vorerfahrungsgeschichte und die aktuelle Situation anschlußfähig sein muß. Nur wo Anschlußfähigkeit gegeben ist, kann strukturelle Koppelung stattfinden.

Vielleicht der wichtigste Punkt in diesem Zusammenhang ist, daß ein technologisches Verständnis von Erziehung und Bildung, das auf Machbarkeit steht, nicht mehr denkbar ist. Wo ein Verständnis des Lernens nach dem In- und Output-Modell als unmöglich angesehen wird, da wird die Aufmerksamkeit des Pädagogen auf Prozesse von Selbstorganisation und Eigentätigkeit gelenkt. Die Hypothese, daß Kinder Konstrukteure ihrer selbst sind, vermag sie vor Erwachsenen zu schützen, die ihnen fortwährend etwas „beibringen" wollen. Die Eigenaktivität des Kindes kann wahrgenommen und unterstützt werden, ohne von richtigen Lösungen auszugehen, die nur entsprechend „gelernt" werden müssen. Lernen bedeutet in diesem Verständnis die Erzeugung eines eigenen Weltbildes. Wissen zielt nicht auf Erkenntnis von Wirklichkeit, sondern auf Erzeugung einer, die sich als viabel erweisen muß, die Erfahrungswelt zu strukturieren. In diesem Zusammenhang wird auch der Begriff des „trägen Wissens" verständlich. (ebd., S. 115) Träges Wissen ist nicht transferfähig. Aus dieser Erkenntnis heraus wurde von Bruner u.a. das explorative Lernen entwickelt, das auf selbsterzeugtes Wissen aus ist, das nicht träge ist. Die so erzeugten Wissensnetze stellen unsere Wirklichkeitskonstruktionen dar, sie sind identitätsstiftend.

„Unsere Wissensnetze sind also Teil unserer Persönlichkeitsstruktur, unseres Charakters, unserer Identität. (...) Unsere Interessen und Deutungsmuster sind Brillen, mit denen wir die Außenwelt wahrnehmen." (ebd., S. 113)

Abgesehen davon, daß ich nicht nur aus meinem Wissensnetz bestehe, interessiert mich gerade auch der andere Teil meiner selbst. Zudem ist die Entstehung von Wissensnetzen wahrscheinlich allein innerhalb des rationalen Erkenntnismodells Konstruktivismus nicht beschreibbar, sondern generiert sich aus weiteren Zusammenhängen und Entwicklungen jenseits meines schon gebildeten Wissensnetzes. Für diese Zusammenhänge nach einer Sprache zu suchen und dem nachzugehen, was Künstler und Kinder über diese Entstehungsprozesse zu berichten wissen, ist Anliegen dieses Buches.

Die hier referierten Konzeptionen bilden unterschiedliche Weisen, das in sich geschlossene, einheitliche Subjekt aufzubrechen und in seinen Strukturen zu zeigen. Ein einheitliches in sich stehendes und auf seinen Personkern hin reduziertes Subjekt ist eine zu grobe Erfassungsweise und vermag der Strukturvielfalt und Lebendigkeit, das jedes Ich im Grunde ist, nicht zu entsprechen. Hier ist der philosophische Ansatz von Heinrich Rombach von entscheidender Bedeutung, weshalb er auch als Grundlage für den folgenden Abschnitt angesehen werden kann, wo nun die Konsequenzen dieser anthropologischen Überlegungen für die gelebte Wirklichkeit des Menschen thematisiert werden sollen. Auch unseren Kindern ist der Lebensweg weniger denn je vorgegeben. Sie stehen heute vor der Möglichkeit und Notwendigkeit, ihr Leben mehr als je zuvor selbst in die Hand zu nehmen.[35]

[35] Bei der Lektüre neuerer Bilderbücher fällt beispielsweise auf, daß Problemlösungen selbst von ganz jungen „Helden" immer mehr selbständig gefunden werden (Umgang mit Angst etc.) und nicht einfach auf vorgegebene Welterfahrungen zurückgegriffen wird.

9.2 Konstitutionsprozesse des Ich

9.2.1 Die Konstitution des Ich

Aus den bisherigen Ausführungen ist deutlich geworden, daß Ichkonstitution nicht nur aktives Tun, nicht nur Konstruktion bedeutet, sondern auch das Aufnehmen und Wahrnehmen von Dingen und Menschen, von Situationen, in denen wir uns befinden. Ich bin immer auch der, der in diesem Land, in dieser Zeit, an diesem Ort, in dieser Familie lebt. In der Großstadt zu leben erfordert eine andere Subjektverfassung als einsam im Gebirge.[36] Ichsein entsteht als Antwort auf Begegnung. Zur Zeit der Rush-hour in einer Großstadt unterwegs zu sein, erfordert nicht nur das Aktivieren anderer neuronaler Muster im Gehirn wie etwa in einem Konzertsaal sitzend Musik von Luigi Nono zu hören. Es bedeutet andere Wahrnehmungsmöglichkeiten, aber auch ein anderes emotionales Angesprochensein, andere Geschwindigkeiten, andere Handlungs- und Reaktionsmöglichkeiten, es bedeutet ein anderer zu sein. Wenn ich mit der Subjektivität des Autofahrers im Konzert sitze und darüber nachdenke, ob ich wohl einen Strafzettel für falsches Parken bekommen werde, bin ich schlichtweg nicht da. Ich bin woanders, weil ich ein anderer bin. Ob die Musiker gut oder schlecht waren, dazu kann ich nichts sagen. Das jeweilige Ich konstituiert sich durch das Getroffenwerden durch die Situation, es konstituiert sich als Antwort und als Interpretation, d.h. daß Ich und Welt (Situation) in einem Prozeß wechselseitiger Begegnung auseinander hervorgehen. Es ist nicht so leicht einfach umzuschalten, die jeweilige Ich-Verfassung muß erst als Möglichkeit konstituiert werden, sonst höre ich bei Luigi Nono keine Musik, sondern seltsame Klänge.

Wie durch Autoren wie Meyer-Drawe und Langeveld gezeigt wurde, stehen wir keiner objektiven Welt gegenüber, zu der wir uns dann noch irgendwie verhalten könnten, sondern wir werden durch die Dinge angesprochen und herausgefordert. Die Dinge appellieren an uns, sie verlangen, daß wir uns so konstituieren, daß wir auf sie eingehen, sie aufnehmen können. Um einem Bild von Francis Bacon standhalten zu können, muß man sich anders konstituieren als vor Monets Seerosen. Andere Erfahrungen werden wachgerufen, andere Beziehungsmöglichkeiten, eine andere Weise des Ichseins, sich als Mensch zu verstehen. Das entsprechende Ich, welches die Situation aufnimmt und interpretiert, bildet sich nicht automatisch. Möglicherweise wird die Situation so interpretiert, daß man nur mal schnell durchlaufen möchte, um zu sehen, welche Bestände dieses Museum hat. Dann wird die Herausforderung, die in einem einzigen Bild liegt, als solche nicht wahrgenommen, wir bleiben unberührt davon. Wir laufen registrierend durch die Gänge, d.h. wir bilden das Ich nicht aus, welches zum Wahrnehmen notwendig wäre. Anderes ist uns wichtiger.

---

[36] vgl. Stenger 1997. Dort wird thematisiert wie Nietzsche, durch bestimmte Landschaften angesprochen, nomadisierend umherzog, um die jeweils passende Umgebung als Unterstützung für sein Tun und Denken aufzusuchen, S. 163ff.

Mollenhauer thematisiert diese Dimension von ästhetischer Bildung:

> „Das Ich im Augenblick der ästhetischen Erfahrung ist ein anderes als das, welches die alltägliche Existenznot überstehen muß." (Mollenhauer 1990 (2), S. 491)

Auch Mollenhauer spricht von Bildern von Francis Bacon, die uns mit Empfindungen und „Reflexionszumutungen" (Mollenhauer 1988, S. 457) konfrontieren, die sich nicht nur auf die Formensprache beziehen, sondern etwas darüber Hinausgehendes zur Sprache bringen können, was er an anderer Stelle so beschreibt: „Die Konfrontation des Ich mit seinen *Selbst*empfindungen zwischen Begriff und Sinnlichkeit." (Mollenhauer 1990 (1), S. 16) Die Bilder, die uns betreffen, erzählen uns etwas über uns selbst, etwas das nicht restlos in die gesprochene Sprache übersetzt werden kann, etwas das uns berührt, uns sinnlich ergreift. An anderer Stelle zitiert Mollenhauer Adorno:

> „Vor Schuberts Musik", schrieb Adorno 1928, „stürzt die Träne aus dem Auge, ohne erst die Seele zu befragen: so unbildlich und real fällt sie uns ein. Wir weinen, ohne zu wissen warum; weil wir noch nicht sind, wie jene Musik es verspricht, und im unbenannten Glück, daß sie nur so zu sein braucht, dessen uns zu versichern, daß wir einmal so sein werden." (Mollenhauer 1990 (2), S. 493)

Nicht von Tönen und Klangreihen ist die Rede, auch nicht von Gefühlen oder Subjektmöglichkeiten des Komponisten Schubert, sondern von jener Weise des Selbst-seins, die durch diese Musik hervorgerufen wird, als die das Subjekt sich konstituiert, welches die Musik aufnimmt. Dieses Subjektsein wird als ein Anspruch verstanden, eine Möglichkeit, die wir im Hören ausbilden können. Wenn wir sie mit unserem gelebten Leben, der darin realisierten Subjektivität vergleichen, können wir feststellen, daß wir so noch nicht sind (im Falle Adornos), vielleicht auch daß wir so nie sein werden oder nicht mehr sein können oder wollen.

Das Subjekt ist ständig in Änderung und Neustrukturierung begriffen. Was wir sind, ist uns nicht einfach vorgegeben. Eine Substanz, einen Wesenskern anzunehmen, der im Laufe des Lebens sich nur noch ausfalten und verwirklichen muß, trifft unser Leben ebenso wenig wie die Zielvorgabe der Individuation. Das Ich ist kein Resultat, am Ende unseres Lebens zu erreichen, sondern ein lebendiges Geschehen - ein Werden und Vergehen.[37] Es entsteht je neu in dem Zusammenhang, in dem wir gerade leben. Das Ich bildet sich nicht unabhängig von der es umgebenden Welt, sondern ist immer auch eine Antwort auf die Situation, in der sich das Ich konstituiert. Das Angesprochensein von einer Sache führt in sie hinein, in die Musik Schuberts, in die Bilder Bacons, ins Auto fahren oder ins Fußball spielen.

---

[37] „Es rächt sich, daß von der Wissenschaft das Individuum nicht begriffen war: Es ist das ganze Leben in einer Linie und nicht dessen Resultat." (Nietzsche KSA 12, S. 378)

Ein Beispiel:
Ein Kind wächst bis zum ersten Lebensjahr mit Vater und Mutter zu Hause auf. Mit einem Jahr kommt es in eine Kindergruppe, in der es täglich von Erzieherinnen betreut wird. Eine Eingewöhnung, oft auch mit Abschied von der Mutter unter Tränen, ist normal, da das Kind nicht nur Neues dazulernen, sondern sich im Ganzen umstrukturieren muß. Mit seinem bisher entwickelten Familien-Ich als Einzelkind kann es hier nichts ausrichten. Sogar Wahrnehmung, Artikulation, Kommunikation - alles ist hier anders unter Gleichaltrigen. Nicht nur soziale Kompetenzen werden zusätzlich erworben. Auch wenn das Kind allein spielt, ist es dort ein anderes, als es zu Hause war - und ist wieder ein anderes, wenn die Mutter mit anwesend ist. Wer es ist, ergibt sich und erspielt sich durch die Situation mit, in die es hineingerät. Ist es eine laute, wilde Gruppe, ist die Erzieherin sanft oder fordernd, sind die Räume hell, das Material ansprechend, all das gestaltet die Identität des Kindes mit. Die Situation, in die es gerät, erschöpft sich nicht in dinglichen Umständen. Das Ich konstituiert sich in Konfrontation, Aufnahme und Überformung der Situation und gestaltet so die Situation wieder mit um. Hat es Selbstvertrauen gewonnen, so ist die zuvor Angst einflößende unüberwindliche Schwelle, ohne Eltern in einer Gruppe Gleichaltriger zu sein, nun eine Herausforderung, eine Möglichkeit, ein „neues Ich" zu werden. Dieses Ich steht der Welt und dem Leben nicht gegenüber, sondern lebt, entsteht aus dem Lebenszusammenhang heraus je neu. Wer mit einem „mitgebrachten Ich" dort weitermachen will, muß scheitern.

9.2.2 Multiples Ich

Die Konstitution jeweiliger Iche führt dazu, daß wir mit uns selbst in Widerspruch geraten können, denn eine weitreichende Entscheidung, etwa die Berufswahl, bedeutet nicht nur eine unterschiedliche Tätigkeit zu wählen, sondern eine andere „Lebensform"[38], ein anderes Ich auszubilden und zu leben.

Deutlich ist dies auch am Phänomen der Freundschaft, die nicht immer unser ganzes Menschsein betreffen muß. Krumpholz-Reichel stellt in „Psychologie heute" fest (vgl. Krumpholz-Reichel 1999), daß Menschen zum einen Freunde für bestimmte Tätigkeiten haben, etwa zum Schachspielen oder zum Tennis trifft man sich, aber nicht darüber hinaus. Zum anderen gibt es Freundschaften für bestimmte Lebensepochen: Freunde aus der Freiburger Zeit, Schulfreunde etc. Eine neue Lebensepoche oder andere Tätigkeiten erfordern wieder andere Subjektverfassungen, mit denen die alten Freunde oft nichts mehr anfangen können. Unter Freunden zu sein wiederum ist unter Umständen anders als ein Fest mit Verwandten zu feiern. Warum? In verschiedenen Situationen bilden wir verschiedene Iche aus, so daß es überraschend sein kann jemanden in einem anderen Zusammenhang zu treffen als bisher: „So kannte ich dich gar nicht."

[38] vgl. Bittner 2001

Diese Überraschung stellt sich ein, weil wir gar nicht dieselben sind, immer gleichermaßen mit uns identisch.

Wir finden uns in einer Multiplizität von Ichen wieder, die wir im Laufe unseres Lebens ausbilden. Hier stellt sich nun die Frage, wie diese Iche, als die wir sind, zusammen leben.

Günther Bittner konfrontiert den Leser in seinem Buch „Kinder in die Welt, die Welt in die Kinder setzen“ (Bittner 1996) mit der Alternative „Einheit oder Multiplizität des Ich?“ (ebd., S. 263) Er stellt hier zunächst sein Konzept vom „Grund-Ich“ vor, welches eine Weiterentwicklung des Freudschen Unbewußten darstellt, jedoch der „Mein-Haftigkeit“ (ebd., S. 264) und „Intentionalität“ (ebd., S. 264) dieser Strebungen gerecht wird. Als offen sieht er hier die Frage, wie beide Iche - gemeint sind Grund-Ich und Alltags-Ich - zusammen stehen. Nach der Erörterung verschiedener Ansätze (u.a. Rombach) bleibt doch die Alternative stehen, entweder einheitlich zu sein, was für mich heißt, genügsam und zufrieden zu sein mit dem, was uns zufällt. Oder:

> „Nur wo Seele und Alltag auseinanderfallen, da entsteht das Phänomen des ‘multiplen Ich’, da wird Seele als Seele erkennbar.“ (ebd., S. 265)

Erst die Erfahrung der Differenz, der Zerrissenheit macht uns die Multiplizität erkennbar. Die Fähigkeit des Menschen besteht darin, in einer neuen Situation/Sache auch ein neues Ich zu konstituieren. Im Alltag leben unsere multiplen Iche tagtäglich zusammen.

Ein Kind von zwei Jahren kennt bereits die feinen Unterschiede seiner Handlungs- und Artikulationsmöglichkeiten beispielsweise in einer Gruppe von Gleichaltrigen oder wenn es allein bei der Oma ist. Bei der Oma sind andere Dinge erlaubt, verboten oder erwünscht als zu Hause. Die Grenzen werden ausgetestet - das meint eigentlich: Identitäten werden konstituiert. Ebenso im Rollenspiel werden problemlos verschiedene Identitäten ins Gespräch gebracht: „Ich bin der Hund und du das Kaninchen!“ „Das Kind verfügt über ‘100 Sprachen’. (...) Von diesen ‘100 Sprachen’, sagen die Reggianer, werden 99 geraubt.“ (Krieg 1993, S. 27) Das heißt, daß wir oft nicht bereit sind, das Andere zu sehen, und das Kind auf die eine Identität festlegen, auf das Bild, das wir uns von ihm gemacht haben, auf das, was wir von einem Kind erwarten.

Der Übergang von einem Ich zum anderen ist nicht immer einfach: Leonni beschreibt das Phänomen in seinem Bilderbuch: „Das kleine Blau und das kleine Gelb“ (Leonni 1962). Zwei Kinder (Blau und Gelb) spielen miteinander, was schließlich dazu führt, daß sie eine neue gemeinsame Identität bilden (Grün). Als solche kehren sie nach Hause zurück und werden von ihren Eltern nicht mehr erkannt. Erst als sie darüber weinen, zerfallen sie und vereinzeln sich wieder in Blau und Gelb. Die Eltern begreifen sogar am Ende, was vor sich gegangen war. Eltern empfangen ihre Kinder, die unterwegs waren, die sich in anderen Zusammenhängen und Gruppierungen befanden, mit Ratlosigkeit:

„Das ist doch nicht mein Kind! Das hat es vorher nie gemacht! Wie gehst du denn aus dem Haus?“ Der Aufbau einer eigenen Identität geschieht bei Jugendlichen oft über Gruppenaktivitäten außerhalb der Familie. Man kehrt nicht als derselbe zurück, was für die, die zu Hause geblieben und dieselben sind wie vorher, unbegreiflich sein muß. Was im Bilderbuch noch relativ gut funktioniert, unter Tränen wieder „der Alte“ zu werden, gestaltet sich im Laufe des Lebens schwieriger.

Der springende Übergang von einem Ich zum anderen geht nicht immer problemlos. Unsere Iche kommen nicht nebeneinander einfach so vor, sondern sind in sich gestuft. Rombach spricht in diesem Zusammenhang von einer Situationskokarde. In so vielen Situationen wir sind, so viele Iche sind wir auch. All diese Situationen/Iche sind uns in ganz unterschiedlicher Weise präsent: „(...) die nahen näher, die fernen ferner, unter allen wird aber *eine* dadurch ausgezeichnet, daß sich das Dasein mit ihr *identifiziert*.“ (Rombach 1987, S. 239)

In der Straßenbahn stehend bin ich ganz in Vorfreude auf den Urlaub in vier Wochen. Erst als mir ein Fahrgast auf den Fuß tritt, springt mein Ich zurück, ist als Körper-Ich präsent, und ich merke nun, daß ich inzwischen meine Haltestelle verpaßt habe. Das heißt, meine Nahsituation war so schwach nur noch da, daß ich die Kontrolle darüber verloren habe.

Bittner gibt in seinem Aufsatz „Spontanphänomene. Oder: Wie entsteht etwas Neues?“ (Bittner 1989) ein anderes Beispiel. Im Urlaub auf einer Nordseeinsel sieht er einem Ehepaar mit Kind beim Drachensteigen zu. Bei näherem Hinsehen erkennen sich zwei Fakultätskollegen. Während Bittner sich die Frage stellt: „Soll ich etwa schnell noch mein Professorengesicht aufsetzen und ‘bedeutsam’ in die Welt schauen?“ (ebd., S. 28), läßt der andere beim Versuch, die Hand zu geben, den Drachen davonfliegen. Der plötzliche Sprung in das Professoren-Ich gestaltet sich schwierig, weil es zu diesem Zeitpunkt eine Fernsituation war („ich wollte gerade spazierengehen und dachte nicht an Würzburg“ (ebd., S. 27)). Und doch ist sie nicht vollkommen weg, sonst würde man den anderen aus dem anderen Zusammenhang gar nicht erkennen können. Ein ganz anderes Ich konstituiert sich durch die Urlaubssituation - eine andere Kleidung, eine ganz andere Zeitlichkeit, eine andere Gestimmtheit, andere Begegnungsformen sind damit verbunden. Die Gesamtverfassung, bis hin in unsere leibliche Präsenz, ist eine andere, so daß wir uns für ein anderes Ich völlig umbauen müssen. Nach dem gemeinsamen Wiedereinfangen des Drachens bleibt eine anregende Wirkung.

Die anderen Iche sind vom Gelingen, Glücklichsein oder Kranksein eines Einzel-Ich immer mitbetroffen. Freunde von weit her haben sich für das Wochenende angekündigt. Mit Elan gelingt ein schwieriges Gespräch am Arbeitsplatz ebenso wie sich die sonst ungeliebte Hausarbeit in der halben Zeit verrichtet. Anders herum kann ein Streit mit einem Freund den Arbeitseifer in anderen Bereichen lähmen. Nun ist es wichtig, die Ebene zu finden, die krankt, was in einer verfahrenen Situation nicht mehr ganz einfach ist.

„Die Fragen des Daseins treffen uns nicht im selben Ich, sondern in sehr unterschiedlichen *Ichdimensionen*, und haben die Schwierigkeit ihrer Beantwortung meist dann, daß nicht klar ist, in welcher Etage die Entscheidung getroffen werden soll. Nahsituationen legen beispielsweise eine Verlockung nahe, die das Ich einer Fernsituation mit großer Entschiedenheit ablehnt. Oder das Ich einer mittleren Situation beharrt auf sich und blockiert damit eine wichtige Korrektur der nahen Interpretationen im Hinblick auf ferne und fernste Situationen (...) Es wird nirgendwo so sehr gestritten wie im Innern des Einzelmenschen selbst. Aber auch hier gilt: Einigkeit macht stark, und die Überzeugungs- und Durchsetzungskraft eines Menschen hängt wesentlich von deren Einigungsmöglichkeit seiner Iche ab.“ (Rombach 1987, S. 242f.)

Wir sind nicht eo ipso einheitlich, sondern müssen es immer wieder werden. Jede größere Entwicklung eines Einzel-Ich fordert eine Neustrukturierung auf anderer Ebene. Unser multiples Ich spüren wir feinstimmig als komplexes Geschehen. Ein Ja auf einer Ebene kann halbherzig gesagt sein, was wir im Augenblick noch gar nicht wahrhaben wollen, weil es sich nicht auf alle anderen Ebenen durchträgt. Entscheidungen, z.B. beruflich-bedingter Umzug, müssen auch vom Familien-Ich und auch auf vegetativer Ebene mitgetragen werden (eigentlich wollte ich nie auf dem flachen Land wohnen - ich brauche Berge: weiten Blick - da erst ist meine Seele völlig bei sich). Wer große Differenzen in sich lebt, braucht auch Einigungskraft. Das beste Beispiel ist die Musik, zeigt sie doch, daß auch eine Dissonanz stimmig sein kann. So großartig Musik von Bach ist, Harmonie muß stets ganz neu hervorgebracht werden. Für uns ist heute Harmonie dieser Art nicht mehr selbstverständlich.

Das Ich bildet sich antwortend und eingehend auf die Situation, von der es betroffen wird. Es bezieht sich zugleich auf frühere Erfahrungen, vergleicht, interpretiert und formt die neue Situation zu seiner um. Das Erlernen des Radfahrens als eine eigene Möglichkeit sich selbst zu erfahren kann auch für die Entwicklung in anderen Bereichen (anderen Ichmöglichkeiten) neuen Schwung und Selbstbewußtsein bringen, nichts bleibt davon unberührt, aber es geht aus einem solchen Prozeß nicht als vollkommen neuer Mensch hervor, wie dies beim Durchbruch in eine neue Dimension der Fall ist - außer ein Kind entdeckt seine Leidenschaft fürs radfahren, wird irgendwann Radsportprofi und kann sich ein Leben ohne Radfahren überhaupt nicht mehr vorstellen. Nicht jeder Besuch eines Schwimmbades, einer Diskothek oder eines Bistros führt zu radikalen Bekehrungserlebnissen, nach denen nichts mehr ist wie vorher. Ichmöglichkeiten entwickeln sich auf der Grundlage eines multiplen Ichs, welches die Vielheit in sich bindet und sagt: alles das bin ich. Für ein Kind im Urwald ohne Straße bildet Radfahren keine Möglichkeit, für einen Säugling von 3 Monaten ebenfalls nicht.

Innerhalb einer Grundzugangsweise, die sich immer wieder neu strukturiert, entfalten sich die Ichmöglichkeiten in die *Breite*. Jede Entwicklungsstufe etwa bietet bestimmte Möglichkeiten.

9.2.2.1 Bildung der Iche in Stufen

Der neugeborene Säugling, der auf die Welt kommt, ist schon Ich. Aus unendlichen Bedingtheiten hat er schon seinen Leib als unverwechselbaren strukturiert. Die erste Stufe der Ich-Werdung bildet die Vereignung des Körpers. Zunächst noch ganz eingefaltet und einfach ganz da, entdeckt das Baby nach und nach seine Händchen, dreht sie vor dem Gesicht, als ob es ein Wunder wäre, betrachtet sie von allen Seiten und ver-ichlicht sie so als die Seinen. Ebenso geschieht dies mit den Füßchen, und nach und nach wird der ganze Körper als Körper-Ich erobert. Ein lebenslanger Prozeß beginnt, der immer wieder neu geleistet werden muß: aus meinem (vorgegebenen) Körper auch „meinen Leib" zu machen und als solcher leibhaftig zu sein, d.h. überhaupt erst präsent zu sein.

Die nächste Ebene, das Krabbeln, eröffnet dem Kind eine neue Welt. Nicht nur der Bewegungskreis erweitert sich und es nimmt mehr wahr; es ist auch eine ganz andere Orientierungs- und Handlungsstruktur mit dieser neuen Möglichkeit verbunden. Die Welt wird eine andere, ob ich nun im Wagen liege und die Gesichter und Dinge betrachte, die sich mir zeigen, oder ob ich mit einem Topf spielend höre, daß die Wohnungstür sich öffnet und ich hinkrabbeln kann, um nachzusehen, was sich da tut. Ein neues Ich bildet sich als Zentrum dieser neuen Situation, welches ganz eigene Intentionen entwickeln kann. Der aufrechte Gang bringt wieder eine neue Ich-Möglichkeit, welche die vorherigen völlig mit umstrukturiert. Wir erweitern uns nicht. Wir verwandeln uns mit jeder neuen Stufe (bei Montessori heißt das Phänomen „Bekehrung"). Der Kindergarten und später die Schule sind andere Welten, die von uns fordern, ein anderer zu werden - ein Ich zu konstituieren, welches in dieser Welt handlungs- und lernfähig ist. Kinder spüren die Schwelle, die völlige Andersartigkeit der Situation.

Für ein Schulkind etwa können sich verschiedene Möglichkeiten eröffnen, sich als Mensch zu sehen und zu verstehen. Kunst, Literatur, Musik, Physik und Mathematik, auch Geschichte und vieles mehr bilden Grundformen von Welterfahrung, bilden Weisen des Ichseins, die jede ihre eigene Geschichte, ihre eigene Subjektverfaßtheit, ihre eigene Bezugnahme zur Welt beinhaltet. Auch die Schule selbst hätte eigentlich die Aufgabe, nicht nur Wissen zu vermitteln, das nach Bedarf wiedergegeben werden kann oder auch nicht. Beispielsweise bedeutet Geschichtsunterricht nicht die Kenntnisnahme von Herrschern, Kriegen und Friedensschlüssen, sondern die Chance, sich selbst als geschichtliches Wesen zu begreifen. Unser Heute ist durchwaltet von unserer Herkunft, unserer Tradition, auch da, wo sie nicht fortgeführt wird. Geschichtlich denken und empfinden heißt eine neue Dimension von Ich auszubilden, heißt, einen Horizont eröffnet zu bekommen. Ein solcher Horizont ist nicht mehr eine Ansammlung von Tatsachen, die mit meinem Leben nichts zu tun hat, sondern besteht gerade darin, die Vergangenheit auch als meine eigene zu begreifen. Unsere Wurzeln reichen tief hinab ins Erdreich (Biologie).

Gottfried Benn beschreibt die Sehnsucht nach unserer früheren Existenz in seinem Gedicht „Gesänge“:

> „1.
> Oh, dass wir unsere Ur-ur-ahnen wären.
> Ein Klümpchen Schleim in einem warmen Moor.
> Leben und Tod, Befruchten und Gebären
> Glitte aus unseren stummen Säften vor.
>
> Ein Algenblatt oder ein Dünenhügel:
> Vom Wind geformtes und nach unten schwer.
> Schon ein Libellenkopf, ein Möwenflügel
> Wäre zu weit und litte schon zu sehr. – (...)“ (Benn 1982, S. 47)

Einem guten Lehrer gelingen solche Eröffnungen von Horizonten - und siehe mit einem Mal macht das Arbeiten auch Spaß, weil es auch ein Erweitern des eigenen Ich ist und nicht nur eine Beschäftigung mit toter Materie. Wer keinen Horizont für moderne Lyrik hat, hält vorstehendes Gedicht für Unsinn. Öffnet sich das Gedicht, so spricht es u.a. von unserer pflanzlichen Existenz und unserer schmerzlichen Entfernung davon.

So bilden sich im Laufe des Lebens immer weitere Iche aus, zum Beispiel ökologisches Bewußtsein, Musik etc. Zum Geigenspielen braucht es eine andere Subjektivität als beim Fußball. Die Bildung neuer Iche geschieht also durch das Hineinbegeben in Situationen, die die Konstitution eines Ich fordern. Wer immer nur in gewohnten Bahnen geht, verändert sich kaum. Wer die Verfremdung sucht, muß sich auch verwandeln. Dabei genügt das bloße Aufsuchen noch nicht. Der Versuch, das Instrument Geige zu erlernen, macht noch nicht den Geiger aus. Das Kind muß die Möglichkeiten, die im Instrument und im Angebot des Lehrers liegen, aufgreifen und hineinnehmen in sein eigenes Leben. Es überformt das Vorgegebene und vereignet es, aus welcher Bewegung dann eine neue Ichmöglichkeit entstehen kann. Die Überformung des Vorgefundenen bleibt auf einen Durchbruch angewiesen, in dem die neue Dimension des Geigenspielens in eins mit dem neuen Ich aufspringt.

9.2.2.2 Wie kommt es zu dem Ichpol einer neuen Dimension?

Wie im Kapitel zum schöpferischen Prozeß schon ausgeführt, entsteht die neue Dimension nicht durch Kombination, sondern beginnt aus sich heraus. Nietzsche beschreibt das Phänomen in seinem Text „Vom Nutzen und Nachteil der Historie für das Leben“ (Nietzsche KSA 1, S. 244ff.):

> „(...) man vergegenwärtige sich doch einen Mann, den eine heftige Leidenschaft für ein Weib oder für einen grossen Gedanken, herumwirft und fortzieht; wie verändert sich ihm seine Welt! Rückwärts blickend fühlt er sich blind, (...) was er überhaupt wahrnimmt, das nahm er noch nie so wahr; so fühlbar nah, gefärbt, durchtönt, erleuchtet, als ob er es mit allen Sinnen

zugleich ergriffe. Alle Werthschätzungen sind verändert und entwerthet; so vieles vermag er nicht mehr zu schätzen, weil er es kaum noch fühlen kann: er fragt sich ob er so lange der Narr fremder Worte, fremder Meinungen gewesen sei (...). Es ist der ungerechteste Zustand von der Welt, eng, undankbar gegen das Vergangene, blind gegen Gefahren, taub gegen Warnungen, ein kleiner lebendiger Wirbel in einem todten Meere von Nacht und Vergessen: und doch ist dieser Zustand – unhistorisch, widerhistorisch durch und durch – der Geburts-schooss nicht nur einer ungerechten, sondern vielmehr jeder gerechten That." (ebd., S. 253)

Nietzsche beschreibt die Veränderung in der Welt- und Selbsterfahrung eines Menschen, in dem Augenblick, im dem für ihn etwas ganz Neues entsteht. Die Veränderung ist nicht nur eine des Wissens, eine der Angleichung an *die* Wirklichkeit, wie Piaget das Phänomen durch die Akkomodation zu fassen versucht. Auch eine Erweiterung von Piagets Ansatz des kognitiven Denkens durch emotionale und ästhetische Aspekte, wie sie etwa Schäfer versucht (vgl. Schäfer 1999), ändert doch nichts an dem Grundmodell eines sich immer besser an die Wirklichkeit anpassenden Subjektes. Jener Mann, den Nietzsche beschreibt, paßt sich nicht an, sondern ist dabei, etwas zu entdecken, und auch das ist kein rein aktiver Vorgang; er wird ja von seiner Leidenschaft geführt, ist also nicht Herr des Prozesses, sondern gerät in ihn hinein. Das Alte erscheint ihm nicht nur fremd, sondern er kann es kaum mehr wahrnehmen, mit allen Sinnen ergreift ihn das Neue. Was vorher war, erscheint ihm fremd, von außen bestimmt, nicht er selbst. Von diesem neuen Ich aus fragt man sich, wie man vormals so hat leben können, da, in dieser Wohnung, in dieser Beziehung. „Das war gar nicht Ich", meint eben diese Erfahrung, vormals durch andere bestimmt gewesen zu sein.

Dies ist auch die Interpretation des Sachverhaltes von Marotzki, der derartige Veränderungsprozesse als Modalisierung bezeichnet. Darunter versteht er eine veränderte Erfahrungsverarbeitung, die von einer sozialen Bestimmtheit zu einer größeren Individualisierung fortschreitet. (vgl. Marotzki 1990, S. 158f.) Doch für Nietzsche steht fest, daß das diesem Menschen nur so erscheint, weil er das Alte nicht mehr wahrnehmen und fühlen, ja sich gar nicht mehr in dieses hineinversetzen kann. Deshalb bezeichnet Nietzsche diesen Zustand als „unhistorisch", weil die eigene Vergangenheit in diesem Augenblick als fremd erscheint. Dies ist aber nur deshalb so, weil vom Neuen aus das Alte nicht mehr als es selbst, sondern höchstens als Vorgeschichte erscheinen kann. Einstmals war dieses Fremde unser „Ich". Doch jetzt erscheint es anders: „Das bin ich nicht mehr." Oder eine Mutter über ihr 7 Monate altes Kind, das soeben zu krabbeln gelernt hat und nun sich selbst seine Welt erobert: „Das ist ein komplett anderes Kind."

Es kommt also nicht etwas hinzu, sondern alles ändert sich radikal in diesem Augenblick der Geburt.

> „Wer sich nicht auf der Schwelle des Augenblicks, alle Vergangenheiten vergessend, niederlassen kann, wer nicht auf einem Punkte wie eine Siegesgöttin ohne Schwindel und Furcht zu stehen vermag, der wird nie wissen, was Glück ist und noch schlimmer: er wird nie etwas thun, was Andere glücklich macht.“ (Nietzsche KSA 1, S. 250)

So wesentlich jene Momente im Leben des Menschen sind, in denen ein neuer Anfang gefunden wird, das Leben besteht nicht ausschließlich aus solchen. Ein solcher Anfang muß auch ausartikuliert werden, d.h. es müssen wieder Bezüge geschaffen werden, Vergangenes uminterpretiert, wie Rombach sagen würde „überformt“ werden. Mit Nietzsches Worten klingt das folgendermaßen:

> „Um diesen Grad und durch ihn dann die Grenze zu bestimmen, an der das Vergangene vergessen werden muss, wenn es nicht zum Todtengräber des Gegenwärtigen werden soll, müsste man genau wissen, wie gross die *plastische Kraft* eines Menschen, eines Volkes, einer Cultur ist, ich meine jene Kraft, aus sich heraus eigenartig zu wachsen, Vergangenes und Fremdes umzubilden und einzuverleiben, Wunden auszuheilen, Verlorenes zu ersetzen, zerbrochene Formen aus sich heraus nachzuformen. Es giebt Menschen, die diese Kraft so wenig besitzen, dass sie an einem einzigen Erlebniss, an einem einzigen Schmerz, oft zumal an einem einzigen zarten Unrecht, wie an einem ganz kleinen blutigen Risse unheilbar verbluten.“ (ebd.)

Eine mächtige Natur dagegen zeichnet sich so aus: „(...) alles Vergangene, Eigenes und Fremdestes, würde sie an sich heran, in sich hineinziehen und gleichsam zu Blut umschaffen.“ (ebd.) Die plastische Kraft, von der hier die Rede ist, besteht nicht im bloßen Hinnehmen, auch nicht im Schön-Reden, sondern im Umschaffen des unveränderlich, unvereinbar Erscheinenden in eine notwendige Bedingung des jetzt Soseins. Die Kraft schöpft sich nicht aus einer irgendwo bestehenden Reserve, sondern besteht gerade im Einverleiben, im zu Blut, also zu Lebenskraft Umschaffen des Subjektes. Gestaltungskräfte sind hier angesprochen, die sich nicht auf Kunstwerke als Dinge beziehen, sondern auf die Lebensinterpretation im Ganzen.

Dieses Subjekt kann nicht als gegeben angesehen werden, sondern entsteht aus dem Prozeß des Überformens und Einarbeitens immer wieder neu. Es ist nicht der Ursprung des schöpferischen Prozesses, sondern entsteht, wie beschrieben, in einem schöpferischen Prozeß. Sich einlassend auf Welt erfährt es sich plötzlich anders als vorher. Obgleich von dem Vorigen keine Brücke zum Neuen führt, ist es doch ein Herausarbeiten und Umformen, des sich nun anders auf Welt Beziehens. Das Ich entsteht ebenso wie die Welt, in der es lebt und handelt, neu, ob dies eine andere Haltung in einer einzelnen Situation ist oder ob es sich um eine neue Dimension und damit um die Geburt vieler neuer Handlungsmöglichkeiten handelt, wie etwa am Beispiel Picasso oder der Kritzelzeichnung beschrieben. „Ich erkenne dich nicht wieder. Du bist nicht mehr du selbst.“ Das ist die Rede der Zurückgelassenen, die uns vorher kannten und die den Sprung nicht mitgesprungen sind, sondern mit ihren einmal erworbenen Schemata in die Welt schauen. „Du sollst dir kein Bild machen.“ – Vielleicht gehört das auch hierher.

9.2.3 Präsenz und Situativität

Voraussetzung für solche Erneuerungsprozesse ist es, sich aufs Spiel zu setzen im Tun. Nur wenn man bereit ist, sich aus dem Tun selbst erst zu gewinnen, geschieht auch Erneuerung. Das erst heißt Kreativität, daß in einem Prozeß mehr entsteht als die, die ihn schufen. Es bedeutet, sich selbst, sein Ich aus dem Prozeß zu gewinnen und nicht mit vorher fixierten Maßstäben an die Dinge heranzugehen.

Natürlich beziehen wir uns immer auf Vorerfahrungen, Erwartungen, Fragen und Interessen, die wir weiter verfolgen, die sich verdichten zu einem Thema, zu einem Weg, den man als den eigenen empfindet. Aber nur im Immer-wieder-sich-Preisgeben und Aufs-Spiel-Setzen kann man sich auch neu gewinnen. Wir können uns nicht auf dem ausruhen, was wir für unser erworbenes Ich halten, wir müssen dieses Ich auch immer erst wieder werden.

An zwei Beispielen möchte ich erläutern, was es bedeutet, das Ich einer Situation so auszubilden, daß neue Möglichkeiten entstehen. Diese sind nicht etwa präexistent und warten gleichsam auf den Prinzen, der sie wachküßt, sondern sie entstehen im Zusammengehen, in der Kommunikation, im sich steigernden Antworten von Subjekt und Objekt. Kinder haben die Fähigkeit[39], sich ganz auf etwas einzulassen und durch diese Offenheit gleichsam mit ihrer ganzen Existenz auf das einzusteigen, was sich ihnen auftut.

Korczak beschreibt dies in seinem Buch „Wenn ich wieder klein bin“ (Korczak 1973) am Beispiel eines Mannes, dessen Wunsch, noch einmal Kind sein zu dürfen, erfüllt wird. Seine auch sehr schmerzhaften Erfahrungen beschreibt Korczak aus der Perspektive des Jungen:

> „In der Nacht fiel Schnee.
>
> Alles weiß – unsagbar weiß.
>
> So viele Jahre hatte ich keinen Schnee mehr gesehen. Nach so vielen, vielen Jahren freue ich mich, daß es schneit, daß es weiß ist.
>
> Auch Erwachsene lieben schönes Wetter. Aber sie denken dabei, überlegen, während wir es wie einen Trunk genießen. Auch die Erwachsenen lieben einen klaren Morgen, für uns aber ist es wie ein gut gekühlter Wein – wir sind gleichsam betrunken durch ihn.

[39] Montessori hat dies mit dem Begriff des absorbierenden Geistes beschrieben

> Als ich erwachsen war, dachte ich immer, wenn ich Schnee sah, schon daran, daß es Matsch geben würde, ich spürte schon die nassen Schuhe und überlegte, ob die Kohle wohl den Winter über reicht. Auch Freude war da, aber zugeschüttet mit Asche, verstaubt und grau war sie. Jetzt aber verspürte ich eine nur weiße, klare, blendende Freude. Wieso? Nicht wieso: Schnee!" (ebd., S. 59)

In diesem Text werden zwei mögliche Iche benannt: das des Jungen und das des Erwachsenen. Der Junge gewinnt sich (sein Ich) völlig aus der Situation, er kann sich freuen, als ob er dies alles zum ersten Mal erlebt. Er berauscht sich am Schnee, heißt, er läßt sich auf die Dynamik ein und reflektiert nicht wie der Erwachsene mögliche negative Folgen (Verschmutzung von Kleidung, Erkältung, Kranksein, nicht arbeiten können...). Das Ich des Erwachsenen berücksichtigt viele Ebenen gleichzeitig; es ist das Ich dieser Sorgen um sich, um die Kinder etc. Verloren ist dadurch die Dichte des Sinns der Situation, der für die Kinder im Erleben präsent ist.

Das Kind ist für uns gerade deshalb faszinierend, weil es sich vollständig mit seiner Welt identifizieren kann. Einem ins Spiel versunkenen Kind seine Sandschaufel wegzunehmen, heißt nicht, sein Besitzstreben herauszufordern, sondern heißt u.U. seine Existenz zu zerstören. Ein Wut- oder Heulanfall (je nach Typ) ist die berechtigte Folge. „Das ist meins!", heißt eigentlich: „Das bin Ich", der gerade geschaufelt hat. Das Ich, welches sich hier konstituiert hat, ist gleichsam das Zentrum, von dem hier alle Momente der Situation zu einer Einheit verbunden werden. Zerfällt die Situation, so zerfällt auch das Ich.

Im Falle des Sandschaufelns ist der Verlust vergleichsweise leicht zu verschmerzen. Schwieriger wird der Fall, wenn sich der gesamte Lebenszusammenhang des Kindes stark verändert, sei dies durch Umzug, Trennung der Eltern oder gar Tod eines nahestehenden Menschen. Wird die Welt eines Kindes zerstört, so auch sein Ich. Abschieds- und Trennungsschmerz meint nicht nur Verlust des anderen, sondern auch Verlust des eigenen Ich. Dieser Verlust von Ich kann bis in noch tiefer gelegene Ichstrukturen, die man auch „basale Iche" nennen könnte, hineingreifen, so daß selbst der Wille zum Leben abhanden kommt. Das „alte" Ich wird unmöglich und muß sich als Ich erst neu konstituieren.

Die Frage ist hierbei, wie tief die Betroffenheit und insofern das Ich geht, das sich in der Situation konstituiert. Wenn man Künstlerbiographien liest, kann man feststellen, daß es beim Malen eines Bildes um die Existenz eines Menschen gehen kann. Eine Krise des Schaffens heißt nicht, daß man sich als Privatmann munter weiter vergnügen kann, sondern bedeutet eine Krise des Ich, welches sich aus dem Prozeß des Malens zuvor immer wieder gewonnen hatte.

Doch nicht nur Kinder und Künstler - jeder Mensch kann an dem Punkt, an dem er steht und arbeitet und lebt, sich so hineingeben, daß daraus etwas entsteht. Man spürt im Umgang mit der Lehrerin und auch dem Installateur, ob es diesem Menschen in seiner Arbeit um etwas geht, ob er sein Ich aus dieser

Tätigkeit gewinnt. Auch die Frage, wie ein Wasserrohr verlaufen muß oder wie ein Auto zu reparieren oder eine Brezel zu verkaufen ist, kann eine sein, die mit Leib und Seele angegangen werden kann. Ob ein Arzt nur mechanisch Werte überprüft und mitteilt oder ob er ein wirkliches Interesse an der Gesundheit seiner Patienten hat, macht einen entscheidenden Unterschied, wenn man davon betroffen ist. Wird das Ich so konstituiert, daß es sich und seine Energie aus der Tätigkeit gewinnt, so entsteht für alle Beteiligten mehr als da, wo nur „unpersönlich", d.h. eben ohne das Ich gehandelt wird. Der Irrtum besteht hier häufig in der Annahme, daß man nicht zuviel einbringen darf, um nicht verschlissen zu werden. Doch nur aus dem Prozeß entsteht ja auch Energie, aus der Freude über ein Kind oder über einen Motor, der nun rund läuft.

9.2.4 Zur Subjektverfaßtheit vermeintlich theoretischer Erkenntnisse

Auch die sogenannte Wissenschaft, die traditionell das Subjekt heraushalten möchte, um zu möglichst objektiven Erkenntnissen zu kommen, stellt eine Arbeit am Ich dar.

Es läßt sich kein letztes Faktum an sich feststellen, unabhängig von Interpretationen, die auf geschichtlich–kulturellem Boden entstanden sind.

> „Da jener Berg! Da jene Wolke! Was ist denn daran „wirklich"? Zieht einmal das Phantasma und die ganze menschliche Z u t h a t davon ab, ihr Nüchternen! Ja, wenn ihr d a s könntet! Wenn ihr eure Herkunft, Vergangenheit, Vorschule vergessen könntet, - eure gesammte Menschheit und Thierheit! Es giebt für uns keine „Wirklichkeit" - und auch für euch nicht ihr Nüchternen." (Nietzsche KSA 3, S. 421f.)

In bezug auf das Thema der Ichkonstitution bedeutet dies, daß Wissen und Wirklichkeit „an sich" zu erreichen nicht möglich sind, aber ebenso ist Ichsein immer auf der Grundlage bereits erarbeiteter Ichentwürfe (geschichtlich-kultureller Art) als Überformung und Neukonstitution in der Konsequenz der eigenen Lebensgeschichte möglich.

Insofern erscheint hier die Frage durchaus sinnvoll, auch vermeintlich theoretische Texte so zu lesen, daß deutlich wird, welche Erfahrung, welche Subjektverfassung welche Anthropologie diesen Texten innewohnt.

Nietzsche hat diesen Gedanken an vielen Stellen expliziert, wenn er sagt, daß „Philosophie bisher überhaupt nur eine Auslegung des Leibes" (ebd., S. 348) war oder wenn er von seinen Schriften sagt: „Zeile für Zeile, erlebte Bücher" (Nietzsche KSA 13, S. 613). Das Anliegen ist hier nicht, biographische Einzelheiten aufzudröseln und diese dann nachträglich in einen Zusammenhang mit der Theorie zu setzen. Wichtig ist es zu sehen, daß jede Theorie eine Deutung von Lebenserfahrung darstellt - es geht gar nicht anders.

„Theorie und Praxis

Verhängnisvolle Unterscheidung, wie als ob es einen eigenen Erkenntnistrieb gäbe, der ohne Rücksicht auf Fragen des Nutzens und Schadens, blindlings auf die Wahrheit los gienge: und dann, davon abgetrennt, die ganze Welt der praktischen Interessen (...) Dagegen suche ich zu zeigen, welche Instincte hinter all diesen reinen Theorien thätig gewesen sind (...).“ (ebd., S. 325f.)

Was mich interessiert sind nicht nur die persönlichen Erfahrungen, die zu jeweiligen Erkenntnissen geführt haben. Ich möchte vielmehr auf die Subjektverfassung hinweisen, die sich in einem vermeintlich theoretischen Denken verbirgt. Welche Konsequenz hat diese Form von Wissen für mich und mein Handeln als Pädagogin, was verändert sich dadurch?

9.2.5 Genese des Ich: schöpferisch

Jedes (Situations)-Ich hat seine eigene Zeitlichkeit, ganz eigene Strukturen von Wahrnehmen und Handeln. So erfordert das Steuern eines Autos auf der Autobahn ein anderes Ich als zum Beispiel das Angeln.

Unser Lebenslauf läßt sich beschreiben durch die Geburten neuer Ich-Dimensionen, durch die Überformung von älteren Ichkonstellationen und deren Absterben und Absinken. Durch die Hinzugewinnung neuer Iche entsteht ein Leben innerhalb unseres multiplen Ich, welches uns manchmal bis zum Zerreißen spannt.[40] Jede neue Epoche unseres Lebens macht es notwendig, Sinnwidriges so zusammenzubringen, daß die Iche zusammenklingen können im Sagen: auch das bin ich. Die Vergangenheit ist uns dabei nicht vorgegeben als ein abgeschlossener Zusammenhang. Eine Autobiographie ist keine Abschilderung von Faktischem. Bittner verweist in diesem Zusammenhang auf die Deutungsmuster, die Vergangenheit strukturieren. (vgl. Bittner 1996, S. 139) Doch ein Deutungsmuster läßt sich nicht wechseln wie ein Hemd. Eine ganz neue Sichtweise, eine neue Perspektive für sein Leben zu gewinnen, bedeutet eine neue Vergangenheit zu eröffnen. Wo sich etwas neu als Zukunft auftut, strukturiert sich die Vergangenheit um. Nietzsche beschreibt das Phänomen in „Ecce homo“ bzw. im „Zarathustra“:

„Und das ist all mein Dichten und Trachten, dass ich in Eins dichte und zusammentrage, was Bruchstück ist und Räthsel und grauser Zufall. (...) *Die Vergangenen zu erlösen* und alles ‘Es war’ umzuschaffen in ein ‘So wollte ich es!’ - das hiesse mir erst Erlösung.“ (Nietzsche KSA 6, S. 348)

---

40 Auch die Einzel-Iche sind, wie Nietzsche sagt: „Keine Subjekt-‚Atome‘. Die Sphäre eines Subjektes beständig wachsend oder sich vermindernd, der Mittelpunkt des Systems sich beständig verschiebend" (Nietzsche 1977, S. 297f.). Wir sind beständig in Bewegung - nicht substantiell.

Das bedeutet: Nicht sein Schicksal hinnehmen, und nicht sich selbst zur Entfaltung bringen, sondern sich selbst erst hervorbringen als den, der aus seiner Vergangenheit sich hervorgebracht hat. Eine solche Erlösung geschieht nicht ein für alle mal, immer wieder müssen wir uns und andere erlösen.

Obwohl das komplexe Leben der Iche ständig in Bewegung ist, legen wir notwendigerweise uns und andere fest und gehen im Alltag von diesem „Wissen" aus. So kommt es zu Hemmungen, zu Verfestigungen und Versteinerungen. Im Märchen gesprochen versteinert uns eine böse Hexe, und es bedarf der Bewältigung schwieriger Aufgaben und der Findung des Zauberwortes, um den Bann wieder zu lösen, um dereinst vielleicht sogar „König in seinem eigenen Reich" zu werden. Die rettende Tat steht oft nicht in unserer Verfügung - meist gilt sogar das Gegenteil: je mehr man sich anstrengt, um so schlimmer wird es. Es tut sich kein Weg mehr auf - nichts geht mehr.

Das Zusammenleben unserer Iche ist oft nicht harmonisch. Ein Berufs-Ich reißt alles an sich. Das Familien-Ich leidet, weil es ganz einfunktionalisiert wurde. Was wir an der Oberfläche tun und denken, ist Auslegung und Auseinandersetzung mit tieferen und weiteren Ich-Dimensionen. Glücklich zu sein bedeutet: auf allen Ebenen das erleben und tun, „was wir im Grunde wollen" (Rombach 1987, S. 366f.).[41]

Aber auch, was wir im Grunde wollen, ist kein letzter Kern, kein bleibendes Selbst, nach dem wir suchen und auf den wir uns berufen könnten. In verschiedenen Epochen unseres Lebens könnte das durchaus ganz anderes bedeuten. Im Letzten ist kein Ich, sondern ein Abgrund, der uns Angst macht (vgl. Rombach 1987, S. 308), aber uns auch im Letzten erst freisetzt, uns zu verwandeln und daraus neu hervorzugehen. Der Abgrund muß nicht als solcher erfahren werden, meint jedoch, daß das Ich im Letzten kein bestimmtes, gegebenes, sondern je neu sich aufgegebenes ist. Die vielen Iche und Ichdimensionen, die ich beschrieben habe, stehen darin nicht beliebig nebeneinander, sondern erringen im miteinander streiten, vereignen und sich anverwandeln von Vergangenheiten erst so etwas, was wir als Konitnuität unseres je eigenen Lebens empfinden.

Ein solches Hervorbringen leistet kein souveränes Subjekt in konstruktivistischer Manier. Das Subjekt ist nicht Ursprung eines kreativen Prozesses, es wird durch den Prozeß erst mit hervorgebracht. „Das Werk des Künstlers, des Philosophen, erfindet erst den, welcher es geschaffen hat, geschaffen haben *soll.*" (Nietzsche 1980, DB 6, S. 434) Im Nachhinein erst findet eine Substanzialisierung statt: das Ich wird verehrt, welches das und das hervorgebracht hat. Identität entsteht also gleichsam als Resultat solcher Konstitutionsprozesse, in denen wir nicht als mündige Bürger die Sache nüchtern betrachten, sondern das Steu-

---

[41] Heidegger spricht vom „Seinkönnen des Daseins, *worum willen* es existiert" (Heidegger 1986, S. 334).

er aus der Hand geben, uns mitreißen lassen von der Dynamik einer Situation, uns von den Dingen ziehen lassen (anstatt andere er-ziehen zu wollen).[42]

Auch Michel Foucault stellt den kreativen Prozeß ins Zentrum:

> „Mir fällt auf, daß Kunst in unserer Gesellschaft zu etwas geworden ist, das nur Gegenstände, nicht aber Individuen oder das Leben betrifft... Aus der Idee, daß uns das Selbst nicht gegeben ist, kann meines Erachtens nur eine praktische Konsequenz gezogen werden: wir müssen uns selbst als Kunstwerk schaffen." (Foucault 1994, S. 273f.)

Was notwendig und fruchtbar ist, ergibt sich aus dem Prozeß - nicht aus allgemeiner Erkenntnis und „Wahrheit". So kann es vielleicht gelingen, die Offenheit und Freiheit zu erreichen, die in einer solchen Aufgabe steckt, sich selbst als Kunstwerk hervorzubringen oder besser aus einem schöpferischen Prozeß erst hervorzugehen, was zugleich heißt, seinen eigenen Weg erst finden und erfinden zu müssen. Das Leben unserer Iche geschieht als diese schöpferische Selbstgestaltung.

---

[42] vgl. Nietzsches Erfahrung der Inspiration, die er im Ecce homo beschreibt: „Man hört, man sucht nicht; man nimmt, man fragt nicht, wer da giebt; wie ein Blitz leuchtet ein Gedanke auf, mit Nothwendigkeit, in der Form ohne Zögern, - ich habe nie eine Wahl gehabt." (Nietzsche KSA 6, S. 339)

10 Beispiel Reggiopädagogik

Anliegen dieses Buches ist es, schöpferische Prozesse in ihrer anthropologischen Dimension besser zu verstehen. Nicht als Erstellung neuartiger Produkte, sondern insbesondere als Erschließung neuer Lebens-, Denk-, Wahrnehmungs- und Handlungsmöglichkeiten sollten sie in den Blick kommen. Dies vollzieht sich sowohl im Leben von Einzelnen, wie auch im Laufe der historisch-kulturellen Entwicklung, wenn es um die Erschließung neuer Daseinsformen für den Menschen geht. Die Eigendynamik derartiger Prozesse die zum Entstehen neuer Ich-Möglichkeiten führen war Thema. Es zeigte sich, daß Kreativität nicht eine Fähigkeit eines schon vorhandenen Ich ist, sondern daß das Ich sich jeweils in schöpferischen Prozessen konstituiert und insofern nicht mehr einheitlich, sondern plural dynamisch gedacht werden muß. Schöpferische Prozesse sind weder planbar noch machbar, sie haben eine spezifische Bezogenheit des Menschen zu anderen Menschen und Dingen seiner Welt zur Voraussetzung. Wo das Ich sich nicht auf bisher erkanntes, gelebtes verfestigt, sondern sich einläßt auf stets neue, offene Fragen, besteht die Möglichkeit, daß aus der Dynamik des Zusammengehens von Mensch und Sache Neues entstehen kann.

Meine Frage nun lautet: Wie müßte eine Pädagogik aussehen, die schöpferischen Prozesse in dieser Form ernst nehmen würde? Was würde sich daraus ergeben, Kreativität nicht nur als eine Qualifikation anzusehen, die Kindern eben auch noch vermittelt werden soll, sondern den pädagogischen Prozeß als solchen schöpferisch, d. h. Neues hervorbringend und nicht normativ zu verstehen? Mit Hilfe der Reggiopädagogik läßt sich zeigen, daß in einem pädagogischem Feld derartiges Arbeiten möglich sein kann. Die Reggiopädagogik, eine Pädagogik entwickelt zunächst für Kinder im Alter von 0-6 Jahren, versucht sich im Augenblick daran zu erproben wie „Schule" mit diesem Konzept aussehen könnte. Die zahlreichen Dokumentationen der Arbeit in den Kindertagesstätten ermöglichen es deutlich zu machen, daß es nicht nur um eine Theorie, sondern auch um eine gelingende Praxis geht. Sie erleichtern es, die Wahrnehmung exemplarisch auf derart schöpferische Prozesse einzuspielen.

Noch aus einem weiteren Grund scheint mir der Rückgriff auf ein elementarpädagogisches Konzept sinnvoll zu sein: Gerade in der frühen Kindheit vollziehen sich wesentliche und selten später so viele Prozesse von Umstrukturierungen und sich Erschließen von Möglichkeiten der Identitätsbildung. Dies nicht nur als ein Erwerben von Kenntnissen und Fähigkeiten zu sehen, sondern als schöpferische Hervorbringung seiner Selbst und seines Weltbildes im Austausch mit der Welt, wird durch ein spezifisches Bild vom Kind ermöglicht.

Auch für Erziehende bedeutet diese Sichtweise ein grundsätzliches, oft schmerzhaftes Verändern von Haltungen dem Kind gegenüber.

Auch in vielen anderen Konzepten der Elementarpädagogik spielt Kreativität eine wichtige Rolle, oft jedoch nicht in der anthropologischen Dimension und zugleich praktischen Anschaubarkeit, wie dies in Reggio Emilia der Fall ist. Hier könnte eine Anregung zu finden sein, in pädagogischen Zusammenhängen zu neuen Handlungs- und Denkformen zu kommen.

10.1 Geschichtliche Entwicklung, Struktur und Organisation

Der Begriff Reggiopädagogik bezieht sich auf die Erziehungspraxis in den 20 kommunalen Kitas und 13 Krippen der Stadt Reggio Emilia. Es handelt sich hierbei nicht um die Erfindung eines Einzelnen, wie dies etwa bei Maria Montessori und der sich auf sie berufenden Pädagogik der Fall ist, sondern um das Ergebnis eines geschichtlichen Prozesses. Die reiche und selbstbewußte Stadt Reggio Emilia mit ihrer sozialistischen Tradition ist zugleich stolz darauf, sich aus eigener Kraft von den Faschisten befreit zu haben. Es gab nach dem Krieg ein großes Engagement von Eltern, die eine neue Form der Erziehung suchten. 1963 übernahm Loris Malaguzzi die Leitung der Einrichtungen. Obwohl er das Konzept stark geprägt hat, ist es doch das Werk aller Beteiligten, das auch heute, nach seinem Tod, weiterentwickelt wird.

Erziehung wird als gesamtgesellschaftliche Aufgabe verstanden und so wurden Strukturen geschaffen, die dem gerecht werden. Auch das Kind wird nicht als isoliertes Individuum gesehen, sondern als Teil der Familie, der Gesellschaft, der Kultur des Landes, sowie der Natur. Der dynamische Austausch aller findet seinen Niederschlag in den basisdemokratischen Strukturen der Kitas. In den Leitungsräten finden sich Eltern, Mitarbeiter, interessierte Bürger, sowie die zuständige Paedagogista vom pädagogischen Zentrum. Diese Fachberater/innen bilden den Knotenpunkt von Theorie und Praxis. Sie können einerseits jede einzelne Einrichtung intensiv beraten, da nur etwa 7 Kitas jeweils von einer Person betreut werden. Zum anderen gehören sie dem pädagogischen Zentrum an, welches der Gesamtleitung eingegliedert ist. So wird auch das „Gesamtkonzept" ständig durch die aus der Praxis kommenden Rückmeldungen und Impulse weiterentwickelt. Zudem bekommen die Einrichtungen wiederum Anregungen durch Fachkräfte, die nicht nur im praktischen Alltag aufgehen, sondern auch pädagogische, entwicklungspsychologische, ästhetische und philosophische Gedanken aufnehmen und für ihre Praxis fruchtbar machen.

Die Kita wird zudem als Werkstatt gesehen, der auch die Einrichtung eines Mini-Ateliers für jede einzelne der überwiegend altershomogen arbeitenden Gruppen, dient. Zusätzlich gibt es in jeder Kita ein Atelier mit einem Atelierista (Kunstpädagogen/Künstler), der die Entwicklung und Ausbildung der „100

Sprachen“ der Kinder unterstützt, sowie in die Projektarbeit, die aus dem Alltag heraus entsteht, eingebunden ist. Die Räume haben insgesamt einen ästhetisch sehr ansprechenden Werkstattcharakter. Sie werden als „3. Erzieher“ gesehen, der es den Kindern ermöglicht, durch die angebotenen Materialien zum Gestalten und Bauen individuell oder in Kleingruppen selbständig und mit allen Sinnen ihren Fragen nachzugehen und ihre Geschichten zu erzählen. Insofern sind didaktische Materialien überflüssig, da Ziele nicht vorgegeben sind, sondern sich im Sinne eines „Emergent Curriculum“ (vgl. Rinaldi 1995, S. 101ff.) erst ergeben.

10.2 Das Bild vom Kind

Ebenso wie das Konzept, so läßt sich auch das Bild vom Kind nicht festschreiben, denn es gibt *das* Kind nicht, welches festgesetzte, ein für allemal gefundene Entwicklungsphasen zu durchlaufen hat. Insofern gibt es auch kein einheitliches Material, das diesen oder jenen Sinn auf die ein oder andere Art auszubilden versucht, wie dies bei Montessori der Fall ist. Obwohl schöpferische Prozesse das zentrale Moment der Arbeit in Reggio darstellen, wird das Kind nicht mehr, wie etwa in der Kunsterziehungsbewegung, als kreativ angesehen, im Sinne einer Eigenschaft. Kreative Prozesse ergeben sich vielmehr aus der spezifischen Art des In-Beziehung-tretens des Kindes mit anderen Kindern und Erwachsenen, mit seiner Welt und den Dingen. Dies wird unterstützt durch das Bild vom Kind.

Das Bild vom Kind in Reggio ist optimistisch. Der Erwachsene muß nicht Defizite des Kindes mit Hilfe spezieller didaktischer Finessen ausgleichen, er ist nicht Vermittler bereits bekannter Inhalte und Fähigkeiten, sondern begibt sich gemeinsam mit dem Kind auf den Weg, der Welt erschließen will.

10.2.1 Das Kind ist reich: Es hat Hundert Sprachen

> „Ausgangspunkt ist, daß Kinder – und damit auch jedes einzelne Kind – über natürliche Gaben und Potentiale von ungeheurer Vitalität und Vielfalt verfügen. Wenn diese natürlichen Voraussetzungen der Kinder nicht erkannt, nicht geachtet und nicht genutzt werden, dann werden Leiden der Kinder und eine oft nicht mehr rückgängig zu machende Verarmung ihrer Entwicklung provoziert.“ („Die Rechte der Kinder“, Ausstellungstexte 1995)

Die Hundert Sprachen der Kinder sind hundert Weisen, Welt zu verstehen, zu interpretieren und den Beziehungen zur Welt und zu anderen Menschen, sowie der eigenen Identität Ausdruck zu verleihen. Die Erwachsenen haben eine große Verantwortung, die Kinder bei dieser Entfaltung ihrer Hundert Sprachen zu unterstützen.

> „(...)Ein Kind hat
> hundert Sprachen

hundert Hände
hundert Gedanken
hundert Weisen zu denken
zu spielen und zu sprechen....
Ein Kind hat hundert Sprachen
doch es werden ihm neunundneunzig geraubt(...)"
(Malaguzzi in: Dreier 1993, S. 15)

Das Gedicht verdeutlicht, auf wie vielfältige Art und Weise Kinder in Kontakt und Austausch mit den Dingen geraten, wie Kinder Welt begreifen, sich aneignen, sich ein Bild von ihrer Welt machen. Diese verschiedensten Weisen und Wege der Annäherung und des Ausdrucks werden in Reggio Emilia unterstützt durch vielfältige Materialien, welche auffordernd präsentiert werden. Das Vorhandensein des Ateliers mit Atelierleiter ermutigt das Sprechen durch Medien wie Ton, Draht, Gips, Farbe. Musik, Theaterspiel, Puppentheater, Rollen- und Schattenspiel, Mimik und Gestik sind dramatische Sprachen. Ihre Szenen werden von den zahlreichen Spiegeln eingefangen. Der ganze Körper ist Teil des Sprachinstrumentariums des Kleinkindes, das verstanden werden will.

Im „Löwenprojekt" etwa nähern sich die Kinder auf vielfältigen Wegen dem sie faszinierenden Tier. Sie zeichnen den Löwen, reiten auf einem Steinlöwen, messen ihn ab, gestalten ihn in Ton. Im Schattenspiel dürfen sie sich identifizieren, können brüllen, bedrohen, angreifen. Die verschiedenen Sprachen vertiefen die Beziehung des Kindes zum Löwen, steigern seine Ausdrucksfähigkeit und ermöglichen so neue Wahrnehmungen.

10.2.2 Das Kind ist stark: Es ist Gestalter seiner Entwicklung

Gemeint sind natürlich nicht nur körperliche, sondern auch geistige Kräfte: ein starker Impuls zu forschen und eine große Neugier.

In den Ausstellungstexten heißt es über

> „(...) den Prozeß der Ausformung der eigenen Identität: Das Kind gibt sich selbst ein Gesicht, einen Körper, Gesten, Bewegungen, Sprachen, Gedanken, Gefühle, Vorstellungen, Phantasie...kurz: das Bewusstsein zu sein, und die Mittel, das Ich-Sein auszudrücken." (1995)

Das Kind will selbst Erfahrungen machen, die es ihm ermöglichen seine Kompetenzen zu erweitern und neu zu organisieren, sowie sich selbst eine Gestalt zu geben. Deshalb braucht das Kind Erwachsene, die ihm die Antworten nicht abnehmen, sondern warten und kleine Impulse geben, die es dem Kind ermöglichen, selbst Lösungen zu finden, zu experimentieren und eigene Erfahrungen zu machen.

Ein Beispiel: Ein Kind entdeckt, daß ein Knopf, oben in eine leere Papierrolle hineingesteckt, unten wieder hervorkommt. Erstaunen und Faszination durch eine uns selbstverständliche und banal erscheinende Tatsache begleiten den Forschergeist. Der empörte Ruf, eines der ersten eroberten und am häufigsten gebrauchten Worte: „selber“ oder „(a)lleine“, bekräftigen das unbändige Verlangen, selbst Protagonist seines Tuns und Versuchens zu sein. Es bedeutet: ich will selbst herausfinden, wie es sich anfühlt, eine Treppe empor zu klimmen und dabei größer und größer zu werden, Überblick und Höhe zu gewinnen. Selbst will es den Löffel nehmen, sobald es ihn halten und zum Mund führen kann. Selbst will es sich mit den Fragen und „Problemen“ beschäftigen, die sein Leben ausfüllen. Jede Fliege und jeder Stein, ein weggeworfenes Papier sind Rätsel, mit denen es sich zu beschäftigen lohnt.

So erforschen Kinder in Reggio im Rahmen des Projekts „Vergnügungspark für Vögelchen“ die Funktionsweise eines Springbrunnens und erwerben dabei Kenntnisse über die Fließgeschwindigkeit des Wassers, Pumpen etc. In diesem Zusammenhang legt man großen Wert auf das, was „Bau der Kenntnisse“ genannt wird, welcher auf die Entwicklung der kognitiven Fähigkeiten von Kindern abzielt, die nicht durch Belehrung seitens der Erwachsenen entstehen, sondern von ihnen selbst u.a. in Projekten mit Gleichaltrigen ko-konstruktiv erstellt werden. Die gemeinsame Bearbeitung einer Frage oder eines Themas anhand von vielfältigen Materialien und Medien ermöglicht eine sich intensivierende Kommunikation mit der Welt und mit anderen Menschen. Kenntnisse und Wissen stellen keinen Gegenpol zum „Freien Spiel“ dar, sondern sind Weisen der Verarbeitung von Erfahrung und dienen so der Identitätsbildung des Kindes. Wissen wird nicht weiter gegeben und empfangen, sondern gemeinsam in einem Prozeß des Aushandelns geschaffen. Bildungsprozesse können so als Konstruktionsprozesse in Hundert Sprachen verstanden werden.

10.2.3 Das Kind ist mächtig: Es befindet sich in und entsteht aus Beziehungen

Die Mächtigkeit des Kindes besteht darin, sich nicht nur aus dem eigenen Inneren schöpfen zu müssen, sondern seine Identität aus dem wechselseitigen Kommunikationsprozeß mit der umgebenden Welt zu entwickeln. Identität entsteht also nicht isoliert, sondern im Austausch mit anderen. Andere erst ermöglichen „Selbstbildung“. Das Ich wird nicht als Einheit gesehen, von dem bestimmte Handlungen ausgehen, sondern als ein Geschehen, das gegen andere gar nicht abgeschlossen ist. Erst aus den Bezügen gewinnt es Identität.

Kinder haben ein starkes Verlangen, mit anderen ins Gespräch zu kommen, eine Beziehung aufzubauen, zu interagieren. Sie sind sehr an einem wechselseitigen Austausch von Handlungen und Gesten interessiert, bei dem sie als Nehmende und Gebende agieren können.

Betrachten wir das spielende Kind, so können wir feststellen, daß das Ich kein gleichbleibend vorhandenes ist. Es entsteht und verwandelt sich durch die Beziehungen. Ja die dynamische Beziehungsstruktur selbst kann als erziehendes

Element angesehen werden. Dies gilt natürlich nicht nur für das Kind, sondern auch für den Erwachsenen, der eine ebenso offene Persönlichkeit hat, daß er sich selbst neugierig mit in den Prozeß begibt, aus dem er durch den Weg mit den Kindern, durch das, was auch er von den Kindern aufnimmt, als ein anderer wieder hervorgeht, so daß auch er sich aus dem Geflecht der Beziehungen, in denen er steht, versteht.

10.2.4 Wo aber sind die starken, reichen und mächtigen Kinder?

Dieses Bild vom Kind, wie es von den Reggianern aufgezeigt wird, gewinnt man nicht durch eine empirische Erfassung in einer beliebigen Kindertagesstätte etwa durch Befragen der Kinder. Der Empiriker sucht zu analysieren und zu beschreiben, was einfach so vorhanden ist, wobei in seiner Beschreibung der Prozeß und das Beziehungsgeflecht fehlt, durch welche das Kind so geworden ist, wie es „*ist*".

Wie kommen die Reggianer zu ihrem Bild vom starken, reichen, mächtigen Kind? Kommen diese Kinder auch in unsere Kindertagesstätten?

Malaguzzi beschreibt das Kind auch anders:

> „(...) leidend, desorientiert, oft schon mit einer gekrümmten oder aufgelösten Persönlichkeit, Opfer der Schäden, die das gegenwärtige System in das Leben der Menschen und in ihre Beziehungen mit ihren Kindern eingraviert." (Malaguzzi 1973, zitiert nach Göhlich 1997, S.193f.)

Wie paßt dieses Kind mit seiner (gekrümmten oder aufgelösten) Persönlichkeit zusammen mit dem reichen und starken Kind? Ist das alles nur ein Ideal, das uns blind macht gegenüber der schrecklichen Wirklichkeit? Nein: Auch dieses gedrückte Kind ist ein starkes und reiches Kind, dessen Reichtum nur durch seine Situation nicht gesehen, nicht anerkannt oder verschüttet worden ist. Nur so ist die Gleichgültigkeit der Kinder verstehbar, die die Stelle der ursprünglichen Neugier des fiebrigen Forscherdrangs vertritt.

Das reiche und optimistische Bild vom Kind beschreibt also die tiefere Wirklichkeit des Kindes, die dem bloßen Auge oft unsichtbar geworden ist. Das Sehen dieser Wirklichkeit, die Anerkennung ihrer Realität ist Teil einer Arbeit mit Kindern, die sich als schöpferische versteht. Das optimistische Bild vom Kind, welches den Ausgangspunkt der Arbeit in Reggio Emilia bildet, beschreibt keine Fakten, sondern bildet eine Herausforderung für die Arbeit. Aber keine didaktischen Programme sollen die Probleme lösen, sondern die Erziehungswirklichkeit der Kindertagesstätten, die Praxis der Arbeit soll (und das ist eine ungeheure Forderung) so aussehen, daß jenes starke, reiche, mächtige und kompetente Kind sichtbar werden kann. Diese Haltung dem Kind gegenüber, sein bedingungsloses Ernstnehmen, die Achtung und Wertschätzung ihm gegenüber, vermag die reale Situation des Kindes zu verändern. Das Zutrauen und Ermutigen, das Wahrnehmen und Identifizieren mit ihm, ermöglicht es dem

Kind, seine tiefere Existenz auch real zu leben und zu erfahren. Das Bild vom Kind also bringt dieses Kind mit hervor. Dies ist der schöpferische Aspekt, der in diesen anthropologischen Überlegungen zu finden ist Die Reggianer versuchen das prozessuale Gestaltungsmoment herauszustellen, das „die“ Wirklichkeit erst Wirklichkeit *werden* läßt und insofern Kinder zu stärken, nicht nur passiv der Welt gegenüberzustehen, sondern Möglichkeiten wahrzunehmen, sie in hundert Sprachen mitzugestalten und sich selbst dadurch immer wieder neu zu gewinnen.

Die Entstehung von Welt-bild und Identität aus schöpferischen Prozessen stellt meines Erachtens den zentralen Punkt der Reggiopädagogik dar, der jedoch durch den Ko-Konstruktivismus nur unzureichend gefaßt werden kann. Die Bewegungsweise derartiger Prozesse der Kreativität möchte ich im folgenden anhand eines Projektbeispiels aus Reggio Emilia zeigen. In schöpferischen Prozessen entsteht *mehr* und *anderes* als in den Ausgangsbedingungen ersichtlich sein konnte.

10.3 Prozesse der Kreativität in Projekten

Zunächst ist es wichtig zu verstehen, was das projekthafte Arbeiten in Reggio ausmacht, denn auch in manch anderem Ansatz wird von Projekten gesprochen. (vgl. z.B. Katz/Chard 2000: Der Projekt-Ansatz) Ein Projekt, wie es die Reggianer verstehen, ist eine Situation, die von Kindern und Erwachsenen organisiert und vorangetrieben wird. Es kann also nie zweimal das gleiche Projekt geben, ebensowenig, wie Materialmappen zu einzelnen Projekten herausgegeben werden können, wie etwa im Situationsansatz. Das Projekt bietet die Möglichkeit eigene Wege zu finden, durch die Welt überhaupt erst erschlossen wird. Das ist kein linearer Prozeß mit vorhersagbaren Entwicklungsschritten, sondern ein Abenteuer, auf das man sich mit dem vollem Risiko des Mißlingens immer wieder neu einlassen muß. Meist wird in Kleingruppen von 4-6 Kindern gearbeitet, die sich jedoch innerhalb eines Projektes zusammenschließen können

Ausgangspunkte sind alltägliche Erfahrungen, Fragen oder Spielsituationen von Kindern, die aufgegriffen und weiterverfolgt werden. Die entscheidende Frage nun ist: Wo beginnt ES? Wo sind im Alltag, in Spielhandlungen der Kinder und in Gesprächen Themen „versteckt“, die die Kinder in einer besonderen Weise berühren, erregen, faszinieren. Das kann der Schatten sein oder der Regen, der steinerne Löwe auf dem Marktplatz oder der Igel im Garten. Dabei hat jedes Projekt seine eigene Zeit. Die Dauer ist sehr unterschiedlich, sie reicht von einer Stunde bis zu einer Zeitspanne von vielen Monaten. Nicht unbedingt die spektakulären Anfänge tragen weiter, sondern diejenigen, die in Alltagserfahrungen der Kinder begründet sind und so ein breites, ausdauerndes Interesse sichern.

In allem, was Kinder tun, in ihren Gesprächen, ihrem Spielen, ihren Bildern und Werken, auch in ihrem Bauen erzählen sie Geschichten. Diese Geschichten sind oft in weitere Geschichten eingelagert, haben Fortsetzungen oder bilden das Innere von neuen Geschichten. Dinge werden in Beziehung gesetzt, in Bewegung gebracht, werden lebendig. Kinder entwickeln Geschichten, die eher bildhafter Natur sind und „Theorien“, die es ihnen ermöglichen die Welt und sich selbst zu verstehen. Jonas (4,10): „Der Himmel ist dazu da, daß das Weltall nicht auf uns einstürzt.“

Die Schwierigkeit besteht hierbei zunächst darin, für Kinder wirklich bedeutsame Momente herauszufinden, denn Kinder äußern sich oft nicht direkt. Unsere Erwartungen und Sehgewohnheiten bilden hier sicher ein großes Hindernis, denn sie verstellen uns den Blick auf das, was jenseits unserer Vorstellungen geschieht. Was bauen Kinder eigentlich, wenn sie bauen? Bauen sie das nur in der „Bauecke“? Was sind ihre Themen? Wie entwickeln sich ihre Szenarien und Geschichten? Wie können wir sie dabei unterstützen, bereichern? Eine Sensibilität für diese Prozesse im Alltag zu entwickeln, stellt den ersten Schritt zum Arbeiten in Projekten dar. Ein erweiterte Form des Zuhörens ist dafür von entscheidender Bedeutung, wenn es um Prozesse gehen soll, die sich jenseits des Planbaren entwickeln.

Hier nun finden wir uns im Zentrum reggianische Denkens und Arbeitens. Projekte finden nicht *für die Kinder* statt, sondern sollen soweit als irgend möglich *von ihnen* selbst organisiert und strukturiert werden. Das Kind wird so zum Hauptakteur des Geschehens. Es nimmt nicht auf, was vorgedacht, bereits erkannt worden ist, sondern lernt in der Projektarbeit mit den anderen Kindern und Erwachsenen selbst Wege zu entdecken. Das Zutrauen dem Kind gegenüber ist keine Vision, sondern eine in Reggio Emilia gelebte Erfahrung. Hierbei beruft man sich explizit auf die konstruktivistische Philosophie. (vgl. Ausstellungstexte 1995: Was ist das Spiel des „Was tun?“)

10.3.1 Beispiel: Projekt Menschenmenge

Abb. 15: Kinderzeichnung (Elisa 4;9J)

Dieses Projekt ist in der Ausstellung aus Reggio Emilia „Die 100 Sprachen der Kinder“ dokumentiert, die 1995 in Weiden zu sehen war.[44] Es beginnt damit, daß ein 5-jähriger Junge davon erzählt, wie er an einem Sommerabend in ein Gedränge geraten ist und nur noch „Leute, Beine, Arme und Köpfe“ gesehen hat. Die Erzieherin nimmt die spontanen Reaktionen der anderen wahr. Sie spürt die Brisanz und Intensität die für die Kinder in dieser

[44] Die hier zitierten Aussagen waren Teil der Ausstellung, sind bislang jedoch nur teilweise ital./engl. in Reggio Children 1996, S. 142ff. veröffentlicht, weshalb sie im folgenden ohne Angabe zitiert werden.

sität die für die Kinder in dieser Frage liegt. Die Menschenmenge wird Thema. Die Erzieherin fragt die anderen Kinder nach ähnlichen Erlebnissen und hält die Aussagen der Kinder fest. Eine Frage steht im Raum, die nun in verschiedenen Medien bzw. Sprachen weiterverfolgt und vertieft wird.

Obwohl die Kinder in ihren Aussagen die Menschenmenge als in viele Richtungen sich bewegend beschreiben, zeichnen sie die Menschen alle nur nebeneinander in eine Richtung stehend. Die Erzieherin stellt das unterschiedliche Reflexionsniveau zwischen den Zeichnungen und den Aussagen der Kinder fest. Sie regt daraufhin eine kritische Durchsicht der Zeichnungen an, bei der sie die Kinder mit ihren Aussagen aus dem ersten Gespräch über das Thema konfrontiert. Es geht nicht darum die Zeichnungen zu bewerten, sondern darum, herauszufinden, welche Gesichtspunkte für das Kind leitend gewesen sind. So wird von den Kindern selbst kritisch die Differenz erkannt, die neue Fragen erzeugt. Die Zeichnungen sind nicht nur ästhetische Produkte, sondern Hypothesen, mit deren Hilfe man weiterkommen kann. Die Kinder bemerken nun, daß ihre gezeichneten Menschen alle in dieselbe Richtung laufen und schauen. Auf die Frage der Erzieherin, wie sie nun bei einem erneuten Versuch zeichnen würden, identifizieren die Kinder ein Teilproblem, das für die kommende Zeit zur Leitfrage erhoben wird: Perspektivische Darstellung durch die Zeichnung, z.B. im Profil.

Abb. 16a: Photographie

Abb. 16b:Drawings made with Ciro as the model

Ein Junge stellt sich in die Mitte und die Erzieherin ergänzt das Vorhaben, indem sie Ton und Zeichenmaterial zur Verfügung stellt. Die Kinder zeichnen und formen nun das Bild des Jungen von vorn, hinten, rechts und links. Während des Arbeitens gibt es Vergleiche, Anregungen, Kommentare, die ebenso festgehalten werden, da sie für den weiteren Verstehensprozeß von Interesse sein können. Die Kinder bekommen die Zeit, sich intensiv mit dieser neuen Fragestellung auseinanderzusetzen, sie beobachten Menschen und Gegenstände aus verschiedenen Perspektiven, zeichnen Mütter mit Kinderwagen, Köpfe von hinten, arbeiten mit Eisendraht, Ton und Terakotta. Sie vertiefen das Problem, die Menschenmenge tritt in den Hintergrund, da dieser Einzelschritt erst geleistet werden muß, bevor hier sinnvoll weitergearbeitet werden kann.

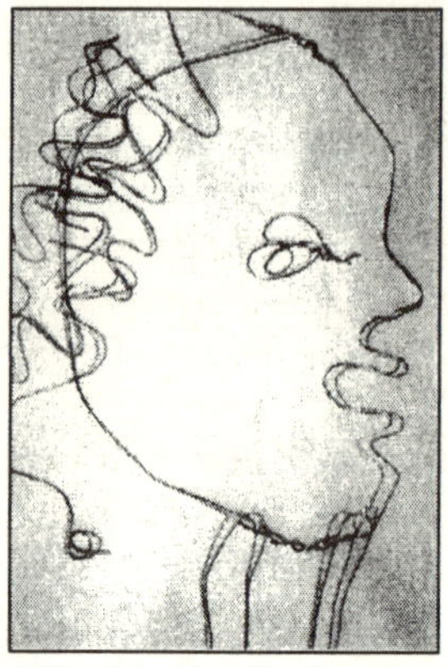

Abb 17a: Profile in wire

Abb 17b: Profile in clay

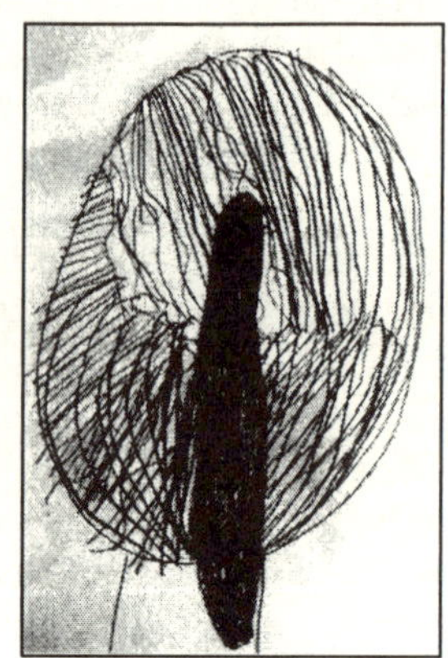

Abb 17c: Head from behind

Die Erzieherin führt wieder auf den Ausgangspunkt zurück: „Wenn ihr eine Menschenmenge beschreibt, seht ihr sie von außerhalb oder als wärt ihr mittendrin?" Es entstehen Zeichnungen vom „Wolkenkratzer" aus, die so etwas wie Anonymität deutlich machen. Dias ermöglichen es den Kindern sich selbst in eine Menge zu begeben, sie selbst mit darzustellen, wodurch der Blick wieder auf die Individuen gerichtet wird. Die Kinder sehen sich außerdem Fotos einer Menge auf dem Marktplatz an und versetzen sich in einzelne Personen, erfinden dazu Geschichten.

Als Abschluß und Höhepunkt wird die Menschenmenge in Ton und graphisch (auf Karton gezeichnet, ausgeschnitten und stehend aufgeklebt) gestaltet. Die Erzieherin gibt nun keine Impulse mehr, die Situation ist vollständig in Händen der Kinder, der Prozeß läuft von selbst. Die Kinder entwickeln Ideen, korrigieren sich, diskutieren und erfinden schließlich die Arbeitsteilung neu, um die nötige Anzahl von Menschen, die man für eine Menschenmenge braucht, überhaupt produzieren zu können. Jeder formt ein bestimmtes Körperteil in größeren Mengen. Zuletzt werden die Teile individuell zusammengesetzt und aufgestellt.

10.3.2 Was macht das Schöpferische dieses Prozesses aus?

Eine alltägliche Erfahrung wird plötzlich fragwürdig. Für erwachsene Menschen steht die Bedeutung der Dinge oft fest, sie wissen meist schon, wovon Kinder sprechen und empfinden die Brisanz und Fragwürdigkeit einer solchen alltäglichen Bemerkung wie der des Jungen nicht. Dies ist jedoch hier nicht der Fall. Sie wird sogleich als ernst zu nehmende Frage erkannt und in den Raum gestellt. Die Wirklichkeit selbst, so wie sie durch das Kind wahrgenommen wird, bietet einen Ansatz zur Forschung. Neue Erkenntnisse, wie auch vertiefte Erfahrungsmöglichkeiten werden in einem kommunikativen Prozeß hervorgebracht. Die Nicht-Linearität des Prozesses läßt sich am Projekt Menschenmenge gut ablesen. Im Prozeß selbst erst erweisen sich die einzelnen Schritte als folgerichtig. Der Rote Faden der Kontinuität, des Weiterverfolgens der Ausgangsfrage, wird erst gefunden, und steht nicht als Plan im vorhinein fest.

Schöpferisch ist der Prozeß, weil mehr und anderes entsteht als zu Beginn vorherzusehen war. Es wird nicht einfach ein Vorhaben durchgeführt, man achtet auf die Dynamik der Frage, auf ihre Verwandlung, ihre Richtung, um das Abschweifen von der Vertiefung der Frage unterscheiden zu können.

> „Es ist unsere Aufgabe, Kindern die Möglichkeiten zum Lernen mit viel mehr Freiheit, Kompetenz und Phantasie zu geben als das bisher der Fall war – und diese Möglichkeiten mit ihnen zusammen weiterzuentwickeln. Wir müssen herauszufinden versuchen, welche Auswahl und Richtung Kinder ihren Handlungen und Gedanken in verschiedenen Stadien geben, um jeweils einschätzen zu können, welche nächsten Schritte sie als wichtig und bedeutsam erachten auf ihrer Suche nach den nächst tiefergreifenden Arbeitshypothesen." (Malaguzzi in: Ausstellungstexte 1991, S. 6)

Diesen Prozeß des Findens der nächsten, tieferen Hypothesen, läßt sich am Projekt zeigen. Die Menschenmenge ist ein Phänomen, dem die Kinder nicht gleichgültig gegenüberstehen. Sie nehmen es mit allen Sinnen wahr und beschreiben sowohl Geräusche und Gerüche, als auch die emotional zum Ausdruck gebrachte Bedrängnis, die Angst sich in ihr zu verlieren. Was passiert mit mir, wenn ich Teil einer Menschenmenge werde? Das Verschwinden des Einzelnen in der Masse ist ein Phänomen unseres modernen Lebens, es beschäftigt auch die Kinder, die Teil unserer Gesellschaft sind. Die Aussagen der Kinder stellen ebenso wie die Zeichnungen und Tonarbeiten prozeßgebundene Erkenntnisse dar.

Zunächst werden die Menschen so gezeichnet, daß sie sich sehr ähnlich sind und alle in die gleiche Richtung blicken. Die Menge gleicht die Menschen einander an. Doch beim Zurückfragen und Konfrontieren der Kinder mit ihren Aussagen wird noch etwas anderes wahrgenommen, was nun als neue Teilfrage identifiziert wird: Die perspektivische Darstellung. Der Blickwinkel auf etwas verändert die Sache und ihre Darstellung. Die Kinder ironisieren sogar ihre nun als „fehlerhaft" entlarvten Darstellungen. Der Fehler wird hier als Chance gesehen, weiterzukommen. Die Isolierung des Problems ermöglicht den Kindern, es nicht als unlösbar, sondern als Herausforderung zu sehen. Sie gelangen so zu zeichnerischen Darstellungen, die für ihr Alter erstaunlich sind. Zu ihnen werden sie von ihrem intensiven Interesse am Thema der Menschenmenge geführt.

Das zweite große Teilthema, das aus dem Prozeß heraus entsteht, ist die Frage nach dem Beobachterstandpunkt in bezug auf die Menge als ganzer. Die Menge von der Ferne betrachtet (vom Wolkenkratzer aus) nivelliert Unterschiede, der Einzelne kann nicht sichtbar werden, wie in einer Massenabfertigung am Fahrkartenautomat. Doch wenn man gleichsam eine Lupe auf das Geschehen hält und sich eine alte Frau oder ein kleines Kind genauer ansieht, kann man sich überlegen, was diese gerade denken, vorhaben, fühlen. Jeder Mensch hat seine Geschichte, die nicht sofort sichtbar ist, die man jedoch sehen, kennenlernen könnte. Anonymität und Individualität sind Themen, die dann in den Blick geraten. Es entsteht eine Sensibilisierung bezüglich der Frage: Was ist dann mit meiner Individualität? Ist sie aufgelöst? Kann sie von anderen noch wahrgenommen werden? Die Vertiefung ist eine der Erfahrungsmöglichkeiten und des Erkennens zugleich.

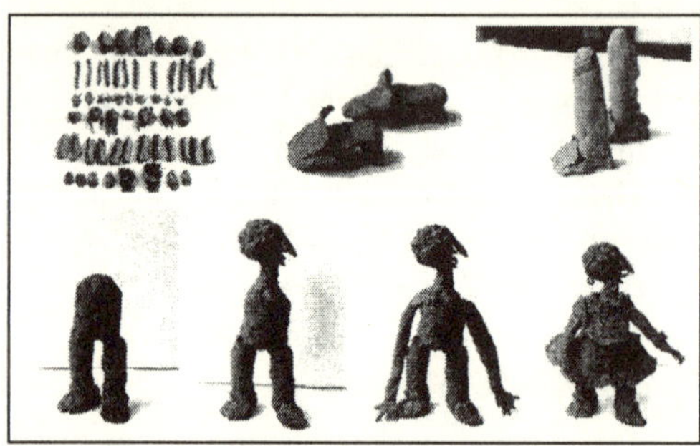

Abb. 18a: Crowd in clay

Das abschließende Finale, die Darstellung der Menschenmenge, bringt die erworbenen Kompetenzen der Kinder zusammen. Die Massenproduktion von Köpfen, Körpern, Armen und Beinen greift gewissermaßen die Anfangsbemerkung des Jungen auf: „man sah gar nichts: Nur Leute, Beine, Arme und Köpfe.“ Die Endgestalten jedoch zeigen, daß die Kinder bei der Erfahrung der Anonymität nicht stehenbleiben, sondern beim Zusammensetzen jedem Menschen individuelle Züge verleihen: Gesichtszüge, Gesten, Körperhaltungen und Kleidung sind durchaus verschieden. Das heißt eben, daß man dieser Anonymität nicht passiv ausgeliefert ist, sondern durchaus individuelle Züge einbringen kann.

Neben der Kontinuität im Prozeß, die immer wieder neu erstellt werden muß, werden zwei weitere Punkte deutlich: Zum einen die Vertiefung und Differenzierung des Themas durch die Übertragung in andere Medien und Materialien, die neue Aspekte einbringen (z.B. Zeichnung, Ton, Eisendraht, Terakotta). Zum anderen ist es die Zeit, die man den Kindern für die Wege ihres Nachforschens gibt. Ein Gedanke, eine Fragestellung entsteht aus dem Vorhergehenden und darf seine Zeit in Anspruch nehmen, ohne daß gleich gedrängt wird, man solle doch das Ausgangsthema nicht aus dem Auge verlieren, zu Ende kommen etc. Die Eigendynamik des Projekts bestimmt die Zeit, die für einzelne Fragen gebraucht wird. Das Thema selbst ist in Bewegung und mit ihm die Kinder, die sich darin befinden und daran mitarbeiten. Hier läßt man sich wirklich auf die Fragen der Kinder ein und ist gespannt, ob etwas dabei herauskommen wird, denn es gibt ja letztlich keine Wahrheit mehr, die wir Kindern nur noch nahe-

Abb. 18b: Crowd in clay

bringen müßten, sondern Wahrheit entsteht eben durch jene schöpferischen Prozesse des Erkennens und Erfahrens. Deshalb sind die Wege so wichtig, auf denen Kinder lernen sich die Kompetenzen anzueignen, die für ihre Frage wichtig sind. Die große Ausdauer, die Kinder in Reggio zeigen, entspricht sicher auch dem Interesse, das Erzieherinnen hier den Kindern und dem was sie tun entgegenbringen. So werden sie ermutigt auch dann nicht aufzugeben, wenn Schwierigkeiten auftauchen, - im Gegenteil sie sogar als noch zu lösende Aufgaben freudig zu begrüßen.

Hier könnte man noch viel von den Reggianern lernen. Wie viele Wege der Kinder, die sie eigentlich mit Feuereifer beginnen, machen Erwachsene zunichte, weil sie glauben, ihnen Umwege und verschwendete Zeit ersparen zu müssen. Mit einer einzigen Bemerkung kann wochenlanges, lustvolles Forschen, das kreative Fortbewegen einer Frage verhindert werden. Wir müssen erst noch sehen lernen, was in jenen kreativen Prozessen geschieht, die dem oberflächlichen Blick häufig überflüssig erscheinen. Wie oft werden große Projekte von Kindern in Angriff genommen, die sich dann im Sand verlaufen, weil niemand da ist, der ihnen hilft, die Einzelschritte zu sehen und zu entdecken, mit denen sie der Sache in ihrem Rhythmus und vom Stand ihrer Fähigkeiten und Kenntnisse aus näherkommen können. Oft tun sich so viele Dinge auf, daß die Erwachsenen glauben einen Teil selbst erledigen zu müssen, damit das Ziel überhaupt erreichbar bleibt. Gerade dadurch nehmen sie dem Kind die Fäden aus der Hand und drängen es in die Passivität des Hilfsarbeiters. Am Ende darf man sich dann nicht wundern, wenn das Kind die Lust verliert.

10.4 Ich- und Welt-bildung

Jene schöpferischen Prozesse, wie sie in den vorangegangenen Kapiteln geschildert worden sind, ermöglichen dem Kind einen langen, nie zum Abschluß kommenden Weg der Identitätsbildung.

> „Ein Kind wird geboren. Dann durchläuft es einen langen und schwierigen Prozeß – wie eine Wiedergeburt: den Prozeß der Ausformung einer eigenen Identität. Das Kind gibt sich selbst ein Gesicht, einen Körper, Gesten, Bewegungen, Sprachen, Gedanken, Gefühle, Vorstellungen, Phantasie... kurz: das Bewußtsein, zu sein und die Mittel, das Ichsein auszudrücken. Diese Dinge sind unverzichtbar für einen autonomen Menschen und für die Fähigkeit, sich von anderen Menschen und Dingen zu unterscheiden – Menschen und Dinge, mit denen wir zusammenleben und aus denen wir Stück für Stück all das Rohmaterial gewinnen, aus dem wir uns eine eigene Identität schaffen." (Ausstellungstexte 1995: Wie wichtig es ist, sich selbst zu sehen)

Die eigene Identität ist dem Menschen nicht vorgegeben, wohl aber aufgegeben, sie zu gestalten. Diese Identität ist nichts Abstraktes, sie ist sichtbar, erlebbar und gestaltbar als mein Körper, meine Gedanken und Gefühle etc. Dieser Gestaltungsprozeß vollzieht sich zutiefst in jeder Begegnung und Beziehung, auf die sich das Kind einläßt - und sei es die zu einem Baum oder Grashalm. Im „Gespräch" mit Menschen und Dingen wird Identität erprobt, verändert und gestaltet. Identität zu finden bedeutet, ein Bild von sich zu gewinnen. Dies geschieht nicht nur im Inneren des Subjekts, sondern intensiviert sich durch einen Austausch mit der Welt und den Dingen:

> „Der Prozeß der Identitätsfindung wird um so intensiver, je mehr das Kind mit Dingen umgeht, durch die es die Realität deuten und beeinflussen kann." (Berliner Dokumentation 1991, S. 167)

Gleichzeitig mit dem Bild, das wir von uns selbst haben, gestaltet sich unser Bild von der Welt, wie wir andere Menschen, Dinge und Ereignisse wahrnehmen, deuten, auf sie eingehen, sie verändern.

Dieses Bild entwickelt sich in einer fundamentalen Weise durch ein vielfältiges und komplexes Kommunikationsgeschehen mit anderen. Nicht auf der verbalen Ebene allein, in „100 Sprachen" vollzieht sich diese Kommunikation über die Körpersprache. Gestik, Mimik, stumme Blicke, die getauscht werden, sind nur ein Teil davon. Auch beim gemeinsamen Malen und Werken findet ein permanenter Strom und Austausch von Ideen statt, noch bevor ein Wort gesprochen ist. Für die Unterstützung dieses Kommunikationsprozesses ist eine Atmosphäre wichtig, die von Achtung und Interesse dem anderen gegenüber geprägt ist.

Malaguzzi selbst spricht einmal davon, daß die Identität des Kindes heute komplexer ist als je zuvor. (vgl. ebd., S. 113) Kinder befinden sich heute in vielen Zusammenhängen: zu Hause, in der Kita, auf der Straße, im Supermarkt, bei Freunden. Sie bekommen die vielfältigsten Informationen, die sie in verschiedener Weise bearbeiten können. Er sagt weiter, daß es heute keinen Ort mehr gibt, an dem einheitlich *alle* Eindrücke koordiniert werden können:

> „Und ich glaube, auch die Familie hat die Fähigkeit verloren, diese ganz unterschiedlichen Erfahrungen, die das Kind in seinem Leben macht, in ihrem Kreis aufzunehmen und zu verarbeiten. (...) Ich glaube man kann sich das Kind vorstellen wie so eine Art von Erdschichtungen. Es gibt da ganz viele Strukturen, ganze unterschiedliche Arten, ganze viele Schichtungen, Wasserläufe, die diese einzelnen Schichtungen durchlaufen. Auf der einen, auf der anderen und auf der nächsten Ebene." (ebd., S. 111)

Die Identität des Kindes ist also sehr vielschichtig und komplex. In der Kita spricht es womöglich eine andere Sprache als zu Hause. Es verhält sich anders, ist offener oder verschlossener, geht vielfältige Beziehungen ein, die sein Verhalten wie auch sein Selbstbild mitgestalten und verändern. Diese vielfältigen Schichtungen oder Dimensionen des Daseins gilt es für die Kinder wahrzunehmen. Die Entwicklung von Daseinsmöglichkeiten geschieht für das Kind bei der Eroberung neuer situativer Wirklichkeiten. Konstitution von Ich-Identität geschieht im Durchbruch durch die bloße Sacherkenntnis. Etwa die Ebene der Natur in Form von Regen und Sonne, Licht und Schatten, Baum und Mohnblume, Löwe und Katze wird so erschlossen, daß nicht nur ein Zuwachs an Wissen geschieht, sondern an Erfahrungsmöglichkeiten. Von der Mohnblume lernen die Kinder das Blühen und Verblühen, sie thematisieren Geburt und Tod, Wachstum und Freundschaft. Sie greifen so Sinnmöglichkeiten auf, die sie für sich und ihr eigenes Leben ausdifferenzieren. Das ist jedoch nur möglich, wo man sich wirklich berühren und von den Dingen verändern läßt.

Ebenso ist es Anliegen der Reggianer, daß die Kinder intensive Beziehungen zu ihrer Stadt und Kultur aufbauen, um so die Erfahrungsmöglichkeiten, die sie bietet als einen Teil ihrer selbst auch entfalten zu können.

> „Nichts körperlich oder sozial Existierendes entgeht der Sensibilität und der Intelligenz großer und kleiner Menschen. Das gilt auch für die Stadt, die ein

komplexes Gebilde aus Geschichte und Leben ist und sich in ständiger Veränderung und ständigem Dialog befindet - auch mit Kindern.

Ein Dialog in schwieriger Sprache, die die unterschiedlichen Aspekte der Stadt widerspiegelt (die physischen, funktionalen, kulturellen und symbolischen) und die die Kinder frühzeitig lernen müssen, um sich darin räumlich und menschlich orientieren zu können und zu lernen, die so gewonnenen Informationen und Kenntnisse mit ihren Bedürfnissen und Zielen in Einklang zu bringen." (Ausstellungstexte 1995: Die Stadt und der Regen)

Die Stadt wird hier als eigenständiges Gebilde beschrieben, ja sogar als „Wesen", mit dem man in einen Dialog kommen kann. Dazu gilt es, zunächst die Stadt in ihrer Vielschichtigkeit, in ihren verschiedenen Aspekten zu erfahren, um schließlich herauszufinden, wo hier Möglichkeiten für *mich* liegen, Möglichkeiten des Tuns und Wahrnehmens. Wer kann ich sein, was kann ich erleben, indem ich *hier* lebe?

„Alles, womit das Kind im wirklichen Leben konfrontiert wird, muß auch in der Erziehung eine Rolle spielen, muß problematisiert und eine der jeweiligen Kultur angemessene Antwort muß gegeben werden.

Der Computer als eine Maschine, die Informationssystemen und technologischer Kommunikation dient, bringt existentielle und kulturelle Veränderungen von großer sozialer Bedeutung mit sich.

Das betrifft auch unsere Kinder, die von keinerlei gesellschaftlichen Veränderungen ausgenommen sind. Computer bringen Phänomene hervor, die die Systematik durcheinanderbringen, mit der Kinder die Welt wahrnehmen, Informationen sammeln, Gedanken und Verhalten produzieren." (Ausstellungstexte 1991, S. 36)

Es geht den Reggianern darum, die Kinder auch in ihrer Begegnung mit dem Computer zu unterstützen, damit sie seine Auswirkungen auf einer bewußten Ebene bearbeiten können. Die Kinder dürfen den Computer in seiner Eigenart kennenlernen. Sie bekommen im Kindergarten die Möglichkeit, in einem Projekt mit ihm zu arbeiten. Seine eigene Form zu denken, linear und konsequent Befehle auszuführen, die seiner Vorprogrammierung entsprechen, ist den Kindern zunächst fremd. Sie arbeiten oft intuitiv, manchmal sprunghaft und sind bereit, viele Lösungswege zu versuchen. Zwei Intelligenzen, die zunächst sehr verschiedene Sprachen sprechen, versuchen sich Schritt für Schritt einer Verständigung zu nähern.

Im folgenden soll es darum gehen wesentliche Formen des In-Beziehung-seins und In-Beziehung-tretens mit Welt aufzuzeigen. Das Ich entsteht, verändert, gestaltet sich erst als Ich jeweiliger Beziehungen. Die Reggianer sprechen in diesem Zusammenhang von „Ko-Konstruktivismus".

10.4.1 Wahrnehmung

Der Beginn der Aufnahme dieser so wichtigen Beziehungen und Kommunikation geschieht in der Wahrnehmung, wenn das Kind etwas, das meist schon lange Teil seines Lebensfeldes war, wirklich wahrnimmt in seiner Einmaligkeit und seinem Sosein und mit ihm in eine Form von Austausch kommt. Dies kann angeregt werden durch Impulse. „Das Auge schläft, bis der Geist es mit einer Frage weckt" war das frühere Motto der Ausstellung aus Reggio Emilia. Der Schlaf des Auges ist ein Bild für unsere alltägliche Wahrnehmung, die sieht, ohne zu sehen, die wahrnimmt, ohne zu begreifen und aufzumerken. In der Vorbemerkung zur Ausstellung heißt es:

> „Im dritten Projekt sollen die Sensibilität und alle Antennen der kindlichen Empfindungsorgane (besonders Augen, Ohren und Hände) reaktiviert werden, so daß die Fähigkeiten zum Eintauchen und feinfühligen Aufsaugen von Dingen und Ereignissen insgesamt beflügelt werden. Davon erhoffen wir uns: - einen aufregenden Strom von Gefühlen, Bildern, Wechselwirkungen und Bedeutungen, die der empfundenen Wirklichkeit tief im Inneren der verschiedenen Individuen gerecht wird; - wir wollen die Wahrnehmung schärfen, was ständige Wechselbeziehungen mit der Umwelt zur Voraussetzung hat; - wir wollen Wissen und das Interpretieren der Wirklichkeit fördern, was gleichbedeutend ist mit einem sprunghaften Fortschritt der Phantasie." (ebd., S. 5)

Eine intensive Form der Wahrnehmung soll gefördert werden, die mit allen Sinnen, dem ganzen Körper erfolgt und die mehr ist als zur Kenntnis nehmen. Es bedeutet vielleicht eher, die „Wahrheit" einer Sache aufzunehmen, indem wir sie so wahr-nehmen. Hierzu muß das Kind, wie es in Malaguzzis Text heißt, „beflügelt" werden. Es ist also eine nicht alltäglich gesättigte und gelangweilte, sondern eine sich hineingebende und vieles erwartende Wahrnehmung, deren Horizont erst aufgehen muß. Im Löwen ein Bild meiner selbst zu sehen und zu empfinden, ist mehr als nur im Zoo an einem Käfig vorüberzugehen und einen Blick hineinzuwerfen.

Wahrnehmung ist ein ganzheitlicher Prozeß, der nicht nur den Anfang des In-Beziehung-tretens bildet, sondern sich im Laufe der Beziehung selbst intensiviert und steigert. Je mehr die Wahrnehmungsfähigkeit entwickelt ist, desto mehr wendet man sich neuen Dingen zu. Die große Bedeutung der Wahrnehmungsfähigkeit besteht darin, daß sie mit anderen Entwicklungsprozessen in enger Beziehung steht.

> „Eine gute visuelle Erziehung bewahrt Kinder vor einer passiven Haltung gegenüber einer als unveränderbar wahrgenommenen Welt." (ebd., 1991, S. 8)

Das Wahrgenommene ist nicht einfach gegeben, sondern muß in einem aktiven Prozeß der Annäherung und Aneignung neu hervorgebracht werden, um erfahrbar zu sein. Im folgenden werden verschiedene Wege dieses In-Beziehung-tretens beschrieben werden.

10.4.2 „Sich Verlieben" als Form des In–Beziehung–Tretens

Im folgenden soll anhand eines Beispiels von Malaguzzi gezeigt werden, wie jener Prozeß aussieht, durch den eine Beziehung entsteht, die dem Kind wirklich etwas bedeutet. Der Prozeß der Annäherung des Kindes an ein Objekt hat viele Phasen und Facetten. Eine davon, durch die jenes Eindringen einer Sache in die Wahrnehmung des Kindes, in seine Wünsche und seine Gefühle näher bestimmt werden kann, ist der „Flirt", in diesem Fall mit dem Igel. Dieser Topos des „Flirts" hat sich in der Rezeption zu einem richtigen Schlagwort, die Reggiopädagogik charakterisierend, entwickelt. (vgl. Dreier/Göhlich 1987)

> „Es reicht nicht, daß sich das Kind dem Objekt räumlich nähert. Es ist eine Art des 'Sich-Verliebens' nötig, das wechselseitig zunimmt, eine Art 'Flirt' zwischen dem Kind und dem Objekt, dem Tier, der Person. Das Bild muß die Oberfläche durchdringen und sich der Sensibilität, der Affektivität, der Emotionalität, der Intelligenz bemächtigen. Wenn ein Kind sich einem Igel nähert, kann dies das Kind völlig indifferent und kalt lassen. Immer aber ist das Problem, sehr intensive und herzliche Beziehungen herzustellen. (....) wenn also ein gegenseitiger Prozeß der Verinnerlichung stattfindet, dann stellen wir einen qualitativen Sprung fest, zum Beispiel, was die sprachlichen Fähigkeiten des Kindes betrifft (...) Wenn also eine emotionale und sensitive Annäherung, die das Kind befriedigt, erreicht ist und andererseits die gegebenen Informationen den Erfahrungshorizont des Kindes erweitert haben (...) entstehen hieraus völlig unerwartete bildnerische Darstellungen. Umgekehrt, wenn Kinder in sehr vorläufiger und oberflächlicher Weise reden, wenn sie nicht zeichnen können - und viele Kinder können nicht zeichnen - dann kommt das daher, daß die Begegnungen, die die Kinder erleben, sie in Wirklichkeit kalt lassen. Es sind also immer sehr intensive und herzliche Begegnungen notwendig." (Malaguzzi in: Lay 1989, S.13f.)

Malaguzzi erweitert hier ausdrücklich das Flirten und Sich-verlieben, das normalerweise eine Beziehung zwischen Menschen betrifft, auf Tiere und Objekte. Das Verlieben geschieht nicht nur mit einem Schlag und bestimmt dann das Denken und Fühlen des Menschen mit - nein, es steigert sich hier wechselseitig durch den Grad der Auseinandersetzung, durch die Intensität der Beschäftigung mit dem Tier. Diese geht bei der Begegnung mit dem Igel einher mit einer starken emotionalen Beteiligung, einem innerlichen Berührt-werden, das sich auch körperlich zeigt. Eine gefühlsmäßige Beziehung entsteht. Diese „intensiven und herzlichen Begegnungen" werden von Malaguzzi (ebd. S. 14) als Grundlage aller weiteren produktiven Beschäftigung, Verarbeitung und Gestaltung der Beziehung gesehen. Wo solche Begegnungen nicht stattfinden, bleiben auch die Zeichnungen der Kinder oberflächlich und kalt, weil die Sache ihnen gleichgültig und fremd ist. Die Annäherung sorgt dafür, daß die erneut entstehenden Bilder nicht mehr mit denen vor der realen Erfahrung vergleichbar sind. Die starke emotionale Beziehung zu der Sache geht einher mit einer Sensibilisierung der Wahrnehmung. Malaguzzi beschreibt in diesem Zusammenhang einen qualitativen Sprung in der Ausdrucksfähigkeit der 100 einen qualitativen Sprung in der Ausdrucksfähigkeit der 100 Sprachen. Nicht nur die Bilder und Plastiken sind von einer erstaunlichen Qualität, die man Vorschulkindern nicht zutraut. Auch ihre Fähigkeit des sprachlichen Ausdrucks, der differenzierten Beschreibung ist Folge dieser Beziehung und somit dieser Sensibilisierung. Beide können unterstützt werden durch eine Erzieherin, die nicht der Banalisierung und Objektivierung anheimfällt, sondern das Geheimnis des Lebens auch beim Anblick des Igels zu empfinden und ihm Raum zu geben vermag.

Die Projekte sprechen die Kinder in verschiedener Weise an. Eine Blume oder ein Tier ruft etwas anderes wach als ein Thema, das einen komplexen Zusammenhang umfaßt wie etwa der Vergnügungspark der Vögelchen, wo die unterschiedlichsten Fähigkeiten von der Mathematik bis zur Phantasie gebraucht werden.

Eine andere, grundsätzliche Zugangs- und Begegnungsweise als das Verlieben, die für die Reggianer von großer Bedeutung ist, wird als „Negoziazione“ bezeichnet.

10.4.3 „Negoziazione“ als Weise des In–Beziehung-Tretens

„Negoziazione“ ist ein Wort im Italienischen, das sich auf verbale Auseinandersetzungen bezieht, auf die Lösung eines Konflikts mit diplomatischen Mitteln.

Der Begriff Negoziazione hat erst in den letzten Jahren eine besondere Bedeutung bekommen hat. Sowohl Elena Giacopini als auch Carla Rinaldi, die pädagogische Leiterin, betonten 1997 in Reggio seine große Bedeutung, die ich hier erläutern möchte. „Negoziazione“ spricht eine andere Weise des Begegnens und Auseinandersetzens an als das „Sich-verlieben“, welche jedoch im Projektverlauf ebenso wichtig ist. Carla Rinaldi erläuterte es als Konfrontation im Dialog, in dem etwas verhandelt, vermittelt, in Gang gebracht wird. Grundlage dieser „Verhandlungen“ ist die Tatsache, daß jeder Mensch einzigartig ist und deshalb auch seine je eigene Art hat, die Welt zu sehen und zu verstehen. Diese ist nicht wiederholbar. Die Einzigartigkeit, so sagen sie, müsse mit der Relativität verbunden werden, denn vor mir und neben mir existieren andere Menschen, die wiederum ganz eigene Ideen und Gesichtspunkte haben. Somit folgt daraus ganz notwendig, daß „meine Wahrheit“ nur „eine mögliche Wahrheit“ darstellt. Diese verschiedenen „Wahrheiten“ stellen im Grunde Hypothesen über die Wirklichkeit dar. Deshalb ist es wichtig, wie Carla Rinaldi sagt, „Treffpunkte mit anderen zu suchen, damit der andere mir seinen Gesichtspunkt anbieten kann“ (Vortragsmitschrift 1997). Der Sinn des Dialogs besteht zum einen darin, sich der Unterschiedlichkeit und Vorläufigkeit dieser „provisorischen Wahrheiten“ bewußt zu werden und in der Auseinandersetzung, eben jener „Negoziazione“, den eigenen Standpunkt zu verlassen und „gemeinsam einen neuen Gesichtspunkt zu schaffen“ (ebd.). Dieser Prozeß stellt in ihren Augen die Basis ihrer Pädagogik dar.

Jenes Aushandeln und Verändern von Gesichtspunkten ist etwas, das nicht nur für Kinder wichtig ist, die *noch* nicht *die* richtige Sichtweise der Dinge kennen.

Nein, es betrifft ebenso die Eltern und Erziehenden, alle Beteiligten, die gemeinsam der Frage nachgehen, wie Kinder ihre Sichtweise der Welt aufbauen und dabei ihre Identität gestalten. Was können Erwachsene tun, um sie bei diesem Prozeß zu unterstützen? Es gilt immer wieder weiterführende Interpretation und Handlungen zu finden. Der Zusammenhang selbst, in dem dies stattfindet, ist ungeheuer komplex: Veränderungen, technische Entwicklungen etc. haben Einflüsse auf das „Kindsein heute". Diese Komplexität soll nicht, wie in manchen Systemtheorien, reduziert werden auf Schematas, sondern Handlungen, Bilder und Interpretationen sollen dieser Komplexität gerecht werden, indem etwa auch das Konzept sich in einem Prozess der ständigen Re-interpretation befindet. Wir können kein Curriculum finden, das *den* Kindern gerecht wird, weil es immer nur die jeweiligen, sich in spezifischen sozialen und kognitiven Dynamiken befindlichen Kinder gibt. Deshalb spricht Rinaldi von einem „Emergent Curriculum" (Rinaldi 1995), einem „auftauchenden" Lehrplan, der nie im vorhinein feststehen kann, wenn er den schöpferischen Möglichkeiten der Kinder gerecht werden will.

Auch dieses Wort „Negoziazione", das inzwischen oft für die Beschreibung der Interaktionen der Kinder verwendet wird, gibt einen Hinweis auf eine mögliche Verlagerung eines konzeptionellen Schwerpunktes in Reggio. Neben dem „Interaktionismus" bekommt der „Konstruktivismus" als Bezugspunkt ein starkes Gewicht. (Beide Theorien habe ich unter dem Kapitel „Ich" bereits diskutiert.) Der Konstruktivismus geht davon aus, daß die Wirklichkeit für uns unzugänglich ist, daß wir uns nur mittels unserer neuronalen Netzwerke auf der Basis biographischer Erfahrung Theorien, also Konstrukte über die Wirklichkeit erstellen können. Über diese Konstrukte wird nun (hier per Negoziazione) darüber verhandelt, welche sich als viabel und passend erweisen. Kriterium ist nicht, ob das, was wir über Vögel oder Bäume denken, diesen auch angemessen ist, das können wir ja nicht wissen, sondern wie lange wir mit unserer Interpretation ohne Störung durchs Leben kommen.

Anders als beim „Sich verlieben" sind die Dinge an der Entstehung dessen, was wir über sie denken nicht direkt beteiligt, insofern hier über Theorien, also die kognitive Verarbeitung von Erfahrungen verhandelt wird.

Der Konstruktivismus als Bezugspunkt führt einerseits zu einer Befreiung, insofern Welt nicht mehr einfach vorgegeben ist (darüber also auch keine einfache Belehrung erfolgen kann). Er setzt auf die Eigentätigkeit des Welt verarbeitenden Subjekts. Aber das „Aushandeln" über die verschiedenen Konstrukte (Ko-Konstruktion) impliziert letzten Endes ein distanzierteres Verhältnis des Kindes zu den Dingen als das „Sich-verlieben", welches eine wirkliche Begegnung immerhin für möglich hält, aus der die Beteiligten anders hervorgehen. Mohnblumen und Löwen nötigen das Kind zu jeweiligen, je anderen vielsinnlichen Begegnungsformen, die nicht nur als möglicherweise virtuell erscheinende Theorien aufgefaßt werden können.

10.4.4 Vermehrung der Bilder

Neben der kognitiven Entwicklung, dem „Bau der Kenntnisse", welcher über jene „Verhandlungen" vorangetrieben werden soll, wird insbesondere von Malaguzzi, dem langjährigen Leiter der Kindertagesstätten, eine „Vermehrung von Bildern" als zentrales Anliegen benannt. Hierbei wird ein anderer Aspekt der Arbeit mit den Kindern betont, der zwar noch vorhanden ist, aber durch die Betonung der Bezugnahme auf den Konstruktivismus in der theoretischen Diskussion in meinen Augen nicht angemessen Beachtung findet.

Malaguzzi sagt:

> „Unsere Erziehung ist eine mit Bildern, aber eben nicht im Sinne der darstellenden Kunst. Sondern mit Bildern als Bilder. (...) Es gibt ungeheuer viele Bilder. (...) Wenn Erwachsene und Kinder beginnen zu merken, daß unsere traditionelle Art und Weise wahrzunehmen und uns auszudrücken uns einkerkert und uns der Möglichkeit beraubt, uns all diesen Bildern zu öffnen, dann ist ein großer Schritt getan. Nur ein Beispiel: wenn ihr 'Wind' sagt, ist das erst einmal nur ein Wort. Wenn das Kind 'Wind' sagt, welches Bild hat ein kleines Kind vom Wind in sich? Vielleicht zwei, drei - wie er die Pflanzen biegt, wie er ins Gesicht bläst, wenn du rennst. (...) es geht darum, mit den vom Kind angenommenen Bildern noch viel mehr Bilder zu schaffen, also den Sommerwind, den Frühlingswind, den im Winter - sie sind alle unterschiedlich. Der Wind, der in die Haare fährt, ist ein anderer als der, der über das Gesicht streicht, der ins Hemd bläst, der auf dem Meer, der in den Bergen, der, der treibt, der, der blockiert. Aus einer Vorstellung entstehen eine Vielzahl von Bildern, und das ist in der Substanz die Bereicherung des Kindes: daß aus einem anfänglich eingeschränkten und verkürzten Bild der Sprache eine große Anzahl Bilder und Sprachen geschaffen wird." (Malaguzzi 1987, S. 28f.)

Es geht also nicht nur um das aktive Konstruieren von Vorstellungen durch das Subjekt, sondern es geht Malaguzzi noch um etwas anderes: daß wir uns den Bildern öffnen. Wie kann das geschehen? Malaguzzi zeigt es am Beispiel des Windes auf. Es geht hier nicht primär um Vorstellungen, die gebildet werden. Das könnte ein weiterer Schritt sein, mit den Kindern der Frage nachzugehen, wo der Wind herkommt und wohin er verschwindet etc. Was unterscheidet nun aber eine Vorstellung, ein Wissen vom Wind, von der Erfahrung mit dem Wind - von einem Bild vom Wind? Nicht das Abbild ist hier gemeint, das auf ein Ding in der Wirklichkeit verweist und so nur nachgeordneten Charakter hätte, sondern das Bild selbst beinhaltet eine starke Erfahrung von Wirklichkeit. Diese Bilder berühren im Innersten und erschließen uns die Wirklichkeit als bedeutsame. In Bildern sind Erfahrungen, auch Wünsche und Träume gestaltet und bearbeitet. Differenzierte Wahrnehmungen werden in Bildern zusammengefaßt und kreativ verarbeitet.

Bilder sind Bilder von der Welt, insofern stellen sie eine Art Arbeit am Welt-Bild des Kindes dar. Sie geben Auskunft darüber, wie dieses Welt-Bild aussieht, ebenso wie sie etwas von der Art der Beziehung des Kindes zur Welt sagen. Sind es herzliche, intensive Beziehungen, oder eher oberflächliche, gleichgültige: das verraten uns die Bilder durch die Art ihrer Darstellung, ihrer Präsentation. Das kann eine Zeichnung sein, aber auch eine Geste, wie das Sich vom Wind treiben lassen und mit ihm Spielen eines dreijährigen Kindes.

Insofern sind es nicht nur Bilder von der Welt, die durch Kommunikation mit der Welt und mit anderen entstehen, sondern es sind auch Selbst-Bilder, in denen das Kind sich selbst wiederfindet, indem es einen Ausdruck findet.

Bilder arbeiten so mit am Welt- und am Selbst-Bild des Kindes.

10.4.5 Zusammenfassung

Vielfältige Beziehungsformen und Dynamiken gestalten und konstruieren Möglichkeiten der Ich-erfahrung. Auch im Verlauf des oben geschilderten Projekts der Menschenmenge ist dies ein entscheidender Punkt. Das Ich empfindet und erlebt sich als Teil einer Menschenmenge. Es verändert sich und entsteht im jeweiligen Zusammenhang neu. Doch es soll ja auch nicht darum gehen, sich diesen Phänomenen gegenüber ausgeliefert zu fühlen. Die Auseinandersetzung mit der Sache erbringt erst, was etwas ist und wer ich bin und sein kann. Was Welt und Ich sind, ergibt erst der Prozeß, in dem Kind und Welt sich finden. Etwas springt plötzlich auf, ein Feld möglicher Wahrnehmung öffnet sich (in diesem Fall das der Menschenmenge). Dies ist ein ausgesprochen lustvoller und kraftspendender Vorgang, der das Kind mit der Welt verbindet, die für es bedeutungsvoll und interessant wird. Diese Lust am Entdecken und Mit-Schaffen von Welt-Bild und Identität entsteht in Begegnungen und Beziehungen, in denen Kinder berührt werden von einer Sache. Die erstaunlichen Zeichnungen und Plastiken der Kinder beschreiben einen Qualitätssprung in der Ausdrucksfähigkeit, der auch aus der Intensität der Beschäftigung resultiert. Doch nicht die ästhetische Qualität ist das entscheidende, sondern die neue Dimension von Wirklichkeitserfahrung, die sich für die Kinder eröffnet. Es geht also auch hier nicht um die Produkte, sondern um den Prozeß, durch den für die Kinder auch neue Möglichkeiten die Welt zu sehen und zu erfahren sich auftun.

10.5 Rolle der Erwachsenen in derartigen Prozessen

10.5.1 Beobachten und Impulse geben

Die Reggiopädagogik, wie sie hier verstanden wird, ist nicht nur als eine Erziehungsmethode anzusehen, sondern als eine Anthropologie. Die Erzieherin in solch projekt- und prozeßhaftem Arbeiten vermittelt nicht von einem Metastandpunkt aus bekanntes Wissen, sondern begleitet und unterstützt die Kinder.

Auch sie weiß ja letztlich nicht sicher, warum es heute regnet, was Bäume essen, ob Regenwürmer auch schlafen und ob es auch böse Götter gibt.

Hieraus ergibt sich die große Bedeutung der Beobachtung, die durch schriftliches Aufzeichnen und Skizzieren auf meist selbst entworfenen Beobachtungsbögen, ebenso wie mit Hilfe von Kassettenrekorder, Photoapparat und Videokamera geschieht. Nur durch intensives Beobachten kann die Erzieherin erfahren, wo für die Kinder bedeutsame Fragen entstehen. Sie muß bereit sein, ständig von den Kindern zu lernen.

> „Ihre Aufgabe ist im wesentlichen, den Ablauf der erfinderischen und praktischen Prozesse der Kinder nicht zu beeinflussen, in der Überzeugung, daß sie die Fähigkeiten besitzen, weiter zu kommen als man denkt; und es so einzurichten, daß die Kinder das Beste ihrer Fähigkeiten, die tiefste Verinnerlichung und die Reorganisation der Bedeutung ihrer Erfahrungen zum Ausdruck bringen, so daß die Durchführung des Projektes das Versprechen und Ziel der Persönlichkeitsentwicklung erfüllt." (Ausstellungstexte 1995: Das „Was tun" der Erwachsenen)

Sie nimmt nicht Lösungen vorweg, sondern bietet Hilfe, Teilprobleme zu isolieren, wie bei dem Projekt der Menschenmenge. Sie verbalisiert Ergebnisse, faßt zusammen, hebt auftretende Inhalte, Übereinstimmungen und Widersprüche hervor, erinnert an Vorarbeiten, führt auf die Ausgangsfrage zurück und hält so den Prozeß der Gesamtentwicklung des Themas für die Kinder präsent. Sie ist in gewisser Weise das Gedächtnis des Prozesses und hilft, wichtige Fragen zu finden, die weiterführen. Im Sinne kreativer Prozesse ist es besonders wichtig, springende Punkte und Unstimmigkeiten, auch „Fehler" sichtbar zu machen, da hier die Chance besteht, daß ein Durchbruch zu einer neuen Sichtweise sich anbahnen kann. Hierfür ist eine große Sensibilität und Erfahrung erforderlich, denn es gibt nie zwei gleiche Situationen, wie sie etwa auftreten können , wenn Kinder immer wieder den Rosa Turm des Montessorimaterials aufbauen. Hier steht das Ziel fest Die Ziele der Erzieherinnen in Reggio ergeben sich aus dem schöpferischen Prozeß selbst. Die Anforderungen an die Haltung der Erziehenden charakterisieren sie folgendermaßen: Sie sollten

> „Überzeugt sein, daß die Lern- und Verstehensweisen erkennbar sind und daß es wichtig ist, zu entdecken und zu verstehen, durch welche Interaktionen die Kinder ihre Kenntnisse und Geschicklichkeiten aufbauen, und in welcher Weise diese hervorgehoben oder umgewandelt werden können." (ebd.)

Von zentraler Bedeutung ist somit das Zuhören, zuschauen, wirklich wahrnehmen, was läuft. Das bedeutet zunächst eine starke Zurücknahme der Erzieherin. Zudem ist die Atmosphäre von großer Bedeutung. Die Reggianer sprechen hier von „soft quality" und meinen eine Atmosphäre des Vertrauens, der Sicherheit und des Zutrauens. Wirkliche Neugier, Gespanntheit und Erwartung geben den Kindern das Gefühl, daß das, was sie tun und denken sehr wertvoll ist und spornen sie an weiterzugehen.

Wichtig ist auch die ständige Möglichkeit diese Beobachtungen mit der Kollegin aus der Gruppe, im Team mit dem Atelierleiterin und der Pädagogin zu reflektieren. Die eigene intensive Beschäftigung mit der Sache macht neugierig auf die Ideen der Kinder und sucht herauszufinden, wo Erweiterungsmöglichkeiten des Themas liegen könnten. Die Erwachsenen haben hier die Verantwortung, die Felder der Untersuchung vorzubereiten, ohne sie vorzugeben. Die Reggianer kommen davon ab, in diesem Zusammenhang von planen zu sprechen, sie nennen es „projectare" und meinen eine intensive Auseinandersetzung und einen Austausch der Erwachsenen über die Themen der Kinder und eine gemeinsame Überlegung, mit welchen Aktivitäten, Materialien oder Büchern das Projekt bereichert werden könnte. Impulse sind jedoch immer nur mögliche Anfänge und Anregungen und geben keine Ziele vor, die die Kinder erreichen sollen.

Im Projekt können Impulse zum einen darin bestehen ein anderes Medium, andere Materialien vorzuschlagen oder aber darin, Fragen zu stellen, die die Beziehung zwischen dem Kind und der Sache intensivieren können. Die Fragen sind hier ein wichtiges Stimulans, um sich nicht zu verlieren, oder aber um zur Ausgangsfrage zurückzukehren. Bei einem Projekt zur Erkundung der Stadt beispielsweise kristallisierte sich eine Statue als für die Kinder besonders wichtig heraus. Die Erzieherin fragte u.a. Wie heißt die Statue? (und läßt die Antworten der Kinder stehen ohne sie „richtigzustellen") Wer ist das? Seit wann ist sie da? Warum ist sie dahingestellt worden? Können wir sie etwas fragen? Was tut sie in der Nacht? ... Die Fragen regen die Kinder an sich weiter einzulassen und zu beschäftigen und helfen die Sache aus verschiedenen Blickwinkeln zu sehen. Andere Impulse bestehen darin, die Kinder bei Problemen aufzufordern, andere Kinder zu fragen oder eine Bemerkung, Frage eines Kindes an die gesamte Gruppe weiterzugeben, um gemeinsam daran weiter zu arbeiten.

Die Erzieherin ist also Dialog- und Interaktionspartnerin, ist selbst beteiligt und ist involviert in jenen Prozeß des Forschens, des Hypothesen Bildens und ist sich der Vorläufigkeit jedes gefundenen Wissens bewußt. Auch ihre Beobachtungen selbst sind subjektive, parteiische Interpretationen des Gesehenen. Erst im Prozeß des Weiterentwickelns und Miterlebens erweisen sie sich als tragfähig. Die Begleitung der Kinder auf den Wegen ihrer Welt-bild-ung und Selbstwerdung, welche aus einem gemeinschaftlichen Prozeß von Erzieherin und Kindern entstehen, ist der faszinierende Aspekt ihrer Arbeit, weil auch sie selbst sich mit hineingeben und aufs Spiel setzen muß.

10.5.2 Dokumentation

Dokumentationen werden in Form von Heftdokumentationen geführt, zum anderen als Wanddokumentationen. Die sog. „sprechenden Wände" stellen im Eingangsbereich die Kita und deren Personal, sowie größere Vorhaben, die über einen längeren Zeitraum laufen, vor. Die Dokumentationen in den Gruppenräumen und auf der Piazza beziehen sich auch auf kleinere Projekte von kürzerer Dauer. Oft sieht man in Kindergärten hierzulande nur das Endergebnis, eine Tonskulptur etwa, und versteht nicht auf welche Weise sie entstanden ist. Im weiteren werden auch die unausgesprochenen Fragen, die sich während des Arbeitens aufgetan haben, nicht sichtbar. Dabei führen sie oft zu weiteren Schritten im Projekt. Auch diese „Wegbeschreibungen“ sind Interpretationen. Eine Dokumentation erstellen heißt schon eine Interpretation finden, die zeigt, was wir vielleicht beobachtet haben, um so gemeinsam weiter nachdenken zu können, was vielleicht die Kinder beobachtet haben. Daraus entstehen wieder neue Möglichkeiten, etwas zu sehen, was vorher nicht möglich war.

Durch ein derartig intensives Nachvollziehen und Dokumentieren wird ein Wahrnehmen der springenden Punkte ermöglicht, die zu einem neuen Thema führen. In Projekten zu arbeiten heißt, etwas Neues entstehen zu lassen, das weitergeht und das sich verwandelt. So ist es dem Betrachter möglich, Zeuge einer Entwicklung zu werden und so den Zuwachs an Kompetenz und Erkenntnis mitzuverfolgen und besser zu verstehen. In der Visualisierung dieser Prozesse liegt eine Chance, Kinder in ihrem Tun wahrzunehmen und zu verstehen, von ihnen zu lernen, wie Kinder lernen und erleben. Insofern bilden jene Dokumentationen auch für andere Erzieher und Pädagogen eine Möglichkeit der Weiterbildung. Für die Kinder bedeuten die Dokumentationen nicht nur eine gemeinsame Erinnerung, sondern auch eine Förderung ihres Selbstbewußtseins, da hier wichtig genommen wird und gezeigt wird, wie sie aktiv und gestalterisch am Gruppengeschehen teilnehmen. Andere Kinder werden angeregt, sich auch mit dem Thema oder Material zu beschäftigen. Natürlich ist es notwendig, daß die Dokumentationen auf dem neuesten Stand sind und so im Raum steht und zu sehen ist, was im Augenblick Thema ist.

Erziehende in diesem Modell müßten bereit sein, ihr Wissen, ihre Handlungsmöglichkeiten, ja sich selbst immer wieder in Frage zu stellen und neu aus derartigen Prozessen zu gewinnen. Mit jedem einzelnen Kind und jeder Gruppe von Kindern können neue Möglichkeiten entstehen, Welt wahrzunehmen, Beziehungen und Hypothesen zu entwickeln und auch sich selbst neu zu erfahren. Wir können nicht wissen, welche Sensibilitäten, Kenntnisse und Fähigkeiten wir für neue Aufgaben brauchen werden. Möglicherweise reicht es nicht aus, sinnvolle Welterfahrung anhand von didaktischem Material zu machen, wie etwa Montessoris Geräusch- und Geruchsdosen und Einsatzzylinder.

Sich auf schöpferische Prozesse einzulassen bedeutet für Erwachsene und Kinder ein Abenteuer, aber auch das Vertrauen, daß es möglich ist, im Prozeß selbst die richtigen Kompetenzen erst zu erwerben. Wir können jetzt noch nicht wissen, welche das sein werden und bleiben in jeder Beziehung auf unsere Kreativität angewiesen.

10.6 Kritik

Die Beschäftigung mit den Dokumentationen aus Reggio kann dazu führen, Kinder anders zu sehen. Es ist in der Tat möglich, ihre Konstruktionsprozesse von Identität, die langen und von Umwegen gezeichneten Geschichten über die Entstehung ihrer Sichtweise der Welt wahrzunehmen. Diese kreativen Prozesse finden hier Unterstützung und Anregung, Aufmerksamkeit und Hochachtung in einer Atmosphäre des Zutrauens.

Ausgehend von dem, was ich in den Einrichtungen in Reggio und auch in der Ausstellung gesehen habe, halte ich indes die Interpretation der Prozesse als, wie die Reggianer sagen, „Konstruktionsprozesse" für eine Vereinseitigung, die etwas unberücksichtigt läßt, was in den Projekten durchaus vorhanden ist. Auch in einem Vortrag von Carla Rinaldi „Reflexionen über Kreativität" wird die Bedeutung kreativer Prozesse zwar herausgestellt, in den Ausführungen beschränkt sie sich aber hauptsächlich auf kognitive Lernvorgänge. Aufgrund der Verknüpfung von Neuronen im Gehirn geht sie sogar soweit, *jeden* Lernakt auch als kreativen Akt zu beschreiben, „(...) und zwar nicht weil er Neues hervorbringt, sondern, weil das, was beim Lernvorgang im Subjekt geschieht, etwas Neues ist." (Rinaldi 1995, übersetzt von Carminati-Bina)

Diese Beschreibungen verdeutlichen eine Gefahr, die ich im Augenblick sehe, sich ganz auf die kognitive Entwicklung zu beziehen und dabei andere Bereiche außer acht zu lassen. Jener schöpferische Prozeß des sich Einlassens und in Beziehung Tretens zu einer Sache kann zu einem qualitativen Sprung führen, in dem neue Vorstellungen und Ideen geboren werden. Nicht nur neue Erkenntnisse sind gefragt, sondern eine neue Möglichkeit sich selbst und die Welt zu sehen entsteht. Was mit dem Kind geschieht, das sich auf den Löwen oder den Igel einläßt, ist nicht nur primär ein Erkenntnisgewinn. Die sich steigernde Fähigkeit, etwa durch die Zeichnung etwas über den Löwen zu sagen, ist nicht nur begleitet von affirmativen Elementen. Einen Löwen „erkennt" man nicht. Es ist eine Weise zu sein, zu kommunizieren, zu handeln und zu brüllen. Besondere Gesten und Ausdrucksmöglichkeiten konstituieren das Löwesein als Existenzmöglichkeit, als Empfindungslage und Handlungsmöglichkeit, die anders ist als die eines Hasen. Das Subjektsein des Kindes entsteht erst in diesen kreativen Prozessen. Dies ist abzulesen an zwei Möglichkeiten des Umgangs. Entweder das Kind nimmt das Tier hinein in sein Leben und formt es von da aus neu, oder es überträgt nur eigene Phantasien auf ein Tier, das nur Aufhänger von Gefühlen ist. Es ist ein dimensionaler Unterschied, der durch und durch gefühlt, erspürt und verstanden wird, auch wenn er „von außen" betrachtet nicht sichtbar sein mag.

Staunen und Neugier sind elementare Voraussetzungen für Kreativität, aber wo die Annäherung immer von einem Verstehen wollen und Rückbinden in Fragestellungen oder Suchen nach neuen Fragestellungen begleitet ist, wird der Prozeß nicht wirklich freigegeben.

So beeindruckend die Ausdauer und Konzentration der Kinder ist, sie kann auch etwas Beängstigendes haben. Hierin steckt ein Hinweis auf etwas, das uns vielleicht fehlt, weil wir aus einer anderen Kultur kommen. Ich habe in Reggio in den Kindertagesstätten keine wirklich ausgelassenen Kinder gesehen, Kinder die auch einmal laut sein dürfen, die einfach nur singen oder tanzen, die toben oder Fangen spielen, - ohne dabei gleich wieder etwas erkennen zu wollen. Kinder, die selbstvergessen hingegeben sind an die unbändige Freude ihrer Bewegung oder die einfach nur im Matsch spielen, ohne dabei das Leben unter der Erde zu erkunden. Vielleicht ist es auch kein Zufall, daß bei aller Betonung der 100 Sprachen die Sprachen der Musik, des Tanzes und der Bewegung eine sehr untergeordnete Rolle spielen. In einer Einrichtung in Reggio, gab es zwar eine Musikecke, in der die Kinder Musik aus aller Welt in den verschiedensten Stilrichtungen hören konnten. Es gab auch ein Projekt dazu, in dem allerdings die Töne wiederum visualisiert werden sollten, - also wieder ein reflexiver Vorgang dazwischen geschaltet war. Musik kann auch etwas Befreiendes haben, wenn man sich ihr ganz hingeben kann, alleine aus der Lust zu sein und sie zu genießen. Unser Bild von Kindheit, so unterschiedlich es auch sein mag, hat meist auch etwas von Unbeschwertheit und Unbekümmertheit, von Abenteuerlust und ungezieltem Umherschweifen. Doch wie wichtig sind solche Suchbewegungen, die nicht von verstehen wollenden, sich Notizen machenden und fotografierenden Erwachsenen begleitet sind. Es gibt Situationen, die Geheimnis bleiben wollen. Nicht alles kann sichtbar gemacht werden. Manchmal ist der Versuch in jeder Situation alles verstehen zu wollen, die Zerstörung des schöpferischen Prozesses!

In verschiedenen Situationen und Projekten sind verschiedene Möglichkeiten des Ichseins und Antwortens herausgefordert. Mit einem Baum ins Gespräch zu kommen fordert anders heraus als einen Springbrunnen in seiner Funktionsweise verstehen zu wollen. Die Verschiedenartigkeit der Erkenntnisformen entspricht der Verschiedenartigkeit der Sprachen, die dazu notwendig sind. Eine andere Möglichkeit von Subjektivität beinhaltet weit mehr als die Rede von „Wissenserwerb". Der kreative Prozeß sollte nicht nur im Schatten der kognitiven Prozesse gesehen werden, weil sonst die vielfältigen Möglichkeiten, die Welt und sich selbst erfahren und verstehen zu können, auf diesen einen Aspekt hin reduziert werden und somit gar nicht in ihrer je eigenen Erkenntnisform wahrgenommen werden können.

Schluss

1) Schöpferische Prozesse wahrzunehmen und verstehen zu wollen war Anliegen dieser Arbeit. Ich wollte herausfinden, was in jenen Prozessen eigentlich geschieht, durch die etwas Neues entsteht. Wie verwandelt sich das Subjekt in diesen Prozessen, wie können wir kreative Produkte beschreiben, die nicht nur Dinge, sondern auch ein neues Verständnis von Wirklichkeit und damit auch eine neue Wirklichkeit selbst darstellen. Die Renaissance ist nicht nur eine neue Interpretation *der einen* Wirklichkeit, sondern bedeutet eine neue Möglichkeit von Wirklichkeitserfahrung, von Menschsein. Es ist zugleich eine neue Lebensform, die bis in Alltagsbereiche vordringt.

Am Beispiel Picassos habe ich diesen Schritt, den ein epochemachendes Werk ausmacht, zunächst untersucht. In Bildern der Kunst wird die Andersartigkeit sinnlich greifbar, wie etwa im Übergang vom Picasso der Blauen Periode zum späteren.

Die moderne Kunst ist nicht mehr einer verbindlichen Tradition verpflichtet, jeder Maler hat im Grunde die Aufgabe: „Aus ihm selbst müsste eine neue Welt entworfen werden." (Beuys in: Burckhardt 1994, S. 85) Dieses neue Bild der Welt ist das Anliegen, nicht nur eine neue Form. Seit Picasso hat sich die Auffassung von Kunst verändert. Das Einzelwerk, das von einem „Genie" hervorgebracht worden ist, tritt zurück. Das offene Kunstwerk, die serielle Gestalt von Kunstwerken, Installationen, sowie der erweiterte Kunstbegriff geben Hinweise darauf, daß der künstlerische Prozeß als dasjenige an Bedeutung gewinnt, was im Schaffen geschieht und nicht das Werk als Ergebnis.

Nun zeigen sich nicht nur in großen hehren Werken der Kunst schöpferische Prozesse, sondern auch in Entwicklungsschritten und Wendepunkten im Leben des einzelnen, von denen aus alles anders erfahren, wahrgenommen und verstanden wird. Dies zu zeigen war mein Anliegen am Beispiel des Übergangs von der Kritzelphase zum gegenständlichen Zeichnen.

Auch diese besonderen Ereignisse, deren Vor- und Nachgeschichte mich interessiert hat, machen das Schöpferische Phänomen aus. Darüber hinaus bedeutet schöpferisches Leben eine bestimmte Weise des Umgehens und sich Einlassens auf die Dinge, das sich aus dem Prozeß erst gewinnt. Zu diesem Schöpferischen des Lebens selbst habe ich eine Annäherung, einen Zugang gesucht. Beuys formuliert diesen Gedanken in einem Gespräch mit Kiefer, Kounellis und Ammann:

> „*Beuys*: Wenn Du ein waches Auge hast für das Menschliche, kannst Du sehen, dass jeder Mensch ein Künstler ist. Ich war jetzt in Madrid und habe gesehen, wie die Männer, die bei der Müllabfuhr arbeiten, grosse Genies sind. Das erkennt man an der Art, wie sie ihre Arbeit tun und was für Gesichter sie dabei haben. Man sieht, dass sie Vertreter einer zukünftigen Menschheit

sind. Und ich habe etwas bei den Müllabfuhrleuten gesehen, was ich bei den Scheisskünstlern vermisse (...)

Kounellis: (...) Aber die Kreativität muss eine historisch glaubwürdige Form haben. (...)

Beuys: Ich habe bei den Müllabfuhrmännern festgestellt, dass sie grössere Dichter sind als manche Dichter der Gegenwart.

Kounellis: Das mögen zwar grössere Dichter sein. aber sie haben keine Form, um sich auszudrücken.

Beuys: Und ob die eine Form haben! (...)

Beuys: Ich will die ja auch gar nicht mit Homer gleichstellen. Homer hat etwas anderes gemacht als die Müllabfuhrmänner. Die Männer von der Müllabfuhr sind aber etwas Zukünftiges.“ (Gespräch in: Burckhardt 1994, S. 109-111)

2) Was ist nun das Gemeinsame jener Kreativität von Picasso, von Kindern und Müllabfuhrmännern?

Ausgangsbasis ist weder eine objektiv gegebene Wirklichkeit, mit der wir nichts zu tun haben, von der wir nicht berührt werden, weil wir ihr gegenüberstehen, noch ist sie eine bloße Konstruktion des Subjektes.

Mit Hilfe der Phänomenologie ist es möglich zu sehen, wie Subjekt und Objektwelt sich korrelativ konstituieren. Das hat bereits Husserl gezeigt, wenn er von Intentionalität spricht.[44] Husserl zeigt, daß jeder Objektverfaßtheit die entsprechende Subjektverfaßtheit korreliert, und daß deren Zusammengehören konstitutiv für das Phänomen ist.

Die Putzfrau im Museum, die seinerzeit die mit Fett gefüllte beuyssche Badewanne geschrubbt hat, hatte offenbar nicht die Subjektivität des Kunstbetrachters. Die jeweilige Subjektivität besteht jedoch nicht nur in einer persönlichen Bedeutung, mit der wir ein Ding belegen. Es ist nicht etwas, was zur Sache dazukommt, sondern etwas, das sie überhaupt erst ermöglicht und als sie selbst sichtbar werden läßt. Die Eröffnung eines Horizontes bedeutet die Konstitution einer Subjektivität, die korrelativ dazu eine Objektwelt in den Blick nehmen kann, welche außerhalb dieses Horizontes nicht existiert. So vielfältig die möglichen Zugänge auf der Subjektseite sind, so vielfältig ist die Pluralität korrelativer Wirklichkeit*en*, die ein Mensch erfahren kann und in denen er sich bewegen kann. Wir sprechen also nicht vom selben „Ding“, nicht von derselben Wirklichkeit, die dann nur noch mit unterschiedlichen Phantasien und einem subjektiven Sinn verknüpft wird.

Doch wie entsteht eine bestimmte Subjektität? Antwort: In einem schöpferischen Prozeß, der aus den Dingen heraus über die Dinge hinaus seine spezifi-

---

[44] vgl. Phänomenologie-Kapitel

sche Weise zu sein, Subjekt zu sein, erst gewinnt. Es kommt also darauf an, *wie* man eine Sache tut, ob man das Subjekt dieses Tuns ist, oder aber mit einer bestimmten Subjektität auf die Dinge losmarschiert. Insofern stellt die immer noch favorisierte Rationalität nur eine mögliche Weise der Annäherung und Betrachtung von Welt dar. Das heißt gerade nicht, daß hier einer Irrationalität das Wort geredet werden soll, es gilt nur zu sehen, daß auch das kritzelnde Kind, bzw. die Müllabfuhrmänner u.U. einer eigenen Logik folgen, die es zu entdecken gilt. Diese zu sehen wird möglich, wo man sich hineinbegibt, von innen her Ich und Welt konstituiert und nicht nur den Dingen gegenübersteht. Es geht dabei nicht um *das* vollständige Verstehen, sondern um Teilnahme und Gestaltung.

3) Der Verlust traditioneller Bezugspunkte führt zu einem Verlust von so etwas wie Zentralität. Das ist in Picassos Bildern sichtbar.

Der Verlust der Möglichkeit allgemeinen Zielen und Wahrheiten zu folgen, birgt die Gefahr einer Orientierungslosigkeit und Beliebigkeit im Denken und Handeln. Wahrheit wird etwas Vorläufiges, was nur durch den Weg, auf dem man zu ihr gelangt ist, eine Evidenz entwickeln kann.

Jeder Mensch kann heute Schöpfer seiner selbst und seiner Welt sein. Das bedeutet natürlich nicht, daß man alles neu erfinden muß. Wie etwa Selle und andere zeigen, haben die Dinge einen wesentlichen Anteil daran, was wir über sie und über uns denken. Das heißt, wir leben in Strukturen, die wir zunächst wahrnehmen, aufnehmen müssen, um sie überformen, verwerfen und uns selbst ins Nichts stürzen zu können. Daraus kann Neues entstehen. Über das „wie" dieses Entstehens nachzudenken war Anliegen dieser Arbeit.

4) Hiermit ist auch eine große Aufgabe für die Pädagogik formuliert. Wenn jeder seine und unsere Zukunft selbst mitgestalten soll, so muß Erziehung dies berücksichtigen.

Wo finden wir nun ein Denken über Kinder, welches ihnen von Anfang an diese Aufgabe der Selbsthervorbringung überantwortet und zutraut?

Ich möchte nicht nur fruchtbare Momente und Neuanfänge benennen, sondern den genannten Prozeß in einer gelungenen Erziehungspraxis aufweisen, in dem die dynamische Struktur von Erfahrung und Bildung sichtbar wird.

5) In den Kindertagesstätten von Reggio Emilia fanden wir eine neue Art des Denkens über Kinder, sowie eine Praxis, die auf diesem Denken aufbaut.

> „Es ist das Ziel, (...) erzieherische Handlungen zu entwickeln, die Kreationen, gemeinsame Schöpfungen sind, keine Weitergabe von etwas, was der Erwachsene weiß oder kann." (Laewen 1998, S. 9. Er zitiert hier die Reggianer.)

Das kreative Moment wird also nicht nur beim Kind gesehen, sondern bezieht sich auf die gemeinsame Arbeit von Erwachsenen und Kinder, sowie auch auf das Konzept, das nicht Ziele festlegen, sondern stets weiterentwickeln will.

Dabei beziehen die Reggianer sich auf die konstruktivistische Philosophie und gewinnen so den Aspekt der Selbsttätigkeit und Offenheit. „Das Kind ist Konstrukteur seiner Kenntnisse“ (ebd., S. 8), heißt es dann folgerichtig. Doch statt von „Konstruktionsprozessen“, würde ich lieber in bezug auf ihre Praxis, wie sie in den Projektdokumentationen sichtbar wird, von *Konstitutionsprozessen* sprechen.

Kinder fordern heraus, weil sie Erfahrungen machen wollen, die sie berühren, weil sie mit der Welt und mit anderen Menschen in Beziehung treten wollen und weil sei diese Beziehungen intensivieren und vertiefen wollen. Es geht also, wie ich gezeigt habe, nicht nur um den Aufbau von Kenntnissen, sondern um Identitäts- und Weltbildung. Das Subjekt konstituiert sich dabei als das Subjekt der ihm begegnenden Welt. Je nach spezifischer Ausgestaltung entwickelt das Kind Möglichkeiten seiner selbst.

Phänomenologisch würde ich das so beschreiben: Die Musik etwa fordert eine bestimmte Subjektivität heraus und innerhalb dieser macht es einen Unterschied, ob ein Kind Blockflöte oder Schlagzeug lernt. Die Wahl des Instruments antwortet schon auf bestimmte Vorlieben und Neigungen. Nicht jedem ist jede Subjektivität möglich. Wenn sich das Kind dann aber auf das Instrument und seine Ausdrucksmöglichkeiten einläßt, so sind spezifische Erfahrungen damit möglich. Diese Begegnung und Erfahrung gestaltet und verändert das Subjekt Kind, indem eine neue Art zu sein und zu empfinden, entdeckt wird. Fußball fordert eine andere Subjektivität vom Kind als Blockflöte, eine andere Geschwindigkeit, eine andere Bewegungsweise, eine andere Art Emotionen Ausdruck zu verleihen, eine andere Art von Spannung und ein anderes Miteinander als im Blockflötenquartett. Das jeweilige Phänomen erstellt beide, Subjekt und Objekt. Aus ihm quellen verschiedene Formen von Wirklichkeit, die nicht übertragbar sind. Es ist nicht die selbe Wirklichkeit, zu der sich dieses Kind verhält; diejenige Wirklichkeit bietet eine je andere Möglichkeit, Identität zu erfahren. Das Kind nimmt die Gestaltungsprozesse war, die aus der Sache kommen und gestaltet sie *zugleich* auch selbst.

Die innere Bewegungsweise dieser schöpferischen Prozesse kann man anhand der Projekte aus Reggio anschaulich machen. Es macht eben einen Unterschied, ob ich mit einem Löwen oder einer Mohnblume in Kontakt kommen will, ob ich das Phänomen der Menschenmenge verstehen will oder ob ich mit dem Computer arbeiten möchte. Jede Art des Gesprächs bedarf einer anderen Subjektkonstitution. Wer sich auf diese Prozesse einläßt, kann löwenhaft werden, eigene Formen des Verstehens und des auf Welt Zugehens entwickeln.

Schöpferische Prozesse führen zu Kenntnissen einerseits, andererseits auch zu einer reichen Bilderwelt, durch die neue Möglichkeiten, Wirklichkeit zu erfahren, eröffnet werden können. Die ästhetische Dimension des Menschen findet ebenso angemessene Berücksichtigung, wie der Sozialaspekt, insofern der Dialog mit anderen Menschen konstitutiv für die Bildung von Identität ist.

Auch Werte sind hier nicht normativ vorgegeben, sondern gilt es gemeinsam, wie die Reggianer sagen, „zu bauen“.

Die phänomenologisch-anthropologischen Zugänge waren hilfreich als Ansätze für eine mögliche Deutung der Prozesse als Konstitutionsprozesse von Ich und Welt. Umgekehrt können detaillierte Analysen von schöpferischen Prozessen aus der Erziehungspraxis mögliche Einseitigkeiten der Theoriebegriffe, wie etwa den der Konstruktion, aufdecken.

Schöpferische Prozesse zu verstehen war Anliegen der Beschäftigung mit Picasso. Den Blick zu sensibilisieren für derartige Prozesse im Alltag, bzw. in pädagogischen Zusammenhängen, könnte sich daraus ergeben.

„Können Riesen die Sonne anfassen?“ ist die Frage meines Sohnes an einem warmen Sommertag.

„Schöpferische Prozesse“ sind keine besonderen Vorkommnisse, sondern im Grunde der Vorgang, aus dem deutlich wird, daß und wie der Mensch zu einem welt-gebildeten und welt-bildenden Akteur wird. Aber diese Hervorbringungs- und Hervorgehensprozesse wollen gesehen, entdeckt und unterstützt sein. Pädagogen, die kreative Prozesse fördern möchten, müßten ihre Rolle neu definieren, dürften sich selbst und ihr Wissen nicht als außerhalb des Prozesses sehen. „Schöpferische Prozesse“ fordern im Grunde, daß das ganze Geschehen und damit die Arbeit des Pädagogen schöpferisch werden möge. Es sind die Prozesse, die schöpferisch sind, und das zu sehen und mitzugestalten, macht erst schöpferisch.

LITERATUR

Adriani, G. (Hg.): Veröffentlichung der Kunsthalle Tübingen. Ausstellungskatalog Picasso, Pastelle-Zeichnungen-Aquarelle. Bonn 1986

Antrag auf Einrichtung und Förderung eines Graduiertenkollegs zum Thema: „Praxis und Theorie des künstlerischen Schaffensprozesses“ an der Hochschule der Künste Berlin. Manuskript ohne Jahresangabe

Ausstellungstexte zur Ausstellung: „Hundert Sprachen hat das Kind“. Berlin 1991

Ausstellungstexte zur Ausstellung: „Hundert Sprachen hat das Kind“. Überarb. und erweiterte, unveröffentlichte Fassung 1995, o. S.

Bachmann, H. I.: Malen als Lebensspur. Stuttgart 1985

Bachmayer, H. M./Kamper, D./Rötzer, F. (Hg.): Nach der Destruktion des ästhetischen Scheins. Van Gogh, Malewitsch, Duchamp. München 1992

Ballauff, Th.: Anthropologische - Phänomenologische Theorie. In: Philosophie der Erziehung. Hrsg. von Beck, H., Freiburg 1979

Barthes, R.: Die helle Kammer. Bemerkungen zur Photographie. Frankfurt/M. 1989

Bastian, H./Spies, W.: Die Zeit nach Guernica. Bonn 1993

Bauer, B.: Wenn das Auge über die Mauer springt - eine Bildungsreise zu den Quellen der Reggio-Pädagogik. In: Welt des Kindes 6/1996

Beck, H.: Philosophie der Erziehung. Freiburg 1979

von der Beek, A.: Nido - Nester zum Wohlfühlen. In: klein & groß 9/1990

Benjamin, W.: Das Kunstwerk im Zeitalter seiner technischen Reproduzierbarkeit. In: ders.: Illuminationen. Ausgewählte Schriften 1. Frankfurt/M. 1977

Benn, G.: Gedichte in der Fassung der Erstdrucke. Frankfurt/M. 1982

Berger, J.: Glanz und Elend des Malers Pablo Picasso. Reinbek 1988

Berliner Dokumentation (Bezirksamt Schöneberg): Fachtagung Reggio. 2. Aufl., Berlin 1988 (vergriffen)

Berliner Dokumentation (Senatsverwaltung für Jugend und Familie): Hundert Sprachen hat das Kind. Wie Kinder wahrnehmen, denken und gestalten lernen. Berlin 1991

Binning, G.: Aus dem Nichts. Über die Kreativität von Natur und Mensch. München 1989

Bittner, G. (Hg.): Biographien im Umbruch. Lebenslaufforschung und Vergleichende Erziehungswissenschaft. Würzburg 1994

Bittner, G.: Das Kind als Künstler? In: Schäfer, G. E. (Hg.): Riß im Subjekt. Pädagogisch-psychoanalytische Beiträge zum Bildungsgeschehen. Würzburg 1992

Bittner, G.: Das Psychoid - oder: Hat ein Kaktus Phantasie? In: Fauser, P./Madelung, E. (Hg.): Vorstellungen bilden. Beiträge zum imaginativen Lernen. Velbert 1996

Bittner, G.: Das Unbewußte - ein Mensch im Menschen? Würzburg 1988

Bittner, G.: Der Erwachsene. Multiples Ich in multipler Welt. Stuttgart/Berlin/Köln 2001

Bittner, G.: Ich bin, du bist, er (sie, es) ist ... Über die linguistischen und psychologischen Bedingungen der Möglichkeit, ich zu sagen; nebst pädagogischen Folgerungen. In: Scheidewege (22) 1992/93

Bittner, G.: Kinder in die Welt, die Welt in die Kinder setzen. Eine Einführung in die pädagogische Aufgabe. Stuttgart/Berlin/Köln 1996

Bittner, G.: Metaphern des Unbewussten. Eine kritische Einführung in die Psychoanalyse. Stuttgart/Berlin/Köln 1998

Bittner, G.: Problemkinder. Zur Psychoanalyse kindlicher und jugendlicher Verhaltensauffälligkeiten. 2. Aufl., Göttingen 1996

Bittner, G.: Spontanphänomene. Oder: Wie entsteht etwas Neues? In: Neue Sammlung (29) 1989

Boehm, G.: Cy Twombly. Erinnern, Vergessen. In: Internationales Kunstforum, 1994

Boehm, G.: Museum der klassischen Moderne. Frankfurt/M. 1997

Böhm, W (Hg.): Maria Montessori. Texte und Gegenwartsdiskussion. 5. erweiterte u. verbesserte Aufl., Bad Heilbrunn/Obb. 1996

Böhm, W.: Maria Montessori. 2. unveränderte Aufl., Bad Heilbrunn/Obb. 1991

Bonk, L.: Das Menschenbild in verschiedenen Richtungen der Anthropologie und seine Bedeutung für die Pädagogik: Sozialanthropologie - Verhaltensbiologie - Tiefenpsychologie - Symbolischer Interaktionismus. Dissertation. München 1986

Bräuer, G.: Das Finden als Moment des Schöpferischen. Tübingen 1966

Brenzen, D.: Dieses Land gehört mir nicht. In: Päd extra 6/1987

Brenzen, D.: Sechs Jahre Glück - Gespräch mit Loris Malaguzzi. In: Welt des Kindes 2/1980

Buber, M.: Über das Erzieherische. In: Dialogisches Leben. Zürich 1947

Burckhardt, J.: Ein Gespräch, Joseph Beuys, Jannis Kounellis, Anselm Kiefer, Enzo Cucci, 4. Aufl., Ostfildern 1994

Cagliari, P./Rinaldi, C.: Educazione e creativita'. Commune di Reggio Emilia 1995

Celan, P.: Gesammelte Werke. Zweiter Band. Hrsg. von Allemann, B./Reichert, S., Frankfurt/M. 1983

Claus, J.: Malerei als Aktion. Selbstzeugnisse der Kunst von Duchamp bis Tapiès. Berlin/Frankfurt a. M. 1986

Copei, F.: Der Fruchtbare Moment im Bildungsprozess. 5. unveränderte Aufl., eingeleitet und hrsg. von Sprenger, H., Heidelberg 1960

Curtius, M. (Hg.): Seminar. Theorien der künstlerischen Produktivität. Frankfurt/M. 1976

Danner, H./Lippitz, W. (Hg.): Beschreiben, Verstehen, Handeln. Phänomenologische Forschungen in der Pädagogik. München 1984

Danner, H.: Methoden geisteswissenschaftlicher Pädagogik. 4. überarb. Aufl., München/Basel 1998

Danner, H.: Vom Bambus zur Panflöte. In: Lippitz, W./ Rittelmeyer, C. (Hg.): Phänomene des Kinderlebens. Beispiele und methodische Probleme einer pädagogischen Phänomenologie. 2. Aufl., Bad Heilbrunn 1990

Danto, A. C.: Die Kunst nach dem Ende der Kunst. München 1996

Danuser, H./Katzenberger, G. (Hg.): Vom Einfall zum Kunstwerk. Der Kompositionsprozeß in der Musik des 20. Jahrhunderts. Laaber 1993 (=Publikationen der Hochschule für Musik und Theater Hannover Bd. 4)

Descartes, R.: Abhandlung über die Methode des richtigen Vernunftsgebrauchs. Stuttgart 1982

Dilthey, W.: Der Aufbau der geschichtlichen Welt in den Geisteswissenschaften. Frankfurt/M. 1990

Dornes, M.: Der kompetente Säugling. Die präverbale Entwicklung des Menschen. Frankfurt/M. 1993

Dreier, A.: Der Flirt mit der Welt: Wie Kinder lernen und gestalten. Ästhetische Bildung in Reggio Emilia. In: Theorie und Praxis der Sozialarbeit 2/1996

Dreier, A.: Die 100 Sprachen der Kinder. Anregungen aus dem Elementarbereich für eine Blickwendung in der Grundschulpädagogik. In: Die Grundschulzeitschrift 96/1996

Dreier, A.: Kinder und Erwachsene forschen gern gemeinsam. In: Göhlich, M. (Hg.): Offener Unterricht, Community Education, Alternativschulpädagogik, Reggiopädagogik. Die neuen Reformpädagogiken. Geschichte, Konzeption, Praxis. Weinheim 1997

Dreier, A.: Was tut der Wind wenn er nicht weht? Begegnung mit der Kleinkindpädagogik in Reggio Emilia. Berlin/Weinheim/München 1993

Dreyfus, H.L./Rabinow, P./Foucault, M.: Jenseits von Strukturalismus und Hermeneutik. 2. Aufl., Frankfurt/M. 1987

Duncker, L./Maurer, F./ Schäfer, G. E.: Kindliche Phantasie und ästhetische Erfahrung. Wirklichkeiten zwischen Ich und Welt. 2. Aufl., Langenau-Ulm 1993

Eco, U.: Das offene Kunstwerk. Frankfurt/M. 1973

Edwards, C./Gandini, L./Forman, G. (Hg.): The Hundred Languages of Children. The Reggio Emilia Approach to the Early Childhood Education. Sixth Printing, Norwood, New Jersey 1995

Ehrenzweig, A.: Ordnung im Chaos. Das Unbewußte in der Kunst. München 1974

Fachhochschule Frankfurt/M. (Hg.): Wenn das Auge über die Mauer springt. Dokumentation, Hintergründe, Materialien, Workshops. Frankfurt/M. 1987

Fiedler, C.: Der Ursprung der künstlerischen Tätigkeit. Leipzig 1887

Fineberg, J. (Hg.): Kinderzeichnung und die Kunst des 20. Jahrhunderts, Essayband zur Ausstellung: „Mit dem Auge des Kindes - Kinderzeichung und moderne Kunst“. Stuttgart 1995

Fink, E.: Grundfragen der systematischen Pädagogik. Freiburg 1978

Foucault, M.: Freiheit und Selbstsorge: Interview 1984 und Vorlesung 1982. Frankfurt/M. 1985

Foucault, M.: Ordnung der Dinge. Eine Archäologie der Humanwissenschaften. Frankfurt/M. 1980

Foucault, M.: Wahnsinn und Gesellschaft. Frankfurt/M. 1973

Freud, S.: Allgemeine Neurosenlehre. In: Freud-Studienausgabe Bd.1. Frankfurt/M. 1982a

Freud, S.: Das Ich und das Es. GW III. Frankfurt/M. 1975

Freud, S.: Das Unbehagen in der Kultur. In: Freud-Studienausgabe Bd. 9. Frankfurt/M. 1982b

Freud, S.: Der Dichter und das Phantasieren. In: Freud-Studienausgabe Bd. 10. Frankfurt/M. 1982c

Fröhlich, V./Göppel, R. (Hg.): Paradoxien des Ich. Beiträge zu einer subjektorientierten Pädagogik. Würzburg 1996

Gadamer, H.-G.: Wahrheit und Methode. Grundzüge einer philosophischen Hermeneutik. 5. durchges. u. erw. Aufl., Tübingen 1986

Gallwitz, K.: Picasso Laureatus. Sein malerisches Werk seit 1945. Luzern/Frankfurt a. M. 1971

Gardner, H.: Abschied vom IQ. Die Rahmentheorie der vielfachen Intelligenz. Stuttgart 1994

Gardner, H.: Dem Denken auf der Spur. Stuttgart 1989

Gardner, H.: Der ungschulte Kopf. Wie Kinder denken. Stuttgart 1993

Gardner, H.: So genial wie Einstein. Schlüssel zum kreativen Denken. Stuttgart 1996

Gardner, H.: The Arts and Human Development. 2. Aufl., New York 1994

Gebauer, G./Wulf, Ch.: Mimesis in der Anthropogenese. In: Kamper, D./Wulf, Ch.: Anthropologie nach dem Tode des Menschen. Vervollkommnung und Unverbesserlichkeit. Frankfurt/M. 1994

Gebauer, G./Wulf, Ch.: Mimesis, Kultur-Kunst-Gesellschaft. 2. Aufl., Reinbek 1998

Geertz, C.: Dichte Beschreibung. Beiträge zum Verstehen kultureller Systeme. 6. Aufl., Frankfurt/M. 1999

Gentlmann-Siefert, A./Pöggeler, O. (Hg.): Heidegger und die praktische Philosophie. Frankfurt/M. 1988

Gilot, F./Lake, C.: Leben mit Picasso, München 1965

Glatfeld, M./Schröder, E. C.: Anfangsunterricht in Geometrie unter phänomenologischer Sicht. In: Lippitz, W./Meyer-Drawe, K. (Hg.): Lernen und seine Horizonte. Phänomenologische Konzeptionen menschlichen Lernens - didaktische Konsequenzen. Königstein TS/Frankfurt a. M. 1984

Goethe, J. W. von: Über den Dilettantismus.- Über den sogenannten Dilettantismus oder die praktische Liebhaberei in den Künsten. In: Goethes Sämtliche Werke. München 1911 (=Propyläen-Ausgabe Bd. 12)

Göhlich, M. (Hg.): Offener Unterricht, Community Education, Alternativschulpädagogik, Reggiopädagogik. Die neuen Reformpädagogiken. Geschichte, Konzeption, Praxis. Weinheim 1997

Göhlich, M./Dreier, A.: Der Flirt zwischen Bär und Igel. Die Reggios sind in Westberlin. In: Päd extra 12/1987

Göhlich, M.: Konstruktivismus und SinnesWandel in der Pädagogik. In: Mollenhauer, K./Wulf, C.: Aisthesis/Ästhetik. Zwischen Wahrnehmung und Bewusstsein, Weinheim 1996

Göhlich, M.: Partizipatione progettazione, centolinguaggi. Der reggianische Ansatz im Elementarbereich. In: Behinderte in Familie, Schule und Gesellschaft (Graz) 1/1998

Göhlich, M.: Reggiopädagogik - Innovative Pädagogik heute. 6. Aufl., Frankfurt/M. 1995

Goodman, N.: Sprachen der Kunst. Ein Ansatz zu einer Symboltheorie. Frankfurt/M. 1973

Grimm Märchen. Wien/München 1975

Gumin, H./Meier, H. (Hg.): Einführung in den Kontruktivismus (Band 5). 4. Aufl., München 1998

Hamburger Dokumentation (Projektgruppe Reggio/Hamburg): Wenn das Auge über die Mauer springt. Hamburg 1990

Harlan, V.: Was ist Kunst? Werkstattgespräch mit Beuys. Stuttgart 1986

Harms, G./Prott, R.: Das Auge schläft, bis es der Geist mit einer Frage weckt. In: Welt des Kindes 3/1985

Heidegger, M.: Gesamtausgabe Bd. 24, Grundprobleme der Phänomenologie. Klosterman 1975

Heidegger, M.: Ontologie (Hermeneutik und Faktizität). Gesamtausgabe. II. Abteilung: Vorlesungen. Band 63, 1. Aufl., Frankfurt/M. 1988

Heidegger, M.: Sein und Zeit. 16. Aufl., Tübingen 1986

Heiland, H.: Maria Montessori. 6. Aufl., Reinbek bei Hamburg 1997

Heiner, B./Spies, W. (Hg.): Kunsthalle der Hypo-Kulturstiftung München. Ausstellungskatalog: Picasso, die Zeit nach Guernica 1937 – 1973. Bonn 1993

Held, K.: Einleitung. In: Husserl, E.: Die phänomenologische Methode. Ausgewählte Texte I., Ditzingen 1985

Helming, H.: Montessori-Pädagogik. 14. erweiterte Aufl., Freiburg 1992

Henningsen, J.: Autobiographie und Erziehungswissenschaft. Essen 1981

Henrich, D./Iser, W. (Hg.): Theorien der Kunst. Frankfurt/M. 1992

Hermann, G./Riedel, H./Schock, R./Sommer, B.: Das Auge schläft, bis es der Geist mit einer Frage weckt. 5. Aufl., Berlin 1993 (vergriffen)

Hess, W.: Dokumente zum Verständnis der modernen Malerei. Hamburg 1956

Hoffmann, G.: Die Erstgeborenen. Wuppertal 1991

Hoffmann, W.: Von der Unzugänglichkeit des Schöpferischen (Vortrag gehalten am 2.6.1961) Bremen 1961 (= Geistige Begegnungen in der Böttcherstraße)

Hoffmann-Axthelm, D.: Theorie der künstlerischen Arbeit. Frankfurt/M. 1974

Hofmann, W.: Die Grundlagen der modernen Kunst. Stuttgart 1987

Hohl, R. (Hg.): Alberto Giacometti. Stuttgart 1971

Holtstiege, H.: Modell Montessori. Grundsätze und aktuelle Geltung der Montessori-Pädagogik. 7. veränderte Aufl., Freiburg 1994

Huffington, A. St.: Picasso, Genie und Gewalt. Ein Leben. München 1991

Husserl, E.: Die phänomenologische Methode. Ausgewählte Texte I. Hrsg. von Held, K., Ditzingen 1985

Husserl, E.: Phänomenologie und Lebenswelt. Ausgewählte Texte II. Hrsg. von Held, K., Ditzingen 1986

Inhelder, B./Piaget, J.: Die Psychologie des Kindes. Olten 1977

Jantsch, E.: Die Selbstorganisation des Universums. Vom Urknall zum menschlichen Geist. Erweiterte Neuauflage. München/Wien 1992

Jung, C.G.: Die Beziehung zwischen dem Ich und dem Unbewußten. GW Bd. 7, 2. Aufl., Olten/Freiburg 1974

Kant, I.: Beantwortung der Frage was ist Aufklärung. In: Bahr, E.: Was ist Aufklärung? Stuttgart 1974.

Kant, I.: Werkausgabe 12 Bände. Hrsg. von Weischedel, W., 3. Aufl., Frankfurt/M. 1977

Kassel, H.: Rollentheorie und Symbolischer Interaktionismus im Spannungsfeld von Subjektivität und Objektivität. HochschulVerlag Stuttgart 1978

Katz, L. G./C., Bernard (Hg.): Reflections on the Reggio Emilia Approach. Perspectives from Eric/Eece: A Monogreph Series, No.6, Pennsylvania 1994

Katz,L. G./Chard, S.: Der Projekt-Ansatz. In: Fthenakis, W. E./Textor, M. R. (Hg.): Pädagogische Ansätze im Kindergarten. Weinheim/Basel 2000

Kazemi-Veisari, E.: Erfinder ihrer eigenen Kultur. In: Welt des Kindes 6/1995

Kazemi-Veisari, E.: Von Kindern lernen - mit Kindern leben. Freiburg im Breisgau 1995

Knauf, T./Rinke, S.: Reggio, Montessori und die Reformpädagogik. In: klein & groß 6/1996

Knauf, T.: Ein Vergnügungspark für Vögelchen - Annäherung an Theorie und Praxis des Projektlernens in Reggio Emilia. In: Welt des Kindes, 6/1998

Knauf, T.: Wir erziehen Kinder nicht, wir assistieren ihnen - Die Rolle der Erzieherin in der Reggio-Pädagogik. In: Welt des Kindes, 4/1998

Knötzinger, M./Beyer, G.: Wahrnehmen und Gestalten - Eine Anleitung zur Kunst- und Werkerziehung für Eltern und Erzieher. 7. Aufl., Köln 1997

Koestler, A.: Der göttliche Funke, Der schöpferische Akt in Kunst und Wissenschaft. München/Bern 1966

Kohlberg, L.: Die Psychologie der Moralentwicklung. Frankfurt/M. 1994

Kohlberg, L.: Zur Psychologie der moralischen Entwicklung. Frankfurt/M. 1974

Korczak, J.: Wie man ein Kind lieben soll. Hrsg. von Heimpel, E./Roos, H., 11. Aufl., Göttingen 1995

Korczak, J.: Wie man ein Kind lieben soll. Hrsg.von Heimpel, E./Roos, H., 11. Aufl., Göttingen 1995

Köstler, A.: Der göttliche Funke. Der schöpferische Akt in Kunst und Wissenschaft. München 1966

Krappmann, L.: Erlebtes Spielen – erspieltes Leben. In: Erler, L./Lachmann, R./Selg, H. (Hg.): Spiel. Spiel und Spielmittel im Blickpunkt verschiedener Wissenschaften und Fächer. Bamberg 1986

Krieg, E. (Hg.): Hundert Welten entdecken. Die Pädagogik der Kindertagesstätten in Reggio Emilia. Essen 1993

Krieg, E.: Das Kind ist wie ein Fluß. Beobachtung und Dokumentation in der Reggio-Pädagogik. In: AKILAB/Arbeitskreis Integrative LehrerInnenausbildung (Hg.): Pädagogik und Didaktik für Menschen mit besonderen Erziehungsbedürfnissen. 3. Landesweite Ringveranstaltung Integrationspädagogik. Aachen 1997

Krieg, E.: Zum Transfer des reggianischen Ansatzes in deutschen Kindertagesstätten und Grundschulen. In: Göhlich, Michael (Hrsg.): Offener Unterricht ..., Weinheim 1997

Kris, E./Kurz, O.: Die Legende vom Künstler. Ein geschichtlicher Versuch. Wien 1934

Krumpholz-Reichel, A.: Die Kunst, Fremde in Freunde zu verwandeln. In: Psychologie heute 9/1999

Kultermann, U.: Kleine Geschichte der Kunsttheorie. Darmstadt 1987

Kunstforum International, Band 127 (Juli-September 1994) Konstruktionen des Erinnerns - Transitorische Turbulenzen

Laewen, H.-J.: Alien Kind – das unbekannte Wesen. In: klein & groß 9/1999

Laewen, H.-J.: Reggio ist kein Modell. In: klein & groß 6/1998

Laewen, H.J.: Zum Bildungsauftrag von Kindertageseinrichtungen. In: Auf dem Weg zu einem Bildungsauftrag von Kindertageseinrichtungen. Ausgewählte Beiträge der Fachtagung 27./28. Januar 1998, Potsdam. Modellprojekt. Zum Bidlungsauftrag von Kindertageseinrichtungen

Langeveld, M. J.: Das Ding in der Welt des Kindes. In: ders.: Studien zur Anthropologie des Kindes. 3. Aufl., Tübingen 1968

Langeveld, M. J.: Die Schule als Weg des Kindes. Versuch einer Anthropologie der Schule. 3. Aufl., Braunschweig 1966

Lay, C.: Flirt mit dem Igel. In: Päd extra 7-8/1987

Lay, C.: Von der Bastelstube zum Kinderatelier. In: Welt des Kindes 4/1989

Lenzen, D. (Hg.): Kunst und Pädagogik. Erziehungswissenschaft auf dem Weg zur Ästhetik? Darmstadt 1990

Leonni, L.: Das kleine Blau und das kleine Gelb. Hamburg 1962

Liessmann, K. P.: Philosophie der Modernen Kunst. Wien 1993

zur Lippe, R.: Sinnenbewußtsein. Grundlegung einer anthropologischen Ästhetik. Reinbek 1987

Lippitz, W./ Meyer-Drawe, K. (Hg.): Kind und Welt. Phänomenologische Studien zur Pädagogik. Hochschulschriften Erziehungswissenschaft 19, 2. durchges. Aufl., Frankfurt/M. 1987

Lippitz, W./ Meyer-Drawe, K. (Hg.): Lernen und seine Horizonte. Phänomenologische Konzeptionen menschlichen Lernens – didaktische Konsequenzen. 2. Aufl., Frankfurt/M. 1984

Lippitz, W./ Rittelmeyer, C. (Hg.): Phänomene des Kinderlebens. Beispiele und methodische Probleme einer pädagogischen Phänomenologie. 2. Aufl., Bad Heilbrunn 1990

Lippitz, W.: Phänomenologische Studien in der Pädagogik. Weinheim 1993

Lorenzen, H. (Hg.): Die Kunsterziehungsbewegung. Bad Heilbrunn 1966

Lüdeking, K.: Analytische Philosophie der Kunst. Frankfurt/M. 1988

Lutz, S.: Mit gleichem Maß nicht meßbar. Wie verschieden sich Menschen ihre Welten konstruieren. Diplomarbeit. Würzburg 1997

Lyotard, J.-F.: Das postmoderne Wissen. Ein Bericht. Graz/Wien 1986

Mailer, N.: Picasso, Portrait des Künstlers als junger Mann. Eine interpretierende Biographie. München 1998

Malaguzzi, L.: Pädagogik als Projekt. In: Göhlich, M. (Hg.): Offener Unterricht ..., Weinheim 1997

Malaguzzi, L.: Zum besseren Verständnis der Ausstellung - 16 Thesen zum pädagogischen Konzept. Hrsg. v. Bezirksamt Schöneberg von Berlin. Berlin 1984 (vergriffen)

von Manen, M.: Phänomenologische Pädagogik. In: Lippitz, W./Meyer-Drawe, K. (Hg.): Kind und Welt. Frankfurt/M. 1987

Maturana, H. R./Varela, F. J.: Der Baum der Erkenntnis. Wie wir die Welt durch unsere Wahrnehmung erschaffen - die biologischen Wurzeln der menschlichen Erkennens. 2. Aufl., Bern/München/Wien 1987

Mead, G. H.: Geist, Identität und Gesellschaft. 11. Aufl., Frankfurt/M. 1998

Merleau-Ponty, M.: Phänomenologie de la perception. Paris: Editions Gallimord 1945

Merleau-Ponty, M.: Das Auge und der Geist. In: ders.: Das Auge und der Geist. Philosophische Essays. Hg. und übersetzt von H. W. Arndt. Hamburg 1984

Merleau-Ponty, M.: Das Sichtbare und das Unsichtbare. 2. Aufl., München 1994

Merleau-Ponty, M.: Phänomenologie der Wahrnehmung. Berlin 1965

Metzger, W.: Die Grundlagen der Erziehung zu schöpferischer Freiheit. Frankfurt/M. 1949

Meyer-Drawe, K./Redeker, B.: Der Physikalische Blick. Ein Grundproblem des Lernens und Lehrens von Physik. Bad Salzdetfurth 1985

Meyer-Drawe, K.: Der phänomenologische Blick. Über die Schwierigkeit die noch stumme Erfahrung zur Aussprache ihres eigenen Sinnes zu bringen. In: Hellemans, M./Smeyers, P. (Hg.): Phänomenologische Pädagogik: Methodologische und theoretische Ansätze. Tagungsbericht des 3. Arbeitskreises für Phänomenologisch-Pädagogische Forschungen. Leuven 1985

Meyer-Drawe, K.: Die Bedeutung des zwischenleiblichen Verhaltens für die pädagogische Reflexion der Koexistenz. In: Vierteljahresschrift für wissenschaftliche Pädagogik, 4/1980

Meyer-Drawe, K.: Die Beziehung zu anderen bei Kindern. Merleau-Pontys Konzeption kindlicher Sozialität. In: Bildung und Erziehung. 1984, Themenheft 2: Phänomenologie und Pädagogik

Meyer-Drawe, K.: Herausforderung durch die Dinge. Das Andere im Bildungsprozeß. In: ZfPäd, 3/1999

Meyer-Drawe, K.: Leiblichkeit und Sozialität. Phänomenologische Beiträge zu einer pädagogischen Theorie der Inter-Subjektivität. 2. unveränd. Aufl., München 1987

Meyer-Drawe, K.: Zur Vor-Struktur des Verstehens aus phänomenologischer Sicht. In: Meyer-Drawe, K./Redeker, B.: Der Physikalische Blick. Ein Grundproblem des Lernens und Lehrens von Physik. Bad Salzdetfurth 1985

Mollenhauer, K./Wulf, Ch. (Hg.): Aisthesis/Ästhetik. Zwischen Wahrnehmung und Bewußtsein. Weinheim 1996

Mollenhauer, K.: Ästhetische Bildung zwischen Kritik und Selbstgewißheit. In: Zeitschrift für Pädagogik. 4/1990b

Mollenhauer, K.: Die vergessene Dimension des Ästhetischen in der Erziehungs- und Bildungstheorie. In: Lenzen, F. (Hg.): Kunst und Pädagogik. Erziehungswissenschaft auf dem Weg zur Ästhetitk? Darmstadt 1990a

Mollenhauer, K.: Grundfragen ästhetischer Bildung. Theoretische und empirische Befunde zur ästhetishen Erfahrung von Kindern. Weinheim/München 1996

Mollenhauer, K.: Ist ästhetische Bildung möglich? In: Zeitschrift für Pädagogik. 4/1988

Mollenhauer, K.: Umwege, Über Bildung, Kunst und Interaktion. Weinheim/München 1986

Mollenhauer, K.: Vergessene Zusammenhänge. Über Kultur und Erziehung. 4. Aufl. Weinheim/München 1994

Montessori, M.: Das kreative Kind. Der absorbierende Geist. 9. Aufl., Freiburg 1992

Montessori, M.: Die Entdeckung des Kindes. Hrsg. v. Oswald, P./Schulz-Benesch, G., 10. Aufl., Freiburg 1991

Montessori, M.: Kinder sind anders. 10. Aufl., München 1995

Mühle, G.: Entwicklungspsychologie des zeichnerischen Gestaltens. Grundlagen, Formen und Wege in der Kinderzeichnung. 4. Aufl.. Frankfurt/M. 1975

Müller, K. (Hg.): Konstruktivismus. Lehren - Lernen - Ästhetische Prozesse. Neuwied/Kriftel/ Berlin 1999

Neumann, E.: Künstlermythen. Eine psycho-historische Studie über Kreativität. Frankfurt/M. u. a. 1986

Nietzsche, F.: Sämtliche Werke. Kritische Studienausgabe. Hrsg. von Colli, G./Moninari, M., 15 Bände. München 1980

Nietzsche, F.: Umwertung aller Werte. 2. Aufl., München 1977

O'Brian, P.: Pablo Picasso. Hamburg 1979

Osterwold, T.: Ein Kind träumt sich. Stuttgart 1979

Oswald, P.: Anthropologie Maria Montessoris. Münster 1970

Pestalozzi, J. H.: Pestalozzis Brief an einen Freund über seinen Aufenthalt in Stans. In: Dietrich, T. (Hg.): Kleine Schriften zur Volkserziehung und Menschenbildung. 6. Aufl., Bad Heilbrunn 1991

Phillips, T. (Hg.): Zeitgeist Gesellschaft e.V. Berlin. Austellungakatalog: Afrika. Die Kunst eines Kontinents. München/New York 1996

Piaget, J.: Das Erwachen der Intelligenz beim Kinde. Stuttgart 1992

Piaget, J.: Das Weltbild des Kindes. 4. Aufl., München 1994

Piaget, J.: Nachahmung, Spiel und Traum - Die Entwicklung der Symbolfunktion beim Kinde. Weinsberg 1969

Platon: Der Staat. 10. Buch. Stuttgart 1982

Plessner, H.: Zwischen Philosophie und Gesellschaft. Ausgewählte Abhandlungen und Vorträge. Bern 1953

Porzio, D./Valsecchi, M. (Hg.): Pablo Picasso, Mensch und Werk. Sonderausgabe. Würzburg 1985

Rahn, D.: Die Plastik und die Dinge. Zum Streit zwischen Philosophie und Kunst. Freiburg 1993

Read, H.: Erziehung durch Kunst. München/Zürich 1962

Reble, A.: Geschichte der Pädagogik. 18. Aufl., Stuttgart 1995

Redeker, B.: Die Vorstruktur des Verstehens und das Lernen von Physik. In: Meyer-Drawe, K./Redeker, B.: Der Physikalische Blick. Ein Grundproblem des Lernens und Lehrens von Physik. Bad Salzdetfurth 1985

Reggio Children (Hg.): „Die Kinder vom Stummfilm“: Fantasiespiele zwischen Fischen und Kindern in der Krippe. Berlin 1998

Reggio Children (Hg.): „Ein Ausflug in die Rechte von Kindern“. Aus der Sicht der Kinder. Mädchen und Jungen zwischen 5 und 6 Jahren aus dem Kindergarten „Diana“. Berlin 1998

Reggio Children (Hg.): „Springbrunnen“. Aus einem Projekt zur Konstruktion eines Vergnügungsparks für Vögel. Berlin 1998

Reggio Children (Hg.): „Zärtlichkeit“: eine Geschichte von Laura und Daniele. Kinder zwischen 5 und 6 Jahren aus dem Kindergarten „La Villetta“. Berlin 1998

Reggio Children (Hg.): I cento linguaggi die bambini - The Hundred Languages of Children. Reggio Emilia 1996

Reich, K.: Systemisch-kostruktivistische Pädagogik. Einführung in Grundlagen einer interaktionistisch-konstruktivistischen Pädagogik. 2. Aufl., Neuwied/Kriftel/Berlin 1997

Renner, R.G.: Die postmoderne Konstellation. Theorie. Text und Kunst im Ausgang der Moderne. Freiburg 1988

Richter, H.-G.: Die Kinderzeichnung. Entwicklung, Interpretation, Ästhetik. Düsseldorf 1987

Rinaldi, C.: I pensieri che sostengono l'azione educativa. Comune di Reggio Emilia 1994

Rinaldi, C.: Riflessioni sulla creatività. In: Cagliari, P./Rinaldi, C.: Educazione e creativita'. Commune di Reggio Emilia 1995

Rinaldi, C: The Emergent Curriuculum and Social Construtivism. In: Edwards/Gandini/Forman (Hg.): The Hundred Languages of Children. The Reggio Emilia Approach to Early Childhood Education. 6. Auflage, Norwood/New Jersey 1995

Rodari, G.: Grammatik der Phantasie - Die Kunst, Geschichten zu erfinden. Leipzig 1992

Röhrs, H. (Hg.): Die Schulen der Reformpädagogik heute. Handbuch reformpädagogischer Schulideen und Schulwirklichkeit. Düsseldorf 1986

Rombach, H.: Das Phänomen Phänomen. In: Phänomenologische Forschungen. Band 9: Neuere Entwicklungen des Phänomenbegriffs. Hrsg. von Orth, E.W., Freiburg/ München 1980a

Rombach, H.: Das Tao der Phänomenologie. In: Philosophisches Jahrbuch, 1991

Rombach, H.: Der kommende Gott. Hermetik - eine neue Weltsicht. Freiburg 1991

Rombach, H.: Der Ursprung - Philosophie der Konkreativität von Mensch und Natur. Freiburg 1994

Rombach, H.: Der Ursprung. Philosophie der Konkreativität von Mensch und Natur. Freiburg 1994

Rombach, H.: Die Gegenwart der Philosophie. Die Grundprobleme der abendländischen Philosophie und der gegenwärtige Stand des philosophischen Fragens. 3. Aufl.. Freiburg/München 1988

Rombach, H.: Phänomenologie des gegenwärtigen Bewußtseins. Freiburg/München 1980b

Rombach, H.: Struktur-Anthropologie. „Der menschliche Mensch". Freiburg/München 1987

Rombach, H.: Strukturontologie. Eine Phänomenologie der Freiheit. 2. Aufl., Freiburg/München 1988

Rombach, H.: Welt und Gegenwelt - Umdenken über die Wirklichkeit: Die philosophische Hermeneutik. Basel 1983

Rötzer, F./Rogenhofer, S. (Hg.): Kunst machen? Gespräche und Essays. München 1990

Rubin, W. (Hg.): Primitivismus in der Kunst des 20. Jahrhunderts. München 1984

Schäfer, G. E. (Hg.): Riß im Subjekt. Pädagogisch-psychoanalytische Beiträge zum Bildungsgeschehen. Würzburg 1992

Schäfer, G. E./Stenger, U.: Grundlagen der Reggiopädagogik. In: Colberg-Schrader, H./Engelhard, D., u.a. (Hg.): Kinder in Tageseinrichtungen. Ein Handbuch für Erzieherinnen. 3. Lieferung (Sept.) 1998, Kallmeyersche Verlagsbuchhandlung

Schäfer, G. E.: Die Lust am Lernen. Wahrnehmen und Verstehen. Vorschulische Bildung als ästhetische Erfahrung. In: Welt des Kindes 3/1994

Schäfer, G. E.: Sinnliche Erfahrung bei Kindern (=Expertise zum 10. Kinder und Jugendbericht) 1999

Schäfer, G. E.: Spielphantasie und Spielumwelt. Spielen, Bilden und Gestalten als Prozesse zwischen Innen und Außen. Weinheim/München 1989

Schäfer, G. E.: Vom Kind zur Kunst und wieder zurück. Ästhetische Erfahrung als Grundlage frühkindlicher Bildung. In: Theorie und Praxis der Sozialpädagogik, 1/1998

Schäfer, G. E.: Von der Hinterwelt zur Zwischenwelt – über Psychoanalyse, Kreativität, Kunst und Kind. In: ders. (Hg.): Riß im Subjekt. Pädagogisch-psychoanalytische Beiträge zum Bildungsgeschehen. Würzburg 1992

Schmidt, S. J. (Hg.): Der Diskurs des Radikalen Konstruktivismus. Frankfurt/M. 1987

Schneede, U. M.: Van Gogh in St. Rémy und Auvers. Gemälde 1889/1890. München 1989

Schulz, G.: Der Streit um Montessori. Freiburg 1961

Schulze, Th.: Der gemalte Blick des Malers. Ein Beitrag zu einer Geschichte des Sehens. In: Mollenhauer, K./Wulf, Ch. (Hg.): Aisthesis/Ästhetik. Zwischen Wahrnehmung und Bewußtsein. Weinheim 1996

Schuster, M.: Kinderzeichnungen - Wie sie entstehen - Was sie bedeuten. Heidelberg 1994

Seewald, J.: Leib und Symbol. Ein sinnverstehender Zugang zur kindlichen Entwicklung. München 1992

Selle, G. (Hg.): Experiment ästhetische Bildung. Aktuelle Beispiele für Handeln und Verstehen. Reinbek 1990

Selle, G.: Siebensachen. Ein Buch über die Dinge. Frankfurt/M. 1997

Siebert, H.: Pädagogischer Konstruktivismus. Eine Bilanz der Konstruktivismusdiskussion für die Bildungspraxis. Neuwied/Kriftel 1999

Sommer, B./Wilhelm, G. (Redaktion): Fachtagung Reggio. Kleinkinder-Erziehung in Reggio nell' Emilia: Wie Kinder wahrnehmen, denken und gestalten lernen. Bezirksamt Schöneberg von Berlin, Abteilung Jugend und Sport. Berlin 1985

Sommer, B.: Das Unmögliche versuchen. Didacta-Vortrag von Elena Giacopini: Erfahrungen der kommunalen Kindertagesstätten und Krippen in Reggio Emilia. In: klein & groß 5/1997

Sommer, B.: Kinder mit erhobenem Kopf. Kindergärten und Krippen in Reggio Emilia, Italien. Neuwied/ Berlin 1999

Spies, W.: Picasso - die Welt der Kinder, München/New York 1994

Stenger, U.: „Die Welt als sich selbst gebärendes Kunstwerk". Nietzsches Phänomen des Schöpfersichen. Freiburg 1997

Stenger, U.: Reggiopädagogik in der Praxis - projekthaftes Arbeiten. In: Colberg-Schrader, H/Engelhard, D., u.a. (Hg.): Kinder in Tageseinrichtungen. Ein Handbuch für Erzieherinnen. 3. Lieferung (Sept.) 1998, Kallmeyersche Verlagsbuchhandlung

Stocker, T.: Die Kreativität und das Schöpferische: Leitbegriffe zweier pädagogischer Reformperioden. Ein Beitrag zur Klärung der anthropologischen Dimension und pädagogische Relevanz des Kreativitätsbegriffs. Dissertation. Frankfurt/M. 1988

Straus, E.: Vom Sinn der Sinne. 2. Aufl., Berlin u.a. 1956

Tenorth, H. E.: Apologie einer paradoxen Technologie – über Status und Funktion von „Pädagogik". Vortrag am 15. Januar 2000 beim Symposium „Wozu Pädagogik?", Würzburg 14.-15. Januar 2000

Ulmann, G. (Hg.): Kreativitätsforschung. Köln 1973

Ulmann, G.: Kreativität. Neue amerikanische Ansätze zur Erweiterung des Intelligenzkonzeptes. 2. Aufl., Weinheim/Berlin/Basel 1970

van Veen-Bosse, B.: Konzentration und Geist. Die Anthropologie in der Pädagogik Maria Montessoris. In: Hagenmaier, Th./Correll, W./van Veen-Bosse, B.: Neue Aspekte der Reformpädagogik. Studien zur Anthropologie und Pädagogik bei Kerschensteiner, Dewey und Montessori. 2. Aufl, Heidelberg 1986

Vortragsmitschrift Caligari, P./Giacopini, E., Weiden 1996

Vortragsmitschrift Giacopini, E./Rinaldi C./Piazza,G., Reggio Emilia 1997

Vortragsmitschrift Giacopini, E./ Rovacci, M., Hattingen 1998

Wagenschein, M. u.a.: Kinder auf dem Weg zur Physik. Stuttgart 1973

Wahring, G. (Hg.): dtv-Wörterbuch der deutschen Sprache. 6. Aufl., München 1984

Waldenfels, B.: Einführung in die Phänomenologie. München 1992

Waldenfels, B.: Ordnung im Zwielicht. Frankfurt/M. 1987

Warncke, C.-P./Walther, I. F. (Hg.): Pablo Picasso 1881-1973 (Band 1, Werke 1890-1936). Köln 1995

Warncke, C.-P./Walther, I. F. (Hg.): Pablo Picasso 1881-1973 (Band 2, Werke 1937-1973). Köln 1995

Watzlawick, P. (Hg.): Die erfundene Wirklichkeit. Wie wissen wir, was wir zu wissen glauben? Beiträge zum Konstruktivismus. 7. Aufl., München 1991

Watzlawick, P.: Wie wirklich ist die Wirklichkeit? Wahn - Täuschung - Verstehen. 11. Aufl., München 1983

Wildlöcher, D.: Was eine Kinderzeichnung verrät: Methode und Beispiele psychoanalytischer Deutung. Frankfurt/M. 1984

Winnicott, D. W.: Übergangsobjekte und Übergangsphänomene. Eine Studie über den ersten, nicht zum Selbst gehörenden Besitz. In: Psyche 23, 1969

Winnicott, D. W.: Vom Spiel zur Kreativität. Stuttgart 1973

Wünsche, K.: Der Herausforderungscharakter der Dinge. Korreferat zu den Ausführungen von Käte Meyer-Drawe. ZfPäd, 3/1999

BILDNACHWEIS

Abbildung 1: Picasso, P.: Die Armen am Meeresstrand, in: Warncke/Walther 1997, S. 101

Abbildung 2: Picasso, P.: Die Absinthtrinkerin, in: ebd., S. 85

Abbildung 3: Picasso, P.: Les Demoiselles d'Avignon, in: ebd., S. 159

Abbildung 4: Picasso, P.: Büste einer Frau, in: ebd. S.450

Abbildung 5: Picasso, P.: Weinende Frau, in: ebd., S. 414

Abbildung 6a,b: Picasso, P.: Olga Picasso, Akt im Sessel (Olga), in: Mailer 1998, S. 462

Abbildung 6c,d: Picasso, P.: Dora Maar, Studie zu Guernica (Don Maar), in: ebd.

Abbildung 7: Picasso, P.: Große Badende mit Buch, in: Warncke/Walther 1997, S. 409

Abbildung 8a: Twombly, C: Silex Scintillans, in: Mollenhauer 1996, S. 291

Abbildung 8b: Twombly, C.: Om ma ni pad me hum, in: ebd.

Abbildung 9: Kinderzeichnung (3;1 J)

Abbildung 10: Kinderzeichnung (2;7 J)

Abbildung 11: Kinderzeichnung (4 J)

Abbildung 12: Kinderzeichnung (3;7 J)

Abbildung 13: Giacometti, A.: Stehender Frauenakt, in: Hohl 1971, S. 213

Abbildung 14: Giacometti, A.: Büste Diegos, in: ebd., S. 268

Abbildung 15: Kinderzeichnung von Elisa 4.9 yrs., in: Reggio Children 1996, S. 144

Abbildung 16a,b: Photographie, Drawings made with Ciro as the model, in: ebd., S. 146

Abbildung 17a,b,c: Profile in wire, Profile in clay, Head from behind, in: ebd., S. 148

Abbildung 18a,b: Crowd in clay, in: ebd., S. 152 und 153